한국의 에너지 전환과 북방경제협력

한국의 에너지 전환과 북방경제협력

2018년 6월 20일 초판 1쇄 찍음
2018년 6월 27일 초판 1쇄 펴냄

엮은이 김연규
지은이 김연규, 이유신, 김상원, 김선래, 윤성학, 김현경, 박종철, 나지원, 현승수,
　　　 조정원, 박정후, 이지은, 류하늬, 서정규, 이성규

펴낸이 윤철호·김천희
펴낸곳 (주)사회평론아카데미
편집 김천희
디자인 김진운
마케팅 남궁경민

등록번호 2013-000247(2013년 8월 23일)
전화 02-2191-1133
팩스 02-326-1626
주소 03978 서울특별시 마포구 월드컵북로 12길 17
이메일 academy@sapyoung.com
홈페이지 www.sapyoung.com
ISBN 979-11-88108-73-2　93340

이 저서는 2015년 대한민국 교육부와 한국연구재단의 지원을 받아 수행된 연구
임(NRF-2015S1A3A2046684)

한국의 에너지 전환과 북방경제협력

김연규 엮음

사회평론아카데미

책머리에

2017년 5월 10일에 출범한 한국의 문재인 정부는 에너지 생산, 소비에서 차지하는 석탄과 원자력의 비중을 점차 줄여 나가고 천연가스와 재생에너지가 에너지 믹스에서 차지하는 비중을 점진적으로 높이는 에너지 전환 정책과 러시아를 중심으로 하는 북방경제협력을 동시에 추진하고 있다. 현 정부의 에너지 전환과 북방경제협력이 소기의 성과를 거두려면 한국의 러시아산 천연가스 수입량을 늘리는 것이 필수적이다.

한국의 러시아산 천연가스 도입 증대는 이전 정부에서도 북한을 경유하는 남북러 가스관 건설을 통해 추진하고자 했던 일이다. 그러나 북한의 핵실험과 장거리 미사일 발사에 따른 남북 관계의 경색, 유엔의 대북 경제제재로 인해 남북러 가스관 건설을 통한 러시아산 천연가스 수입은 실현되지 못하고 있었다. 다행히 2018년 4월 27일 문재인 대통령과 김정은 북한 국무위원장 간의 남북 정상회담에서 양국 정상이 발표한 판문점 선언에서 북한의 완전한 비핵화와 정전협정의 평화협정으로의 전환 추진, 남북 간의 각종 협력과 교류 활성화에 합의하였다. 그 이후 한국과 미국, 북한 간의 북한의 비핵화 협상이 진행되고 북한이 핵무기와 핵실험 설비를 모두 폐기할 경우 미국이 북한의 경제개발에 대한 지원을 약속하면서 남북러 가스관 건설 논의도 재개될 수 있는 가능성이 보이고 있다.

본서는 북한의 비핵화 협상 타결과 그 이후 북한에 대한 유엔의 대북 경제제재가 풀리게 될 경우 한국의 에너지 전환과 북방경제협력의 성공에 있어서 중요한 역할을 하게 될 러시아 천연가스의 수출입과 이를 위한 국제 협력, 지역 협력이 어떻게 진행되어 왔는지를 분석하였다. 이를 통해 한국이 정부, 기업 차원에서 러시아산 천연가스 수입을 늘리는 과정에서 유의해야 할 시사점들을 제공하고자 하였다. 그리고 동북아시아 천연가스 시장과 한국의 LNG 수입국인 호주, 미국의 LNG 산업과 수출에 대하여 분석함으로써 한국의 천연가스 수입선 다변화를 통한 에너지 전환 추진에 도움이 될 수 있도록 하였다.

또한 북한의 대중국 석탄 수출과 북한의 석유화학 산업에 대하여 분석함으로써 향후 한국의 북방경제협력에서 추진하게 될 남북한, 중국 간의 석탄 협력과 한국 석유화학 산업의 북한 진출 방안 수립에 참고할 수 있도록 하였다.

본서는 한양대학교 에너지거버넌스센터가 한국연구재단의 SSK (Social Science Korea) 중형 사업 지원으로 수행한 "글로벌 에너지 거버넌스와 한국의 국가 에너지 전략" 사업의 일부이며 2017년 9월부터 2018년 5월까지 전문가들을 초청해서 개최한 각종 간담회와 학술회의 등을 진행한 결과물들을 집대성하였다. 이 책의 출판과 필진의 연구에 도움을 준 한국연구재단에 감사드린다. 또한 출판을 맡아 준 사회평론아카데미의 윤철호, 김천희 대표에게도 감사의 뜻을 표한다.

2018년 6월 2일
김연규(한양대학교 국제학부 교수/한양대학교 에너지거버넌스센터장)

차례

8

제2부 한국의 북방경제협력과 동북아 에너지

서문

문재인 정부하 북방경제협력, 무엇을, 어떻게 할 것인가?

김연규(한양대학교 국제학부 교수)

동북아지역은 21세기 들어 세계에서 가장 급속한 에너지수요 증가와 동시에 역동적인 급격한 에너지수급구조의 변화를 보이고 있다. 한국과 중국의 급속한 경제성장으로 인하여 동북아지역 총 에너지수요는 1990년 이후 2배 이상 증가하였고, 기존의 이 지역의 대규모 에너지수입국인 한국과 일본에 이어 중국은 세계 제1위의 에너지 소비국이자 수입국으로 급부상하였다. 이에 따라 동북아지역에는 전 세계 에너지소비의 1/3 이상이 집중되어 있는 최대 에너지소비지역이 되었으며, 역내 에너지안보 역량을 제고시킬 수 있는 역내 국가 간의 에너지협력이 세계 어느 지역보다도 더 절실히 요구되고 있다. 이러한 관점에서 역내 부존되어 있는 에너지 자원의 공동개발과 효율적인 에너지 수급구조 형성을 위한 동북아 국가 간의 에너지 협력에 대한 논의가 지난 수십 년 동안 꾸준히 제기되어 왔다. 특히 2017년 미국의 트럼프 정부의 출범과 저유가의 지속, 천연가스와 LNG시장의 확대 등 국제에너지시장의 여건 변화하에서 향후 한국이 취할 동북아 에너지협력 및 대응 전략에 대하여 살펴보는 것이 중요하다.

동북아 지역에는 역내 국가 간 에너지 협력의 잠재량이 매우 높다. 러시아의 동시베리아와 극동지역에는 석유와 천연가스가 상당히 많이 매장되어 있으며, 또한 중국과 극동러시아, 몽골에도 상당량의 석탄이 매장되어 있어, 역내 에너지자원의 개발 잠재력은 매우 높다. 따라서 자원 보유국인 러시아와 몽골의 에너지자원을 개발하여 한국과 중국, 일본과 같은 대규모 자원소비 수입국에 공급할 경우, 역내의 에너지 자급도를 높이고 역내 에너지 안보에도 크게 기여할 수 있을 것이다. 또한, 역내 국가 간 에너지 수송망을 건설하여 연계하면 효율적 에너지 공급 및 교역 기반을 구축하고, 궁극적으로는 이 지역의 통합 에너지 수급체계 구축도 실현할 수 있을 것이다.

러시아, 몽고 등의 역내 잠재 석탄, 원유, 가스 수출국과 한국, 중국, 일본 등과의 에너지 협력에 치중되어 있던 그동안의 전통적인 동북아에너지 협력 논의는 2000년대 후반부터 본격화하기 시작한 미국의 셰일혁명과 이로 인한 글로벌 에너지 시장변동, 그리고 글로벌 기후변화 협상의 진전과 함께 새로운 형태의 에너지협력 단계로 접어들었다

기존 한국의 에너지외교가 화석연료, 특히 중동중심의 석유안정 수급을 중심으로 전개되었다면, 향후 단기적으로는 LNG발전의 증가로 천연가스와 LNG안보 이슈를 중심으로 재편될 가능성이 크다. LNG는 수급불안정과 저장시설 등 인프라 부족이 최대 약점이기 때문에 에너지외교가 천연가스의 경쟁적 시장구축에 역량을 발휘해야 할 필요가 있으며, 한·중·일 3국의 LNG 수입은 60% 정도가 카타르, 호주가 차지하고 있을 정도로 과거는 중동 중심으로 수출하고 미국이 수입국의 중심이었지만 지금은 미국이 생산국(수출국)으로 등장함으로써 패러다임이 완전히

바뀌어 천연가스와 LNG 교역 구도의 재편을 유리하게 활용하는 방안
마련에 집중해야 한다.

중장기적으로는 미세먼지로 인한 동북아 환경협력, 동북아 전력망
연계, 4차산업혁명으로 인한 에너지혁신과 기술 등이 에너지외교의 핵
심주제가 될 것이다. 장기적으로는 북극자원개발과 운송로 개통까지를
염두에 둔 에너지 외교 전략을 수립해야 할 것이다.

미국의 LNG 수출 개시로 인한 LNG 시장의 지각변동에 대해서는
지난 2년 동안 많은 연구가 수행된 바 있으나, 국제유가 변동에 따른 미
국 LNG 아시아 공급 가격 경제성 분석에도 집중할 필요가 있다. 2016년
2월 미국은 저유가체제하에서도 주로 남미지역으로 LNG를 수출하였다.
그리고 2016년 말부터 미국은 아시아지역으로 LNG 4BCM을 수출하였
다. 미국은 2016년의 LNG 수출 추세를 감안하여 2017년부터 2020년
까지의 아시아지역으로의 LNG 수출량 예상 시나리오를 도출할 것이다.
2017년 5월 미국 상무부가 100일 행동계획(100-day Action Plan)의 일
부로 중국과의 LNG 수출 합의를 발표함에 따라 중국까지도 미국 LNG
를 수입함에 따라 한·중·일 3국의 각기 다른 미국 LNG 도입 전략이 매
우 중요한 조사 대상이다.

과거에는 늘어나는 천연가스 수요를 적기에 충족하기 위해 장기 위
주로 도입계약을 체결하면서 아시안 프리미엄을 지불하는 것이 용인됐
다. 그러나 현재 가스 수급도 상대적으로 안정화되어 가스공사는 기존의
장기계약 종료 후에는 해당 물량을 스팟 또는 단기물량으로 대체할 가능
성이 높다. 2017~2018년 장기계약이 종료되는 프로젝트는 인도네시아
BADAK과 말레이시아 MLNG2, 부르나이의 BLNG 등이다. 이들의 연
간 계약 물량은 총 400만 톤으로 3,200만 톤 정도인 국내 수요의 13%
수준인데 미국 Sabine Pass 물량 280만 톤과 일부 스팟 물량으로 대체

될 것이다. 2024년 898만 톤의 카타르 RasGas와 오만 OLNG의 장기계약이 종료될 예정이기에 2020년부터는 본격적인 준비가 필요하다. 이미 그 이전에 기존의 경직적인 LNG 계약 관행이 깨질 것이기 때문이다.

동북아 에너지 협력에서 러시아로의 수입다변화는 여전히 중요한 과제가 될 것이다. 러시아 원유 수입은 인프라구축 등의 측면에서 일정 부분 성과를 거둔 가운데 앞으로의 남은 과제는 중동에 치우쳐 있는 천연가스 수입을 러시아로 수입선 다변화를 이룰 수 있는가 하는 것이다. 저유가 국면이 가져온 변화 가운데 가장 큰 변화는 러시아의 한·중·일 3국으로의 에너지 수출이 원유에서 가스로 확대되고 있는 것이다. 러시아의 가스수출이 아시아로 얼마만큼 확대될 수 있는지가 향후 동북아 에너지협력의 가장 중요한 사안이 될 것이다.

그동안 러시아는 동북아 지역으로 원유는 성공적으로 꾸준히 수출을 늘려왔지만 가스 수출은 미미한 수준에 머물러 있었다. 우선 러시아-중국 파이프라인 연결망 구축이 성공적으로 완성될 수 있는지가 가장 중요한 사안이 될 것이다. 러시아-중국 파이프라인 연결망이 한국, 일본으로까지 연결될 가능성이 높아져 러시아 가스 자원을 둘러싼 한국, 중국, 일본의 협력이 어느 때보다 중요해졌다는 점이다. 중국은 동북아 천연가스 파이프라인 연계망 구축에 있어 러시아와 국경을 맞대고 있기 때문에 동북아 천연가스 파이프라인 연계망은 반드시 중국을 경유해야 한다. 오랜 기간 난항을 겪어온 중국과 러시아 간 PNG 사업협상이 2014년 타결됨으로써 한국과 일본으로까지 파이프라인 연결망을 확대하여 역내 단일 가스시장 조성에 대한 기대를 불러일으키고 있다. 중-러 PNG 사업은 가스배관망을 한국, 일본으로 확대할 수 있고 이를 통해 지역 내 증가하는 가스수요의 충당은 물론 역내 가스거래 확대가 이뤄져 지역 단일 가스시장 형성의 기틀이 마련될 수 있을 것으로 기대된다.

　2015년 11월 한일 양국 정상은 LNG 협력 추진에 합의하고 (1) LNG 수급위기 공동대응 (2) 동북아 LNG허브 구축 (3) 인프라 공동활용 등 3개안에 합의한 것으로 발표함으로써 향후 한중일 동북아 3개국이 LNG를 둘러싼 지역협력 체제를 구축할 수 있을 것인가에 관심이 모아지고 있다. 이러한 동북아 지역의 에너지협력의 배경은 (1) 글로벌 LNG 시장은 셰일가스 혁명 등에 따른 공급물량 확대로 당분간 수입국에 유리한 시장이 지속될 것으로 전망되고 (2) 기존 천연가스 생산국은 중동, 러시아가 중심이었으나, 최근 북미, 호주, 동아프리카 등이 새로운 대규모 가스 생산국으로 부상 중이며 (3) 동북아 LNG시장의 공정성과 효율성을 높이기 위해 세계 1, 2위 LNG 수입국인 한일 양국이 협력체계 구축의 중요성을 공유하고 있기 때문이다.

　유라시아 대륙이 무궁한 변화의 가능성을 가지고 있으며, 세계경제와 강대국 간의 힘의 균형을 결정할 중요한 지역이라는 명제에 이견을 제시하는 사람은 별로 없다. 중국의 중앙아시아에서의 BRI[Belt and Road Initiative: 최근 중국정부는 일대일로(One Belt, One Road)를 BRI로 공식 改名] 정책과 군사영역으로의 영향력 확대가 앞으로 전개될 중앙아시아 차원에서의 유라시아 대륙의 강대국 다이나믹스를 예고하는 것이라고 볼 수 있다.

　학술연구 차원에서와 마찬가지로 정책영역에서도 유라시아 대륙의 동쪽 끝자락에 위치한 러시아 극동(사할린 포함)지역(RFE: Russian Far East)에서 전개되고 있는 러시아와 중국, 일본, 한국, 미국 간의 협력과 경쟁의 양상을 중앙아시아에서의 강대국 간 거대게임(Great Game)과 연결해서 보는 시각이 부재했으며 지난 정부의 '유라시아 이니셔티브' 정책의 핵심적 비판 가운데 하나도 중앙아시아 포함 유라시아 영역까지를 포괄하는 물류와 에너지협력을 의제로 제시하면서도 정작 실질적 추진 정책은 한·러, 남·북·러 간 극동지역 개발에 국한되었다는 점이었다. '유라시아' 지리적 개념에 대한 이러한 혼돈은 같은 유라시아 대륙 안에서의 물류와 에너지이슈가 유럽-중앙아시아-러시아 극동지역으로 하나의 흐름으로 연결된다는 점을 간과함과 동시에 유럽-중앙아시아쪽의 유라시아 물류·에너지 거대게임과 극동쪽 유라시아 물류·에너지 거대게임의 본질의 차이점을 규명하여 정책적으로 한국이 중앙아시아쪽 유라시아에서 중·러와 협력할 부분과 극동 유라시아에서 중·러와 협력할 부분을 분명히 했어야 했다.

이러한 지난 정부의 정책적 모호성은 '유라시아'라는 개념과 미·중·러 거대게임의 양상은 중앙아시아 유라시아에서의 중국과 러시아가 제시하는 정책과 이슈들을 그대로 차용하는 한편 실제 한반도와 직접 연결되는 유라시아 게임은 극동지역의 물류와 에너지협력에 국한된다는 인식의 갭이 존재했기 때문이다.

문재인 정부가 '신북방정책 구현'을 국정과제로 선정하고, 북방경제협력위원회('17. 8월말)를 설치한 이후 마침내 2017년 9월 6~7일 문재인 대통령이 러시아 블라디보스토크를 방문, 제3차 동방경제포럼에 참석하고 푸틴 러시아 대통령과 정상회담을 갖고 한·러 간 협력 및 북한과의 경제적 연계 등 북방경제협력 강화를 논의하였다. 현재까지 드러난 문재인 정부의 신북방정책은 중국, 러시아, 중앙아시아, 몽골 등 북방국가들과의 관계를 어떻게 설정하고 있는가? 앞으로의 과제는 무엇인가?

문재인 대통령은 동방경제포럼 기조연설에서 한·러 간 '9개의 다리(9 Bridges 전략)'를 놓는 것을 골자로 하는 신북방정책을 발표했다. '9개의 다리'는 가스, 철도, 항만, 전력, 북극항로, 조선, 일자리, 농업, 수산업 등의 분야에서 동시다발적인 협력을 말한다. 문 대통령은 특히 가스관과 전력망, 한반도종단철도(TKR)와 시베리아횡단철도(TSR) 연결

철도망 구축을 강조하면서 이러한 메가 프로젝트 실현을 통해 동북아국가 간 상호의존도를 높이고 공동 번영을 추구하는 동북아 에너지공동체 가능성을 제시하였다.

　문재인 대통령의 이러한 제안의 의미는 유라시아의 거대게임이 유라시아 동쪽 변방인 러시아 극동지역으로 확대되어 중국, 러시아, 일본, 미국이 향후 극동개발에 직간접적으로 에너지와 물류를 중심으로 협력과 경쟁을 벌일 것이기 때문에 한국으로서도 적극적으로 참여할 것이라는 의지의 표현이라고 볼 수 있다. 문 대통령이 "동북아 국가들이 협력해 극동 개발을 성공시키는 일은 북핵 문제를 해결하는 또 하나의 근원적 해법"이라고 강조한 것에 주목할 필요가 있다. 문재인 대통령은 또한 "그동안 극동개발은 남·북·러 삼각협력을 중심으로 추진돼 남북 협력의 진도가 안 나가면 한·러 협력도 지체됐다"면서 "이제는 순서를 바꿔야 한다. 한·러 협력이 먼저이고 그 자체가 목표"라고 강조했다. 한·러 협력을 먼저 하고 이후 북한을 참여시키는 방향으로 순서를 가져가겠다는 의미이다.

　최근 러시아 극동지역을 둘러싼 몇 가지 변화의 추세에 근거해 문재인 정부의 극동개발 정책은 다음과 같은 몇 가지 핵심적 이슈를 중심으로 세밀한 검토가 필요하다.

러시아 PNG 가스 對 러시아 LNG, 미국 LNG 10~20년 전과 비교했을 때 글로벌 에너지상황이 많이 바뀐 것을 감안해야 한다. 국제 천연가스 거래 가운데 70%는 아직도 소위 가스관(PNG)을 통해 거래되며 30% 정도만이 액화천연가스(LNG) 형태로 거래되고 있으나 10년 전과 비교해 LNG의 비중이 급격히 증가하고 있다. 2016년 2월 미국이 저유가체제하에서도 LNG 수출을 시작했으며, 주로 남미지역으로 수출하다가 2016년 말부터 아시아지역으로 수출하기 시작(2016년 수출 4BCM, 2017년 20BCM 예상)하여, 2017년 5월 미국 상무부는 100일 행동계획 (100-day Action Plan)의 일부로 중국과의 LNG 수출 합의를 발표한 바 있다. 국제유가가 60달러대로 진입하면 본격적으로 수출이 확대될 것으로 보인다. 2018~2020년 사이 아시아와 유럽으로 미국은 80BCM 수출 예상이 되는데, 특히 한국, 중국에서 러시아 가스와 경합할 것으로 예상된다. 문제는 러시아가 PNG로 할 것이냐 LNG로 할 것이냐의 문제인데 현재로서는 푸틴은 가스전략을 수정하고 있으며 우선적으로 LNG를 확대하는 전략이다. 지금은 PNG는 정치적으로 안 맞고 동시베리아 차얀다 코빅다 가스전 개발이 10년 후에나 생산이 가능하기 때문에 중러 가스관 협력도 연기되고 있다. 시베리아의 힘("Power of Siberia") 가스관 라인 1(동부라인)과 라인 2(서부라인)는 2년 넘게 지속되고 있는 저유가 체제하에서 제대로 된 진전이 이루어지지 못하고 있다. 2014년 5월에 체결된 동부 라인 38BCM 가스 공급은 공급시기 면에서 수출이 2018년에 시작되어서 2024년이면 최대 38BCM에 달할 것이라고 예상했던 것과는 달리 수출 개시 시점이 2024년으로 늦춰졌으며 최대 공급량인 38BCM 도 2031년이 되어야 달성될 것으로 수정하였다.

시베리아의 힘 가스관의 노선도 변경되었다. 원래 계획은 코빅타와 차얀다 가스전에서 시작해서 블라고베셴스크를 거쳐 하바로프스크-블라디보스토크로 이어지는 노선이었으나 2015년 2월 러시아 에너지부의 발표에 의하면 하바로프스크-블라디보스토크는 제외되는 것으로 알려졌다. 이러한 변경은 블라디보스토크 LNG 터미널 계획이 무산된 것과 관련된 것으로 보인다. 남북러 가스관을 생각한다면 한국으로 올 가스공급 계획 노선 자체가 없어지게 된 것이다.

극동 북한 항만개발과 북극물류 그동안 극동물류 협력의 초점은 나진-하산 개발을 통해 한국의 물류를 TKR-TSR로 유럽까지 운송하는 방안에 있었으나 앞으로는 철도 물류 연결보다는 북극해상운송 물류 연결점으로서의 극동 항만개발에 초점이 맞추어져야 할 것이다. 중국과 일본도 비슷한 시각으로 보고 있으며 따라서 중국은 최근 동북지역의 Primorie-1과 Primorie-2 루트를 각각 러시아 자루비노항과 블라디보스토크항과 연결시킬 계획을 발표한 바 있다. 북한의 나진항구가 중요성을 잃게 되었다. 러시아 LNG라면 사할린과 북극 LNG가 옵션이 될 것이다. 북극 야말 LNG 프로젝트가 2017년 10월 첫 수출을 시작하게 된다. 주로 가스관으로 수출을 해온 러시아에게 LNG는 다소 생소한 분야이다. 현재까지 러시아가 2009년 이후 운영하는 LNG 수출은 사할린 남부의 960만 톤 규모의 LNG 수출 프로젝트가 유일하다. 야말은 규모도 1650만 톤으로 대규모이며 북극에서 생산된 LNG라는 점이 특별하다. 야말반도 건너편 기단반도(Gydan Peninsula)에 조성할 예정인 Arctic LNG-2 사업에 일본은 지분투자가 결정되었다. 장기적으로 한국은 Arctic LNG-2 사업 참여를 고려해 볼 수 있을 것이다. 동북아 가스 트레이딩 허브 구축 차원에서 러시아 LNG까지를 포함하는 플랫폼 형태를 구상해 볼 수 있을 것이며 추후 중·러·북한·한국 파이프라인 연계를 포함하는 PNG 협력을 추가하여 동북아 전체 천연가스(파이프+LNG) 허브를 완성할 수 있을 것이다.

동북아 전력망 연계 중국, 몽골, 러시아 간에는 이미 양자간 전력 거래 등 에너지 연계 협력이 이루어지고 있다. 중국과 러시아는 2013년 러시아 전기를 연간 30,000~50,000GWh까지 중국에 수출할 수 있도록 허용한 전력망 연계에 합의하였으며, 2016년 러시아는 중국에 중국 총

전력소비의 0.05%에 해당하는 3,320GWh를 수출하였다. 몽골은 커다란 재생에너지 수출 잠재력을 보유하고 있음에도 중국과 러시아로부터 전기를 수입하고 있는데, 2012년 434GWh에서 2016년 1,76GWh로 국가전력소비의 20%에 해당하는 수준까지 수익을 늘렸다.

한편, 중국 시진핑 주석은 2015년 9월 유엔 '지속가능발전 정상회의'에서 대담한 '글로벌 전력망 연결'(GEI) 비전을 제시하였다. 이 구상은 2050년까지 50조 달러를 투입하여 북극의 바람과 적도의 태양자원까지 통합적으로 연계함으로써 일대일로 전략에 이어 에너지 실크로드로 대변되는 글로벌 초연결망을 구축하겠다는 것이다.

이에 따라 한국, 중국, 일본, 러시아 4국의 전력회사들은 2016년 3월 '글로벌 에너지연계 컨퍼런스' 계기 '동북아 전력계통연계 공동연구 협력 MOU'를 체결하고 상호 협력하기로 하였다. 이 MOU에는 우리나라의 한전(KEPCO), 중국의 국가전력망(SGCC), 일본의 소프트뱅크, 러시아의 로세티가 참여하여 서명하였으며, 동북아 수퍼그리드 설치 타당성 조사에 합의했다. 특히 한국과 일본, 중국은 사업구상을 구체화하기 위한 공동연구에 착수하고 구체 연구 추진을 위한 회의를 가졌다.

2016년 10월 러시아는 아시아 국가 간 전력거래를 논의하기 위해 한국, 중국, 일본, 몽골, 카자흐스탄, 러시아 등이 참여하는 '아시아 에너지고리 사업'(Asian Energy Ring Project)을 제안하였다. 한일 간에는 별도로 2017년 6월 한전 조환익 사장과 일본 손정의 소프트뱅크 사장이 만나 '동북아 수퍼그리드' 사업을 함께 추진하기로 의견을 모았다(김승범 2017, 1). 양인은 특히 "동북아 수퍼그리드가 미세먼지 감축과 온실가스 저감을 위한 새로운 해결책이 되는 동시에 동북아시아를 에너지로 연결해 경제공동체 구축의 물꼬를 트는 역할을 할 것으로 기대"한다는 의사를 표명했다.

전반적으로 동북아 전력 연계망 구축에 있어 각국의 태도는 일정한 관심 이상을 보이는 것으로 파악된다. 우선 중국은 일대일로 구상의 연장선상에서 글로벌 전력망 연계의 일환으로 동북아 전력연계망에 적극적 관심을 보이고 있다. 정부 차원보다는 공기업을 중심으로 활동을 수행하고 있는데 2016년 10월 베이징에서 중국전력협의회(China Energy Council)와 글로벌에너지연계개발공사(GEIDCO) 등은 '동북아 지역 전력연계 메커니즘'(NEA-RPIC: Northeast Asia Regional Power Interconnection Mechanism) 발족을 주도하였으며 운영규칙(TOR)을 마련중에 있다.

일본은 원전 축소, 청정에너지 확대, 러시아 가스 도입 추진 등을 포함, 전력망 연계 구상에 점차 관심을 보이는 경향이다. 특히 민간기업인 소프트뱅크는 적극적으로 사업을 추진중에 있는데, 정부 역시 후쿠시마 사태 이후 심각해진 전력 상황과 상대적으로 비싼 전기요금에 대한 대책 마련이 필요한 실정이다.

러시아는 우크라이나 사태 이후 서방의 제재를 가급적 회피해 나가면서 동북아 국가에 대한 전력 및 에너지 수출에 노력하고 있다. 따라서 지난 10여 년간 러시아와의 에너지 분야 협력사업이 지지 부진하고 역대 정부에 걸쳐 논의되어 온 천연가스(PNG) 도입도 정체된 상황에서 아시아에서의 전력망 연계에 일정한 관심을 표명하고 있다.

몽골은 내륙국가의 한계를 극복하고 자국의 에너지를 수출할 수 있는 전력망 연계 구상을 우선적인 정책과제로 추진하고 있다. 국내에 사용할 전기가 부족한 상황인 점을 감안할 때 풍부한 재생에너지 잠재력을 현실화할 수 있도록 조기에 구체적인 사업이 추진되기를 희망하고 있다.

몽골-중국 간에는 고비사막-텐진 전력계통 연계가 추진되고 있다. 그러나 한반도와의 연계는 북한을 관통하는 것이 현실적으로 불가능한 만큼 해저 케이블을 이용한 한-중 간, 한-일 간 연계를 우선적으로 추진하는 것이 현실적인 방안으로 생각된다. 이에 따라 한국과 중국 간에는 웨이하이에서 서해안을 관통하는 연결망이, 한-일 간 전남/경남 지역에서 마쯔에까지 연결하고, 러-일 간에는 블라디보스토크-가시와자키 연계 구상이 검토되고 있다.

전력 연계망 구축에는 수조원에 달하는 상당한 비용이 들 것으로 예상된다. 막대한 비용과 시간이 걸리는 만큼 국내적인 정치적 합의가 선행되어야 한다. 전력망 구축 기간에 있어 국내상황의 경우 345kV 설치 기준으로 부지매입부터 설치 완료까지 8년가량 소요된 경우도 있으나 정치권과 리더십에서 관심을 결집하면 일정부분 단축은 가능하다.

복잡하고 장기간이 소요되는 복수국가 간 전력망 연계를 위한 공동사업을 추진하기 위해서는 본 사업 추진 전에 전력망 계통설계 방법이나 운영, 그리고 사업비를 포함한 기술적, 경제적 타당성을 예비적인 차원에서 충분히 검토하는 것이 필요하다. 예비타당성 조사 결과를 바탕으로 정부 간에 공식적으로 추진일정 및 로드맵을 공유하고 정책적 어젠다로 채택하여 추진해 나가야 한다.

한편, 동북아 전력망 연계 사업에 이해당사국 외에 국제기구의 적절한 역할과 조정을 통해 이견을 조율해가는 것이 필요하다. 이런 측면에서 에너지 분야에서 국가 간 협력 촉진의 임무를 수행하고 있는 UNESCAP의 역할은 주목할 만하다. UNESCAP은 2013년 5월 아태에너지포럼을 주최하고 회원국 간 에너지 협력과 연계를 지원하는 업무를 증대하겠다고 밝힌 바 있으며 동북아 전력망 연계 추진에 있어 역할을 확대하고 있다.

우리나라는 노후 석탄화력발전소 폐기와 신규 석탄화력발전소 건설 중단, 탈원전 정책에 따른 원전의 퇴조, 청정에너지지원 확대 정책으로 인해 전력망 연계사업의 유용성은 인정된다. 그러나 전력계통상의 기술적 문제, 가격결정 구조, 전력시장 설계 문제는 물론 저탄소 에너지 전환 과정에서 상대적으로 온실가스를 덜 배출하는 천연가스의 수급 방안 등 우리의 에너지 안보와 바람직한 에너지 믹스 등 종합적인 차원에서 전력망 연계 사업을 모색해 가야 한다.

장기적 추진 사업에 대한 불확실성 해소가 전제되어야 하는데 국가별 에너지정책의 차이, 소비시장의 유동적인 상황, 막대한 사업에 대한 재원조달 문제 등도 중요한 사업변수라 할 수 있다. 시장의 불확실성과 위험도 완화를 위해서는 국가 차원의 규제제도의 투명성 제고와 국제수준에 맞는 협상규칙과 제도의 마련도 필요하다.

아울러 사업을 지속적으로 추진할 수 있도록 필요성과 효과성에 대해 역내 정상 차원에서 정치적 공감대를 달성하는 것이 매우 중요하다. 3국 정상회담의 의제로 채택하는 방안도 검토할 필요가 있다. 국내적으로는 초당적인 합의를 통해 정권이 교체되더라도 중단하지 않고 장기적인 차원에서 안정적인 모멘텀을 확보해야 한다.

다만, 단기 성과에 급급하지 않고 한반도의 미래를 열어가는 장기적인 사업으로 지속 추진하면서 협력을 축적해 나가는 노력이 필요하다. 사안이 복잡하고 이해관계가 얽혀 있는 만큼, 성과가 크지는 않더라도 2~3년 내 가시적인 성과를 도출할 경우 사업의 가시성과 예측성을 보다 확고하게 할 수 있다.

참고문헌

김승범. 2017. "한전, 소프트뱅크와 '동북아 수퍼그리드' 함께 한다." 조선비즈, 6월 15일. 1.
http://biz.chosun.com/site/data/html_dir/2017/06/15/2017061500064.html
(검색일: 2018.03.02)

제1부 한국의 에너지 전환과 북방경제협력, 러시아 에너지

제1장

러시아 PNG 도입 방안과 실현 가능성

이유신(영남대학교)

I. 서론

취임 후 문재인 대통령은 자신의 공약인 남·북·러 가스관 건설을 추진하겠다는 의지를 여러 차례 표명했다. 취임하고 나서 이틀 후인 5월 12일에 문 대통령은 러시아 푸틴(Putin) 대통령과의 통화에서 남·북·러 가스관 건설의 추진을 시사했다(강계만·오수현 2017). 이후 10일 지난 22일에 문재인 대통령은 송영길 의원을 러시아 특사로 보내 남·북·러 가스관 프로젝트 재개에 대한 계획을 러시아 측에 전달한 것으로 보도되었다(윤병효 2017; 김성훈 2017). 문재인 대통령이 가스관 프로젝트를 재개하고자 하는 의지는 2017년 7월 G20 정상회의를 계기로 독일 함부르크에서 개최된 한러 정상회담에서도 드러났다. 당시 정상회담에 가스공사 사장 직무대리가 동행했는데 그 이유는 양국 정상이 남·북·러 가스관 프로젝트의 재추진을 논의할 예정이었기 때문이다(노승길 2017).

　2017년 8월 북방경제협력위원회 위원장에 임명된 송영길 의원 또한 '한국·러시아 천연가스 협력을 위한 논의'를 주제로 한 정책 토론회에서 남·북·러 가스관 프로젝트에 대한 한국 정부의 의지를 재확인했다. 송 의원은 "러시아 천연가스관 연결은 한국-러시아 협력의 첫걸음이 될 것으로 기대한다"며 문재인 대통령과 푸틴 대통령의 의지가 확고해 이른 시일 안에 실현될 수 있을 것이라고 말했다(김민준 2017). 문재인 대통령의 확고한 의지는 2017년 9월 러시아의 블라디보스토크에서 개최된 동방경제포럼의 연설에서 다시 표출되었다. 그는 "러시아와 한국의 조선과 에너지 협력은 이미 시작됐고 세계를 바꾸고 있다. 앞으로 남북관계가 풀리면 북한을 경유한 가스관이 한국까지 오게 될 것이다"라고 선언했다(김성곤 2017).

　이 장은 남·북·러 가스관 건설의 실현 가능성을 분석할 것이다. 이 장의 논의는 다음의 순서대로 진행될 것이다. 첫 번째 부분은 남·북·러 가스관의 역사를 간략히 살펴볼 것이다. 이후 두 번째 부분은 남·북·러 가스관의 당사국인 한국, 러시아 및 북한의 입장을 논의할 것이다. 그런 다음 세 번째 부분은 남·북·러 가스관 프로젝트의 실현 가능성을 분석할 것이다. 네 번째 부분은 남·북·러 가스관의 대안으로 거론되고 있는 한·중·러 가스관 프로젝트를 논의할 것이다. 마지막 부분은 앞서 논의된 내용을 요약하고 러시아 PNG 도입 가능성을 전망할 것이다.

II. 남·북·러 가스관의 역사

북한을 경유하는 남·북·러 가스관 건설 계획은 1980년대 말에 처음 거론되기 시작했다. 당시 현대그룹 정주영 회장은 야쿠티아(Yakutia) 공화국의 가스전을 개발해 이곳 가스를 한국으로 들여오는 가능성을 검토

하기 시작했다. 그리고 소연방이 붕괴되고 나서 얼마 지나지 않은 1992
년에 서울에서 개최된 한러 정상회담에서 당시 노태우 대통령은 옐친
(Yeltsin) 대통령과 야쿠티아 공화국에 위치한 차얀다(Chayanda) 가스
전 공동 개발에 관한 의정서를 체결했다. 하지만 당시의 합의는 실행에
옮겨지지 못했다. 특히 러시아에서 한국으로 가스를 들여오기 위해서는
가스전의 개발뿐만 아니라 가스 수송을 위한 다양한 인프라가 구축되어
야 하는데 모든 것이 미비한 상태였다(Paik 2005, 21).[1]

남·북·러 가스관 건설 계획은 2000년대에 들어와 다시 부활했다.
특히 1990년대 중반부터 시작된 사할린(Sakhalin) 가스전 개발이 2000
년대에 들어와 구체적인 성과를 내자 당시 노무현 정부는 남·북·러 가
스관의 시발점으로 사할린을 고려하기 시작했다. 그리고 한국은 2004년
9월 러시아와 양국을 잇는 가스관 건설에 관한 양해각서에 서명했다(지
도 1 참조). 이후 양국 간의 협상이 진행되었고 2년가량 지난 2006년 10
월에 한국 정부와 러시아 정부는 가스거래에 관한 협정에 서명했다. 이
협정에 따라 한국은 2012년부터 가스관을 통해 매년 700만 톤(약 96억
m³)의 러시아 가스를 수입하기로 했다.[2]

여기서 주목할 사항은 이 협정이 북한이 제1차 핵실험을 하고 나
서 8일 후에 체결되었다는 사실이다(정윤아 2017). 이는 당시만 해도 북
한의 핵실험이 남북관계와 국제정세에 미치는 영향력이 지금과 달리 크
지 않았다는 사실을 방증해 주는 것이다. 실제로 노무현 대통령은 금강
산 관광과 개성공단과 같은 남북 경협을 중단하지 않았고 핵실험 이후
1년이 지난 2007년 10월에 북한을 방문해 김정일 국방위원장과 남북 정
상회담을 가졌다. 하지만 이러한 우호적인 남북 관계에도 불구하고 한러

---

1   1990년대 가스관 사업 추진에 대한 보다 자세한 내용은 이윤식(2011, 20-21) 참조.
2   700만 톤은 당시 한국 가스 소비량의 약 1/3에 해당하는 양이다(박대한 2006).

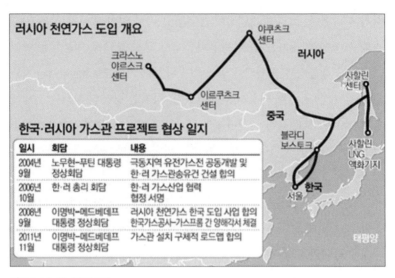

지도 1. 남·북·러 가스관
출처: 강계만·오수현(2017).

가스협정은 이행되지 못했는데 그 이유 중 하나는 북한이 남·북·러 가스관 프로젝트에 관심을 보이지 않았기 때문이다(Lee 2013, 589).

남북정상 회담 이후 4개여 월이 지난 후에 들어선 이명박 정부는 이전 정부보다 남·북·러 가스관 건설 사업을 더 강력하게 추진하려 했다. 2008년 9월 모스크바에서 개최된 한러 정상회담에서 이 대통령은 메드베데프(Medvedev) 대통령과 양국을 잇는 남·북·러 가스관 건설을 추진하기로 한 양해각서에 서명했다. 이 양해각서에서 한국이 러시아로부터 수입하고자 하는 연간 가스 수입량은 이전보다 50만 톤 증가한 750만 톤(약 102억 m³)이었다. 당시 이명박 대통령은 남·북·러 가스관 건설을 추진하기 위해 다각도의 노력을 기울인 것으로 알려졌다. 특히 이명박 대통령은 정상회담에서 사진과 지도를 들고 메드베데프 대통령에게 가스관 건설의 타당성을 설득한 것으로 보도되었다(최상연 2008). 하지만 한국의 이러한 노력에도 불구하고 이 가스관 건설 사업은 2009년 5월 북한의 제2차 핵실험과 이듬해 천안함과 연평도 공격과 같은 연이은 도발로 인해 남북 관계가 경색되면서 진전되지 못했다.

이러한 상황은 2011년 8월 말에 이루어진 북한 김정일의 러시아 방문을 계기로 반전되었다. 당시 러시아의 시베리아에 위치한 울란우데(Ulan-Ude)에서 개최된 북러 정상회담에서 양국 정상은 남·북·러 가스관 건설 문제를 논의할 3국 전문가들의 모임인 '특별위원회'를 설치하기로 합의했다(유철종 2011a). 이 합의 이후 얼마 지나지 않아 이명박 대통령은 KBS와의 인터뷰에서 가스관 건설 프로젝트가 "생각보다 빨리 진행될 것"이라고 언급했다(황일도 2011). 실제로 북러 정상회담 이후 한 달이 채 안 된 9월 중순에 한국의 가스공사와 러시아의 가즈프롬은 가스관 건설과 관련한 로드맵에 서명했다. 이 로드맵에 따라 가스관 건설은 2013년에 시작되어 3년 후인 2016년에 완공되고 2017년부터 완공된 가스관을 통해 가스가 공급될 예정이었다(유철종 2011c). 하지만 이렇게 탄력이 붙은 가스관 건설 사업은 2013년 2월에 들어 북한이 제3차 핵실험을 감행하자 추진 동력을 잃게 되었다.

이후에 들어선 박근혜 정부는 원론적인 수준에서 남·북·러 가스관 사업에 관심을 기울였다. 이를 가장 잘 증명해주는 것이 2013년 11월 서울에서 개최된 한러 정상회담 이후 발표된 공동 합의문이다. 이 합의문에서 양국 정상은 자원보유, 경제적 타당성 및 여타 조건 등을 고려해 가스관 건설 사업을 결정해 나가기로 합의했다(박정규 2013). 하지만 이후 남북 관계가 경색되면서 남·북·러 가스관 사업은 추진될 기회조차 얻지 못했다.

III. 남·북·러 가스관 당사국의 이해관계

1. 한국

문재인 정부가 남·북·러 가스관 프로젝트에 관심을 보이는 중요한 이유 중 하나는 에너지 전환 정책과 연관이 있다. 문재인 정부는 전력원의 75퍼센트가량을 생산하는 원자력과 석탄을 단계적으로 축소하고 그 공백을 LNG와 재생에너지로 대체하려 하고 있다. 이러한 정책은 2017년 12월에 발표된 제8차 전력수급기본계획에 잘 드러나 있다. 이 계획에 따라 수명을 10년 연장해 2022년까지 가동될 예정이었던 월성 원전 1호기가 올해부터 폐쇄 절차에 들어가고 노후 원전 10기는 수명에 맞춰 연장 없이 폐쇄될 예정이다.[3] 이렇게 되면 2017년 기준 전력 발전량의 30.3퍼센트를 차지하는 원전의 비중은 2030년에 이르러 23.9퍼센트로 줄어든다. 석탄 발전소 또한 2017년 61기에서 2030년에 이르러 57기로 줄어든다. 그 결과 2017년 기준 전력 발전량의 45.4퍼센트를 차지하는 석탄의 비중은 2030년에 이르러 36.1퍼센트로 축소된다(산업통상자원부 2017, 35-36, 44; 이광호 2017).

이에 반해, 전력원에서 신재생에너지와 LNG가 차지하는 비중은 같은 기간 동안에 늘어나게 된다. 전자는 6.2퍼센트에서 20퍼센트로 그리고 후자는 16.9퍼센트에서 18.8퍼센트로 늘어난다. 물론 전력원에서 LNG가 차지하는 비중이 문재인 대통령 후보 당시의 공약에 비해 크게 증가하지 않았다.[4] 하지만 2017년에서 2030년 사이에 최대 전력 소비량

---

3   수명에 맞춰 폐쇄될 예정인 원전은 고리 2호기(2023년), 고리 3호기(2024년), 고리 4호기·한빛 1호기(2025년), 월성 2호기·한빛 2호기(2026년), 한울 1호기·월성 3호기(2027년), 한울 2호기(2028년), 월성 4호기(2029년)이다.

표 1. 동북아 지역의 국가별 주요 에너지 지표(2014)

국가	수입량(억 m³)	전체 수입량에서 차지하는 비중(%)
카타르	156	35.5
오만	53	12.1
인도네시아	57	12.9
말레이시아	50	11.4
브루나이	18	4.1
호주	61	13.9
러시아	24	5.4
기타	21	4.7
합계	439	100

출처: BP(2017, 34).

이 85.2GW에서 100.5GW로 약 22퍼센트 증가하는 것을 감안하면 비록 전력원에서 LNG가 차지하는 비중이 1.9퍼센트 늘어나는 데 그친다해도 LNG의 총 소비량은 이보다 큰 폭으로 증가할 것으로 예상된다(산업통상자원부 2017, 39).

이러한 상황에서 한국 정부는 추가로 가스를 수입해야 하고 그 수입처로 두 가지 장점을 보유한 러시아를 유력한 대상국으로 고려하고 있다. 우선 러시아는 지리적으로 한국과 매우 가깝다. 그리고 러시아로부터 가스를 수입하게 되면 가스 도입선을 다변화할 수 있는 효과를 누릴 수 있다. 〈표 1〉에서 보듯이 2016년 한국은 439억 m³의 가스를 수입했는데, 이 중 중동(카타르, 오만) 지역과 동남아(인도네시아, 말레이시아, 브루나이) 지역에서 각각 47.6퍼센트와 28.4퍼센트를 수입했다. 이는 한

---

4   당시 공약은 LNG 비중을 37퍼센트까지 늘릴 계획이었다.

국의 가스 수입처가 두 지역에 편중되어 있음을 의미한다. 따라서 한국
이 러시아로부터 연간 100억 m^3 상당의 가스를 수입하게 되면 이 편중
문제를 완화할 수 있다. 그리고 한국은 중동 지역으로부터 말라카 해협
을 통해 수입해 오는 가스의 양을 줄임으로써 수송의 안정성도 제고할
수 있다.

한국은 러시아로부터 LNG 혹은 PNG 형태로 가스를 들여올 수 있
다.[5] 이 두 가지 옵션 중 한국 정부가 PNG에 관심을 보이는 중요한 이유
중 하나는 PNG가 LNG에 비해 저렴하기 때문이다. 특히 러시아에서 들
여오는 PNG는 호주나 중동에서 수입해 오는 LNG보다 20퍼센트가량
비용이 저렴할 것으로 기대된다(강계만·오수현 2017; 윤병효 2017; 김상
진 2017).

문재인 정부가 PNG에 관심을 보이는 두 번째 이유는 남·북·러 가
스관 프로젝트를 매개로 북한과의 관계 개선이라는 정치적 목적을 달성
하려고 하기 때문이다. 실제로 2017년 5월 청와대는 남·북·러 가스관
프로젝트를 언급하면서 이 프로젝트가 북한을 협상 테이블로 불러내는
데 활용될 것이라고 설명했다(강계만·오수현 2017). 송영길 북방경제협
력위원회 위원장 또한 2017년 8월 국회에서 개최된 정책 토론회에서 이
러한 구상을 언급했다. 그는 "러시아에서 북한을 거쳐 남한까지 가스관
을 연결하면 북한을 시장경제체제로 끌어낼 수 있는 계기이자 북한이 핵
을 포기할 수 있는 대안이"될 것이라고 밝혔다(김디모데 2017). 문재인
대통령은 이러한 의지를 2017년 9월 러시아 블라디보스토크에서 개최
된 동방경제포럼에서 재확인했다. 그는 남·북·러 3각 프로젝트에 대해
언급하며 "북한이 시작부터 함께 하면 더 좋은 일이다. 조속한 시일 내

5　한국은 이미 러시아로부터 소량의 LNG를 수입해 오고 있다. 〈표 1〉에서 보듯이 2016년에
　24억 m^3의 러시아 가스를 수입했다.

에 북한이 핵을 포기하고 국제사회로 복귀하여 이러한 사업들에 동참하기를 절실하게 바란다"라고 말했다(김성곤 2017). 문재인 정부의 이러한 기대는 보수 정권인 이명박 정부 당시의 기대와 크게 다르지 않다. 2011년 당시 한나라당 홍준표 대표는 남·북·러 가스관 프로젝트를 설명하며 '웩더독'('wag the dog')이라는 표현을 썼다. '웩더독'이란 개의 꼬리를 흔들어 머리를 흔들게 만든다는 의미로 가스관 프로젝트를 매개로 북핵 문제를 해결하겠다는 것이다(안호균 2011).

문재인 정부가 남·북·러 가스관 프로젝트를 추진하겠다는 의지를 밝히며 추가로 내세운 정당성 중 하나는 미세먼지 저감이다. 청와대 관계자는 이 사안에 대해 언급하며 남·북·러 가스관 프로젝트는 환경 차원에서도 구상되고 있다고 언급했다(강계만·오수현 2017). 여기서 의문이 드는 사항은 남·북·러 가스관 프로젝트와 미세먼지 저감과의 연관성이다. 다시 말해, 미세먼지를 줄이기 위해 러시아 가스만을 수입해야 하는 이유도 없고 이 가스를 꼭 남·북·러 가스관을 통해 들여올 이유도 없다. 이러한 견지에서 볼 때 현 정부가 남·북·러 가스관 프로젝트와 미세먼지 문제를 연관시키는 가장 중요한 이유는 아마도 이 프로젝트에 대한 국민의 지지를 끌어내기 위해서일 것이다. 주지하듯이 미세먼지 문제가 날로 심각해지면서 이 문제가 한국 사회의 주요 이슈로 등장했다. 따라서 미세먼지 저감은 대다수 국민의 지지를 얻을 수 있는 사안이다. 이에 반해, 남·북·러 가스관 프로젝트는 대다수 국민들의 지지를 받기 어려울 것으로 보인다. 특히 현 국제정세하에서 한국의 보수 세력은 가스관 프로젝트에 대해 부정적인 견해를 갖고 있을 것이다. 따라서 문재인 정부는 두 가지 이슈를 하나로 묶어 가스관 프로젝트에 대한 국민의 지지를 더 많이 이끌어 내려고 하는 듯해 보인다.

2. 러시아

러시아가 남·북·러 가스관 프로젝트에 관심을 보이는 주요 이유는 다음
의 세 가지이다. 첫째, 이 가스관은 러시아의 가스 수출을 다변화하는 데
일조할 수 있다. 주지하듯이 러시아 가스 수출의 대부분은 서쪽으로 향
하고 있다. 〈표 2〉에서 보듯이 2016년에 러시아가 유럽으로 수출한 가스
량은 전체 가스 수출량의 81.1퍼센트에 해당한다. 이에 반해, 러시아가
아시아·태평양(이후부터 아·태) 지역으로 수출한 가스량은 전체 가스
수출량의 6.8퍼센트에 불과하다.

　여기에 더해 러시아의 주력 시장인 유럽은 러시아 가스에 대한 의존
도를 낮추기 위해 다양한 노력을 기울이고 있다. 일례로 유럽연합은 카
스피해 지역에서 러시아 영토를 거치지 않고 가스를 수입해 오는 남부
가스회랑(southern gas corridor) 건설을 지원하고 있고 폴란드와 리투
아니아와 같은 국가는 미국으로부터 LNG를 수입하기 시작했다(Musta-
fayev 2018; Sheppard 2017). 유럽연합은 여기에 머물지 않고 러시아의
가즈프롬에게 다양한 규제 압력을 가하고 있다. 이러한 규제의 대표적인
예가 바로 제3 에너지 패키지(Third Energy Package)이다. 이 패키지의

표 2. 동북아 지역의 국가별 주요 에너지 지표(2014)

수출 지역	수출량(억 m³)	전체 수출량에서 차지하는 비중(%)
유럽	1,661	81.1
CIS	247	12.1
아시아·태평양	139	6.8
합계	2,047	100

출처: BP(2017, 34).

핵심 중 하나는 가스의 생산, 운송 및 판매를 분리함으로써 가스 시장의 자유화를 추구하는 것이다. 이 패키지가 적용되면 가즈프롬은 계약에 따라 수출하기로 한 가스 중 일부를 직접 소비국에 운송할 수 없게 될 수도 있다. 왜냐하면 가즈프롬에게 할당된 가스관의 수송양이 제한될 수 있기 때문이다. 다시 말해, 가즈프롬 이외의 회사에게도 가스관을 활용할 수 있는 권한이 부여되기 때문에 가즈프롬이 사용할 수 있는 가스관의 용량은 감소할 수밖에 없다.[6] 유럽은 이러한 규제를 통해 하류부문에서 가즈프롬의 가스판매를 억제하려 하고 있다(Henderson and Mitrova 2015, 78).

이러한 상황에서 러시아 당국은 가스 수출국의 다변화를 중요한 목표로 설정했다. 이를 가장 잘 증명해 주는 것이 바로 러시아 정부가 2009년에 채택한 '러시아 에너지 전략 2030'이다. 이 전략에서 러시아 정부는 2030년에 이르러 아·태 지역으로의 가스 수출을 19-20퍼센트까지 끌어 올린다는 목표를 수립했다(Ministry of Energy of the Russian Federation 2010, 23). 이러한 목표는 2015년에 발표된 '러시아 에너지 전략 2035'에서 상향 조정되었다. 이 전략에 따라 러시아는 아·태 지역으로의 가스 수출 비중을 2025년과 2035년까지 각각 32~38퍼센트와 42~44퍼센트까지 끌어 올릴 계획이다(이성규·이주리 2015, 54).

러시아 당국은 이 목표를 달성하기 위해 다양한 노력을 기울여 왔다. 이러한 노력의 대표적인 예가 바로 동부가스프로그램(Eastern Gas Program)이다. 이 프로그램은 '러시아 에너지 전략 2030'의 전신인 '러시아 에너지 전략 2020'이 2003년에 발표되고 나서 4년 후인 2007년에

---

6   물론 제3 에너지 패키지는 기존의 가스거래 계약에는 적용되지 않는다. 하지만 가까운 미래에 많은 계약들이 갱신되는데 이때부터 이 계약들은 에너지 패키지의 적용을 받게 된다(Henderson and Mitrova 2015, 36).

채택되었다. 동부가스프로그램의 핵심은 동시베리아와 극동 지역에 매장되어 있는 가스전을 개발해 이 지역의 가스화를 추진하고 동시에 이 지역에서 생산된 가스를 아·태 지역으로 수출하는 것이다. 아·태 지역으로의 가스 수출 확대는 2009년 러시아가 사할린-2에서 매년 약 131억 m³의 가스를 수출할 수 있는 능력을 갖추게 되면서 가시적인 성과를 거두기 시작했다. 러시아는 또한 2009년부터 사할린 가스전과 블라디보스토크을 연결하는 사할린-하바로프스크-블라디보스토크 가스관을 건설하기 시작해 2년 후인 2011년에 제1단계 공사를 마쳤다. 이 공사 이후 러시아는 매년 55억 m³의 가스를 수송할 수 있는 능력을 갖추게 되었고 수송 능력을 연간 300억 m³까지 확대할 계획을 가지고 있다. 러시아는 이 가스관을 통해 극동 지역에 안정적으로 가스를 공급하는 것과 아·태 지역으로 가스 수출을 확대하겠다는 두 가지 목표를 달성하려 하고 있다 (Gazprom website; Zarakhovich 2009).

러시아가 아·태 지역으로 가스 수출을 확대해야 하는 또 다른 이유는 아시아 가스 시장에서 격화되고 있는 경쟁이다. 특히 호주는 10여 년 전부터 아시아 가스 시장의 호황을 기대하며 가스전 개발과 LNG 시설

표 3. 카타르와 호주가 아시아 가스 시장에 수출한 가스량의 변화 추이, 2012-2016

년도	카타르(억 m³)(비중 %)	호주(억 m³)/(비중 %)	합계(억 m³)/(비중 %)
2012	665(70)	280(30)	945(100)
2013	750(71)	301(29)	1,051(100)
2014	744(70)	316(30)	1,060(100)
2015	695(64)	389(36)	1,084(100)
2016	680(54)	568(46)	1,248(100)

출처: BP(2013, 28); BP(2014, 28); BP(2015, 28); BP(2016, 28); BP(2017, 34).

건설에 막대한 재원을 투자해 주요 가스 수출국으로 부상했다. 이로 인해, 아시아 가스 시장은 최대 수출국인 카타르와 도전국인 호주의 각축장이 되었다. 〈표 3〉에서 보듯이 카타르의 수출량은 2012년부터 2013년까지는 증가세를 보였지만 이후 계속 하락하고 있다. 이에 반해, 호주의 가스 수출량은 2012년부터 계속해서 증가하고 있다. 이 경쟁에 미국도 가세할 기세이다. 국제에너지기구(IEA)는 미국이 셰일가스 혁명에 힘입어 5년 이내에 호주와 카타르 다음으로 많은 LNG 생산시설을 갖추게 될 것이라고 예측했다. 미국은 이미 지난 2016년 2월부터 아시아로 가스를 수출하기 시작했다. 비록 이 수출량은 카타르와 호주에 비해 매우 작지만 미국의 LNG 생산능력의 증가는 가스 시장에서의 공급 우위를 공고히 하는 역할을 하고 있다(이유신 2016/2017, 236). 이러한 상황에서 러시아가 한국 시장을 선점하지 못하면 이 시장을 경쟁국에 빼앗기게 될 가능성을 배제할 수 없다.

둘째, 남·북·러 가스관은 중국 가스 시장에 대한 러시아의 과도한

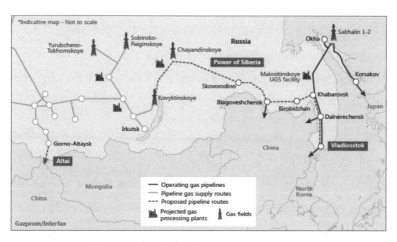

지도 2. PoS 가스관과 PoS-2(알타이) 가스관
출처: Washington and Yulina(2014).

의존도를 낮추는 데 일조할 수 있다. 사할린-2 LNG 시설이 가동된 이후 아·태 지역으로의 가스 수출 확대는 중국과의 가스 협상이 가격에 대한 이견 차이로 인해 난항을 겪으면서 5년 가까이 구체적인 성과를 달성하지 못했다. 하지만 2014년에 발생한 우크라이나 사태를 계기로 러시아가 중국과 가스협정에 서명하면서 전자는 중국 시장에 진출할 수 있는 중요한 발판을 마련하게 되었다. 이 협정에 따라 러시아는 자국과 중국을 잇는 Power of Siberia(PoS) 가스관을 건설하고 이 가스관을 통해 30년 동안 매년 380억 m³의 가스를 수출하기로 했다(지도 2 참조). 이 계약은 분명 러시아가 아시아에서 중국이라는 거대 시장에 진출했다는 점에서 의미가 매우 크다. 하지만 동시에 이 계약은 러시아 다변화 정책의 딜레마도 내포하고 있다. 왜냐하면 유럽에 편중된 가스 시장을 다변화하기 위해 아시아 시장으로 진출했는데 이 시장에서 중국에 과도하게 의존하게 될 가능성이 높아졌기 때문이다. 특히 러시아의 주요 가스 생산지인 서시베리아와 신규 생산지인 동시베리아를 연결해 주는 가스 수송망이 부재한 상황에서 중국에 과도하게 의존하는 것은 러시아의 협상력을 약화시킬 수 있다. 이러한 요인은 러시아로 하여금 중국 의존도를 낮추는 헤지(hedge) 전략을 추구하게 만들고 있다.

러시아가 헤지 전략을 추구해야 하는 또 다른 이유는 동시베리아에 매장된 가스전을 보는 중국의 인식이다. 중국은 이 가스전에 매장된 가스를 '발이 묶인'('stranded') 자원으로 인식하고 있다. 다시 말해, 중국이 이 가스를 매입하지 않으면 다른 국가에 수출되지 못하고 땅속에 묻혀 있어야만 한다는 것이다. 이러한 인식에 기초해 중국은 동시베리아에서 추가로 가스를 수입하는 것을 최대한 미루고 있다(Henderson and Mitrova 2016, 63). 러시아는 이러한 상황에 대비하기 위해 중국과 가스 협상을 진행하는 동안 일본과의 가스 협력도 도모해 왔다. 이를 가장 잘 보여주는 사례가 사할린-2 LNG 설비 확장 프로젝트, 블라디보스토크 LNG 프로젝트 및 사할린-일본 해저 가스관 프로젝트이다(Arai 2016, 103-108). 러시아는 이러한 프로젝트들의 실현을 통해 중국에 대한 과도한 의존도를 낮추려 하고 있다(Sevastianov and Reutov 2016, 81-82). 이와 유사하게 러시아는 한국을 중국에 대한 의존도를 낮출 수 있는 시장으로 인식하고 있을 것이다(Calvo 2014).

셋째, 러시아는 남·북·러 가스관을 통해 한국으로 가스를 수출함으로써 한반도에 대한 정치적 영향력을 제고할 수 있다. 소연방 붕괴 이후 러시아와 중국이 국제정치에서 차지하는 지위는 급변했다. 이를 가장 잘 보여주는 것이 바로 각 국가에 대한 호칭이다. 소연방 당시 소련은 '큰 형'('big brother')으로 불리웠고 중국은 '작은 형'('little brother')으로 불리웠다. 하지만 현재 러시아는 '작은 형'으로 인식되기 시작했고 중국은 '큰 형'으로 인식되기 시작했다(Gabuev 2016). 이러한 지위의 변화는 러시아와 중국이 한반도에 미치는 영향력의 차이로 이어졌다. 한반도에 대한 러시아의 영향력은 급격히 하락한 반면에 중국의 영향력은 급격히 증가했다. 이러한 상황에서 러시아는 남·북·러 가스관을 건설함으로써 한반도에 대한 영향력을 일부 회복할 수 있다(Calvo 2014). 이러한 의지는 2012년 9월에 러시아가 가스관 프로젝트의 실현을 위해 110억 달러에 달하는 북한의 채무 중 90퍼센트를 탕감해 주기로 결정했을 때 가장 잘 드러났다(Dyakina and Kelly 2012).

3. 북한

김정일 통치 말기에 북한은 남·북·러 가스관 프로젝트에 지대한 관심을 보였다. 실제로 김정일은 2011년 8월 러시아를 방문해 메드베데프 대통령과 가진 정상회담에서 이 가스관 프로젝트의 실현을 지지하겠다는 입장을 표명했다(RFE/RL 2011). 바로 이러한 이유 때문에 당시 이명박 대통령은 앞서 언급했듯이 가스관 프로젝트가 예상보다 빨리 실현될 수도 있다고 언급했다. 하지만 북러 정상회담 이후 4개여 월이 지난 12월에 김정일은 사망했다.

　　이후 북한은 남·북·러 가스관 프로젝트에 대해 공식적인 반응을 보이지 않고 있다. 따라서 가스관 프로젝트에 대한 북한의 입장이 무엇인지 정확히 알 수 없다. 다만 여러 가지 상황을 감안해 북한의 입장을 추론해 볼 수 있다. 우선 북한의 3대 세습이라는 정치체제의 특성상 김정은이 뚜렷한 명분 없이 김정일의 정책을 완전 폐기할 가능성은 낮다(윤성학 2012, 259-260). 그리고 남·북·러 가스관 프로젝트가 실현될 경우 북한은 여러 가지 경제적 혜택을 얻을 수 있다. 우선 북한은 연간 1억 달러 상당의 통과료 수입을 올릴 수 있다(윤병효 2017). 이 수익은 북한의 연간 총 수출액이 30억 달러 정도임을 감안하면 작지 않은 금액이다(이재윤 2017).[7] 북한은 또한 자국의 노동력을 가스관 건설에 참여시킴으로써 인건비 수입도 올릴 수 있다. 이외에도 북한은 가스관 건설을 매개로 추가적인 경제지원도 요구할 수 있다(윤성학 2012, 264). 여느 때보다 가혹한 경제 제재를 받고 있는 북한이 이와 같은 경제적 혜택을 거부할 가능성은 낮다. 만약 북한이 핵무기를 포기하지 않고도 이러한 혜택을 누릴 수 있다면 이보다 더 좋은 프로젝트는 없을 것이다.

　　이외에도 북한은 남·북·러 가스관을 통해 러시아를 한반도로 끌어들임으로써 중국을 견제할 수도 있다. 앞서 언급했듯이 소연방 붕괴 이후 북한의 대중국 의존도는 우려스러울 정도로 높아졌다. 북핵 문제의

7　30억 달러라는 액수는 유엔안보리가 북한에 경제 제재를 가하기 이전에 추정한 수치이다.

해결에 있어 중국이 열쇠를 쥐고 있다는 인식은 여기에서 기인한다. 이러한 상황에서 남·북·러 가스관은 북한의 대중국 의존도를 낮추는 데 기여할 수 있다. 특히 미국의 통상 압력을 받은 중국이 북한에 전례 없는 경제적 압박을 가하고 있는 상황에서 북한이 러시아를 끌어들이려는 동기는 어느 때보다 강할 것이다.

IV. 남·북·러 가스관 프로젝트의 실현 가능성

2018년 3월 초 한국의 정의용 안보실장을 단장으로 하는 대북 특사단이 북한을 방문해 김정은을 만나고 돌아오기 전까지만 해도 남·북·러 가스관 프로젝트의 실현 가능성은 제로에 가까웠다. 특히 북한의 핵문제와 이를 둘러싼 국제정세는 이 가스관 프로젝트 실현의 가장 큰 걸림돌로 작용하고 있었다. 하지만 대북 특사단의 방문을 계기로 4월에는 남북 정상회담이 그리고 6월에는 미북 정상회담이 개최될 예정이다. 이렇게 예상치 못했던 일들이 전개되면서 북핵 문제를 둘러싼 국제정세가 극적으로 반전될 가능성이 생겼다. 만약 두 번에 걸친 정상회담을 통해 북핵 문제가 해결되면 남·북·러 가스관 프로젝트의 실현 가능성은 높아질 것이다. 하지만 과거 북한과의 비핵화 협상이 모두 실패로 끝났던 경험을 상기해 보면 현 시점에서 섣부른 낙관은 이른 감이 있다.

주지하듯이 2017년에 들어 북한은 핵무기를 완성하고 이를 실전에 배치하려는 의지를 어느 때보다 강하게 드러냈다. 북한은 2017년 5월부터 중거리 탄도미사일을 여러 차례 발사했다. 이렇게 북한의 도발이 지속되자 미국의 주도하에 유엔 안전보장이사회(이후부터 안보리)는 6월 2일 북한제재 결의안 2356호를 만장일치로 채택했다. 안보리는 결의안에서 "북한의 거듭된 탄도미사일 발사에 대해 '심각한 우려'를 표명하면서 이런 실험이 북한의 핵무기 운반체계 개발에 기여하고 있다"고 선언했다. 이 제재에 따라 북한의 4개 기관과 14명의 인사가 블랙리스트에 추가됐다. 이로써 북한의 핵·미사일 프로그램과 관련해 유엔의 제재를 받는 대상은 기관 46곳과 개인 53명으로 늘어나게 됐다(반종빈 2017).

　이러한 제재에도 불구하고 북한의 도발은 멈추지 않았다. 북한은 유엔 제재가 있은 후 1달여가 지난 7월 4일에 ICBM급 미사일 실험 발사를 감행했다. 그리고 같은 달 28일에 동급의 미사일 실험을 추가로 감행했다. 이에 유엔안보리는 8월 초에 대북제재 결의안 2371호를 만장일치로 채택해 북한에 강력한 경제 제재를 취하기 시작했다. 이 제재의 핵심은 북한 정권의 자금줄을 차단하는 것이다. 이 제재에 따라 북한의 주력 수출품인 석탄, 철광석, 납 및 수산물의 수출이 전면 금지되었다. 이 조치로 인해 북한의 연간 수출액이 30억 달러에서 20억 달러로 감소될 것으로 예상되었다(이재윤 2017).

　하지만 이러한 제재도 북한의 추가 도발을 막지 못했다. 북한은 8월 말에 일본의 홋카이도(Hokkaido) 상공을 넘어 2,700km 지점인 태평양에 떨어지는 미사일을 발사해 괌(Guam)도 사정권 안에 있음을 우회적으로 알렸다. 당시 김정은은 "향후 태평양을 향해 탄도로켓 발사훈련을 많이 할 것이고 미국의 언동을 주시하겠다"라고 경고했다(홍현익 2017, 18). 북한은 여기에 머물지 않고 5일 후인 9월 3일에 제6차 핵실험을 감행했다. 이 실험 이후 한국의 기상청은 제6차 실험의 위력이 2016년 9월의 제5차 실험보다 5배 이상 크다고 평가했다(정인설·박상용 2017). 실제로 북한은 제6차 실험 이후 장거리 미사일에 탑재할 수소폭탄 실험에 성공했다고 발표했다(홍현익 2017, 19).

　이에 미국의 주도하에 유엔안보리는 9월 12일 대북제재 결의안

2375호를 채택해 북한에 추가 경제 제재를 취했다. 이 제재에는 북한산 섬유와 의류에 대한 전면 수출 금지뿐만 아니라 다른 제한 조치도 포함되어 있다. 특히 북한으로 수출되는 석유 제품과 원유의 양은 각각 연간 200만 배럴과 400만 배럴로 제한되었다. 비록 이 제재가 원유 수출 전면 금지라는 제약을 가하지 못했지만 유엔 제재가 석유 제품과 원유를 제재 대상에 올린 것은 전례가 없는 일이었다(함지하 2017a).

하지만 이러한 제재가 채택되고 나서 3일 후 북한은 또 다시 일본 영토를 넘어 태평양에 떨어지는 미사일을 실험 발사했다. 이 미사일은 지난 번 미사일보다 약 1,000km 더 날아가 3,700km 지점에 떨어졌다. 상황이 이렇게 전개되자 미국의 트럼프(Trump) 대통령은 9월 19일 유엔총회 연설을 통해 "미국과 동맹을 방어해야만 한다면 우리는 북한을 완전히 파괴하겠다"고 경고했다. 이 경고 또한 북한의 추가 도발을 막지 못했다. 북한은 9월 미사일 발사 이후 75일 만인 11월 29일에 ICBM급 미사일을 동해로 발사했다. 미국의 여러 전문가들은 이 발사를 계기로 북한이 트럼프 대통령의 별장인 마라라고(Mar-a-Lago)가 위치한 플로리다까지 날아갈 수 있는 미사일을 보유하게 됐다고 평가했다(김영남 2017).

이에 유엔안보리는 북한에 대한 제재 결의안 2397호를 만장일치로 채택했다. 이 제재는 2017년에 들어 유엔안보리가 북한에 가한 네 번째 제재로 북한으로 수출되는 연간 석유 제품의 양을 50만 배럴로 제한했다. 이로써 북한으로 유입이 허용되는 연간 석유 제품의 양은 이전의 200만 배럴에서 75퍼센트나 줄어들게 되었다. 새 결의는 또한 북한이 추가로 핵실험을 감행하거나 미사일을 발사할 경우 북한으로의 유류 수출을 지금보다 더 축소시키겠다는 내용을 담고 있다. 그리고 새 결의는 불법 활동이나 결의 위반에 연관되어 있다고 믿을 만한 합리적인 근거가

있는 북한 선박에 대해 각 유엔 회원국들이 압류 및 조사 등의 조치를 취
할 수 있다고 명시함으로써 북한 선박에 대한 해상 차단 규정도 대폭 강
화했다. 이외에도 새 결의는 북한의 주요 외화 수입원 중 하나를 전면 차
단하기 위해 해외에 파견된 북한 노동자들을 송환해야만 된다는 조항도
포함하고 있다(함지하 2017b).[8]

　이렇게 유엔안보리가 북한에 대해 초고강도 제재를 가하는 상황에
서 주목할 사항은 미국의 트럼프 정부가 과거 여느 정부와 달리 가장 집
요하게 북한을 압박하며 핵문제를 다루었다는 점이다. 특히 트럼프 정부
의 대북 정책은 이전 오바마(Obama) 정부의 대북 정책과 차별된다. 주
지하듯이 오바마 정부는 북한에 대해 '전략적 인내'('strategic patience')
라는 정책을 추구해 왔다. 이에 따라 미국은 소극적인 압박을 가하며 북
한이 변화된 조치를 취할 때까지 기다렸다. 이에 반해, 트럼프 정부는 북
한을 전방위적으로 압박했다. 실제로 트럼프 대통령은 2017년 11월 일
본 아베(安倍晋三) 총리와의 정상회담 이후 가진 공동기자회견에서 "북
한에 대한 전략적 인내의 시대는 끝났다"고 선언했다(허완 2017).

　북한에 대한 미국의 압박은 한국이 평창 동계올림픽을 계기로 북한
과 화해 무드를 조성하려는 와중에도 지속되었다. 올림픽 개막식을 앞두
고 일본을 방문한 미국 펜스(Pence) 부통령은 아베 총리와의 회담 이후
"지금까지 본 적이 없는 가장 강력한 외교적이고 경제적인 압력을 북한
에 가할 것"이라고 언급했다(서승욱 2018). 이 언급 이후 얼마 지나지 않
아 므누신(Mnuchin) 재무장관은 수 주 안에 "가장 엄격한 대북 제재 중
하나를 공개하겠다"라고 말하며 부통령의 언급에 힘을 실어 주었다(강건
택 2018). 그리고 미국은 이방카(Ivanka) 백악관 보좌관이 평창 올림픽

---

8   제재 결의안 2397호에 대한 보다 자세한 내용은 연합뉴스(2017) 참조.

폐막식 참석을 위해 한국을 방문한 날 역대 최대 규모의 독자 제재를 발표했다. 이 제재의 핵심은 미국이 북한의 석탄과 석유 거래를 차단하기 위해 사실상 해상봉쇄 조치를 취하는 것이다(박유한 2018).

미국의 정책이 이렇게 강경 일변도로 선회한 가장 중요한 이유 중 하나는 북한이 이른 시일 안에 핵무기를 실전에 배치할 수 있을 것으로 판단하고 있기 때문이다. 특히 북한이 핵탄두의 소형화에 성공하고 ICBM의 대기권 재진입 기술을 확보하게 되면 이는 곧바로 실전 배치로 이어진다는 것이다. 2017년 10월 미국의 폼페이오(Pompeo) CIA 국장은 워싱턴에 위치한 연구기관인 '민주주의 수호 재단'('Foundation for Defense of Democracies') 주최로 열린 국가안보포럼에서 "북한은 5년 전보다 핵무기 완성에 근접했다. 이들을 막기 위한 국제적 노력이 없다면 5개월 뒤에는 오늘보다 더 근접할 것"이라고 언급했다. 그리고 2개월이 지난 12월 영국의 일간지 가디언(*The Guardian*)은 CIA 수뇌부가 트럼프 대통령에게 북한의 ICBM 프로그램을 저지할 수 있는 시간은 3개월밖에 남지 않았다고 보고했다고 보도했다(김현기 2017).

이러한 상황에서 미국은 북한 핵문제를 해결하기 위해 중국도 활용하고 있다. 특히 미국은 과거 북한에 대한 경제 제재에 미온적이었던 중국에 통상 압력을 가함으로써 정책 목표를 달성하려 하고 있다. 2017년 12월에 트럼프 대통령이 뉴욕 타임스(*The New York Times*)와의 인터뷰에서 언급한 발언은 이를 잘 보여주고 있다. 트럼프는 "중국이 무역 분야에서 우리에게 큰 상처를 주고 있지만 나는 중국에 대해 관대했다… 중국이 북한 문제에 있어 우리를 돕지 않는다면 내가 항상 하고 싶다고 말해왔던 일들을 정말로 하게 될 것이다…"라고 말했다. 이어 그는 중국이 "북한 문제에 대해 나를 돕는다면 적어도 일정 기간은 무역 문제를 약간 다르게 봐줄 수 있다. 그게 내가 해온 일"이라면서도 "그러나 석유가 (북한으로) 흘러들어 간다면 만족하기 어려울 수밖에 없다"고 덧붙였다(라디오서울 2017).[9] 미국의 이러한 정책에 중국은 때때로 반발하고 있지만 북한에 전례 없는 압박을 가하고 있다. 2017년에 들어 북한에 취해진 4번의 제재 결의는 중국의 동의 없이는 불가능한 것이었다(The Economist 2018). 바로 이러한 이유 때문에 북한은 중국을 '배신자'로 명명하며 강하게 비난하고 있다(이승현·형혁규 2017).

이렇게 북핵 문제에 대한 국제사회의 압박이 심해지고 있는 가운데 북한이 이른 시일 안에 핵무기를 포기할 가능성은 높지 않아 보였다. 김정은은 2018년 신년사에서 평창 동계올림픽에 북한 대표단 파견 용의를 언급하며 남북 관계 개선 의지를 밝혔지만 동시에 핵무기 국가로서의 지위를 공고히 해 나갈 것임을 천명했다(김현진 2018). 그에 의하면,

> 지난해 우리는 각종 핵운반 수단과 함께 초강력 열핵무기 시험도 단행함으로써 우리 총적 지향과 전략적 목표를 성과적 성공적으로 달성하였으며. 우리 공화국은 마침내 그 어떤 힘으로도 그 무엇으로도 되돌릴 수 없는 강력하고 믿음직한 전쟁 억제력을 보유하게 되었습니다. 우리 국가의 핵 무력은 미국의 그 어떤 핵 위협도 분쇄하고 대응할 수 있으며 미국이 모험적인 불장난을 할 수 없게 제압하는 강력한 억제력으로 됩니다. 미국은 결코 나와 우리 국가를 상대로 전쟁을 걸어보지 못합니다. 미국 본토 전역이 우리 핵 타격 사정권 안에 있으며 핵 단추가 내 사무실 책상 위에 항상 놓여 있다는 것, 이는 결코 위협이 아닌 현실임을 똑바로 알아야 합니다(이민정 2018).

---

9   이러한 트럼프의 언급은 미국 정부 내에서 중국에 대한 공격 수위를 어느 정도로 할 것인가에 대한 논의가 진행되는 상황에서 이루어졌다.

북한이 핵을 포기하지 않겠다는 입장은 김영철 통일전선부장의 한국 방문을 앞둔 시점에 노동당 기관지인 노동신문을 통해 다시 표출되었다. 이 신문은 "우리 공화국이 핵을 포기할 것을 바라는 것은 바닷물이 마르기를 기다리는 것보다 더 어리석은 짓"이라고 역설했다(최선욱 2018).

이때까지만 해도 남·북·러 가스관 프로젝트의 실현 가능성은 거의 없었다. 하지만 앞서 언급했듯이 3월 초 한국 대북 특사단의 방북을 계기로 북핵 문제의 해결에 있어 극적인 반전의 기회가 생겼다. 특사단 단장인 정의용 국가안보실장은 방북 브리핑을 통해 "북측은 북에 대한 군사적 위협이 해소되고 북 체제 안전이 보장된다면 핵을 보유할 이유가 없다는 점을 명백히 했다"고 말했다. 하지만 이러한 북한의 비핵화 입장은 과거에도 여러 번 표출되었지만 실제로 이행된 적은 없다(유지혜·박유미 2018; Taylor 2018). 트럼프 대통령이 북미 정상회담을 수락한 이후에 백악관 대변인 샌더스(Sanders)가 "대통령은 북한에 의한 구체적인 조치와 구체적인 행동을 보지 않고는 그러한 만남을 하지 않을 것"이라고 말한 이유는 아마 이 때문일 것이다(이승우 2018).

따라서 북한의 입장이 변했다고 추정하기에는 아직 이르다. 그도 그럴 것이 막대한 경제적 불이익을 감수하면서 개발한 핵을 쉽게 포기하지는 않을 것이기 때문이다. 그리고 예정대로 5월에 북미 정상회담이 개최되면 핵문제를 둘러싼 양국 간의 이견은 쉽게 좁혀지지 않을 것으로 기대된다. 특히 북한은 미국이 요구하는 완전하고(complete), 검증 가능하며(verifiable), 돌이킬 수 없는(irreversible) 핵 폐기(denuclearization)인 CVID 원칙을 아무런 대가 없이 수용하지는 않을 것이다(Cha 2018). 따라서 북핵 문제는 이른 시일 안에 해결될 것으로 보이지 않는다. 이러한 상황에서 한국이 남·북·러 가스관 건설을 추진하는 것은 어려울 것이다. 만약 미국이 과거의 실패를 반복하지 않기 위해 북한이 CVID 원칙을 완전히 수용할 때까지 경제 제재를 풀지 않는다면 가스관 건설 사업의 추진은 더욱 어려워질 것이다.

이러한 견지에서 볼 때 현재의 국제정세는 이명박 정부 당시의 정세와 크게 다르다. 앞서 논의했듯이 북한은 2009년에 제2차 핵실험을 감행했고 2010년에는 천안함과 연평도에 대한 공격도 감행했다. 하지만 이러한 상황에서도 북한에 대한 국제사회의 제재는 현재와 비교해 매우 약한 수준이었다. 북한의 제2차 핵실험 이후 유엔안보리는 대북제재 결의안 1874호를 만장일치로 채택했는데 이 결의안의 핵심은 북한의 소형 무기를 제외한 모든 무기 관련물자 수출을 금지하는 것과 북한의 무기 활동에 흘러들어갈 수 있는 금융거래를 전면 차단하는 것이었다(뉴데일리 2009). 따라서 북한의 핵실험과 연이은 군사적 도발 이후에도 이명박 정부는 남·북·러 가스관 건설을 추진했다. 실제로 연평도 포격이 있은 후 10여 개월이 지난 2011년 9월 한국의 가스공사와 러시아의 가즈프롬은 가스관 건설과 관련된 로드맵에 서명했다(Gazprom Press Release 2011). 하지만 현재의 국제정세는 한국이 독자적으로 북한에 대한 제재를 해제할 수 없게 만들고 있다. 이러한 상황에서 한국이 이른 시일 안에 남·북·러 가스관 건설을 추진하기는 어려울 것이다.

남·북·러 가스관 프로젝트의 실현을 어렵게 만드는 또 다른 요인은 이 프로젝트에 대한 러시아의 미지근한 반응이다. 앞서도 논의했듯이 남·북·러 가스관 프로젝트는 오랫동안 논의되어 왔다. 이 프로젝트의 실현 가능성이 가장 높았던 2011년에 개최된 한러 정상회담에서 당시 러시아의 메드베데프 대통령은 가스관을 통한 가스공급에 차질이 발생할 경우 이에 대한 모든 책임을 지겠다고 말했다(최현묵 2011). 이 발언 이후 1달이 채 지나지 않은 시점에 남·북·러 3각 협력을 담당하는 러시아 특명 대사인 티모닌(Timonin)은 러시아가 북한을 경유하는 가스관 건설 비용을 모두 부담하겠다고 언급했다(유철종 2011b).

　　하지만 현재 러시아는 이와 같은 열정을 남·북·러 가스관 프로젝트에 보이지 않고 있다. 다시 말해, 이 프로젝트를 당장 추진할 과제로 인식하지 않고 있는 것으로 보인다(윤성학 2018). 러시아가 이렇게 인식하게 된 가장 중요한 이유는 바로 북한 리스크일 것이다. 물론 2011년에도 북한 리스크는 존재했다. 하지만 당시만 해도 북한이 핵무기 개발을 완료해 실전에 배치하는 데에는 상당한 시간이 소요될 것으로 기대되었다. 이러한 기대는 북한이 2013년 2월 제3차 핵실험을 한 이후 지금까지 3번의 추가 핵실험을 감행하면서 빠르게 무너졌다.[10] 이로 인해 북한 핵 문제를 둘러 싼 국제사회의 긴장은 고조되었고 가스관 건설과 관련한 북한 리스크는 이전보다 급격히 높아졌다. 따라서 러시아는 현 국제정세하에서 남·북·러 가스관 프로젝트를 추진하는 것이 어려울 것으로 인식하고 있는 듯해 보인다. 특히 러시아가 유엔안보리에서 북한에 가해진 여러 제재 결의안에 동의한 상황에서 이러한 인식은 더 강하게 굳어졌을 것이다. 물론 이러한 러시아의 인식은 북핵 문제의 해결 여부에 따라 바뀔 수 있다. 만약 북미 정상회담을 계기로 북핵 문제가 해결된다면 러시아는 남·북·러 가스관 건설을 적극적으로 추진하려 할 것이다. 하지만 이와 반대의 경우 러시아는 이전의 입장을 견지하게 될 것이다.

10　북한은 2016년 1월, 2016년 9월 그리고 2017년 9월에 각각 제4차, 제5차 그리고 제6차 핵실험을 감행했다.

V. 남·북·러 가스관의 대안: 한·중·러 가스관

남·북·러 가스관 프로젝트의 실현 가능성이 낮아질 때마다 제시되던 대안은 한·중·러 가스관 프로젝트다. 한·중·러 가스관은 한국, 중국 및 러시아를 잇는 파이프라인으로 이 시설에서는 중국이 통과국이 된다 (지도 3 참조). 여기서 짚고 넘어가야 하는 사항은 한·중·러 가스관 프로젝트의 제안이 이번이 처음이 아니라는 것이다. 이 프로젝트는 1990년 대부터 논의되기 시작했다. 당시 한국은 중국과 함께 러시아의 이르쿠츠크에 위치한 코빅타(Kovykta) 가스전에서 생산된 가스를 수입할 계획이

지도 3. 한·중·러 가스관
출처: 중앙일보(2012).

었다. 이를 위해 2000년대 초반 한·중·러 가스관에 대한 타당성 조사가 진행되었고 조사 결과는 긍정적이었다. 하지만 러시아 정부가 이 사업을 보류하고 러시아의 국영가스회사 가즈프롬이 통합가스공급시스템(Unified Gas Supply System) 계획을 발표하면서 한·중·러 가스관의 건설 계획은 좌초되었다(이성규 2011, 34).

　이후에 한·중·러 가스관은 남·북·러 가스관의 실현 가능성이 낮아졌을 때 다시 논의의 대상이 되곤 했다. 일례로 2011년 12월 북한의 김정일이 사망하고 나서 2개월 지난 2012년 2월에 중국의 국영석유회사 CNPC 장제민 회장은 한국의 석유공사 강영원 사장과의 면담 중 러시아에서 시작해 중국의 산둥반도를 지나 한국의 서해로 이어지는 가스관 노선을 제안했다. 당시의 회의록에 따르면 장 회장은 "산둥반도 웨이하이(威海)에서 한국으로 해저 가스관을 부설해 러시아산 가스를 공급받는 것이 북한을 경유하는 방식보다 안정적이고 경제적일 것으로 생각된다"고 언급했다(중앙일보 2012). 하지만 한국 정부는 이 제안을 심각하게 받아들이지 않았다. 당시 지식경제부는 러시아 천연가스 도입을 담당하는 기관은 석유공사가 아니라 가스공사라고 언급하면서 가스공사는 중국 측으로부터 가스관 사업에 대해 공식적인 제안을 받지 못했다고 밝혔다(유재준 2012). 이후 남·북·러 가스관 프로젝트의 실현 가능성이 희박했던 2016년엔 한국의 가스공사가 중국의 CNPC에 양국을 잇는 해저 가스관 건설을 제안했다(최현묵 2016).

　이와 유사하게 2017년 최고조의 북핵 위기로 인해 남·북·러 가스관 프로젝트의 실현 가능성이 현저히 낮았을 때 일각에서는 다시 한·중·러 가스관 프로젝트를 제안했다. 이러한 제안의 대표적인 주자가 바로 영국 옥스퍼드 에너지 연구소의 백근욱 연구원이다. 백근욱 연구원은 2017년 7월에 '에너지 신문'에 기고한 글에서 한·중·러 가스관 프로젝트를 제안하며 이 프로젝트가 한국에게 유리하다고 주장했다. 그에 의하면 중국이 북핵 문제의 해결에 결정적인 열쇠를 쥐고 있는 상황에서 한국이 중국과의 신뢰를 높일 수 있는 에너지 협력을 추구할 필요가 있다는 것이다. 이렇게 되면 한국은 북핵 문제의 해결에 있어 기대 이상의 성과를 달성할 수 있다는 것이다(백근욱 2017). 한·중·러 가스관이 이와 같은 혜택을 가져다 줄 것인가에 대해서는 회의적이다. 미국이 중국에 통상압력을 가하며 북핵 문제 해결에 더 적극적으로 나서줄 것을 요구함에도 불구하고 중국은 북한에 결정적인 타격을 가하지 않고 있다. 이런 상황에서 한국이 가스관 협력을 통해 중국을 움직여 북핵 문제를 해결할 것이라고 기대하는 것은 희망적 사고가 될 가능성이 높다.

　　이는 한·중·러 가스관이 아무런 장점이 없다는 것을 의미하지 않는다. 이 가스관은 분명 여러 가지 장점을 보유하고 있다. 우선 이 가스관은 남·북·러 가스관과 같이 북한 리스크를 우려하지 않아도 된다. 물론 한국은 사드(THAAD) 문제를 통해 중국이 신뢰할만한 파트너인가에 대한 의문을 갖게 되었다. 하지만 이 리스크의 크기는 북한 리스크에 비하면 상대적으로 작아 보인다. 한·중·러 가스관은 또한 한국과 중국이 가스협력을 통해 소비국의 협상력을 높이는 데 기여할 수 있고 한국이 가스를 수출할 수 가능성도 열어 준다. 2016년 당시 가스공사 이승훈 사장은 이 가스관에 대해 언급하면서 다음과 같이 말했다. "한·중 양국은 중동 산유국들로부터 국제 시세보다 높은 가격에 LNG를 사올 수밖에 없다… 한·중 간 파이프라인이 연결되면 한국이 가스가 넘쳐날 때 중국에 수출할 수 있고, 반대의 경우엔 중국으로부터 도입할 수 있다"(최현묵 2016).

　　이외에도 한·중·러 가스관은 남·북·러 가스관에 비해 건설비용이 저렴할 것으로 기대된다. 전자는 중국과 한국을 해저로 잇는 가스관으로 길이가 315km에 달하고 비용은 1.5조가 소요될 것으로 예상된다(김상진 2017; 최현묵 2016). 이에 반해, 남·북·러 가스관은 길이가 1,100km에 달하고 이 중 700km가 북한을 통과할 것으로 예상된다(Sputnik 2017). 이 가스관의 예상 건설비용은 기관에 따라 크게 차이가 난다. 한국 가스공사의 러시아 자회사인 Kogas Vostok은 2.5조 그리고 2011년 당시 러시아 메드베데프 대통령은 6조가 소요될 것으로 예상했다(Haggard and Ryu 2011; Sputnik. 2011). 이는 한·중·러 가스관이 남·북·러 가스관에 비해 많게는 4.5조 적게는 1조 더 적은 건설비용이 소요됨을 의미한다.

물론 이러한 장점은 한·중·러 가스관의 단점으로 인해 일부 상쇄될 수 있다. 우선 한·중·러 가스관의 경우 한국이 지불해야 할 통행료가 남·북·러 가스관보다 비쌀 가능성이 높다. 왜냐하면 한·중·러 가스관에서 중국 영토를 통과하는 부분의 길이가 남·북·러 가스관에서 북한 영토를 통과하는 부분의 길이보다 훨씬 길기 때문이다. 그리고 한·중·러 가스관은 북한을 완전히 배제함으로써 가스관 프로젝트를 매개로 북한을 협상 테이블로 이끌어 낼 수 없다. 이는 아마도 문재인 정부가 가장 우려스럽게 생각하는 부분일 것이다.

VI. 결론

취임 후 문재인 대통령은 한동안 논의되지 않았던 남·북·러 가스관 프로젝트를 재추진하고자 하는 의지를 여러 차례 피력했다. 앞에서 논의했듯이 이 프로젝트는 당사국인 한국, 러시아 및 북한이 모두 윈윈할 수 있는 사업임에는 의심의 여지가 없다. 한국은 이 프로젝트를 통해 가스 도입선을 다변화할 수 있을 뿐만 아니라 LNG보다 저렴한 비용으로 가스를 수입해 올 수 있다. 러시아는 가스관 프로젝트를 통해 가스 시장을 다변화하고 경쟁이 날로 치열해 지는 아시아 가스 시장에서 한국 시장을 선점할 수 있는 효과를 볼 수 있으며 이 지역에서의 정치적 영향력도 제고할 수 있다. 북한은 가스관을 통해 통과료라는 경제 수익을 창출할 수 있고 중국에 대한 과도한 의존도도 낮출 수 있다.

하지만 이러한 장점에도 불구하고 북핵 문제가 해결되지 않는 한 남·북·러 가스관 프로젝트가 실현될 가능성은 낮아 보인다. 물론 앞서 논의했듯이 4월과 5월에 각각 개최될 예정인 남북 정상회담과 북미 정상회담을 계기로 북핵 문제가 극적으로 해결될 가능성이 생겼다. 하지만 과거 북한과의 비핵화 협상이 모두 실패한 경험을 감안해 봤을 때 이 가능성에 대한 섣부른 낙관은 경계할 필요가 있다. 남·북·러 가스관 프로젝트의 대안인 한·중·러 가스관 프로젝트의 실현 가능성도 높지 않아 보인다. 앞서 언급했듯이 한·중·러 가스관은 많은 장점을 보유하고 있다. 하지만 북한과의 관계 개선을 최우선 과제 중 하나로 삼고 있는 문재인 정부가 남·북·러 가스관을 포기하고 한·중·러 가스관을 추진할 가능성은 희박해 보인다.

이 장을 마무리하기 전에 한 가지 짚고 넘어가고 싶은 사항은 과연 남·북·러 가스관 프로젝트가 남북관계 개선과 북핵 문제 해결에 실제로 도움을 줄 수 있는가의 문제이다. 이 문제는 국제관계학 이론의 핵심 질문 중 하나인 상호의존과 국제평화 간의 관계와 연관이 있다(Mansfield and Brian Pollins 2003). 다시 말해, 경협과 같은 하위정치(low politics)로 안보와 같은 상위정치(high politics)에 영향을 미칠 수 있는가이다. 이에 대한 실증적인 증거는 엇갈린다. 상호의존이 국제평화에 기여했다는 증거도 있지만 반대로 상호의존이 국제평화에 영향을 미치지 못했다

는 증거도 있다(Lee 2017, 199). 하지만 유독 남북관계에서는 상호의존
이 양국 간의 평화에 기여했다는 증거는 찾기 힘들다. 금강산 관광도 개
성공단도 남북 간의 평화를 증진하는 데 실패했다(김기수 2011, 12). 이
는 남·북·러 가스관을 매개로 남북관계를 개선하고자 하는 시도가 실패
할 가능성이 높다는 것을 의미한다. 이보다는 상위정치가 하위정치를 지
배했다. 다시 말해, 남북 간의 정치적 관계가 양호할 때 금강산 관광도
시작되었고 개성공단도 가동됐다. 이러한 견지에서 볼 때 북핵 문제가
해결되고 남북 간의 정치적 관계가 획기적으로 개선되야만 남·북·러 가
스관 프로젝트가 실현될 수 있을 것이다.

참고문헌

강건택. 2018. "므누신 미 재무 '몇주 내로 가장 엄격한 대북제재 공개'." 『연합뉴스』 (2월 8일). http://www.yonhapnews.co.kr/bulletin/2018/02/08/0200000000AKR20180208033000009.HTML?input=1195m (검색일: 2018. 2. 9).

강계만·오수현. 2017. "[단독] 文대통령 '러시아 가스관'으로 北 문연다." 『매일경제』 (5월 19일). http://news.mk.co.kr/newsRead.php?year=2017&no=335871 (검색일: 2018. 1. 8).

김기수. 2011. "러시아 가스관 계획에서 따져야할 것들: 국제정치경제적 해석." 『정세와 정책』 (10월), 10-13. file:///C:/Users/IT/Downloads/k2011-10_3%20(2).PDF (검색일: 2018. 1. 8).

김디모데. 2017. "송영길 '러시아 천연가스관이 북한을 시장경제로 이끈다'." 『*Business Post*』 (8월 29일). http://www.businesspost.co.kr/BP?command=article_view&num=57601 (검색일: 2018. 1. 8).

김민준. 2017. "'한러 PNG 건설은 한반도가 세계 중심으로 도약하는 지름길'." 『에너지경제』 (8월 29일). http://www.ekn.kr/news/article.html?no=308790 (검색일: 2018. 1. 8).

김상진. 2017. "미국산 LNG 도입 가격 경쟁력 낮아 … 한·중 서해 해저 가스관 재검토해야." 『중앙일보』 (7월 14일). http://news.joins.com/article/21756546 (검색일: 2018. 1. 31).

김성곤. 2017. "文대통령의 원대한 비전 '남북관계 풀리면 北 경유 가스관 한국 올 것'(종합)." 『이데일리』 (9월 7일). http://www.edaily.co.kr/news/news_detail.asp?newsId=03883526616057824&mediaCodeNo=257&OutLnkChk=Y (검색일: 2018. 1. 8).

김성훈. 2017. "文정부 '北경유 러시아 가스관 사업' 북에 매년 최대 4000억원 지급해야…" 『월간조선』 (10월 11일). http://monthly.chosun.com/client/mdaily/daily_view.asp?Idx=1751&Newsnumb=2017101751 (검색일: 2018. 1. 8).

김영남. 2017. "미사일 전문가들 '북한 ICBM, 미 본토 공격 가능…대기권 재진입도 문제 없어'." 『VOA 뉴스』 (11월 30일). https://www.voakorea.com/a/4143085.html (검색일: 2018. 1. 29).

김현기. 2017. "[뉴스분석]'내년 3월이 데드라인', 미국의 인내 한계왔나?" 『중앙일보』 (12월 5일). http://news.joins.com/article/22177327 (검색일: 2018. 1. 29).

김현진. 2018. "북한 김정은 신년사 '평창에 대표단 파견용의'." 『VOA 뉴스』 (1월 2일). https://www.voakorea.com/a/4187167.html (검색일: 2018. 1. 29).

노승길. 2017. "가스공사, 한·러 정상회담 동행…가스관 사업 재추진 기대." 『아주경제』 (9월 3일). http://www.ajunews.com/view/20170903095847123 (검색일: 2018. 1. 8).

뉴데일리. 2009. "안보리 대북결의 1874호 vs 1718호." (6월 13일). http://www.newdaily.co.kr/site/data/html/2009/06/13/2009061300006.html (검색일: 2018. 1. 8).

라디오서울. 2017. "트럼프, '무역전쟁' 내세워 중국에 북핵공조 압박… '연계 전략'." (12월 29일). http://www.radioseoul1650.com/트럼프-무역전쟁-내세워-중국에-북핵공조-압박/(검색일: 2018. 1. 29).

박대한. 2006. "파이프라인 통해 러시아 천연가스 도입된다."『연합뉴스』(10월 17일). http://news.naver.com/main/read.nhn?mode=LSD&mid=sec&sid1=101&oid=001&aid=0001439599(검색일: 2018. 2. 2).

박유한. 2018. "미국, 이방카 방한 맞춰 '최대 규모' 대북 제재 발표."『KBS News』(2월 24일). http://news.kbs.co.kr/news/view.do?ncd=3609946&ref=A(검색일: 2018. 2. 25).

박정규. 2013. "[전문] 2013 한러 공동성명."『중앙일보』(11월 13일). http://news.joins.com/article/13125589(검색일: 2018. 1. 25).

반종빈. 2017. "안보리, 대북결의 2356호 채택…개인 14명·기관 4곳 추가제재(종합2보)."『연합뉴스』(6월 3일).
http://www.yonhapnews.co.kr/bulletin/2017/06/03/0200000000AKR20170603007953072.HTML(검색일: 2018. 1. 26).

백근욱. 2017. "[기고] 문재인 정부의 에너지정책과 중·러 가스협력의 함의②."『에너지신문』(7월 24일). http://www.energy-news.co.kr/news/articleView.html?idxno=49076 (검색일: 2018. 1. 8).

산업통상자원부. 2017. "제8차 전력수급기본계획." (12월 29일). file:///C:/Users/IT/Downloads/8차_전력수급기본계획%20(2).pdf(검색일: 2018. 1.30).

서승욱. 2018. "아베 만난 펜스 '북한 첫 핵실험도 2006년 올림픽 뒤였다'."『중앙일보』(2월 28일). http://news.joins.com/article/22354506(검색일: 2018. 2. 9).

안호균. 2011. "홍준표의 '웩더독'은 남북관계 개선 시발점?"『중앙일보』(9월 13일). http://news.joins.com/article/6178934(검색일: 2018. 2. 1).

연합뉴스. 2017. "[표] 안보리 새 대북제재 결의 2397호 주요내용." (12월 23일). http://www.yonhapnews.co.kr/bulletin/2017/12/23/0200000000AKR20171223024300014.HTML(검색일: 2018. 1. 29).

유지혜·박유미. 2018. "김정은, 전향적 태도 변화는 맞는데…곳곳에 숨은 덫이?"『중앙일보』(3월 7일). http://news.joins.com/article/22421542?cloc=joongang|home|newslist1big(검색일: 2018. 3. 7).

유재준. 2012. "중국 CNPC '서해 경유 가스관 건설' 제안."『가스신문』(3월 26일). http://www.gasnews.com/news/articleView.html?idxno=55815(검색일: 2018. 1. 31).

유철종. 2011a. "'김정일, 남한行 가스관 北통과 허용'(종합2보)."『연합뉴스』(8월 26일). http://www.yonhapnews.co.kr/politics/2011/08/26/0511000000AKR20110826187152009.HTML?audio=Y(검색일: 2018. 2. 2).

유철종. 2011b. "'러, 북한 구간 가스관 건설 비용 모두 부담할 것'."『연합뉴스』(11월 30일). http://www.yonhapnews.co.kr/bulletin/2011/11/30/0200000000AKR20111130175200080.HTML(검색일: 2018. 2. 10).

유철종. 2011c. "'한·러 2013년부터 북한 경유 가스관 건설 계획'."『연합뉴스』(11월 2일). http://www.yonhapnews.co.kr/bulletin/2011/11/02/0200000000AKR20111102054600080.HTML(검색일: 2018. 2. 2).

윤병효. 2017. "'남북러 가스관·철도 연결' 재개되나…송영길 러시아 특사 출국."『EBN』(5월

22일). http://www.ebn.co.kr/news/view/892771(검색일: 2018. 1. 8).

윤성학. 2012. "남북러 가스관의 경제적 효과에 관한 연구."『러시아연구』22(2), 259-280.

윤성학. 2018. "'9개의 다리' 문재인 정부 북방정책."『신동아』(1월). http://shindonga.donga. com/3/all/13/1171384/1(검색일: 2018. 1. 8).

이광호. 2017. "탈원전·탈석탄 정책에 '2030년 전기료 확~ 오른다'."『아시아경제』(12월 14 일). http://www.asiae.co.kr/news/view.htm?idxno=2017121411395127719(검색일: 2018. 1. 30).

이민정. 2018. "[전문] 北 김정은 2018년 신년사."『중앙일보』(1월 1일). http://news.joins. com/article/22250044(검색일: 2018. 1. 29).

이성규. 2011. "남·북·러 가스관 사업의 경제적 효과와 참여 방식."『북한경제리뷰』(10월), 34-47.

이성규·이주리. 2015. "러시아 에너지 전략-2035."『세계 에너지현안 인사이트』15-4호(12월), 1-57.

이승우. 2018. "백악관 '트럼프, 북한의 구체적 조치 없으면 김정은 안만나'(종합)."『연합뉴스』(3월 10일). http://www.yonhapnews.co.kr/bulletin/2018/03/10/0200000000A KR20180310006951071.HTML?input=1195m(검색일: 2018. 3. 11).

이승현·형혁규. 2017. "북한의 핵·미사일 고도화에 따른 주변국의 정책변화와 대응방향."『이 슈와 논점』제1387호 (11월 29일).

https://www.nars.go.kr/brdView.do?cmsCd=CM0018&brd_Seq=22029(검색일: 2018. 1. 26).

이유신. 2016/17. "러시아의 대 중국 가스 정책: 기회와 도전."『중소연구』40(4)(겨울), 213-245.

이윤식. 2011. "남북러 가스관 사업의 효과, 쟁점, 과제."『KINU 정책연구시리즈』11(05), 1-115.

이재윤. 2017. "유엔 대북결의 2371호 만장일치 채택⋯北연수출 '3분의 1' 차단(종합)."『연합 뉴스』(8월 6일). http://www.yonhapnews.co.kr/bulletin/2017/08/06/0200000000A KR20170806003751072.HTML(검색일: 2018. 1. 26).

정인설·박상용. 2017. "북한 6차 핵실험 폭발력 '역대 최강'⋯ '히로시마 원폭의 3~4배 수준'."『한국경제』(9월 3일). http://news.hankyung.com/article/2017090387861(검색일: 2018. 1. 26).

정윤아. 2017. "[일지]북한 1~6차 핵실험 일지."『뉴시스』(9월 3일). http://www.newsis. com/view/?id=NISX20170903_0000084758&cID=10301&pID=10300(검색일: 2018. 2. 2).

중앙일보. 2012. "'한·러 가스관, 북한 빼고' 中 파격 제안." (3월 23일). http://news.joins. com/article/7694432(검색일: 2018. 1. 31).

최상연. 2008. "이 대통령 지도 들고 북 관통 가스관 설명."『중앙일보』(9월 30일). http:// news.joins.com/article/3317245(검색일: 2018. 2. 2).

최선욱. 2018. "노동신문 '우리가 핵 포기? 바닷물 마르기를 기다려라'."『중앙일보』(2월 25일). http://news.joins.com/article/22394206(검색일: 2018. 2. 28).

최현묵. 2011. "李대통령 '北통과 가스관 안전성 걱정된다'… 메드베데프 '가스 끊기면 우리가 책임질 것'."『조선일보』(11월 3일). http://news.chosun.com/site/data/html_dir/2011/11/03/2011110300201.html(검색일: 2018. 2. 1).

함지하. 2017a. "안보리 새 대북제재 결의 2375호 만장일치 채택."『VOA 뉴스』(9월 12일). https://www.voakorea.com/a/4024835.html(검색일: 2018. 1. 29).

함지하. 2017b. "새 대북제재 결의 만장일치 채택…원유·정제유 제한, 노동자 2년 내 추방 명시."『VOA 뉴스』(12월 23일). https://www.voakorea.com/a/4175655.html(검색일: 2018. 1. 29).

황일도. 2011. "러 가스관 프로젝트 이미 通했나."『주간동아』(10월 4일). http://weekly.donga.com/List/3/all/11/92843/1(검색일: 2018. 2. 2).

허완. 2017. "트럼프, '북한에 대한 전략적 인내의 시대는 끝났다'."『허핑턴포스트코리아』(11월 6일). http://www.huffingtonpost.kr/2017/11/06/story_n_18476414.html(검색일: 2018. 1. 29).

홍현익. 2017. "북한의 6차 핵 실험과 한국의 대응방안."『정세와 정책』(10월). file:///C:/Users/sw/Downloads/5-홍현익.pdf(검색일: 2018. 1. 26).

Arai, Hirofumi. 2016. "Japan-Russia Economic Relations with Emphasis on Energy Cooperation." In *Japan-Russia Relations: Implications for the U.S.-Japan Alliance*, edited by Gilbert Rozman, 101-110. Washington D.C.: Sasakawa Peace Foundation.

BP. 2013. *Statistical Review of World Energy*. June.

BP. 2014. *Statistical Review of World Energy*. June.

BP. 2015. *Statistical Review of World Energy*. June.

BP. 2016. *Statistical Review of World Energy*. June.

BP. 2017. *Statistical Review of World Energy*. June.

Calvo, Alex. 2014. "Russia and South Korea: The Economic and Geopolitical Rationale for a Natural Gas Pipeline." *CPI Analysis* (November 4). https://cpianalysis.org/2014/11/04/russia-and-south-korea-the-economic-and-geopolitical-rationale-for-a-natural-gas-pipeline/(검색일: 2018. 1. 7).

Cha, Victor. 2018. "What Will Trump Give Up for Peace with North Korea?" *The New York Times* (March 9). https://www.nytimes.com/2018/03/09/opinion/trump-kim-summit-korea.html(검색일: 2018. 3. 11).

Dyakina, Maya and Lidia Kelly. 2012. "Russia Writes Off 90 Percent of North Korea's Debt." *Reuters* (September 18). https://www.reuters.com/article/us-korea-north-debt/russia-writes-off-90-percent-of-north-koreas-debt-idUSBRE88H0NH20120918(검색일: 2018. 1. 31).

Gabuev, Alexander. 2016. "Russia and China: Little Brother or Big Sister?" *Carnegie.ru Commentary* (July 5). http://carnegie.ru/commentary/64006>(검색일: 2018. 1. 31).

Gazprom Press Release. 2011. "Gazprom and Kogas Sign Roadmap on Project for Pipeline Gas Supply to Korea." (September 15). http://www.gazprom.com/press/

news/2011/september/article119263/(검색일: 2018. 2. 5).

Gazprom website. "Sakhalin – Khabarovsk – Vladivostok." http://www.gazprom.com/about/production/projects/pipelines/active/shvg/ (검색일: 2018. 2. 7).

Haggard, Stephan and Jaesung Ryu. 2011. "Holdup Risk 101." https://piie.com/blogs/north-korea-witness-transformation/holdup-risk-101?p=3077(검색일: 2018. 2. 9).

Henderson, James and Tatiana Mitrova. 2015. "The Political and Commercial Dynamics of Russia's Gas Export Strategy." *OIES Paper* (September). https://www.oxfordenergy.org/wpcms/wp-content/uploads/2015/09/NG-102.pdf(검색일: 2016.10.01).

_____. 2016. "Energy Relations between Russia and China: Playing Chess with the Dragon." *OIES Paper* (August). https://www.oxfordenergy.org/wpcms/wp-content/uploads/2016/08/Energy-Relations-between-Russia-and-China-Playing-Chess-with-the-Dragon-WPM-67.pdf(검색일: 2018. 2. 13).

Lee, Yusin. 2013. "Potential Risks of the Russia-North Korea-South Korea Gas Pipeline: Is There Any Lesson Seoul Can Learn from the Russia-Ukraine Gas Disputes?" *Asian Survey* 53(3)(May/June), 584-606.

_____. 2017. "Interdependence, Issue Importance, and the 2009 Russia-Ukraine Gas Conflict." *Energy Policy* 102, 199-209.

Mansfield, Edward and Brian Pollins. 2003. *Economic Interdependence and International Conflict: New Perspectives on an Enduring Debate*. Ann Arbor, MI: The University of Michigan Press.

Ministry of Energy of the Russian Federation. 2010. *Energy Strategy of Russia for the Period Up to 2030*. Moscow: Institute of Energy.

Mustafayev, Ali. 2018. "Southern Gas Corridor Serves Interests of EU, Azerbaijan – Mogherini." *Trend* (February 9). https://en.trend.az/business/energy/2858763.html(검색일: 2018. 2. 10).

RFE/RL. 2011. "North Korea Ready To Discuss Nuclear Moratorium." (8월 24일). https://www.rferl.org/a/medvedev_holding_talks_with_kim_jong_il/24306295.html(검색일: 2018. 2. 7).

Paik, Keun-Wook. 2005. "Pipeline Gas Introduction to the Korean Peninsula." *Report Submission to Korea Foundation* (January). https://www.chathamhouse.org/sites/files/chathamhouse/public/Research/Energy,%20Environment%20and%20Development/kpjan05.pdf(검색일: 2018. 1. 5).

Sevastianov, Sergei and Dmitry Reutov. 2016. "Energy Cooperation as a Driver in Russo-Japanese Relations." in *Russia and Japan: Looking Together into the Future*, 72-84. Vladivostok, Russia: Far Eastern Federal University.

Sheppard, David. 2017. "US and Russia Step up Fight to Supply Europe's Gas." *Financial Times* (August 3). https://www.ft.com/content/352f4cac-6c7a-11e7-b9c7-15af748b60d0(검색일: 2018. 2. 13).

Sputnik. 2011. "North Korea to Get $100 Million Annually for Russian Gas Transit." (November 17). https://sputniknews.com/russia/20111117168770662/(검색일: 2018. 2. 9).

Sputnik. 2017. "Pipeline of Peace: How Russian Gas Could Soothe Tensions in the Korean Peninsula." (July 8). https://sputniknews.com/asia/201707081055365078-north-south-korea-russian-gas/(검색일: 2018. 1. 7).

Taylor, Adam. 2018. "3 Big Questions about Potential North Korea-U.S. Talks." *The Washington Post* (March 6). https://www.washingtonpost.com/news/worldviews/wp/2018/03/06/3-big-questions-about-potential-north-korea-u-s-talks/?utm_term=.df8d799838f7(검색일: 2018. 3. 7).

The Economist. 2018. "Face Off." (January 27).

Washington, Tom and Yulia Yulina. 2014. "Rosneft Eyes Entry into Gazprom's China Pipeline." *Interfax* (March 12). http://interfaxenergy.com/gasdaily/article/7259/rosneft-eyes-entry-into-gazproms-china-pipeline(검색일: 2018. 2. 13).

Zarakhovich, Yuri. 2009. "Sakhalin-Khabarovsk-Vladivostok Pipeline Launched," *Eurasia Daily Monitor* 6(154)(April 11). https://jamestown.org/program/sakhalin-khabarovsk-vladivostok-pipeline-launched/(검색일: 2018. 2. 7).

제2장

러시아 LNG 도입 방안과 타당성[*]

김상원(국민대학교)

I. 서론

한국과 러시아는 수교 이후부터 양국 간 주요 경제 협력의 대상으로 에너지 협력을 언급하였다. 하지만 지금까지 확실한 결과를 얻지 못하고 있다. 이유는 러시아와 한국의 내부 문제, 북한 핵 및 미사일 문제, 러시아에 대한 서방의 경제제재 등 다양하다. 이러한 상황이 지속되는 상황에서 국제 에너지 시장의 변화가 시작되었다. 우선 미국이 셰일가스 혁명으로 국제 천연가스 시장에서 수출국으로 등장하였고, 러시아는 수출 시장의 다원화 및 확대를 위해 기존 PNG 방식의 수출 전략에서 LNG 방식의 수출 전략 확대를 추진하고 있다. 그리고 중국은 안정적인 에너지 확보를 위해 러시아의 에너지 개발 사업에 적극적으로 투자 및 진출

* 본 논문은 2017년 12월 『슬라브학보』(제32권 4호)에 게재했던 "서방의 경제제재와 러시아의 북극개발"과 2018년 8월 출판 예정인 『중소연구』(42권 2호)에 투고한 "한국의 에너지 정책 변화와 러시아 LNG 도입에 대한 소고"를 수정 보완한 것임.

을 시도하고 있다. 일본도 또한 러시아와 영토 문제로 갈등을 겪고 있다가 이를 위한 타개책의 일환으로 러시아와의 새로운 경제 협력 관계 구축을 위해 노력하고 있다. 한국 또한 신정부의 에너지 전환 정책으로 천연가스 수요가 증가될 전망이다.

이런 시장의 변화에 대응하기 위해 한국은 새로운 에너지 안보 환경을 조성할 필요가 있다. 또한 향후 천연가스 수요의 증가가 예상되는 상황에서 미국산 LNG를 도입하기 시작하였고, 에너지 전환 정책의 성공적인 완수를 위해 러시아와 다시금 에너지 협력을 논의하기 시작했다. 천연가스 수요 증가 및 새로운 공급원이 등장한 상황에서 러시아와의 천연가스 협력의 타당성을 논의하는 것은 매우 중요한 문제이다. 러시아는 지리적으로 근접하고, 연관 산업으로의 경제적 효과의 확대가 기대되기 때문이다. 동시에 지금까지 협력의 방해 요인이었던 북한의 전향적인 태도 변화는 러시아와의 협력을 다른 시각에서 논의할 타당성도 제공하고 있다.

따라서 본 연구는 우선 한국의 에너지 정책과 시장의 변화를 고찰하고, 다음으로 러시아의 에너지 정책 변화를 분석한다. 이를 토대로 러시아의 에너지 협력 현황 분석을 통해 협력의 타당성을 알아보고 마지막으로 협력 방안을 제시하기로 한다.

II. 한국의 에너지 정책과 LNG 시장의 변화

1. 에너지 정책의 변화

한국의 에너지 정책은 시기별로 나누어 볼 수 있다. 첫 번째 단계는 석탄 개발 중심의 1950년대이다. 실질적으로 한국 에너지 설비의 기본이

만들어진 시기로 시설의 대부분은 일제식민지 기간 동안 만들어진 것이
다. 그러나 1950-1953년 동안 일어났던 한국전쟁으로 거의 대부분 파
괴되었다. 한국전쟁 이후 에너지 기본 전략은 경사생산(傾斜生産)[1] 방식
이다. 동 전략의 내용은 무연탄 개발을 기반으로 에너지 체계를 만들고
이 에너지로 비료 생산에 집중하는 것이었다. 비료 생산은 농산물 생산
을 확대시키고 이를 다시 수출하여 획득한 외화로 낙후된 제조업을 성
장시키는 전략이다. 전쟁 직후 경제 기반이 취약했던 정부는 동 정책과
UN 그리고 미국의 원조에 의한 경제 기반 구축을 위한 전략을 추진한
것이다.

　　다음은 제1차 5개년 경제개발이 시작되었던 1960년대이다.[2] 동 시
기 정부의 핵심 목표는 수출 지향적 경제개발이었다. 이를 위해서는 새
로운 에너지 산업을 구축하여 제조업을 육성시킬 필요가 있었다. 따라서
기존의 석탄 중심의 에너지 정책으로는 이 목표를 달성할 수 없었기 때
문에 정부의 에너지 정책이 석탄 중심에서 석유 중심으로 전환되는 매우
중요한 시기였다. 이 전략으로 한국에 처음으로 정유 공장이 건립되고,
산업 생산을 안정적으로 지원할 수 있는 전력이 공급되기 시작되었다.
이를 기반으로 한국경제는 1960년대 중반에서 70년대 중반까지 연 평
균 10.2%의 높은 경제 성장을 이룩하였다. 반면에 높은 에너지 소비는
해외 에너지 의존도를 높였고 이 결과 에너지 안보라는 문제가 처음으로
대두되는 계기가 되었고 원자력 발전의 필요성이 제기되었다.

　　다음은 정부의 명확한 에너지 안보정책이 만들어지는 1970-80년대

1　　이재오, 한·일 관계사의 인식, 서울: 학민사, 1984, p.137.
　　경사생산(傾斜生産)은 2차 세계 대전 이후 일본이 경제 부흥을 위해 선택한 전략으로 특정
　　산업에 집중적으로 투자해 이 효과가 타 산업으로 전이시키는 효과를 기대하는 것이다.
2　　에너지경제연구원, 새천년을 향한 에너지산업의 도전, 경기: 에너지경제연구원, 2000,
　　pp.24-39.

이다. 에너지 안보정책 중요성이 제기되는 결정적 사건은 1973년에 시작된 석유파동이다. 따라서 정책의 핵심은 에너지 수입원의 다원화, 효율성 확보를 통한 에너지 절약 그리고 비상시를 대비한 비축 기지 마련이다. 그러나 실질적으로는 석유의 대체제로 원자력발전소와 유연탄발전소 건설이 추진되었다. 이러한 이유는 발전하기 시작한 경제의 성장 탄력성 소실을 피하기 위해 획기적인 에너지 산업의 구조조정 대신에 에너지다소비산업인 석유화학산업 지원을 계속할 수밖에 없던 것으로 보인다. 이 결과 경제적으로 어려움을 겪으면서 주요 사용 에너지원과 수입원의 다양화 및 다원화의 필요성 그리고 에너지 절약과 비축의 중요성을 다시금 일깨우는 기회가 되었다. 이후 에너지 정책이 탈석유화와 LNG 및 LPG 도입 및 연료전환사업이 시작되는 계기가 되었다. 이 부문과 더불어 한국의 에너지 정책의 한 단계 업그레이드한 것은 석유 안보 확보를 위해 해외 에너지개발 사업에 진출한 것이다. 1980년대 말에 이르러서는 해외에서 에너지개발 사업에 진출한 사업 수가 약 16여 개에 이르렀다. 2016년 말 통계로는 누적 건수로 378개 사업에 참여하고 있다.[3]

1980년대의 화두는 환경오염에 대한 인식 변화였다. 경제성장과 더불어 늘어나는 에너지 소비 때문에 환경오염이 심각한 수준에 이르렀다. 그래서 기존의 에너지 수급에 관련한 정책 중심에서 환경이 추가되어 오염 저감 정책이 추진되었다. 이 문제 해결을 위해 무연휘발유가 등장하였다. 또한 천연가스 공급 시설을 확대하여 도시 생활 주요 에너지원이 석유와 석탄에서 도시가스로 전환되었다. 청정연료로 평가받은 천연가스 사용 비율이 높아지는 계기는 LNG 발전소 건설도 큰 역할을 하였다.

---

3   해외자원 개발현황
      http://www.index.go.kr/potal/stts/idxMain/selectPoSttsIdxSearch.do?idx_
      cd=1167 (검색일: 2018.04.30)

이 결과 한국의 에너지 소비 비중에서 존재하지 않았던 LNG가 1980년 대부터 등장하였다.

1990년대는 에너지시장에 민간의 참여가 시작된 시기이다. 그 동안 경제도 성장하였고, 또한 1970년대 석유 파동처럼 에너지 수급 시장의 대외환경 변화가 매우 불확실하기 때문에 미래 경제성장 동력 발굴 및 시장 경쟁력을 확보하기 위해 민간의 시장 참여를 허용하였다. 내용은 경쟁력을 상실한 탄광 산업을 점진적으로 축소하고, 에너지 가격 규제를 부문별로 완화 및 철폐하였다. 마지막으로는 에너지 공기업의 경쟁력 확보 차원의 민영화 추진이다.[4] 정부의 참여 그리고 규제 완화 및 철폐는 기업의 역량 강화 및 시장의 확대를 가져왔고 기술 경쟁력도 확보할 수 있는 좋은 기회였다.

2000년대의 특징은 한국의 에너지 관련 기업들의 해외진출이 본격화되면서 관련 기술 확보를 위한 지원 강화이다. 그 동안 한국의 에너지 정책은 수요와 공급에 집중하였고 기술은 상대적으로 지원이 저조하였다. 특히 원자력과 관련한 기술 분야는 급성장 하였다. 이유는 세계 경제의 성장과 확대 그리고 불확실성 확대로 인한 고유가의 유지 및 기후문제가 국제관계에서 핵심 문제로 등장하였기 때문이다. 이에 단순히 경제성장의 기반으로만 사용되는 에너지 산업이 새로운 성장 동력으로 탈바꿈하기 위한 노력의 일환이기도 하였다. 에너지 효율성 확보, 신재생에너지, 청정에너지 확보, 원자력 에너지 등을 핵심 분야로 설정하고 기술력 확충을 위한 노력을 기울였다. 기술 역량 강화에 따른 신규 일자리 창출이라는 정부의 정책과 맞물려 신사업으로도 평가를 받고 있다.[5]

---

4   박정수, 박석희, 공기업 민영화 성과평가 및 향후과제, 서울: 조세연구원, 2011, p.77-88.
5   제2차 에너지기술개발계획('11-'20)
     https://crpc.kist.re.kr/common/attachfile/attachfileDownload.do?attachNo=

현 정부의 핵심 과제 목표는 脫석탄 및 원전 그리고 친환경 에너지와 산업 육성이다. 향후 우선 2030년까지 신재생에너지 발전 비중을 전체 20%로 대폭 확대하는 것이다. 다음으로는 에너지 신산업 선도 국가로의 도약이다. 이를 위해 에너지 소비 구조를 저탄소 고효율 구조로 전환시키는 것이 실천 목표이다. 신규 원전 건립과 유연탄을 원료로 사용하는 발전소는 더 이상 건설하지 않는다. 특히 그 동안 화석연료 에너지 집중 구조를 벗어날 수 있는 방안을 원자력 에너지에서 찾고 있었다. 신재생에너지 분야도 중요하지만 아직까지는 기술적 보완 문제가 있기 때문에 원자력이 중요한 대안이었다. 실제 중단을 목적으로 추진하던 신고리 5·6호기의 건설여부에 대한 국민 공론화 과정은 약 3개월간의 진통 끝에 2017년 10월 공사 재개가 결정되기도 하였다.[6] 결국 현 시점에서 한국의 주요 에너지원의 대체 주자는 어떤 것이 될 수 있을까? LNG가 가장 근접하다고 할 수 있다. 신재생에너지와 LNG는 새로운 에너지 정책의 기조 아래 지속적으로 성장할 가능성이 높다.[7]

2. 국제 LNG 시장의 변화

국제 LNG 시장의 가장 큰 이슈는 미국의 셰일가스 개발과 수출이다. 생산비를 맞출 수 없었던 셰일가스 개발이 신기술 개발로 인해 생산이 확대되고 미국 내 공급원이 증가하면서 포화상태가 되었다. 이러한 추세는 이미 2013년 미국 내 천연가스 생산업체 2개사의 수출이 조건부 승인이

00000576 (검색일: 2018.04.30)
6   공론화위 "신고리 5·6호기 건설공사 재개" 권고
    http://www.hani.co.kr/arti/politics/politics_general/815317.html#csidxba4b4df411
    12ed0bac34c1fd7850f7e (검색일: 2018.04.30)
7   강병희, 신정부의 에너지 정책과 제8차 전력수급기본 계획, 서울: Deloitte, 2017, p.2.

나면서 시작되었다.[8] 미국의 천연가스 수출은 국제 에너지 시장에 큰 변화와 영향을 미치게 되었다. 이후 기술의 발전에 따른 생산비용의 하락은 공급량의 증가와 더불어 다른 에너지 가격보다도 낮은 수준을 유지할 수 있는 계기가 되었다. 2016년 4월 미국은 처음으로 EU에 천연가스 수출을 시작하였다.[9] 이 수출을 시작으로 미국은 세계 천연가스 수출 비중이 2012년도에서 2015년도까지 평균 4.4%를 기록하다가 2016년도에는 6%로 상승하였다. 미국 내 가스 수출 비중에서 LNG 수출 비중도 동기간 평균 1.1%를 기록하다가 2016년도에 6.8%까지 확대되었다. 이 시기를 기점으로 미국은 천연가스 순수출국으로 전환하였다. 미국은 세계 천연가스 수출 비중은 상승하였지만, 아직 천연가스 수출 중 LNG 수출 비중은 2% 미만이기 때문에 전체 시장에 미치는 영향은 미미하다. 그러나 2035년 세계 LNG 생산의 30% 이상을 점유하는 세계 1위의 생산국이 될 가능성이 있다.

국제에너지기구의 2017년 세계 에너지 전망 보고서에 따르면 글로벌 LNG 수요는 2040년까지 45% 증가하여 세계 에너지 수요의 1/4를 점유할 것이다. 블룸버그 뉴에너지 파이낸스(*Bloomberg New Energy Finance*)[10]에 따르면 전 세계 LNG 수요는 2030년 4억 7천900만 톤으로 2016년 대비 86%가 증가할 것으로 예상된다. 동 수요 변화의 가장

8　미국 에너지부는 2013년 5월 Freeport LNG Expansion, FLNG Liquefaction 2개사에 조건부로 수출을 승인함
　　Energy Department Approves Freeport Natural-Gas Export Permit
　　https://www.rigzone.com/news/oil_gas/a/126562/energy_department_approves_freeport_naturalgas_export_permit/ (검색일: 2018.04.30)

9　미국 사상 첫 EU 천연가스 수출, 러시아와 경쟁구도 형성
　　http://www.asiaee.net/news/articleView.html?idxno=6733 (검색일: 2018.05.03)

10　Global LNG OutlooK: 1H 2018
　　https://bnef.turtl.co/story/lng1h2018?teaser=true (검색일: 2018.05.03)

큰 요소는 중국과 인도와 그리고 아세안이다. 기존의 LNG 수입 강국은 일본과 한국이었고, 특히 일본의 경우 후쿠시마 원전 사고를 기점으로 LNG 수요가 늘면서 그 동안 국제 LNG 가격을 높이는 주요 요인 중 하나로 작용하였다. 그러나 미국의 셰일 가스 수출을 향후 LNG 가격 상승의 제약 요인으로 보고 있다. 한편 지금까지 천연가스 수출국 지위를 유지하던 말레이시아와 인도네시아는 LNG 수출국과 수입국 지위를 함께 유지하는 국가로 변할 가능성이 있다. 현재 세계에서 가장 높은 경제 성장세를 보여주고 있는 아시아 국가들은 LNG 시장을 성장시키는 새로운 주체가 될 것이다. LNG가 PNG에 비해 가지는 약점인 높은 수송비용을 구성하는 액화 및 기화 시설과 저장 및 송출설비가 미비함에도 불구하고 다른 연료와 대비하여 낮은 이산화탄소 및 오염물질 배출이 강점이다. 따라서 이 국가들의 에너지 정책에서도 LNG가 차지하는 비중은 더 확대될 것으로 예상하고 있다. 그러나 전혀 문제점이 없는 것은 아니다. 재생에너지의 경우 천연가스보다 저렴한 에너지원이기 때문에 가격 경쟁력이 있다. 따라서 천연가스로 완전히 전환하기보다는 수급의 균형을 맞추는 방향으로 갈 가능성도 있다. 정부의 에너지 효율 정책도 가스소비를 제한하는 역할을 할 것이다. IEA는 천연가스 발전 규모를 2040년까지 점진적으로는 50% 이상 증가할 것으로 예상하지만, 연료 사용은 고효율 설비를 선호하는 방향으로 전환될 것이기에 천연가스 소비량이 생각보다 높지 않게 형성될 가능성도 제시하고 있다.[11]

또 다른 변화는 세계 LNG 시장의 공급의 변화이다. 북미 지역과 유럽의 경우 지리적인 특성상 천연가스의 공급은 주로 PNG의 형태였고,

---

11   IEA, World Energy Outlook 2017, 참조
       http://www.iea.org/media/weowebsite/2017/Chap1_WEO2017.pdf (검색일:
       2018.05.03)

아시아 시장의 경우 같은 의미에서 지리적 단절로 인한 LNG가 주류였다. 따라서 이 지역의 주요 공급원은 중동과 동남아시아 지역의 국가들이다. 하지만 미국과 호주의 LNG 대형 시설 완공으로 인한 새로운 공급자로 등급하고 있으며, 전통적인 PNG 사업자인 러시아의 경우도 천연가스의 수출 역량과 노선 다변화 정책을 추진하면서 새로운 LNG 공급능력 확대에 노력을 기울이고 있다. 이러한 새로운 공급자들의 등장으로 세계 LNG 시장의 공급 물량은 꾸준히 증가될 것으로 예상되어 공급자간 경쟁은 한층 더 강화될 전망이다.

따라서 LNG를 구매하는 당사자들의 입장 변화도 자연스럽게 변화될 전망이다. 이미 언급한 대로 LNG 소비 시장은 증가 추세이지만, 새로운 공급자들의 등장으로 시장은 공급이 확대되면서 구매자들에게 유리하게 작용할 가능성이 있다. 그러나 문제는 구매자들에게 PNG와는 다르게 새로운 재처리 시설 확보가 전제되어 있기 때문에 결국에는 LNG 조달의 가격이 문제가 된다. 또한 LNG 생산국의 천연가스 가격은 국가마다 다른 형식을 취하고 있다. 한국이 주로 수입하는 중동지역의 경우 유가에 연동되지만, 미국의 경우는 미국의 국내 시장 가격에 따라 변화된다. 따라서 고유가가 형성되면 미국산이 유리하겠지만, 저유가일 경우에는 중동산이 유리하다. 모든 수입국은 자국의 산업 경쟁력을 위해 LNG 조달비용 낮추어야 할 필요가 있다. 따라서 구매 전략은 매우 유연해야 하고, 계약 기간, 가격 공식, 공급원 다원화가 필수 조건이다. LNG 생산량이 많아 공급이 풍부해지면 장기계약보다는 단기 및 스팟 거래(Spot transaction) 형태가 활용될 것이고, 반대의 경우에는 장기계약이 유리할 것이다. 변동성이 큰 시장인 만큼 세밀한 전략이 수출국 및 수입국 간에 치열하게 추진될 것이다.

LNG 소비국의 증가는 LNG 유통시장의 변화를 유도할 것이다. 유럽과 북미처럼 PNG 수입에 기초한 지역에서도 동유럽 국가들 및 남미 국가들이 순 수입국으로 전환되었고, 에너지 생산이 되지 않은 중동 및 동남아 국가들도 수입이 증가하기 시작하였다. 이 영향으로 LNG 유통이 기존의 한방향(one-way) 방식보다는 다방향화(multi-direction)되는 경향을 보이고 있다. 북미지역에서의 도착지 제한 조항을 포함하고 있지 않는 대규모 LNG 물량이 급속히 성장하는 아시아 시장에 공급될 것이다. 이러한 다방향적으로 통합된 시장은 글로벌 LNG 거래를 통한 차액 거래를 촉진할 것으로 보인다.[12]

마지막으로 이 시장이 가지는 변동성 완화 및 수입국과 수출국의 입장 차이를 줄이기 위한 노력의 일환으로 거래 시장에 대한 국가 간 협력 문제이다. 우선 이 문제에 대해서 먼저 시작한 국가는 EU이다. EU는 2016년 2월 LNG와 가스 저장을 위한 EU 전략을 발표했다.[13] 이 전략을 추진한 이유는 국제 LNG 시장접근을 통한 이익을 극대화하고, 공급자들에게 보다 매력적인 EU시장을 형성하기 위해서이다. 또한 일각에서는 LNG 수급시장의 안정을 위해 LNG 거래 허브 개설 추진도 진행되었다. LNG 시장 변화에 능동적으로 대응하기 위해서는 경직적인 계약과 가격 문제를 해결할 수 있는 가스 거래 허브가 없다. 이 문제를 해결하기 위한 대표 주자는 싱가포르, 중국, 일본이다. 미주 및 유럽 지역과 달리 아시아·태평양 국가들은 허브의 발전이 용이한 수송 네트워크는 있지만, 국가별 가스시장은 분리되어 있다. 따라서 이에 대한 필요성은 모두 공감하고 있다. 한국은 세계 LNG 수입량 3위이지만 아직 경직된 조건에서

---

12   Deloitte, LNG Trading 시장의 새로운 변화 및 기회
      https://www2.deloitte.com/content/dam/Deloitte/kr/Documents/energy-resourc-
      es/2016/kr_enr_issue-highlights_20160725.pdf (검색일: 2018.05.05)

13   EUROPEAN COMMISSION, EU strategy for liquefied natural gas and gas storage,
      Brussels, 16.2.2016, COM(2016) 49 final

벗어나지 못하고 있고, 아시아 프리미엄이라는 불리한 가격 조건하에 수
입을 하고 있다. 하지만 한국, 중국, 일본이라는 큰 시장 중간에 위치한
만큼 변화된 노력이 필요한 시점이다.

III. 러시아의 천연가스 개발 전략

1. 러시아 에너지 전략의 변화

러시아 에너지 개발 정책은 "러시아 에너지 전략 2035", "러시아 교통
전략 2030", "러시아 해운 항만 인프라 개발 전략 2030"으로 구체화되고
있다. 이 전략들의 기저에는 북극개발을 통해 새로운 에너지 강국으로서
의 러시아의 위상을 재확립하는 것이다. 그 중 핵심은 천연가스 개발을
통한 신규 운송수단 개발 및 시장 창출이다.

2013년 10월 채택된 "러시아 에너지 전략 2035"[14]는 2009년 11월
승인된 러시아 에너지 전략 2030의 개정안이며, 동 전략은 5년마다 개
정되어 빠르게 변화되고 있는 에너지 시장의 요구를 반영하고 있다. 또
한 2017년 2월 러시아 에너지부는 러시아 에너지 전략 2035의 개정을
위한 기획안을 상정하였다.[15] 러시아 에너지 전략 2035의 목표는 기존의
낙후된 에너지 산업 구조의 개편, 러시아 사회경제발전에 이바지하는 것
이다. 이 목표를 수행하기 위한 여러 가지 조건 중 저자가 주목하는 것은

---

14   Энергетическая стратегия России на период до 2035 года
      http://www.energystrategy.ru/ab_ins/source/ES-2035_09_2015.pdf (검색일:
      2018.05.10)
15   Проект Энергостратегии Российской Федерации на период до 2035 года
      https://minenergo.gov.ru/node/1920 (검색일: 2018.05.10)

에너지 관련 산업의 기술 경쟁력 확보 및 개발과 에너지산업 개발의 지역적 균형화이다. 왜냐하면 이 부분이 러시아 천연가스 수출시장의 확대와 운송 수단인 LNG선 개발과 연관이 있기 때문이다.

2017년 개정안이 2013년과 다른 부문은 우선 전략의 목표에서부터 다르다. 2013년 전략의 목표는 러시아의 경제발전을 위해 에너지 산업 구조 개혁을 통한 경쟁력 및 품질 향상이다. 구조 개혁을 위해 고정 자본 확충과 생산성 향상에 집중한다. 민간기업의 참여를 높이고, 부가가치 창출이 가능한 가공제품 생산을 늘린다. 에너지 사용의 효율성 증가와 소비의 낭비를 줄인다. R&D 및 인적 자본 향상을 위한 투자를 늘리고, 국산 설비 및 서비스의 점유율을 높인다. 이를 위한 전략 과제는 우선 러시아의 사회·경제 발전에 적합한 양적·질적 서비스 및 제품을 확보이다. 다음은 지역적·공간적 발전의 우선순위 확립과 수출 다변화 및 국제 에너지 시장에서 러시아의 주도적 위치 구축이다. 마지막으로 러시아 에너지 산업의 기술 수준을 세계적인 수준으로 향상 및 기술 자립 도모를 통해 안정적인 발전 기반 마련이다.

메드베데프 총리는 2017년 안을 준비하면서 "석유·가스 프로젝트는 막대한 이익이 예상되는 장기간 사업이다"고 강조하였고 그 내용은 다음과 같다. 즉 세금 그리고 가격 정책을 어떻게 결정하느냐는 것에 대해 러시아의 에너지 기업과 외국의 수요에 방향성을 명확하게 보여줄 필요가 있다. 러시아의 에너지 시장 개방과 투명성을 높이고 경쟁 환경을 정비하고 투자자들에게 매력적인 시장으로 이끌어야한다. 수요와 에너지 자원의 채굴·가공·공급에 종사하는 기업 간 쌍방의 이해, 그리고 재정적으로 이익을 고려하여 조정하는 것이 중요함을 강조했다.[16] 이러한

---

16   Совещание о проекте Энергетической стратегии России на период до 2035 года
      http://government.ru/news/25812/ (검색일: 2017.10.23)

측면에서 2017년 안의 전략 목적은 급변하는 주변 환경에 대응하기 위한 경제 발전 기반 구축이며, 이를 위해 에너지 산업의 질적 개선이다. 이를 위해 이노베이션, 현대화, 생산성 향상, 경제적 효율 및 에너지 효율의 상승을 위한 투자 비율을 증대시키도록 개편한다. 이 결과로 고정 자본 증가, 생산 기술 향상, 에너지 산업의 노동자의 질적 향상 등을 기대하고 있다.

    그 동안의 전략이 국가 규제를 통한 발전을 추구했다면 이번 안은 시장의 경쟁력 향상을 통해 목표를 달성하겠다는 것이다. 즉 이전의 에너지 산업이 단순한 채굴 작업 중심이었다면, 현재는 2차, 3차 가공을 통한 부가가치가 높은 생산품 생성을 높이는 것이다. 또한 에너지 산업의 생산 및 국내 소비 수출의 구성에 있어서도 가공도가 높은 상품의 점유율을 증대시킨다. 전력의 효율적인 사용을 위해 총 발전량에서 차지하는 분산형 전원의 비율을 높인다. 생산 공정 개선을 통해 품질 좋고 환경적으로 부하가 적은 에너지 생산물의 소비 비율을 향상시킨다. 연료 에너지 산업의 경제 주체의 조달에서 국산 설비 · 생산물 · 서비스의 시장 점유율을 높이고 수입 의존도를 낮춘다. 이와 같은 목적 달성을 위해 우선 에너지 서비스 및 제품의 질적 향상시킨다. 두 번째는 러시아의 지역적 · 공간적인 발전과 수출 시장의 다변화, 세계의 에너지 부문에서 러시아의 주도적 위치 유지를 고려한 에너지 산업의 지역 생산 구조 개선이다. 마지막으로 세계적 기술 경쟁력을 갖는 분야를 확대시키면서 에너지 부문을 기술 확대하여 기술적인 면에서 독립할 수 있는 능력을 확보한다.

    2013년 전략과 2017년 전략은 큰 틀에서는 러시아 에너지 산업의 경쟁력 강화라는 공통의 지향점을 가지고 있지만, 이를 수행하고 목표 달성을 위한 방안으로 지역적 및 공간적 발전을 도모한다는 측면이 2017년 전략의 특징이라고 할 수 있다. 대표적으로 북극지역 및 동시베리아와

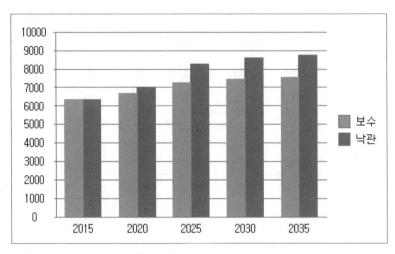

그림 1. 천연가스 생산 전망(단위: 억 m³)

출처: Проект Энергостратегии Российской Федерации на период до 2035 года
     https://minenergo.gov.ru/node/1920

극동에 부존하는 석유·가스 자원의 개발은 석탄과 우라늄 등의 광물 자
원 및 비철, 야금 자원의 산지 개발과 함께 산림 자원의 이용과 수력 발전
을 도모할 수 있다. 또한 개발을 결과 북극지역 및 시베리아 연방관구와
극동 연방관구는 더 급속한 사회·경제 발전을 가능하게 할 수 있다.

즉 러시아의 에너지 생산의 발전은 주로 동시베리아와 극동의 가스
전 개발 및 아무르 지역의 가스 처리 공장에서 수출이 진행될 것이다. 목
적을 달성을 위해 극동지역에 에너지 수송 인프라를 개발하고, 헬륨 장
기 저장 시스템의 구축이 계획되어있다. 이는 에너지의 상업적 생산 잠
재력이 판매 규모를 초과 할 수 있기 때문이다.[17] 현재 천연가스 생산
에 대해 낙관적 시나리오는 2020년 7,020억 m³, 2035년 8,750억 m³를
전망하고 있다. 한편, 보수적 시나리오는 2020년 6,700억 m³, 2035년

---

17   Проект Энергостратегии Российской Федерации на период до 2035 года
      https://minenergo.gov.ru/node/1920 (검색일: 2018.05.10)

7,570억 m^{3}를 예상하고 있다. 낙관적 시나리오와 보수적 시나리오 모두 천연가스 생산은 2035년까지 확대될 것으로 보고 있다. 천연가스 수출은 보수적 시나리오는 2020년 2,280억 m^3, 2035년은 2,480억 m^{3}이다. 낙관적 시나리오는 2020년 수출은 2,520억 m^3, 2035년 수출은 3,570억 m^{3}를 예상하고 있다.

　　또한 전력 분야의 국제 협력이 한층 더 추진이 가능해 진다. 국제 협력은 특히 상하이 협력기구, BRICS, ASEAN 등 동아시아의 경제공동체와 APEC 환태평양경제사회위원회(ESCAP) 등의 국제기구와 다자 협력기구 회원국과의 협력 틀에서 강화될 수 있다.

2. 러시아 에너지 전략 2035

동 전략을 구체적으로 살펴보면 목적은 에너지 산업의 구조 개혁을 촉진할 수 있는 경쟁력 확보를 우선 제기하고 있다. 즉 러시아 경제의 성장을 도모할 수 있는 에너지 부문의 기술력 개발 모델을 수정하고 사업의 재편을 통해 가속화시키는 것이다. 따라서 주요 내용은 에너지 산업의 기술 혁신 및 기술의 고도화와 에너지 소비 효율의 개선 및 정부 규제와 시장 경쟁과 균형을 추구하고 있다. 그리고 기존에는 크게 관심을 두지 않았던 에너지 고부가가치의 상품 생산 및 수출 확대, 에너지 소비 효율 개선, 에너지 기업의 온실 가스 배출 감소 등이 있다. 또한 수출 확대 부문에서는 아시아·태평양 지역으로의 수출 비중을 확대와 새로운 수출 시장 발굴 및 분산화이다. 이를 통해 국제 에너지 수출 시장에서 러시아의 선도적 위치를 유지하는 것이다.

　　동 전략을 수행하는 시나리오는 보수적인 것과 낙관적인 것으로 구분된다. 2015-2035년의 GDP 연평균 성장률은 보수적 시나리오에서는

2%, 낙관적 시나리오에서는 3%를 예상하고 있다. 또한 두 단계로 나누어 전략을 구상하고 있다. 첫 번째 단계는 2016-2020까지, 두 번째 단계는 2021-2035년이다. 이 기간 동안 두 가지 시나리오는 동시에 단기적으로 효율성과 비용 절감을 통해 경제 위기가 에너지 산업 발전에 미치는 영향에서 탈피함과 동시에 새로운 위기 대응 능력을 강화하고 있다. 이를 위한 대책으로 국내 에너지 생산과 소비 구조의 조정, 에너지 소비 효율 개선, 에너지 공급의 안전에 집중한다. 그리고 수출의 안정성을 높이기 위한 수출 다변화와 분산이 중요한 부분을 차지하고 있다.

시나리오에서 나타난 중장기적 과제는 우선 외국산 기술 의존가 높은 부문에 대한 수입대체화라고 할 수 있다. 러시아 에너지부는 산업통상자원부와의 협의 아래 2014년 9월 수입대체산업 분야를 선정한 이후 매년 지속적으로 내용을 갱신하고 있다.[18] 대표적으로 2015년 3월에는 설비 수입 비중을 60%에서 43%까지 줄이며, 주로 생산에 사용되는 1차 기술적 과제를 해결하는 것이 목표이다.[19] 또 다른 하나는 천연가스 산업의 지속 가능한 발전을 유지하기 위해서 다음과 같은 핵심 사항들을 제시하고 있다. 발전하고 있는 LNG 시장 참여를 통해 글로벌 시장 경쟁력을 갖추고자 한다. 왜냐하면 생산성이 높은 육상 가스전 매장량 및 개발이 감소되는 추세 속에서 새로운 매장지는 기후 및 지리적 조건의 난이도 측면에서 매우 열악하기 때문이다. 이 신규 매장지는 주요 소비지까지의 상당한 운송 거리 때문에 가스 생산 비용과 더불어 운송비용 또한 상승 압박이 존재한다. 그리고 러시아의 주요 수출 시장 및 통과국인 우

---

18   Минпромторга России, Доклад о целях и задачах Минпромторга России на 2017 год и основных результатах деятельности за 2016 год. М., 2017, 참조.

19   Когда снизим зависимость ТЭК от импорта?
      http://www.sngpr.ru/tribune.php (검색일: 2018.05.12)

크라이나, 중동유럽 및 서유럽에서의 천연가스 수요의 감소와 성장의 둔화와 에너지 수송에 대한 리스크 헷징이 요구되고 있다. 현재는 또한 크림 사태에 따른 미국과 EU의 경제 제재로 인하여 그 동안 이들과 협업을 하고 있었던 러시아의 개별 석유 가스 기업에 대한 심해 및 북극지역 탐사 및 개발 기술 및 설비의 공급을 제한받고 있다. 이러한 상황에서도 러시아는 유라시아경제연합과의 에너지 부문에 대한 통합을 조절하기 위한 여력이 필요하다.

이러한 배경에서 러시아는 국내외 소비자의 이익 및 천연가스 회사들의 이익 사이에서 가장 사회 경제적으로 합리적인 균형을 유지하는 것이 중요했다. 이를 위해서는 권리와 의무의 균형이 필요한 천연가스 기업들에게 평등한 경제적 조건 형성도 요구되었다. 또한 현재 추진하고 있는 천연가스 생산 및 수출시장으로서 안정성을 담보할 수 있는 유라시아경제연합 국가들과의 협력도 필요한 실정이다. 현재 많은 부문에서 개선의 징후가 보이고 있으며, 특히 가격 부문에서 소매가격보다는 도매가격이 시장 가격 체계로 서서히 변화하고 있다. 가스 생산 업체가 이용하는 파이프라인을 통한 가스 수송과 지하 가스 저장 서비스는 국가의 규정에 따라 객관적으로 관리되고 있다. 관세는 계산의 투명성이 향상되고 있다. 개선이 필요한 부문은 가스 공급으로 수송 시스템의 기능의 효율성 향상이 요구된다. 현행 단일 가스 공급 시스템을 운용하는 공공합자회사의 투자 및 지출을 포함한 재정의 투명성을 확보한다. 단일 파이프라인에 의한 가스 수출은 계속 검토의 대상이다.

주목할 부문은 천연가스 생산의 확대와 더불어 LNG 수출 자유화를 추진하는 것이다. 이는 특히 가스 수출의 다양화를 의미하고 있다. 주로 외국의 기술에 의존하였던 관례에서 탈피하여 국산 기술을 개발하고, 기존 및 야말 반도, 기단 반도, 동시베리아 및 극동과 같은 신규 지역에서 천연가스 자원의 개발을 통해 생산량을 40% 증가시키는 것이다. 그리고 새로운 수출 루트를 구축함과 동시에 지방의 가스화를 촉진하기 위해 통합공급시스템(UGS:Unified Gas Supply System)의 현대화 및 최적화를 수행한다. 특히, 이 시스템의 효율성 증가 및 확장을 위해 동 시베리아와 극동에서의 천연가스 수송 인프라를 구축 및 확대한다. 단순 생산이 아닌 에탄, LPG, 헬륨 등 천연가스전에서 확보가 가능한 부가가치 상품을 처리할 수 있는 능력 향상 및 공급을 늘린다. 특히 LNG 생산량을 3~8배로 늘려 LNG를 포함한 아시아 태평양 지역에 대한 가스 공급량을 약 5~9배 증가시킨다.

이를 위해서는 다음과 같은 방법을 필요로 한다. 즉 러시아 모든 지역과 소비자에게 공급하는 가스에 대한 보조금을 단계적 폐지한다. 통합공급시스템과 가스 공급 네트워크에 연결 절차의 간소화한다. 상품 거래소와 거래 시스템에 천연가스 판매 확대하기 위한 파이프라인 수송과 저장 시스템을 개선한다. 매장지의 통합적인 생산 처리 및 고부가가치 제품 생산을 위해 시베리아 및 극동지역에 가스 처리·화학 플랜트를 건설한다. 러시아 천연가스 산업의 발전에 중점을 두고 소비 구조의 변화에 대응하기 위해 부가가치 상품 개발 및 사용 범위를 확대한다.

IV. 러시아와 천연가스 협력

1. 협력 현황

1990년 한국과 러시아가 수교한 이후 양국 교역의 실질적 시작은 1992년부터이다. 당해 교역 규모는 1억 9,000만 달러이다. 수교 30주년을 앞

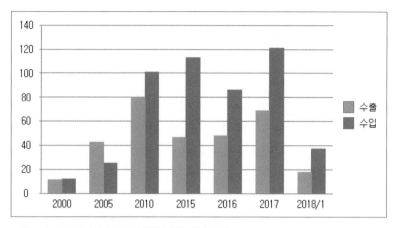

그림 2. 한국의 대러시아 수출입 현황(단위: 십억 달러)
출처: KOTRA, Федеральная служба государственной статистики России.

두고 있는 2017년 현재 양국의 교역 규모는 약 200여 배에 가까게 성장한 189억 달러로 증가하였다. 그러나 양국 교역의 최고액은 2014년 258억 달러이다. 2014년까지는 지속적으로 교역 규모가 증가했지만, 이후 지속적인 하락세를 보이고 있다. 이유는 2014년 러시아가 우크라이나의 크림반도를 흡수한 이후 시작된 서방의 對러시아 경제제재로 인하와 러시아 경제의 주축인 국제 유가의 하락으로 양국의 교역은 감소하기 시작하였다. 그래도 2016년 134억 달러로 최저치를 기록한 이후부터 2017년부터는 다시 조금씩 성장하고 있으며, 2018년 1분기는 18억 2천만 달러로 전년 동기 대비 9.4%, 수입은 37억 3천만 달러로 전년 동기 대비 38.5%로 성장세를 유지하고 있다.

한국의 對러시아 주요 수출품은 승용차, 자동차부품, 합성수지, 기타 플라스틱제품 등으로 제조업에 기초한 상품들이 주류를 이루고 있으며, 비교적 고르게 분포되어 있다. 그러나 수입품목의 경우 연료 및 에너지 관련 상품이 약 80% 이상을 차지하고 있다. 수출입 품목을 중심으로

표 1. 한국의 對러시아 수출입 품목(2017년 기준)

순번	수출품목	수입품목
1	승용차	원유
2	자동차부품	유연탄
3	선박	나프타
4	철구류	천연가스
5	건설장비	무연탄
6	합성수지	알루미늄괘
7	타이어	우라늄
8	플라스틱 류	고철
9	아연판	게
10	의자	명태

출처: KOTRA, Федеральная служба государственной статистики России.

살펴보면 한국과 러시아 양국의 수출 특화 산업은 서로 중복되지 않는
상호보완적이라고 할 수 있다. 그러나 한국은 러시아 연료 및 에너지 관
련 상품에 지나친 의존을 하고 있다. 이유는 한국의 경제 성장에 가장 필
요한 상품이 연료 및 에너지 상품이고, 이 부분에 있어 러시아는 특화되
어 있기 때문이다.

양국의 교역에서 보여주듯 연료 및 에너지 부문 협력은 오랜 역사를
가지고 있다. 천연가스 도입 협력의 시작은 노태우 정부의 북방정책의
한 부문으로 차얀다 가스전 공동개발의정서 체결부터이다.[20] 이 가스전
사업은 당시 경제성이 불투명해 취소되었다. 그러나 현재는 중국으로 보
내는 시베리아 힘 파이프라인의 주 공급처이다. 다음 협력은 1999년 김

---

20   이윤식, 남북러 가스관 사업의 효과, 쟁점, 과제, 서울: 통일연구원, 2011, p.20.

대중 정부의 이르쿠츠크 PNG사업 참여이다. 이 라인은 만주리–선양–대련–서해–평택을 연결하는 노선으로 한국과 러시아는 새로운 에너지 협력의 기점이 되는 것이었다. 그러나 러시아가 가즈프롬의 경쟁력 및 영향력 확대와 시베리아 동부지역 천연가스 사업의 안정화를 위해 통합가스개발계획(UGSS: Unified Gas Supply System)[21]을 추진하면서 또 중단되었다.

노무현 정부는 기존에 추진되어 왔던 방식인 한국과 러시아 천연가스 협력 방식인 가스전 공동개발이 아닌 천연가스 직수입 방식으로 전환하였다. 이 결과 2006년 10월 양국 정부는 가스공급 관련 정부 간 협력협정을 체결하였다.[22] 실질적으로 이 사업은 진행되었고, 이명박 정부로 넘겨져 2008년 9월 29일 한국과 러시아 정부 간 정상회담에서 러시아천연가스를 북한을 경유하는 천연가스관(PNG)을 통해 도입하기로 합의하였다.[23] 그러나 이 시기 북한과의 관계가 전혀 호전되지 못한 상황이었고, 러시아와의 가스 공급가 협상도 진전이 없어 결국 실패로 돌아갔다. 그래도 2005년 사할린 II의 LNG 도입 계약을 체결하고 2009년부터 사할린 천연가스를 LNG로 도입하고 있다.

북한의 미사일 및 핵실험의 지속으로 한국과 북한과의 관계가 경색된 형국에서 벗어나지 못하면서 박근혜 정부 시기 러시아와의 천연가스 도입 문제는 사문화되었다. 큰 주목은 받지 못했지만, 2013년 발리

21　Череповицын А.Е., Стратегические ориентиры развития Единой системы газоснабжения в условиях реформирования газового рынка, Санкт-Петербург: Записки Горного института. 2005, 참조.

22　이성규, 남·북·러 가스관 사업의 경제적 효과와 참여 방식, 북한경제리뷰 2011년 10월호, 참조.

23　에너지경제연구원, 러시아천연가스 도입의 공급안정성 확보방안, 동북아에너지연구 출연 사업 정책연구사업 09-05, 2009, pp.3-7.

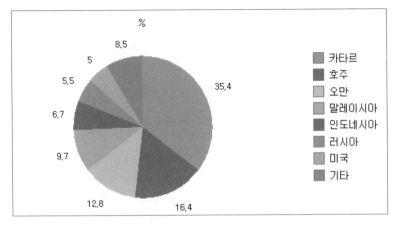

그림 3. 한국의 LNG 수입 국가별 비중(2017년 현재)
출처: 박성봉, 채상욱, 유재선, 한국가스공사
　　　http://file.mk.co.kr/imss/write/20180508113529_00.pdf (검색일: 2018.05.15)

APEC 정상회의에서 푸틴 대통령은 블라디보스토크와 한국을 잇는 해저
가스관 건설 방안을 고려할 수 있다고 밝혔다.[24] 또한 2017년 문재인 대
통령 당선 축하에서 다시 시베리아 천연가스 협력을 제안하였다.[25] 이후
현 정부는 북한과의 새로운 관계 형성 및 탈원전 전략을 위해서는 새로운
에너지원의 확보가 중요하였고, 이 결과 러시아와 다시 협력을 할 수 있
는 계기가 되었다. 러시아 역시 서방의 경제제재로 중국과의 에너지 협력
이 강화되고 있었지만, 미국의 셰일가스 혁명에 따른 유럽 시장에서의 확
고한 러시아의 지위가 흔들리기 시작했다. 즉 새로운 수출 시장이 필요한
러시아와 한국의 전향적인 자세 전환은 지금까지 많은 부침이 있었던 양

24　푸틴 "한국 수출용 가스관 동해 해저따라 건설 가능"
　　　https://news.sbs.co.kr/news/endPage.do?news_id=N1002016890&plink=COPYP
　　　ASTE&cooper=SBSNEWSEND (검색일: 2018.05.15)
25　文대통령 '러시아 가스관'으로 北 문연다
　　　http://news.mk.co.kr/newsRead.php?year=2017&no=335871 (검색일:
　　　2018.05.15)

국 간 천연가스 도입 협력의 새로운 원동력으로 작용할 수 있다고 본다.

이미 언급했듯이 러시아 천연가스 수입은 2009년부터이고, 2017년 현재 한국의 천연가스 수입 비중에서 러시아는 전체 6위로 5.5%를 차지하고 있다. 천연가스를 수입할 수 있는 국가는 다변화되어 있는 편이지만, 수입 거리 대비로 살펴보면 가장 가까운 국가임에도 불구하고 러시아가 차지하는 비중은 미미하다고 할 수 있다.

2. 협력 방안

한국의 에너지 정책 기조는 탈원전 및 석탄과 신재생 에너지 비중 증대에 기반한 에너지원 전환, 에너지 효율성 제고이다. 그리고 러시아 에너지 정책의 기조는 석유 및 가스 생산 증대와 시설 현대화, 에너지 수출 시장의 다변화, 에너지 효율성 증대, 동시베리아와 극동 지역 에너지 인프라 개발이다. 양국의 새로운 에너지 정책의 중심에는 LNG가 자리하고 있다. 이러한 현실에서 한국과 러시아의 에너지 협력이 필요한 이유는 무엇인가? 우선 정치적인 요인으로 동북아시아 지역에서 점점 영향력이 확대되고 있는 중국에 대한 견제이다. 일대일 관계에서 균형을 맞추기 어렵기 때문에 다자 형태의 협력 관계가 필요하고 여기에 러시아의 역할을 무시할 수 없다. 경제적 요인으로는 에너지 수입원으로서 러시아의 가치이다. 현 정부가 추진하는 에너지 전환 정책을 안정적으로 추진하기 위해서는 러시아의 에너지원이 필요하고, 천연가스의 비중은 매우 높다고 할 수 있다. 특히 러시아의 에너지 전략도 LNG 수출 비중을 늘리는 것이 정책의 핵심이기에 한국과의 협력 가능성은 매우 높다고 할 수 있고 동시에 매우 필요한 상황이다. 마지막으로 대외 환경 측면에서 보면 북한의 태도 변화와 더불어 한국은 북한과의 새로운 관계 형성을 위해 노력할 필요가 있고, 이 과정에서 에너지 협력은 중요한 부문이다. 그리고 한국의 수입 비중이 높은 이란, 이라크, 시리아, 예멘 등 중동지역의 현재 정세는 항상 불안정성과 불확실성을 동시에 가지고 있는 지역이기에 에너지 수입처 다변화 문제는 한국에게 숙명과도 같다. 에너지 안보는 곧 국가 경제의 안정적 성장 그리고 국가 위기 사태를 회피하는 문제이기에 반드시 해결할 필요가 있다.

한국과 러시아 간 협력의 형태를 보면 가스전 개발인 상류 부문은 이미 협력 사례가 있다. 운송 부문인 중류 부문도 가스 플랜트 건설, LNG 수송선 건조 등 협력의 경험이 있다. 마지막으로 소비 부문인 하류 부문도 석유 화학 플랜트, 러시아 윤활유 시장 거래 등 풍부한 편이다. 협력의 기회 요인을 보면 상류는 우선 거리적으로도 가깝고 개발 비용도 저렴한 편이다. 중류는 한국의 선박 건조 기술은 세계 최고 수준이고, 러시아가 현재 중점적으로 추진하고 있는 북극 자원 및 북극 항로 개발로 수요가 증가할 것으로 전망되기 때문에 시장 상황도 긍정적이다. 또한 러시아의 LNG 수출 확대 전략으로 액회 시설 등 관련 산업의 확대도 기대되고 있다. 하류는 러시아 현재 추진하고 있는 극동지역의 산업 개발은 동 지역의 새로운 석유화학단지의 개선 및 신규 건설 수요가 풍부하다. 그리고 한국의 품질력이 우수한 윤활유는 이미 러시아에서 경쟁력을 인정받고 있다. 그렇다고 문제가 전혀 없는 것은 아니다. 상, 중, 하류 부문과 상관없이 가장 큰 부문은 서방의 對러시아 경제제재이다. 2014년에 시작된 경제제재가 현재까지 이어지고 있으며 종결의 기미가 보이지 않고 있다. 상류 부문의 핵심은 그 동안 양국 간 협력의 걸림돌로 작용했던 러시아 정부의 에너지 산업에 대한 국가의 영향력이다. LNG 수출 자유화법 도입,[26] LNG에 대한 세제 혜택 및 자금 조달 제공[27] 등 변화된 모습을보이고는 있지만,아직까지는 주시 대상이다. 중류 부문은 한국의 조선 사업을 위협하고 있는 중국의 등장이다.[28] 마지막으로 하류 부문에서 한국은 러시아 EPC(Engineering-Procurement-Construction) 경험이 부족하다.

이러한 제약 요인에도 불구하고 러시아와의 천연가스 협력은 필요하다. 방안의 첫 번째로 고려할 부문은 수입 시장에 민간 기업의 참여를 확대할 필요가 있다. 현 시점에서 세계 LNG 시장은 미국의 천연가스 수출 및 러시아의 LNG 생산 확대 정책으로 공급 시장은 확대될 전망이다. 따라서 기존의 방식처럼 단순히 러시아의 천연가스를 도입하는 방법으로는 러시아의 에너지 정책 기조와 맞지 않아 산업 협력 확대로 이어지기 어렵다. 가스 액화 플랜트 및 LNG 운반선 건조 등 민간 기업 분야의 확대를 연계하기 위해서는 보다 많은 협력이 필요하기 때문이다. 두 번째로는 새로운 에너지원으로의 전환시대에 필요한 것은 에너지 효율성을 제고할 수 있는 사업이 필요하다. 예를 들면 북극 공동 개발이다. 러시아의 북극 개발의 중심은 신규 가스전 개발이며 이는 LNG 사업과 연계되어 있다. 세 번째로는 에너지 터미널 및 허브 추진이다. 한국과 중국 그리고 일본의 LNG 수요는 전 세계 수요의 약 60%를 차지하고 있다. 이는 동 지역에서의 LNG 발전 수요 증가에 대응할 필요가 있고, 높은 재고에서 오는 위험성 회피를 위해 재수출 활로를 마련할 필요가 있다. 이미 중국과 일본은 LNG 허브를 추진하였다. 따라서 후발 주자인 한국

---

26 Путин подписал закон о либерализации экспорта сжиженного газа
    http://tass.ru/ekonomika/803801 (검색일: 2018.05.15)
27 《Новатэк》 после запуска проектов на Ямале пообещал стать крупнейшим в мире
    экспортером СПГ
    https://www.znak.com/2017-07-28/novatek_posle_zapuska_proektov_na_yamale_
    poobechal_stat_krupneyshim_v_mire_eksporterom_spg (검색일: 2018.05.15)
28 LNG 시장에 대한 지나친 낙관은 금물
    http://file.mk.co.kr/imss/write/20180223134826_00.pdf (검색일: 2018.05.15)

이 자리를 잡기 위해서는 러시아와 협력할 필요가 있다. 마지막으로는 러시아가 추진하는 LNG 플랜트 사업 참여이다. 사할린이 유일했던 러시아의 LNG는 야말 LNG 플랜트가 완공되면서 더 많은 LNG플랜트 건설을 계획하고 있다. 즉 소비인 하류 중심에 머물렀던 양국 간 협력을 상류, 중류, 하류를 모두 포괄하는 사업을 동시에 참여함으로써 그 동안 나타났던 장애 요인을 극복하는 방법으로서 활용함과 동시에 안정적인 에너지 협력 파트로 거듭날 필요가 있다.

V. 결론

셰일가스 혁명은 국제 천연가스 시장의 공급 구조를 변화시켰다. 유럽의 수요는 정체 또는 감소가 예상되지만, 반면에 아시아의 LNG 수요는 경제성장과 더불어 증가가 예상된다. 따라서 한국은 새로운 LNG 도입 정책이 필요한 시점이다. 또한 현 정부의 에너지 전환 정책을 실현하기 위해서도 이는 중요한 문제이다. 새로운 도입 정책은 단기 및 장기적인 측면을 고려할 필요가 있다. 단기적으로 LNG 공급이 초과되는 상황이 예상되기 때문에 장기계약의 경직성을 해소해야 한다. 장기적으로는 LNG 도입과 거래에서 유연성을 높여야 한다.

러시아는 이 부분을 해결할 수 있는 좋은 파트너이다. 우선 지리적으로 가깝고, LNG 플랜트 건설 및 운송 시설 등에서 협력의 여지가 높다. 또한 공급 물량이 확대되는 전망이 유지되고 있기 때문에 도입 가격도 경쟁력을 가질 수 있는 가능성이 높다. 만약 전체 수입량에서 러시아가 차지하는 비중이 크지 않아도 정치적인 요인은 클 수 있다. 우선 중동 지역에 의존도가 높은 상황을 타개하여 정치적 불안정성 극복과 공급 다변화를 추진할 수 있다. 이는 한국이 가지는 지정학적 불리함을 해결할 수 있는 좋은 기회이다. 또한 러시아와의 경제협력이 안보적인 측면에서 에너지 협력을 추가함으로써 양국의 관계 심화를 유도할 수 있는 좋은 카드가 될 수 있다. 이는 동북아 지역에서 상대적으로 약세에 있는 한국의 지위를 상승시키는 요인으로도 작용할 수 있다.

따라서 러시아 LNG 도입에 따른 새로운 한국과 러시아 간 협력 관계는 정치 및 경제적 측면에서 매우 전략적인 성격을 가지며, 신규 구매처와 거래 시 협상 능력을 향상시켜준다. 이러한 점을 고려하면 러시아와의 LNG 협력은 양국 간 에너지 안보 및 외교에 있어서 전략적으로 활용될 것이다. 향후 이를 반영할 수 있는 인적, 제도적 보완과 정보 축적에 집중할 필요가 있다.

참고문헌

강병희, 신정부의 에너지 정책과 제 8차 전력수급기본 계획, 서울: Deloitte, 2017.

박정수, 박석희, 공기업 민영화 성과평가 및 향후과제, 서울: 조세연구원, 2011.

에너지경제연구원, 러시아천연가스 도입의 공급안정성 확보방안, 동북아에너지연구 출연사업 정책연구사업 09-05, 2009.

에너지경제연구원, 새천년을 향한 에너지산업의 도전, 경기: 에너지경제연구원, 2000.

이성규, 남·북·러 가스관 사업의 경제적 효과와 참여 방식, 북한경제리뷰 2011년 10월호.

이윤식, 남북러 가스관 사업의 효과, 쟁점, 과제, 서울: 통일연구원, 2011.

이재오, 한·일 관계사의 인식, 서울: 학민사, 1984.

EUROPEAN COMMISSION, EU strategy for liquefied natural gas and gas storage, Brussels, 16.2.2016, COM(2016) 49 final.

Минпромторга России, Доклад о целях и задачах Минпромторга России на 2017 год и основных результатах деятельности за 2016 год. М., 2017

Череповицын А.Е., Стратегические ориентиры развития Единой системы газоснабжения в условиях реформирования газового рынка, Санкт-Петербург: Записки Горного института. 2005

공론화위 "신고리 5·6호기 건설공사 재개" 권고
http://www.hani.co.kr/arti/politics/politics_general/815317.html#csidxba4b4df41112ed0bac34c1fd7850f7e (검색일: 2018.04.30.)

文대통령 '러시아 가스관'으로 北 문연다
http://news.mk.co.kr/newsRead.php?year=2017&no=335871 (검색일: 2018.05.15)

미국 사상 첫 EU 천연가스 수출, 러시아와 경쟁구도 형성
http://www.asiaee.net/news/articleView.html?idxno=6733 (검색일: 2018.05.03)

박성봉, 채상욱, 유재선, 한국가스공사
http://file.mk.co.kr/imss/write/20180508113529_00.pdf (검색일: 2018.05.15)

제2차 에너지기술개발계획('11~'20)
https://crpc.kist.re.kr/common/attachfile/attachfileDownload.do?attachNo=00000576 (검색일: 2018.04.30)

푸틴 "한국 수출용 가스관 동해 해저따라 건설 가능"
https://news.sbs.co.kr/news/endPage.do?news_id=N1002016890&plink=COPYPASTE&cooper=SBSNEWSEND (검색일: 2018.05.15)

해외자원 개발현황

http://www.index.go.kr/potal/stts/idxMain/selectPoSttsIdxSearch.do?idx_cd=1167 (검색일: 2018.04.30)

Deloitte, LNG Trading 시장의 새로운 변화 및 기회
https://www2.deloitte.com/content/dam/Deloitte/kr/Documents/energy-resources/2016/kr_enr_issue-highlights_20160725.pdf (검색일: 2018.05.05)

LNG 시장에 대한 지나친 낙관은 금물
http://file.mk.co.kr/imss/write/20180223134826_00.pdf (검색일: 2018.05.15)

Energy Department Approves Freeport Natural-Gas Export Permit
https://www.rigzone.com/news/oil_gas/a/126562/energy_department_approves_freeport_naturalgas_export_permit/ (검색일: 2018.04.30)

Global LNG OutlooK: 1H 2018
https://bnef.turtl.co/story/lng1h2018?teaser=true (검색일: 2018.05.03.)

IEA, World Energy Outlook 2017, 참조
http://www.iea.org/media/weowebsite/2017/Chap1_WEO2017.pdf (검색일: 2018.05.03.)

Когда снизим зависимость ТЭК от импорта?
http://www.sngpr.ru/tribune.php (검색일: 2018.05.12)

≪Новатэк≫ после запуска проектов на Ямале пообещал стать крупнейшим в мире экспортером СПГ
https://www.znak.com/2017-07-28/novatek_posle_zapuska_proektov_na_yamale_poobechal_stat_krupneyshim_v_mire_eksporterom_spg (검색일: 2018.05.15)

Проект Энергостратегии Российской Федерации на период до 2035 года
https://minenergo.gov.ru/node/1920 (검색일: 2018.05.10)

Путин подписал закон о либерализации экспорта сжиженного газа
http://tass.ru/ekonomika/803801 (검색일: 2018.05.15)

Энергетическая стратегия России на период до 2035 года
http://www.energystrategy.ru/ab_ins/source/ES-2035_09_2015.pdf (검색일: 2018.05.10)

제3장

극동 러시아 개발과 한국의 러시아 천연가스 도입 연계방안

김선래(한국외국어대학교)*

I. 서론

한국은 2017년 기준으로 세계 8~9위의 에너지 소비국이며 에너지 소비량의 94%를 해외로부터 수입하여 조달하고 있는 국가이다. 한국의 경우 자원 수입국으로서 장기적이고 안정적인 원유와 가스 그리고 에너지의 도입이 매우 중요하다. 에너지 자원의 다변화와 다각화는 국가 에너지 안보 정책에 있어 매우 중요하며 이를 위하여 기존의 중동의존도에서 벗어나 수입선을 다변화하는 것이 필요하다. 러시아의 극동 시베리아는 지리적으로도 한국에 근접하여 위치해 있고 에너지 도입의 다각화에 있어서도 러시아의 석유 가스 에너지 도입이 필요하다고 보겠다. 2013년 러시아가 적극적으로 신동방정책이라는 전략적 국가 프로젝트를 진행하면서 극동개발과 아태지역 에너지 시장에 접근하고 있다. 2014년 우크

* 한국외국어대학교 러시아연구소 HK연구교수

라이나 사태를 기점으로 유럽과 미국을 위시한 서방세계와 신냉전 구도라는 프레임이 굳어져 가고 있는 현 상황에서 러시아의 신동방정책은 러시아에게 기회임과 동시에 한국에도 새로운 에너지 블루오션이 될 수 있다. 지난 20여 년간 한국은 러시아 자원과 자원 개발 및 도입에 많은 노력을 경주하였음에도 불구하고 그 실적은 미미한 것으로 확인되고 있다. 시베리아 석유 가스 개발과 투자, 그리고 사할린 1, 2, 3 프로젝트 투자와 같은 대규모 에너지 부문 개발사업에 한국이 접근하기가 매우 어려운 국제환경적 상황이 지속되어 온 것은 사실이다. 매번 그러하듯이 러시아 에너지 산업에 접근하기엔 급변하는 동북아 환경과 다극체제로 변화하고 있는 국제 정세 속에서 한국의 위치와 셈법이 점점 복잡해지고 있다. 문재인 정부 들어오면서 적극적인 행보를 보이고 있는 북방경제협력이 러시아 극동개발과 맞물려 시너지 효과를 내기 위하여 러시아 에너지 산업에 정면으로 접근하기보다는 극동 러시아 개발에 적극적으로 투자하면서 단계적으로 에너지 부문에 접근한다면 더 효율적이 될 수 있다. 본문에서는 러시아의 신동방정책과 진행되고 있는 구체적인 극동개발 전략과 에너지 자원에 대하여 정리해 본다. 특히 러시아가 야심차게 진행하고 있는 선도경제구역과 자유항제도를 살펴보고 한국이 극동 러시아 경제 개발에 참여하여 공동의 목표를 찾을 수 있는 단초를 찾는다. 극동 러시아 개발에 동참하여 효과적으로 운용할 수 있는 산업부문을 세밀하게 구분하여 들여다봄으로서 당장 한국이 투자할 수 있는 분야와 장기적, 단계적으로 접근할 수 있는 부문을 구분하여 정리한다. 결론에서는 극동 러시아 개발과 경제 발전에 한국이 참여 투자함으로써 발생할 수 있는 한·러 공동 개발의 시너지 효과를 극동 시베리아 에너지 자원으로 접근하여 한국이 러시아 가스에너지 공동 개발 그리고 반입으로 이어지는 환경을 만들어 나가는 방법을 고민해 본다.

II. 신동방정책과 극동 러시아 개발

1. 러시아 신동방정책과 극동개발

러시아는 2000년 푸틴 대통령 취임 이후 현재까지 강대국 외교와 실용주의 외교적 차원에서 유라시아–태평양 국가 정체성을 강화해 나갔다. 특히 2012년 러시아는 유라시아 국가라는 전략을 확립하고 아시아·태평양 국가의 일원으로 신동방정책을 국가 외교정책의 주요 방향으로 설정했다. 옛 소련 외교의 중심은 미국을 위시한 유럽에 초점을 맞추고 있었다. 따라서 소련 붕괴 전후에 아시아는 러시아에 변방이나 다름없이 취급되었다. 특히 극동·시베리아 지역은 모스크바를 중심으로 하는 러시아의 유럽 지역을 지원하는 자원과 에너지 공급지 역할에 머물렀다. 러시아 정부의 지역 개발에서 항상 마지막 순위에 있었던 극동·시베리아 지역 투자와 개발은 러시아의 유럽 지역과 비교할 때 극히 미미했다. 극동·시베리아 거주 러시아인들은 최근까지 스스로를 식민지 2등 국민으로 폄하해 왔다. 하지만 2012년 이후 러시아가 글로벌 국제 질서에서 전략적 수정을 가하면서 러시아의 관심도 극동·시베리아로 급전환했다. 이처럼 유라시아의 중심 국가인 러시아가 외교정책의 중심축을 아시아로 옮기는 이유는 다음과 같이 몇 가지로 설명할 수 있다.

첫째, 셰일혁명 이후 거세진 미국의 다면적 대러 공세 전략의 예봉에서 벗어나기 위함이다. 이때는 러시아 경제의 가장 큰 수입원인 유럽 가스·에너지 시장이 축소되었다. 2006년 약 60%대의 유럽 가스 시장 점유율이 2017년 20%대로 급락했고, 셰일가스 영향으로 세계 가스 가격이 하락하여 에너지 판매로 인한 러시아 재정 수입도 급감했다. 이처럼 러시아는 새로운 에너지 판매 시장을 개척해야 하는 처지에 내몰렸다. 하지만 2000년 이후 10%대 고도 경제성장률을 유지하면서 경제 대국으로 부상한 중국의 에너지 수요가 러시아 신에너지 시장 개척에 대안으로 부응했다.

둘째, 유럽 중심의 전통적인 러시아 외교정책에서 아시아의 중요성이 중국의 경제대국 부상 덕분에 매우 커졌다. 탈냉전 이후 러시아의 동북아 접근 정책은 안보적 차원에서나 경제적 측면에서도 큰 비중을 차지하지 못했다. 하지만 중국을 중심으로 한 동북아시아는 2010년대 이후 러시아의 근외 정책에서 가장 중요한 지역으로 변화했다. 동북아에서 중국이라는 지역 맹주의 등장은 러시아의 입장에서도 전략적 협력과 경계를 동시에 요구하기 때문이다.

셋째, 극동·시베리아 개발은 러시아의 신동방정책에서 가장 중요한 요소 중 하나이다. 러시아는 국가 발전 전략 우선순위에서 밀리고 투자와 개발이 늦었던 극동 러시아 주민들의 경제적 생활 향상을 위해서도 이 지역의 개발과 발전에 초점을 둘 수밖에 없었다. 중국, 한국, 일본의 자본과 기술이 러시아 자원에 접목된다면 극동 러시아도 국가 발전의 원동력이 될 수 있다는 견해가 현실화되기 시작한 것이다.

넷째, 러시아는 동북아 지역에서 국가이익을 수호하고 강화해 나가기 위해 기존의 수동적 외교에서 적극적 외교 정책으로 전환하여 동북아 국가들과의 연대를 추진하면서 영향력을 확대할 수 있기를 바란다. 동북아 지역에서 러시아는 역내 영향력 강화와 위상을 강화하는 것이 중요한 국가 이익이라고 보고 있다. 동북아는 러시아와 국경선을 접하고 있어 러시아 국가 안보와도 직결되어 있다. 또한, 새로운 에너지 시장 개척 가능성에서 볼 때도 러시아 국가이익과도 밀접하게 연결되어 있다.

2012년 블라디보스토크 APEC 정상회의는 동북아 권역에서 러시아의 등장을 알리는 신호탄이 됐으며, 2015년 9월 블라디보스토크 동방경제포럼은 러시아의 극동·시베리아 개발과 아태지역 진출을 위한 구체적인 마스터플랜을 제시하는 장이었다. 동북아 권역에서 러시아의 공세적 정치·경제·안보 접근 정책은 필연적으로 역내 세력의 갈등과 연합을 초래할 수밖에 없다. 특히 한반도를 중심으로 하는 중·러·북 대륙 세력과 미·일·한 해양 세력이 맞서는 구도가 펼쳐진다는 점에서 한국의 위치가 매우 엄중할 수밖에 없다. 이런 식으로, 중국과 러시아 중간에 있는 북한, 미국과 일본 사이에 놓여 있는 한국을 둘러싼 정치경제 안보 지형도가 복잡하게 맞물릴 수밖에 없다.

러시아의 신동방정책과 북방경제협력의 접점에서 핵심 내용 중 하나는 한반도와 러시아, 중국, 유럽을 철도로 연결해 교통과 물류, 에너지 인프라를 구축하여 거대 단일시장을 형성하는 것이다. 그중 극동지역은 북방경제협력의 핵심 거점이자 유럽과 아태지역 간 교통·물류 중심지로 주목받고 있다. 일본과 한국의 기술과 자본, 시장, 중국 동북 3성의 노동력과 시장, 북한의 노동력, 극동 러시아의 에너지 자원과 몽골의 지하자원은 동북아 지역에서 자원과 기술 산업협력 클러스터 구축을 위한 훌륭한 토대가 된다.

러시아는 극동지역의 지정학적 위치와 에너지 자원의 커다란 공급 잠재력을 바탕으로 동북아 국가들과 단일 에너지 시장을 구축하는 데서 블라디보스토크를 역내 에너지 허브로 발전시키려고 한다. 게다가 2014년 우크라이나 사태로 인한 서방의 대러 경제제재와 국제적 고립을 탈피하기 위해 러시아는 동북아 협력에 더욱더 심혈을 기울이고 있다. 이는 2015년 10월 초 러시아 정부에 제출된 '러시아 에너지 전략-2035'에도 구체적으로 명시되어 있다. 러시아는 에너지 공급국으로서 안정된 수출 시장을, 한국과 중국은 에너지 소비국으로서 안정적 공급원을 확보하기 위해 에너지그리드 연결을 통해 물리적, 법률적·제도적 시스템을 통합하고, 이를 기반으로 교역·투자를 증대시켜 종국에는 역내 단일시장을 형상하고자 한다.

에너지 부문 재정수입이 전체 예산 중 50%에 달하는 러시아에게 있어 국제 가스와 석유가격의 하락은 러시아 재정에 커다란 충격을 준다. 셰일가스와 같은 비전통 에너지 개발은 러시아와 같은 전통적 에너지 생산국들이 국제사회 내 영향력이 줄어드는 방향으로 세계 에너지 역학 구도가 변화한다. 앞으로 에너지 수출로 재정 의존도가 높은 국가들이 에너지 판매로 인한 수입이 적어져 국력이 약화될 전망이다. 이 가운데 러시아가 가장 큰 영향을 받을 것으로 보인다. 한 국가의 재정악화가 정치적 변곡점을 유발하게 된다는 점은 소련붕괴와 옐친 시기 모라토리움 선언을 통하여 이미 검증된 바 있다. 러시아는 이러한 외부의 변화에 대응하여 그 충격을 완화하려는 여러 가지 대안을 추진하고 있다. 그 첫 번째가 동북아시아 에너지시장으로 방향을 선회하는 것이다. 아시아 지역은 천연가스 수요가 폭발적으로 성장하고 있다. 이에 러시아는 전통적인 가스 수출대상이었던 유럽에서 동북아, 특히 중국 가스시장 진출을 추진하고 있다. 기존 아시아 시장의 주 천연가스 공급원은 중동과 호주 지역이었다. 이들 지역은 PNG 형태가 아니라 LNG 형태로 가스를 공급하고 있다. 러시아는 이러한 아시아시장을 향하여 저렴한 PNG가스 공급시장을 확보하려는 전략을 구상하고 있다. 러시아는 450억 달러를 투자하여 동부시베리아 야쿠티야 가스전에서 블라디보스토크까지 3,200km 가스관 공사를 추진하여 완공하였다.

2011년 러시아는 세계 최대의 천연가스 수출국이었다. 그러나 2000년에 비교하여 유럽 내 천연가스 시장 점유율이 50%에서 20%대로 현저하게 낮아졌다. 2040년까지 12% 수준으로 하락할 것이라는 전망도 있다.

미국이 추구하는 셰일가스에 대한 세계적 전략은 세계 에너지 시장에 있어 기존 에너지 주도국들의 패권적 지위를 약화시키고, 미국의 국가이익을 강화하는 것이 핵심이다. 미국이 셰일 혁명을 주도하고 확산하는 저변에는 에너지 패권국이 에너지를 무기로 에너지 시장에서 공급자 우위의 구조적인 관계를 수요자 중심 구조로 전환한다는 혁명적 발상이 깔려 있다. 크게는 이러한 변화가 러시아 정치구조에까지 영향을 미쳐 러시아에 진정한 법치와 민주주의가 확립되는 데 영향을 미칠 것으로 미국은 보고 있다.

극동연방관구는 9개 연방주체로 이루어져 있으며 한반도의 30배, 러시아 전체 면적의 36%를 차지하고 있다. 그러나 인구는 러시아의 4.2%에 불구하고 이주율이 높아 인구감소가 진행되고 있다. 러시아 정부는 극동 지역 경제를 활성화하여 인구감소에서 증가로 변화시키려고 여러 정책을 사용하고 있다. 2013년 극동 바이칼 지역 사회경제발전 프로그램이 수립되어 구체적인 극동개발정책이 추진되었다. 극동개발정책 중 가장 대표적인 정책이 극동 선도개발구역정책이다. 2015년 3월 연방법 473-FZ에 의거 선도개발구역법이 통과되었으며, 이 법을 바탕으로 아태지역으로부터의 외국인 투자를 유치하고 극동지역 경제발전의 기반을 조성한다. 기반이 조성되면 지역주민들의 임금이 인상되어 인구증가도 자연스럽게 이루어진다고 보고 있다. 선도개발구역법은 선도개발구역 내 기반시설과 산업인프라 시설 구축, 그리고 각종세제 혜택과 행정 간소화를 통한 효율성 제고 등으로 아태지역에서 가장 매력적인 투자환경을 조성하여 지역 경제발전을 이끌어나가는 핵심 동력으로 작동할 것이다.

러시아 정부는 극동개발을 위하여 2015년 이래 세 번의 동방경제포럼을 개최하여 극동지역 산업 인프라 시설 구축과 외국인 투자에 대한

그림 1. 극동 러시아 지리적 현황
출처: http://efnews.co.kr/ 18.11.2014

노력을 하고 있다. 2016년 6월 푸틴 대통령은 극동지역 농업 비즈니스 활성화를 위하여 거주민에게 1ha(약 3000평) 농지 무산 분배 법안을 통과시키는 등 극동 선도개 발구역과 극동자유항제도를 확대해 오고 있다.

2. 극동 러시아 경제환경

2016년 12월 말 러시아 정부는 극동지역 투자유치 활성화를 위하여 단계적으로 산업용 전기 요금을 인하하기로 러시아연방 에너지 법령 수정안에 서명을 하였다. 2017년부터 단계적으로 3년 동안 산업용 전기요금을 최대 65% 낮추는 이 법안은 극동 러시아 지역 투자 매력도를 향상시

표 1. 극동지역 평균 전기요금

년도	현재 평균 전기요금 (kW/루블)	조정 이후 전기요금 (kW/루블)	인하율
하바롭스크주	3.34		5%
아무르주	3.36		5%
유대인자치주	3.82		17%
캄차카주	3.98		20%
연해주	4.04	3.19	21%
마가단주	4.8		34%
사할린주	5.89		46%
사하공화국(야쿠티야)	6.33		50%
추콧카자치주	9.2		65%

출처: 러 극동개발부(minvr.ru)

켜 제조업이 미약한 극동지역 제조업 투자유치를 위하여 계획되었다. 이를 위하여 극동 러시아를 제외한 타 지역의 전기요금을 인상하여 극동에 보조하는 방법과 시베리아 수력발전 요금을 민영화하는 방법, 그리고 러시아 연방 전력회사 RusHydro측 예산 일부를 활용하여 충당할 예정이다. 극동개발부는 이상 세 가지 방법을 통하여 3년간 295억 루블을 확보할 수 있다고 예상하고 있다. 조정 이후 극동지역 산업용 전기요금은 KW당 3.19루블(약 0.05달러)이 될 것으로 본다. 2017년 7월 1일부터 시작된 전기요금 인하 프로젝트는 당초 예상했던 3년 기간이 촉박하여 10년 기간으로 연장할 것으로 보인다.

　극동지역의 전기료에 편차가 많은 이유는 극동지역 내 발전원이 적기 때문이다. 러시아 내 전력생산과 판매 관리는 단일에너지 시스템 [Единная ЭнергоСистема(ЕЭС)]이 관리하고 있다. 이 단일에너지시스

표 2. 2020~2025년 극동지역 13개의 발전소 건설 계획

	소재지	프로젝트명	생산량 (MW)	비고
1		니즈니브레스스키 화력발전소	320	
2	아무르주	니즈니제이스키 화력발전소	400	
3		예르코베츠키 화력발전소	1200	향후 중국 등 수출 계획
4		파바로트만 풍력발전소	100	
5	연해주	나홋카 화력발전소	685	
6		우수리스크 화력발전소	370	
7		야쿠티야 condensing plant	333.9	
8	사하공화국 (야쿠티야)	렌스크 화력발전소	400	
9		한디가 화력발전소	165	
10		타마린스크 화력발전소	200	
11	사할린	사할린 콘덴싱 발전소 2	360	
12		우르갈스크 화력발전소	2400	향후 중국 등 수출 계획
13	하바롭스크	하바롭스크 증기가스 발전소	400	

출처: 러시아 총리실, 에너지부, 극동개발부, 현지 언론기사 및 KOTRA 블라디보스토크 무역관 자료 종합

템은 전국을 7개 지역으로 분할하여 관리하고 있으며 이 중 극동 러시아
는 자회사인 동부통합에너지시스템이 담당하고 있다. [Обьединенная
ЭнергоСистема(ОЭС)] 극동지역 내 에너지 생산은 동부 ОЭС에서 맡
고 있으며 시베리아 ОЭС에 통합돼 있다. 타 지역 대비, 전력 총생산량
이 낮으며 에너지원도 화력과 수력에 집중되어 있다. 화력 및 수력 발
전소 또한 아무르주, 연해주 등에 몰려 있어 발전소가 없는 사할린, 사
하공화국 등의 지역은 전기요금이 높다. 러시아 내 발전소 대부분은
1960~1980년대 소비에트 시절 건설된 것으로, 평균 내용연수가 30년

이상이며, 발전설비 노후화는 전력 생산의 비효율성을 초래하여, 낮은 전력 생산의 원인이 되고 있다. 러시아는 2020~2025년까지 극동지역에 총 13개의 발전소를 추가 건설할 계획이다. 아무르주, 연해주, 사할린주 등에 건설될 신규 발전소는 수력, 화력, 풍력 발전소 등 다양하다.

III. 극동 러시아 선도개발구역(TOR)[1] 및 자유항

1. 극동 러시아 선도개발구역

2015년 3월 푸틴 러시아 대통령이 최종 서명한 '러시아 연방 내 사회·경제 발전을 위한 선도개발구역(2014년 12월 29일)' 법안이 발효되었고 이에 의거 러시아 극동개발부 1차 대상지를 선정하였다.

　　TOR는 한국의 '경제자유구역(FEZ)'과 비슷한 개념이며 이에 러시아의 특수상황에 맞게 특정 구역이 강조되어 있다. 한국의 FEZ와 같이 해당구역에 투자·입주하는 업체에 대하여 법인세 및 재산세 감면 등의 혜택을 제공하며, 외국인 투자 입주만 가능한 FEZ와 달리 러시아 자

1　　TOR(Территории Опережающего Социально-Экономического Развития)이며 이를 줄여서 'ТОСЭР(TOSER)' 혹은 'ТОР(TOR)'로, 한국어로는 선도개발구역이다.

국 내 업체도 입주가 가능하다. 러시아는 소련 붕괴 후 몇 차례에 걸쳐 FEZ와 비슷한 개념을 도입하여 실행하였다. 1996년부터 러시아에 특별경제구역 SEZ(Special Economic Zone)가 조성되었다. 1999년 극동에서는 마가단 주가 SEZ로 지정됐었고 그 뒤 현재까지 러 연방에는 총 17개의 SEZ가 조성 유지되고 있다. 그 이후 2011년 12월, 메드베데프 대통령 시기 '러시아 연방 내 지역 발전법' 및 '지역 발전을 위한 입법 활동 조항'을 통과시켰고 그 후속조치로 'Areas of Territorial Development(ZTR)'을 도입했었다. 2013년 푸틴 대통령에 의해 조성된 TOR도 지역 경제발전이라는 측면에서 위의 SEZ, ZTR과 목적이 비슷하다. 특히 '극동 러시아 및 자바이칼 지역 개발'을 위한 제도이며 TOR 주관부처는 러 경제개발부가 아닌 극동개발부이다.

	주관부서	주요 내용	혜택기간
SEZ	경제개발부	러 연방 내 특정지역을 지정해 산업, 기술, 관광, 물류단지로 특화, 내외국인의 투자 및 입주를 유치	~20년
TOR	극동개발부		~70년

극동지역 선도개발구역은 2015년 9곳 선정 이후 2016년 3월 3곳 추가 그리고 5곳이 추가 선정되어 2018년 현재 17곳이 선정되었다. 최초 자본금은 50만 루블이다. 이 중 나제진스크 선도개발구역은 블라디보스토크에서 얼마 떨어져 있지 않으며 현재 러시아 정부에서 89억 루블을 투자하여 도로, 전력, 상하수도 등 기초 인프라 건설을 진행하고 있다. 이 구역은 철도역에서 1.7km, 연방간선도로에서 12km 떨어진 곳으로 교통 물류기지로 확대하려는 극동개발부의 의지가 담겨져 있다. 물류 전문가들은 한국기업이 이곳으로 진출하려면 한국전용공단이 구축되어 밸류체인을 공유하는 연관기업들이 패키지로 진출하여야만 그 효과를 볼

표 3. 선도개발구역 주요 인센티브

	주요 내용
법인세	현행 20%에서 입주 후 5년까지 0%, (지방세) 이익 발생 후로부터 최대 5년간 0%
재산세	현행 2.2%에서 초기 5년 0%, 그 후 5년 0.5%
토지세	최대 70%까지 감면
사회보장세(채용 직원에 대한)	기존 30.1%에서 7.6%로 단일과세
자원 채취세	초기 2년 0%, 3~4년 0.2%, 5~6년 0.4%, 7~8년 0.6%, 9~10년 0.8%
통관	통관 간소화 통관자유지대로 수입관세가 없으며, 가공후 반출시에도 수출관세가 없음
전기료	6.9센트/kWh

출처: KOTRA 모스크바 무역관 자료 종합

표 4. 선도개발구역

명칭	지역	중점 개발 분야
하바롭스크	하바롭스크	인프라 구축, 부품 생산공장 도로, 철도 등
나제진스크	연해주	제조 (교통–물류 단지 조성)
콤소몰스크	하바롭스크	제조 (항공기 제조 센터)
벨로고르스크	아무르	농업 사료공장, 콩 공장 건설
미하일롭스크	연해주	농공단지 건설 (농공 생산, 가공, 물류)
벨린곱스크	추콧카	대규모 석탄 산업단지 아모암스코예 탄전 개발
프리모르스크	캄차트카	산업–물류, 관광 항만산업 개발(화물 저장, 선박 수리) 파라툰카 기반 호텔, 요양원 등 관광기반 마련
칸갈라시	사하공화국	제조
프리아무르스카야	아무르	제조, 교통, 물류센터
고르니 보즈두흐	사할린	관광, 레크레이션
유즈나야	사할린	농업
볼쇼이카멘	연해주	조선

출처: KOTRA 모스크바 무역관 자료 종합

수 있다고 보고 있다.

2. 극동 러시아 자유항 제도

블라디보스토크 자유무역항 법안은 2015년 10월 12일 발효하였다. 러시아는 블라디보스토크와 그 인근 항구들을 홍콩과 싱가포르 수준의 세계적인 자유무역항으로 개발하기 위하여 법안을 추진하였다. 이 지역은 중국과 한국 그리고 러시아 일본이 교차적으로 만나는 물류와 해운의 지리적 요충지이다.

극동러시아 9개주와 핵심 투자지역

● 선도개발지역(17곳) □ 자유항 지역(5곳)

추코트카주
캄차카주
마가단주
사하 공화국
하바롭스크주
사할린주
아무르주
유대인자치주
연해주
동해

러시아 경제특구 입주 기업 세제 혜택

구분	현행 세율	혜택 세율
법인세	20%	0%(입주 후 5년까지)
재산세	2.2%	0%(입주 후 5년까지)
사회보장세	30%	7.6%(입주 후 10년까지)

※선도개발구역·자유항 입주 기업에 주는 세제 혜택.
자료=극동투자수출지원청·연해주 주정부

IV. 극동 러시아 에너지 자원개발과 다운스트림(down-stream)

1. 극동 러시아 에너지 자원개발과 한·러 에너지 협력

2018년 들어오면서 제2셰일가스혁명이 미국으로부터 국제 가스시장에 영향을 미치기 시작하였다. 제2셰일가스 혁명은 셰일가스와 오일 채굴 기술의 발달과 인공지능의 발달로 인하여 셰일가스 오일 채굴단가가 현격하게 떨어지면서 발생하는 현상을 말한다. 셰일오일 채굴단가는 2017년 말 1배럴당 60달러에서 30달러로 떨어지면서 국제 에너지 시장에 큰 파장을 불러올 것으로 보인다. 셰일가스 전문가들은 앞으로 셰일석유 채굴 단가가 25달러/1배럴까지 하락할 것으로 보고 있다. 이러한 글로벌 에너지 가스 가격과 시장 변동성에 있어서 러시아의 에너지 부문에 대한 전망과 전략이 매우 중요하다고 보겠다. 국제 에너지 가격의 하락은 동시에 소비량의 증가로 이어져 2020년 세계 에너지 소비량보다 2040년 소비량이 0.5배에서 1.5배로 증가할 것으로 예견하고 있다. 전체 에너지 중 석유와 석탄은 중요한 에너지 원으로 존재하지만 전체 에너지 소비에 있어서 천연가스의 소비와 재생에너지가 그 증가폭을 메울 것으로 보고 있다. 2040년에는 천연가스가 전체 에너지 소비 중 25%, 재생에너지가 15~19% 정도 차지할 것으로 예상하고 있다. 21세기 세계에너지 판도에 중요한 키워드는 기술이다. 기술의 발달은 에너지 채굴비용과 연결되고 효율적인 에너지 물류, 에너지 효율 그리고 신재생에너지 개발과 연결되어 있기 때문이다. 앞으로 에너지 협력의 중심은 신재생에너지가 될 것이다. 다만 현재는 천연가스 프로젝트가 중요하다. 러시아는 이와 같은 세계에너지 시장과 환경의 변화에 대응하기 위하여 2009년 11월 2030 러시아 에너지 전략을 수립하였으며 이를 업데이트하여 최근에

표 5. 극동 러시아 석유·가스 산업 및 제반 인프라 개발 전략[2]

석유부문	• 사할린(오호츠크 해 대륙붕) 유전·가스전 개발
	• 사하공화국 내 탈라칸(Talakan) 및 주변지대 석유매장지역 개발
	• 사할린-1 프로젝트와 사할린-2 프로젝트 지속
	• 프리모르스크 지역 내 정유시설 구축
	• 나호트카와 데카스트리의 석유터미널 현대화
가스부문	• 차얀다 가스전을 토대로 야쿠트 가스센터 구축
	• 블라디보스토크와 사할린 내 새로운 LNG 플랜트 건설
	• 시베리아 힘 가스관 구축사업 완료

출처: Alexey M. Mastepanov, Global Natural Gas Markets and Prospects for Russia's Energy Development

는 2035 러시아 에너지 전략을 실행하고 있다. 극동 러시아 석유가스 산업과 제반 인프라 전략은 아래 〈표 5〉에서 자세히 열거되어 있다.

한·러 가스협력은 2004년 노무현대통령 시절 극동지역 유전 가스전 개발, 가스관 건설, 한반도 종단철도와 시베리아 횡단철도 연결 등의 사업을 러시아와 합의하면서 본격적으로 시작되었다. 그러나 이후 남북 관계가 냉각되면서 러시아·한국 협력 사업이 교착상태에 빠졌으며 문재인 정부에서 북방교류협력 위원회를 구성하는 등 그 명맥을 이으려고 하고 있다. 최근 한반도 평화를 위한 북미 정상회담과 남북 정상회담 등 한반도를 중심으로 조성되는 국제 정세가 평화체제로 변화하는 시기에 발맞추어 북핵 사태로 인하여 박근혜 정부 때 중단되었던 나진-하산 프로젝트를 위시한 남·북·러 삼각 협력사업을 재개하고 러시아 극동지역을 북한 배후 협력지로 강화하여 중국-러시아-북한을 잇는 개발 루트를 강

---

2   https://www.yeosijae.org/news/329 러시아 에너지 전문가 알렉세이 마스테파노프 박사 특강 내용

화해 나가야 한다.

2. 극동 러시아 에너지 다운스트림(down-stream)과 한러 에너지 협력

2017년 9월 블라디보스토크 제3차 동방포럼에서 러시아 연방에너지 차관인 안톤 이뉴신(Anton Inyutsin)은 향후 극동 러시아 석유 가스 에너지 산업의 신성장 동력으로 극동 러시아 석유화학 플랜트 사업을 언급하였다. 이는 지금까지 단순한 석유 가스 채굴과 판매에서 벗어나 신부가가치를 지닌 석유화학 제품을 생산하여 시장에 공급하겠다는 러시아 정부의 의지이다. 러시아 정부는 석유화학 가스부문 다운스트림에 투자를 늘리기 시작하여 2012년 1,230억 루블에서 2016년에는 8,000억 루블까지 증가하였다. 현재 진행 중인 아무르 주 아무르 가스 가공 플랜트 및 연해주 바스토치니 석유화학 플랜트 프로젝트에 대한 국가적 지원은 물론이고 지방정부 차원의 인프라 조성과 인력 유치에 중앙정부가 협력하고 있다. 러시아 에너지부는 2017년 9월 극동 러시아에서 추진 중인 석

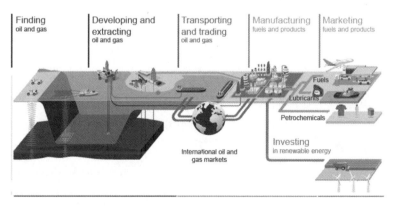

그림 2. 석유산업의 흐름도
출처: 석유 산업의 흐름도, BP 원유의 생산부문을 업스트림, 수송과 정제는 다운스트림

유화학 프로젝트는 총 11개로 그 규모는 3조 루블에 달한다고 설명하고 있다. 러시아 국영기업인 가스프롬과 로스네프트가 주요 프로젝트를 주도하고 있다. 아래 표 6, 7, 8에서 보듯이 러시아 극동지역 석유화학 플랜트 건설은 극동 러시아에게 있어 지역 경제발전의 성장 동력으로 작용할 것이다. 다만 이러한 프로젝트에 걸림돌이 되는 것은 현재 극동 시베리아 산업인프라 시설이 미비하여 프로젝트 실행에 앞서 전력 및 수도 그리고 가스 라인 등 제반 인프라 시설이 선행되어 구축되어야 한다는 점이다. 아래 〈표 7〉에 나와 있는 로스네프트 프로젝트 중 바스토치니 석유화학 플랜트 건설은 아직 진행되지 않고 있지만 실행에 앞서 전력 및 수도와 같은 기간 인프라 시설이 구축이 필요하다. 석유화학 및 제품가공에 소요되는 막대한 전력을 공급받자면 먼저 전기를 생산하는 발전소 건설이 선행되어야 한다. 이를 위하여 발전소 연료로 극동지역에 풍부히 존재하고 있는 가스를 사용하는 발전소 건설 추진에 있어 가스 공급계약이 선행되어야 한다는 점에서 장기적 호흡으로 진행될 수밖에 없는 플랜트 사업이다. 산업 인프라 구축 차원에서 전기를 생산하는 발전소 연료 문제를 놓고 가스프롬과 로스네프트의 갈등으로 그 해결점을 찾기 어려운 상태이다. 이러한 현상은 극동 러시아 가스 석유 에너지 사업 라이센스를 가스프롬, 로스네프트, 노바텍 등 소수 국영기업체에게만 허가하여 발생한다고 보겠다. 러시아 언론들은 극동 러시아를 기반으로 한 석유가스 국영기업 간 경쟁으로 평하면서 이를 극복하기 위하여 석유 가스 채굴지 부근에 소규모의 가공 공장을 건설하는 것도 하나의 방법이 될 수 있다고 제안하고 있다. 특히, 거대 석유 가스 국영기업체들은 미국을 위시한 서방세계의 대러 제제에 해당하는 기업체이기에 당분간은 극동 러시아 석유화학 프로젝트의 속도는 그다지 빠를 수가 없다는 점에서도 소규모 석유화학 플랜트 건설이 힘을 받고 있다. 한국의 경우 이러한 소규

모 석유화학 플랜트 건설 사업에 참여할 수 있는 기회가 주어진다면 적
극적으로 참여하여 극동 러시아 석유 다운스트림 사업에 참여하는 것이
바람직할 것이다.

표 6. 가스프롬 석유화학 프로젝트[3]

구분	주요 내용
'시베리아의 힘' 가스관 건설	• 동시베리아 코빅타 및 차얀다 가스전으로부터 중국까지 약 3,000km에 달하는 가스관 건설을 통해 러시아 천연가스를 중국으로 공급한다는 내용 – 2014년 9월 러시아 가즈프롬-중 CNPC 간 러시아산 천연가스 판매·구매계약 체결. 가스관명 '시베리아의 힘' – 계약은 총 30년으로, 2019년 12월부터 연간 380억 m³의 가스를 중국으로 수출한다는 내용 – 2014년 9월, 가즈프롬은 야쿠티아 차얀다 가스전 → 아무르주 블라고베쉔스크(중국 국경)까지 약 2,200km 길이의 가스관 구축 작업 시작 – 2016년 9월, 가즈프롬은 중 CNPC와 아무르강을 통과하는 해저 가스관 건설에 대한 EPC 계약 체결
아무르 가스플랜트 건설	• 러시아 내 최대이자 전 세계적으로도 가장 큰 천연가스 플랜트를 아무르주(스바보드니)에 구축한다는 내용 – 아무르 가스 플랜트는 대중국 가스관인 '시베리아의 힘' 중간 지점으로, 연결역할도 수행 – 연간 가스 가공 규모는 420억 m³, 이 중 연간 헬륨 6,000만 m³를 비롯해 에탄 250만 톤, 프로판 100만 톤, 부탄 50만 톤 생산이 목표 – 실질적인 프로젝트 발주는 가즈프롬 자회사인 'GazProm Pereravotka Blagoveshensk'이며 플랜트 준공은 Sibur 자회사인 NIPIGAZ가 맡음 – 가스프롬에 따르면 이 프로젝트에 중국계 China Petroleum Engineering & Construction Coporation(CPECC)가 참여할 계획으로, CPECC는 향후 설계, 지반, 가스건조 및 정제 장비 공급 등을 담당할 예정 · 가즈프롬은 CPECC와의 계약에는 ① 러시아산 컴프레서를 비롯한 ② 자국산 제품 사용 의무 조약이 들어있음을 강조함 – CPECC 외에도 이탈리아 Tecnimont, 독일 Linde사 등이 프로젝트 참가 – 공사는 2019년 본격 착공될 계획이며, 이를 위해 공장 근무 인원을 위한 주택단지 기초공사가 일부 시작됨
사할린3 프로젝트	• 사할린 인근 해저 중 ① 키린스크 ② 동키린스크 ③ 뮌긴스크 광구를 기반으로 하는 프로젝트 – 3곳의 예상 천연가스 매장량은 약 463억 m³로 추정 – 러시아 정부는 사할린3 프로젝트를 통해 '사할린 → 하바롭스크 → 블라디보스토크'의 가스관 연결 사업을 완성하겠다는 계획

3   코트라, 극동 러시아 석유 가스 프로젝트, 어떻게 진행되고 있나
       https://news.kotra.or.kr/user/globalAllBbs/kotranews/album/2/globalBbsDataAl-
       lView.do?dataIdx=161303&searchNationCd=101093(검색일: 2017년 1월 22일)

표 7. 로스네프트 석유화학 프로젝트[4]

구분	주요 내용
콤소몰스크 정유공장 현대화	• 2017년 9월 기준, 극동 러시아 내 운영 중인 석유화학 플랜트는 총 2개 - 하바롭스크주에 있는 ① 콤소몰스크, ② 하바롭스크, 석유화학공장 2개 - 콤소몰스크 석유화학공장은 러시아 국영기업 로스네프트의 소유로, 2018년까지 공장 현대화 작업 추진 예정. 현대화 작업은 기존 '동시베리아 송유관'의 지선을 콤소몰스크 공장까지 바로 연결한다는 내용으로, 로스네프트는 이같은 공사를 통해 극동 러시아 전체 석유 가공능력이 최대 3.5배까지 늘어날 것으로 예측 - 콤소몰스크 석유화학공장의 2016년 총 생산량은 전년대비 10.8% 감소한 623만 톤으로, 이 중 휘발유 48만 톤, 디젤 171만 톤, 마주트 13만 톤, 항공유 27만 톤 생산 - 로스네프트가 추가 공사를 진행하는 이유는 극동 러시아 내 늘어나는 자동차 휘발유 수요에 대응하기 위함. 이미 현재 극동 러시아 내 휘발유는 공급 대비 수요가 높은 편. 이에 크라스노야르스크 및 옴스크주에서 휘발유를 구입해 오고 있기에 극동 러시아 휘발유값이 모스크바 등에 비해 최대 리터당 4루블 비싼 상황 - 하바롭스크 석유화학공장 연 최대 가동규모는 약 500만 톤으로, 2014년에 공장 현대화 작업 완료
바스토치니 석유화학 플랜트	• 로스네프트가 극동 러시아에서 가장 중점적으로 추진하는 석유화학 프로젝트는 연해주 파르티잔스크군을 기반으로 하는 '바스토치니 석유화학 플랜트' 건설임 - 이 지역은 지난 상반기에 '네프테히미체스키 선도개발구역'으로 지정 됨. - 로스네프트는 석유 가공, 정제 및 석유화학 제품 생산이 가능한 종합 석유화학 플랜트 건설을 목표로 하며 그 규모는 1조 3000억 루블임. 총 3단계에 나누어 추진할 계획이며 석유화학 제품에는 폴리에틸렌 및 폴리프로필렌 등 고부가가치 석유화학 제품 생산이 포함 - Igor Sechin 로스네프트 회장은 러시아 채굴 및 가공 이후 석유의 40%가 Euro 3, Euro 4 수준에 미치지 못함을 감안, 해당 플랜트에서는 Euro 5 기준에 부합한 석유제품을 만들겠다고 언급 - 기존 '동시베리아송유관'을 통해 연해주 나홋카 항까지 연결되는 원유를 활용한다는 계획
발쇼이 카멘 폴리머 공장 프로젝트	• 로스네프트는 극동지역 석유화학 플랜트 프로젝트로 중국 Chem China와 합작법인을 설립, 연해주 발쇼이 카멘 지역에 폴리머 공장을 설립한다는 내용 - 연간 5만 톤 규모의 폴리머 생산을 통해 발쇼이 카멘 '즈베즈다 조선소'에 납품하는 등 생산체인을 만들고자 하는 계획

---

4   위의 사이트

표 8. 그 외 러시아 극동지역 석유화학 프로젝트[5]

구분	주요 내용
아무르 석유화학 플랜트	• '아무르 에너지 회사'는 중국계 Men Lan SinHe(Menglan Galaxy Energy Corporation), 러시아 아무르 석유화학 및 InterRusOil과 총 120억 루블 규모의 석유화학공장 설립 계획 - 프로젝트 전체 규모는 약 1,200억 루블로, 2015년부터 2022년까지 총 3단계로 진행한다는 계획 - 모든 단계가 완공될 경우 연간 400만 톤 석유와 200만 톤 석유가스 콘덴세이트를 가공할 수 있음 - 가공된 석유화학제품의 80%는 중국으로, 나머지 20%는 러시아 내 수시장으로 공급 - 이러한 석유화학 공정을 통해 중국 등으로부터 수입 중인 코크스도 러시아 최초로 생산해 낸다는 것 - 그러나 원유의 안정적인 조달 문제로 아직 프로젝트 계획 수준에 머물러 있음. 러시아 연방 에너지부 및 TransNeft와 협의 중이긴 하나, 원유 공급문제가 아직 해결되지 않은 상태임. 이 프로젝트는 로스네프트가 연해주 파르티잔스크군을 기반으로 추진하는 '바스토치니 석유화학 플랜트'와 경쟁적인 성격을 가지고 있음
연해주 레소자봇스크 석유화학공장 프로젝트	• 이 프로젝트는 중국 XinChenLnd & Com Group을 중심으로 연해주 레소자봇스크시를 기반으로 한 석유화학공장 설립 및 투자에 관한 내용. 투자금액은 260억~300억 위안(약 38억~40억 달러)로 파악
연해주 페레보즈니 터미널 기반 석유화학 플랜트 프로젝트	• 이 프로젝트는 카자흐스탄계 Energo Invest를 중심으로 연해주 페레보즈니 터미널 기반의 석유화학 플랜트를 설립한다는 것 - 연간 100만 톤 규모의 액화가스를 생산해 한국 및 일본 등에 수출한다는 내용 - Energo Invest는 이미 카스피해에 비슷한 프로젝트를 진행해 건설한 경험이 있는 것으로 파악되며 이 회사가 설립한 현지법인인 Vostok LPG는 블라디보스토크 자유항 입주 지위를 획득하기도 함 - 업체에 따르면 시공은 2018년 말부터 추진할 예정

---

5   위의 사이트

V. 한국의 극동 러시아 경제교류 및 진출전략

1. 주요 사업별 진출전략

러시아는 2020년까지 연간 곡물 수출을 3,500만~4,000만 톤으로 두 배 확대할 계획이다. 극동지역의 농업은 그 발전 가능성이 크며 이미 한국의 여러 기업들이 현지에서 20여 년째 활동하고 있다. 광활하고 기름진 연해주와 극동지역 농업에 대한 한국의 기술개발과 투자환경 개선은 이 지역 농업에 새로운 전기를 마련해 줄 수 있을 것이다. 연해주 및 하바롭스크 주의 경우 우유 자급률은 22%와 10%에 불과하지만, 수산물 가공·양식업 부문에 대한 경제적 잠재력이 주목된다. 극동 해안의 경우 원시시대의 청정함을 유지하는 최적지가 200만 ha가 될 정도로 넓으나 이 중 양식장으로 사용 중인 면적은 1%에 불과하다. 러시아는 올해 이 면적의 30%를 경매 형식으로 투자가들에게 배분했으며, 나머지는 2018~2019년 배분할 예정이다. 한국은 수산물 가공품 매출 비중은 높

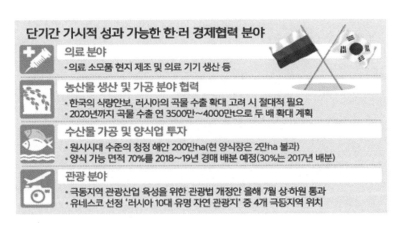

출처: 한양대 아태지역연구센터

지만 자급률이 낮기에 러시아 산 명태, 새우, 연어 등의 양식을 통한 가공 생산 투자가 필요하다. 러시아는 극동지역 관광산업 육성을 위한 관광법 개정안이 지난 7월 상·하원을 통과했다. 극동의 관광산업의 경우 최근 4년간 관광 인프라 건설과 관광객들의 이동을 위한 항구의 확장과 재정비사업, 도로와 교량건설을 통한 이동의 용이성, 그리고 여행 프로그램의 확대 등을 통하여 관광산업을 육성하고 있다. 2016년 기준 중국 관광객이 40% 이상 증가했지만, 아직도 가장 중요한 관광 인프라 중 하나인 호텔 객실 부족분은 1만실 이상인 것으로 보고있다. 유네스코 선정 '러시아 10대 자연관광지' 4곳이 극동지역에 위치해 있다. 극동지역 관광 자원이 풍부함에도 불구하고 아직 관광 인프라 시설이 부족하고 특히, 여름 3개월에 한정된 관광 시즌의 확대가 필요하다. 지난해 3차 동방경제포럼에서 중국은 총 100억 달러 규모에 이르는 투융자펀드에 합의했고, 일본도 56개 양해각서(MOU)를 체결하는 등 극동 러시아 진출에 선도적으로 접근하고 있다. 동북아 3개국 중 러시아 극동 지역의 투자에서 한 걸음 뒤쳐져 있는 한국은 정부 차원에서 촘촘한 지원 대책이 마련되어야 한다. 극동 러시아 지역에 관심을 갖고 투자하는 중소기업을 위한 정부의 금융과 행정적 지원이 필요할 시점이다.

2. 한국과 극동 러시아 주요 경제교류 및 투자

2017년 문재인정부의 '신(新)북방정책'에 부응하여 KT, 현대삼호중공업, 삼성중공업, 포스코대우, 현대종합상사 등 국내 대기업들이 극동 러시아 투자에 대하여 적극적으로 참여하고 있다. 특히, 문재인 대통령이 푸틴 러시아 대통령과 러시아 극동개발에 대한 협력을 강화하기로 하면서 국내 대기업들이 극동 러시아 투자에 관심을 갖기 시작하였다. 〈표 9〉

표 9. 러시아 극동지역에 투자하는 한국 기업[6]

업체	사업 내용
현대삼호중공업	즈베즈다-현대 간 선박 건조에 필요한 설계와 구매·인력·교육 등 제반 서비스를 제공받는 내용이 담긴 기술지원협약을 체결
KT	러시아 극동 투자청과 디지털 헬스 케어 사업 추진을 위한 양해각서를 체결
포스코 대우	자원 개발·식량·산림·수산물 등 신사업 발굴 양해각서(MOU)체결
현대종합상사	태양광·디젤 하이브리드 발전소 건설 추진
삼성중공업	러시아 국영 극동조선소(FESRC) 산하 즈베즈다 조선소 설립에 관한 업무협약

에서 보듯이 포스코대우는 2017년 러시아 극동투자수출지원청과 자원 개발·식량·산림·수산물 등 신사업 발굴에 양해각서(MOU)를 체결했다. 현대종합상사는 러시아 하비그룹과 태양광·디젤 하이브리드 발전소 건설에 대한 투자의향서(LOI)를 체결하였다. 총 80억 루블(약 1,570억 원)의 투자규모로 40MW급 발전소건설에 투자될 것으로 예상된다. 단계적으로 태양광·디젤 하이브리드 발전소 설계·건설에 20억 루블(약 394억 원)을 투자하고 이후 최대 80억 루블까지 규모를 늘릴 것으로 보고 있다. 조선업계도 연해주 사업에 참여하고 있다. 삼성중공업은 러시아 국영 극동조선소(FESRC) 산하 즈베즈다 조선소 설립에 관한 업무협약을 맺고 북극 셔틀 유조선 건조 등에 필요한 기술을 지원한다. 이와는 별도로 현대삼호중공업은 러시아 상트페테르부르크 국제경제포럼에서 몇 년 동안 공전해 왔던 즈베즈다-현대 간 선박 건조에 필요한 설계와 구매·인력·교육 등 제반 서비스를 제공받는 내용이 담긴 기술지원협약을 체결하였다. KT도 러시아 극동 투자청과 디지털 헬스 케어 사업 추진을 위

6   http://news.mk.co.kr/newsRead.php?year=2017&no=635581, "종합상사, 러시아 극동개발 나선다. 매일경제, 2017.9.21.

한 양해각서를 체결했다.

한국 정부는 알렉산더 크루티코프(Alexander Krutikov) 러시아 극동개발부 차관과 2017년 6월 제11차 한-러 극동시베리아분과위원회를 개최하였다. 이 위원회는 한-러 경제공동위 산하 실무 경제협의체로서 극동시베리아 지역에서의 실질협력 증진, 지방자치단체 간 교류·협력 확대 방안 등을 모색하기 위한 목적으로 매년 개최하고 있다. 공동위에서 수산·교통·생필품 제조분야 6개 사업 및 극동지역 내 한국기업 투자 지원을 위한 코트라 무역관과 러시아 극동투자유치수출지원청 간 협의채널 구축, 러시아측에 대한 투자설명회 개최 등 극동지역 내 11개 우선순위 협력 사업을 선정하여 진행하기로 하였다.[7]

이 자리에서 논의가 된 사항은

첫째: ICT 기반 원격의료 시스템 구축 등 한국 의료기관의 러시아 극동지역 진출과 제약·의료기기 분야 교류가 활성화될 수 있도록 상호 협력을 강화.

둘째: 북극항로 활용을 위하여 항만 현대화 및 항로 운용 계획, 북극항로 공동개척 및 조선분야 협력 강화.

셋째: 농업·항만인프라 및 에너지 발전시설 현대화 사업에 관한 설명회를 한국에서 개최.

넷째: 한국 광역지자체와 러시아 극동연방관구 지방정부들 간 경제·문화 등 각 분야에서의 교류협력 증진을 모색하기 위한 한-러 지방협력포럼 추진.

7　"제11차 한-러 극동시베리아 분과위원회 개최," 외교부 보도자료, 2017.6.27.

VI. 결론 및 정책 제언

러시아 극동지역은 제조업 기반이 러시아 타 지역에 비하여 발달하지 못하여 무역을 통해 소비재, 기계 및 차량, 전자제품, 식품 등을 인근 한·중·일 등으로부터 수입해오는 시장이었다. 한국은 극동 러시아에서 원자재를 수입하고 그 원자재를 2~3차 가공해 다시 극동 러시아에 수출하였으며 일본, 중국도 같은 수준이었다. 그러나 2014년 이후 러 정부가 극동지역 개발에 전략적으로 접근하면서 '선도개발구역' 및 '자유항' 법안을 통과, 발효시켜 극동 러시아는 단순한 소비시장에서 현지진출 시장으로 변화하고 있다. 2015년부터 러 정부는 극동 개발을 위하여 자유항 및 선도개발구역 제도를 통한 국내외 투자유치를 적극 추진하고 있다. 선도개발구역 또는 자유항 입주할 경우 ① 일정 기간 법인세 및 재산세 감면, ② 원료 수입을 통한 재수출 시 관세 등 감면, ③ 현지인력 채용에 따른 고용주세 감면 및 단일화, ④ 부가세 환급기간 단축 등의 혜택을 제공하면서 외국인 투자를 적극 유인하고 있다. 다만 러시아 극동지역에서 인력 채용 시 타 지역에 비교하여 제조업이 발달하지 않아 노동자들의 기술 교육 및 숙련도가 낮고 전문기술자도 많지 않기에 노동생산성이 떨어진다. 대신 블라디보스토크 극동연방대학교에 한국어학과가 있어 한국어를 구사하는 현지인 비율이 높은 편인 것은 강점이다.

한국이 극동개발에 참여하여 무엇을 얻을 수 있을까 하는 점이다. 극동의 시장은 작고 에너지가 싼 편도 아니고 그렇다고 물류 거점으로서의 이점도 적다. 숙련된 노동력도 많지 않고, 지방 정부의 행정 효율성도 떨어진다. 더욱이 제조업과 공장들이 들어 설수 있는 지역의 기반 인프라 시설이 매우 열악하다. 한국 업체들에게 매력적이지 않은 투자지이다. 그러나 한국의 미래를 내다본다면 한반도의 배후지이며, 중국, 일본과 동일한 동북아 공동체의 한 국가로서 러시아는 지정학적이나 국제 정치학적으로도 한국에게 매우 중요하다. 결국 러시아 극동지역은 정부 차원에서 전략적으로 접근하는 투자가 준비되어야만 한다는 점이다. 그렇다면 정부차원에서 장기적으로 프로그램을 설계하여 접근할 수 있는 사업이 어떠한 것들이 있을까 살펴본다면, 결국 석유, 가스, 석탄과 같은 지하자원이 주를 이룰 것이다. 1990년대와 2000년대를 거치면서 러시아 지하자원을 한국으로 들여오는 시도는 수없이 많이 했지만 국제정치 역학적 측면에서 그리고 한·러 개별 국가차원에서 성공한 사업이 별로 없다. 러시아가 이니셔티브를 쥐고 진행해 나갔던 남·북·러 삼각협력사업은 북한의 핵실험과 함께 중단되었다. 2018년 6월 12일 북미양국의 수뇌회동이 있었고 앞으로 남북관계가 급진전된다면 중단되었던 남·북·러 삼각협력사업을 재개하여야 하며 그렇게 될 것이다. 이전부터 계획되어지고 준비되었던 많은 프로그램 중 가장 현실성 있는 남·북·러 TSR-TKR 연결사업이 급진전될 것이다. 다만, 극동지역 개발 사업은 민간차원에서 주도하기엔 많은 문제점들이 따른다. 당장 한국이 할 수 있는 부분이 러시아의 석유화학 공정과정 중 다운스트림에 한국이 일정부분 투자하거나 참여하는 문제, 그리고 러시아의 전력산업에 투자하여 한국에 전기를 수입하는 큰 그림이 있다. 그 다음으로 러시아 석유가스 개발에 점진적으로 투자를 늘려가는 접근 정책을 써야 한다. 이러한 구도와 구상은 결국 정부 차원에서 추진해야 성과가 있다. 정부가 주도하고 기업들이 참여하는 형태를 띠지 않으면 극동 러시아 투자와 시장에 민간기업들이 뛰어들기가 어렵다.

참고문헌

〔국문자료〕
강명구. "러시아 극동지역 개발정책을 통한 유라시아 이니셔티브 활성화 방안."『글로벌 경제질서의 재편과 신흥지역의 미래(2015 KIEP 신흥지역연구 통합학술회의 프로시딩 – 2015.10.22~23)』. 서울: 대외경제정책연구원, 2015.

강봉구(2014). "강대국으로의 복귀?: 푸틴 시대의 대외정책(2000~2014)."『슬라브연구』, 제30권, 1호. 용인: 한국외대 러시아연구소.

김영진(2013). "러시아 지역정책과 극동지역 개발." e-Eurasia Journal, No. 49, 한양대 아태지역연구센터.

김영식(2013). "Ресурсы России, как основа экономического развития Дальнего Востока",「슬라브학보』, 한국슬라브학회, 28권 4호.

림금숙. "창지투 선도구와 북한 나선특별시, 러시아 극동지역 간 경제협력 과제."『통일연구원 정책연구』, 시리즈 11-02. 서울: 통일연구원, 2011.

문명식(2012). "EU-러시아 에너지 관계와 에너지 안보: 가스 수급의 안보를 중심으로",『슬라브연구』, 제28권 3호.

박동훈(2010). "두만강지역개발과 국제협력: 중국 '창지투 선도구' 건설의 국제환경 분석",「한국동북아 논총』, 제15권, 제4호, pp. 191-211.

박지원(2014). "우크라이나의 천연가스 에너지보조금 지급과 경제적 함의",『중소연구』, 제38권 제4호, 2014/2015 겨울.

박정호(2010). "우크라이나 안보정책의 서방벡터와 국내정치적 제약 요인 분석",『슬라브 연구』, 제26권 2호.

변현섭(2014). "러시아 극동지역개발 전략으로서 선도개발구역 설립의 의미와 전망." 한국외국어대학교 국제지역연구센터 러시아연구소, 슬라브연구 제30권 4호.

서종원, 안병민, 이옥남. "유라시아 이니셔티브 실현을 위한 실크로드 익스프레스 구축방향."『한국교통연구원 연구총서』, 2014-17. 서울: 한국교통연구원, 2014.

성원용, 이성규, 오영일, P. Minakir. "러시아 극동 바이칼 지역의 개발과 신북방 경제협력의 여건."『대외경제정책연구원 연구보고서』, 13-15. 서울: 대외경제정책연구원, 2013.

신범식. "푸틴 3기 러시아의 한반도정책."『한국과 국제정치』, 제29권, 1호. 서울: 경남대 극동문제연구소, 2013.

장덕준. "러시아의 신동방정책과 동북아."『슬라브학보』, 제29권, 1호. 서울: 한국슬라브학회, 2014.

원석범(2015). "극동지역 '선도개발구역'조성의 의의와 한국과의 협력 가능성",「국제지역연구」 제19권 3호, pp. 326-328.

이성규, 윤영미(2006), "미국의 대러시아 에너지 정책: 현황과 전망에 대한 고찰",『비교경제연구』, 제13권 제2호.

제성훈. "러시아의 '동방정책'과 유라시아 이니셔티브."『외교』, 제110호. 2014.

제성훈, 강부균.『3기 푸틴 정부의 '대외정책개념'과 정책적 시사점』. 서울: 대외경제정책연구원, 2013.

제성훈, 민지영, 강부균, 세르게이 루코닌. "러시아의 극동·바이칼 지역 개발과 한국의 대응방안."『대외경제정책연구원 연구보고서』, 14-23. 서울: 대외경제정책연구원, 2014.

포콩, 이자벨. "러시아의 복잡미묘한 아시아 회귀 정책."『르몽드 디플로마티크』(2015.11.16.).

Lukin, Artyom. "Russia's Eastward Drive – Pivoting to Asia ... Or to China?" Russian Analytical Digest, No. 169 (2015).

Гарусова, Л.Н. "Возможности и риски политики России в АТР: фактор США и Китая." под ред. В.Л. Ларина, У тихого океана. Информационно-аналитический бюллетень, No. 38 (236) (2015).

Грек, Ю.В. "Итоги и задача поворота России на восток." Актуальные вопросы общественных наук: социология, политология, философия, история No. 9 (49) (2015).

Караганов, С.А. И.А. Макаров. "Поворот на Восток: итоги и задачи." Журнал Сибирского федерального университета. Серия: Гуманитарные науки. Т. 8. No. Supplement (2015).

Москаленко, Ю. "Дальний Восток как вызов." Новая газета. Вып. № 103 (2015).

Putin, V. "Address to the Federal Assembly." 12 December 2012, http://eng.kremlin.ru/transcripts/4739 (검색일: 2015.10.11)

Путин, В.В. "Россия: новые восточные перспективы." Независимая газета (14.11.2000) http://www.ng.ru/world/2000-11-14/1_east_prospects.html (검색일: 2015.10.11).

"2015 선도사회경제개발구역 및 블라디보스토크 자유항 제도 개요", 주 블라디보스토크 총영사관, 2015.12

https://news.kotra.or.kr/user/globalAllBbs/kotranews/album/2/globalBbsDataAllView.do?dataIdx=161303&searchNationCd=101093 (검색일: 2017년 1월 22일) 코트라, 극동 러시아 석유 가스 프로젝트, 어떻게 진행되고 있나.

http://news.mk.co.kr/newsRead.php?year=2017&no=635581, "종합상사, 러시아 극동개발 나선다. 매일경제, 2017.9.21

"제 11차 한-러 극동시베리아 분과위원회 개최," 외교부 보도자료, 2017.6.27

"극동지역 선도사회경제개발구역 법안 주요 내용." 러시아 극동개발부, 2015.5

"한·러 에너지 협력의 특징과 협력 제고 방안." 해외경제연구소, Vol. 2017-지역이슈-8, 2017.10

KOTRA 모스크바 무역관 자료실

KOTRA 블라디보스토크 무역관 자료실

제2부 한국의 북방경제협력과 동북아 에너지

제4장

러·중·일의 동북아 슈퍼그리드 추진 전략과 한국의 대응[*]

윤성학(고려대학교)[**]

I. 서론

문재인 정부는 탈원전을 내걸고 원자력 및 석탄 발전소를 점차적으로 폐쇄하고 가스와 신재생 중심의 새로운 에너지 전환 정책을 추진하고 있다. 가스 발전을 확대하기 위해서는 가스 수입을 증대하여야 하는데 지난 30년 동안 가스 가격이 가장 저렴한데도 가스 발전소의 발전 원가는 여전히 높다.[1] 태양열 발전의 경우 우리나라는 비싼 땅 값과 부족한 일사량이 문제가 되며, 풍력의 경우 생산하는 전기의 양은 별로 크지 않는 반면 풍력 발전기의 소음 공해 문제가 심각하기 때문에 현실적으로 신재생

---

[*] 이 논문은 『러시아연구』 제27권 제2호에 실린 본인의 논문 "동북아 슈퍼그리드 전략 비교 연구"를 한국의 대응 관점에서 재구성하였습니다.
[**] 고려대학교 CORE 사업단 연구교수.
[1] 2016년도 국내 발전 정산단가는 원자력 68원/kwh로, 석탄 78~89원/kwh, 석유 110원/kwh, 가스 100원/kwh, 풍력 90원/kwh였다. 석유 발전이 미미한 상황임을 감안한다면 가스 발전 원가가 가장 높다. 한국전력공사(2017) 『한국전력통계』, 제86호 (2016년), 26쪽.

에너지는 기저발전(base-load generator)[2]이 되기 힘들다.

　　탈원전을 둘러싼 논쟁의 핵심은 합리적인 가격으로 지속적으로 생산 가능한 전기가 지금의 과학 기술 수준에서는 찾기 힘들다는 것이다. 원자력은 가장 저렴하고 안정적인 에너지 공급원이지만 원전사고가 나거나 핵 연료 재처리과정에서 편익 이상의 막대한 비용이 발생할 수 있다. 가스의 경우 100% 수입에 의존하는 가장 비싼 에너지 자원 중의 하나이며, 석탄은 심각한 환경오염을 야기하기 때문에 장기적으로 가동을 줄여야 한다. 신재생에너지의 경우 발전 원가도 높을 뿐만 아니라 안정적인 전력수급원으로 평가되기 어려운 간헐전원(항시 나오지 않는 전원)이라는 문제점을 갖고 있다.

　　탈원전 전략을 둘러싼 논쟁은 우리 땅에서 반드시 전기를 생산해야 한다는 고정적인 시각에 사로잡혀 있다는 것이다. 부족한 전기를 왜 자꾸 우리 땅에서 생산하려고 하는가? 부족한 전기는 전기 발전연료가 풍부하여 전기가격이 저렴한 다른 나라에서 수입하면 된다. 가스를 수입하여 전기를 발전하는 거나 전기 그 자체를 수입하는 거나 본질적인 차이는 없다.

　　2000년 이후 전력 송전 기술이 발전함에 따라 2개 이상의 국가가 신재생에너지를 이용해 생산한 전기를 국가 간 전력망을 통해 상호 공유하는 새로운 개념인 슈퍼그리드(Super Grid)가 등장하였다. 국가 간 전력 연계를 통해 전력 자원을 공유하는 슈퍼그리드는 이미 북유럽(Nordic-EU SuperGrid), 남유럽과 북아프리카-중동(Sud EU-Magherb SuperGrid), 남부 아프리카(Grand Inga Project)에서 현실화되고 있다.

2　기저발전이란 24시간 쉬지 않고 연속 가동되는 발전으로 발전원가가 가장 저렴한 원전 및 석탄발전소를 의미한다. 반면 계절과 날씨에 크게 의존하는 신재생에너지는 간헐발전(intermittent generator)으로 분류된다.

북유럽 슈퍼그리드는 북해 상의 해상풍력단지를 활용하고 있으며,[3] 남유럽 및 북아프리카, 그리고 중동 슈퍼그리드는 태양광을 전원으로 만들고 있다. 남아프리카 그리드는 콩고 잉가댐의 수력 자원을 활용하는 방안을 추진하고 있다.

슈퍼그리드가 가능한 기술적 조건들은 이미 갖추어져 있다. 초고압직류송전기술(HVDC),[4] DC배전 기술, 초고압 고성능의 송·변전설비, 광역 전력계통 감시 시스템(WAMS)과 같은 기술 등이 속속 개발되고 있다. 슈퍼그리드에 다양한 발전을 연결하기 위한 스마트그리드(Smart Grid) 기술도 획기적으로 발전하고 있다. 기존의 전력망에 원자력, 수력, 화력, 신재생에너지원 등이 하이브리드 그리드 형태로 결합해 대규모로 통합되어 있는 고도화된 전력망인 '슈퍼 스마트 그리드(Super Smart Grid)'가 본격화되고 있는 것이다. 풍력과 태양광 같은 신재생에너지는 간헐적이며 휘발성이기 때문에 가스와 석탄 등 전력 그리드에 통합되어야 안정적으로 사용 가능하다.

슈퍼그리드가 가장 발전한 지역은 유럽이다. EU는 신재생에너지 발전 확대를 통해 온실가스 감축은 물론이고 단일전력시장(Internal Electricity Market)을 형성하고 있다. EU와 같은 지역 공동체가 없는 동북아에도 최근 슈퍼그리드 논의가 적극 추진되고 있다. 동북아 슈퍼그리드는 러시아(동부 시베리아 및 극동 러시아) 및 몽골의 풍부한 에너지 자원을

---

3   북유럽 슈퍼그리드는 2050년까지 3단계에 걸쳐 추진하는 것으로 계획되고 있으며, 1단계에서 25GW~30GW 전력공급을 시작으로 최종 500GW를 유럽 전력시장에 공급하는 것을 목표로 하고 있다. 에너지경제연구원(2017b)『세계 에너지시장 인사이트』, 제17-16호, 3쪽.

4   고압직류송전(HVDC)이란 발전소에서 생산된 교류전력(AC)을 직류(DC)로 변환해 필요한 곳까지 송전한 뒤 다시 교류로 바꿔 수요자에게 공급하는 방식이다. 초대용량, 장거리 송전이 가능한 HVDC는 AC 송전에 비해 전력 손실을 대폭 줄일 수 있으며 주파수가 서로 다른 계통을 비동기 연결할 수 있는 등의 기술적 장점을 가지고 있다.

이용하여 전력을 생산하고, 이를 역내 전력 수요가 높은 국가(한국, 중국, 일본)에 공급하는 것이다. 동북아 지역은 발전 자원보유 특성, 각각 다른 전력부하 구조 및 전원구성을 갖고 있기 때문에 전력수급의 상호 보완성이 매우 높고, 전력망 연계의 경제적 효과가 크다.

동북아 슈퍼그리드 구상은 주도 국가 및 기관에 따라 다양한 형태를 가지며, 역내 지정학적 환경변화에 따라 진화하였다. 1990년대 후반에 러시아 ESI[5]가 주도하고 한국 전기연구원이 공동연구를 통해 NEAREST(Northeast Asian Electrical System Ties, 1998)라는 구상이 처음으로 제시되었다. 이 제안은 러시아 극동의 수력과 화력발전을 송전선을 통해 공급하는 방식인데, 당시 기술력으로는 경제성이 없었다. 장거리 송전에 따른 전력 손실률을 감당하기 힘들기 때문이다.

2011년 소프트뱅크 손정의 회장은 동북아 지역을 포함하여 동남아 및 인도에까지 확대하는 아시아 슈퍼그리드(Asia Super Grid, 이하 ASG)를 제안하였다. 2014년 중국의 시진핑은 청정에너지, UHV 송전,[6] 스마트그리드를 결합한 국가 간 전력계통 연계망을 구축한다는 개념으로, 궁극적으로는 전 세계를 망라하는 전력망 구축을 목표로 '글로벌 에너지 연계(Global Energy Interconnection, 이하 GEI)'를 제시하였다. 2016년 러시아 푸틴 대통령은 2차 동방경제포럼에서 러시아가 동북아 지역에 전기를 공급하는 '아시아 에너지 고리(Asian Energy Ring, 이하 AER)' 구상을 제안하였다.

---

5   공식 명칭은 Malentiev Energy System Institute, Siberian Branch of the Russian Academy of Science로 통상 Energy System Institute(ESI)라고 부르고 있으며, 러시아 이르쿠츠크에 소재하고 있음.

6   UHV(Ultra High Voltage)는 500kV 이상 800kV, 1000kV 등의 초초고압으로 전원의 대용량화에 대응하는 것이다. 전압이 높아지면 높아질수록 송전 손실이 적어지는 등의 장점이 커서 선진각국에서 UHV 송전을 통해 다량의 전기를 송전하고 있다.

이 논문의 연구 목적은 일본(소프트뱅크), 중국, 러시아가 추진하는 동북아 슈퍼그리드의 추진배경과 전략을 비교 연구하는 것이다. 동북아 국가들은 슈퍼그리드라는 목적에는 동의하지만 각각 다른 추진 배경과 전략을 갖고 있다. 실제 슈퍼그리드에 나서고 있는 기관들도 상이하다. 일본에서는 민간기업인 소프트뱅크가 나서고 있으며 러시아에서는 지역 전력공사가, 중국에서는 특수목적회사가 사업을 추진하고 있다.

이 논문에서는 동북아 슈퍼그리드를 추진하는 각 국가들의 전략의 공통점과 차이점을 구체적으로 도출할 것이다. 나아가 세 국가들의 전략이 각각 직면하고 있는 장점과 문제점들을 분석하고, 한국과의 관계도 분석할 것이다. 특히 북한 변수와 한국과의 연계를 중심으로 동북아 슈퍼그리드가 직면하고 있는 현실적인 문제점과 장기적인 전망을 비교 검토할 것이다.

II. 동북아 슈퍼그리드 추진 배경

1. 일본의 전력 공급 관점

동북아 전력망 계통연계 프로젝트는 손정의 소프트뱅크 회장이 ASG 사업을 제안하면서 시작되었다. 2011년 후쿠시마 원자력 발전소의 사고 이후 손정의 회장은 일본의 심각한 전력부족 상황을 타개하는 한편, 일본의 고질적인 높은 전력요금 수준을 낮추기 위한 수단으로 슈퍼그리드 구상을 제안하였다. 손정의 회장은 몽골의 무궁무진한 태양광, 풍력단지에서 생산된 전기를 해저 전력망으로 연결하는 사업을 제안하였다. 소프트뱅크는 이를 위해 실제 몽골의 고비사막에 대규모 태양광 발전 사업을 이미 추진하고 있다.

손정의의 ASG 구상의 배경은 기본적으로 2011년 동일본 대지진 이후 안정적이고 친환경적인 전력 공급 문제에서 시작되었다. 후쿠시마 원자력 사건에서 보듯이 원자력은 언제든 심각한 재앙이 될 수 있다. 원자력에 대한 대안은 자연에 풍부한 신재생에너지이며 몽골의 광대한 사막은 충분한 전기를 공급해줄 수 있다는 것이다.

전후 일본의 에너지시장은 각 지역 전력회사들이 비싼 전기요금과 상대적으로 저렴한 원자력 발전 등을 가동하여 막대한 이익을 누려왔다. 그러나 후쿠시마 원전사고를 통해 원전이 갖고 있는 문제가 드러나기 시작하였다. 일본의 장기 에너지 정책을 둘러싸고 탈원전과 원전 재가동에 대한 정치적 공방이 계속되었는데, 소프트뱅크는 탈원전의 선두에 서서 정부의 에너지 정책을 강도 높게 비판하고 있다.

손정의는 ASG를 실현하기 위해 먼저 일본 내부 전력망을 연결하고 다음으로 동북아 지역인 한국, 중국, 러시아로 연결, 마지막으로 서남아 등으로 확대하는 전략을 추진하고 있다. 손정의의 이 제안은 그동안 동북아 역내에서 개별국가 간 논의되어 오던 전력망 연계를 아시아 전체의 전력망을 연계하는 원대한 비전으로 발전시켰다.

그러나 현재의 기술로는 태양광이나 풍력 같은 신재생에너지는 24시간 가동될 수 없다는 한계성을 지니고 있기 때문에 한 나라의 기저발전이 될 수 없다. 풍력 발전의 경우 바람의 영향력이 결정적이며, 태양광 같은 경우도 비가 오거나 구름이 끼면 발전할 수 없다. 하지만 아시아 지역의 많은 풍력과 태양열 발전을 연결시킨다면 간헐발전의 리스크를 충분히 조절해 원활한 전력 공급이 가능하다고 보고 있다.

유럽과 같은 단일 공동체가 없는 아시아 지역에 전력망을 통합한다는 구상은 처음에는 비현실적으로 보였지만 2012년 이후 점차 현실화

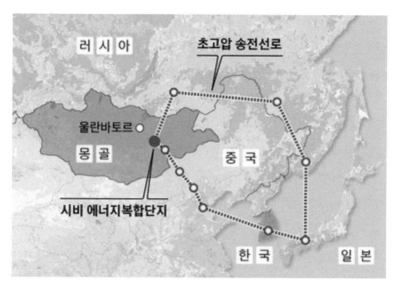

그림 1. 손정의의 아시아 슈퍼그리드 제안 개요
출처: APERC(아시아태평양에너지연구센터

되고 있다. 손정의 구상을 가능하게 만든 것은 최신 송전 기술 덕분이다. 몽골의 초원이나 산림지대에 위치한 러시아의 수력발전소에서 생산된 전기를 수천 킬로미터가 떨어진 서울, 도쿄 등 소비지로 연결하기 위해서는 전력을 손실 없이 대규모로 송전하여야 하는데 HVDC, UHV 기술은 이것을 가능하게 만든다.

손정의 회장 스스로 '미친 생각'이라 표현했던 동북아 슈퍼그리드는 어느새 현실로 가시화되고 있다. 소프트뱅크는 몽골에 7GW 규모의 태양광, 풍력 발전 용지를 확보하였으며, 2016년에는 한전, 중국전력망공사, 러시아 국영전력망기업 로세티(Rosseti)와 송전선에 관한 양해각서(MOU)를 체결했다. 소프트뱅크는 2020년까지 한·중·일은 물론 러시아까지 연결하겠다는 의지를 보였다.[7]

손정의 회장의 선구적인 아이디어에도 불구하고 이 제안은 몇 가지 한계를 갖고 있다. 무엇보다도 소프트뱅크가 일본 정부나 일본 전력산업과의 연계가 전혀 없다는 것이다. 일본 정부는 동북아 슈퍼그리드에 대해 무관심하다. 일본 전력산업 또한 지역별로 철저하게 분산되어 있기 때문에 국가 간 연계에 관심이 없다. 몽골에서 전력이 들어온다고 하더라도 일본 정부와 지역 전력업체와의 이해관계 조절이 쉽지 않을 것이다.

둘째, 최근 기술 발전에도 불구하고 신재생에너지 그 자체는 여전히 기저발전이 되기 힘들다는 것이다. 따라서 동북아 지역에 안정적인 전원을 공급하기 위해서는 가스 및 화력 발전을 결합시켜야 한다. 즉 안정적이고 지속적인 발전원을 확보하여야 기후 변화에 따른 공급중단의 불안을 잠재울 수 있다.

셋째, 손정의 구상은 각국과의 발전 연계를 주로 해저 케이블에 중점을 두고 있다. 단기적으로는 일본 전역을 해저 총연장 2,000km의 직류 송전망을 깔고 장기적으로는 동해나 황해 해저 등을 통해 한국, 중국, 러시아의 송전망을 연결하는 것이다. 그러나 해저 케이블은 육상 케이블보다 2~3배의 높은 설치비용이 든다. 슈퍼그리드에 관한 기본 인프라 비용이 높을수록 발전 원가 또한 높을 수밖에 없다.

2. 중국의 글로벌 관점과 적실성

중국은 전통적으로 폐쇄적인 에너지 정책으로 다른 국가들과의 전력 연계에는 부정적 태도를 보였다. 그러나 2000년 이후 중국은 높은 경제성

---

7   김상협(2016) 「동북아 슈퍼그리드 시대의 주역이 되자」, 『매일경제』, 2016.10.19, http:// opinion.mk.co.kr/view.php?sc=30500111&year=2016&no=730876(검색일: 2017.09.02).

장률로 전력 부족 현상이 심각해지자 국경을 접한 러시아 전력 자원 수입에 나서게 되었다. 2005년 중-러 간 정상회담에서는 시베리아 지역의 전원을 공동 개발하고, 생산된 전력을 중국으로 수출하는 데 합의하였다.

러시아의 대(對)중국 전력 수출은 증가하는 추세지만, 2014년 기준 중국 전체 전력 소비량의 0.1% 미만에 해당하는 규모이다. 반면, 러시아에 있어 중국은 전체 전력 수출량의 20% 이상의 비중을 차지하고 있으며, 러시아 전력의 대중국 수출은 3개의 전력망을 통해 실현되고 있다.[8]

중국은 2015년 동북아 및 글로벌 그리드에 대한 비전을 처음으로 제시하였다. 시진핑 중국 국가주석이 2015년 9월 반기문 유엔 사무총장이 소집한 지속가능발전 정상회의에서 글로벌 에너지 문제 해결을 위한 방안으로 녹색에너지에 기반을 둔 '글로벌 에너지 연계(Global Energy Interconnection)'를 제안했다.

GEI는 세계적으로 상호 연결된 강력하고 스마트 그리드로서 UHV 그리드를 바탕으로 세계적으로 청정에너지를 광범위하게 개발, 배치 및 활용할 수 있는 전략을 담고 있다. GEI는 'Smart Grid + UHV Grid + Clean Energy'의 결합이라는 것이다. 스마트 그리드를 기본으로 하여 장거리 송전은 UHV, 그리고 신재생에너지인 청정에너지가 주요 발전원이 된다. GEI 건설은 글로벌 차원에서 신재생에너지 개발을 촉진하고 에너지와 관련된 인간 사회의 발전을 제한하는 문제를 철저히 해결할 것으로 중국은 기대하고 있다.[9] GEI는 글로벌 저탄소 에너지체제 구축을

8 1992년 구축된 10kV의 Blagoveschensk-Heihe 가공선로, 2006년에 구축된 20kV의 Blagoveschensk-Aygun 이중회로 가공선로, 2012년에 건설된 50kV의 Amurskaya-Heihe 가공선로 등으로 구성되어 있음. 에너지경제연구원(2017a) 「세계 에너지시장 인사이트」, 제17-11호, 30쪽.

9 *The Global Energy Interconnection Development and Cooperation Organization (GEIDCO)*, http://www.geidco.org/html/qqnycoen/col2015100766/col-

위한 중국식 비전이라고 할 수 있다.

청정에너지에 기반을 둔 GEI는 아시아, 유럽, 아프리카, 남미와 북미 등 5개의 거대 고리를 포함한다. 북반구에는 주로 풍력, 남반구에는 태양광 등의 신재생에너지가 주요 발전원이다. 중국은 아시아에서 GEI를 추진하기 위해 내몽골과 러시아 사업에 집중하고 있다. 중국 국가전력망공사(SGCC)와 '동북아 슈퍼그리드' 구축 프로젝트에 대한 공동 작업을 위래 러시아의 로세티와 2017년 말까지 러시아 국내외에서의 전력망 현대화 사업을 수행할 합작기업을 설립할 계획이다.[10]

중국이 GEI 프로젝트를 추진하는 이유는 중국 내의 전력 격차를 장거리 송전을 통해 해결하고자 하는 기술적 배경에서 시작되었다. 중국의 북부와 남부에는 거대 발전전력단지가 있고 반면 전력 수요가 많은 동부지역까지는 약 3~4,000km의 거리가 떨어져 있다. 중국은 전력불균형 문제를 해결하기 위해 2010년부터 HVDC 송전사업을 이미 시작하였다. 2010년 상지아바 수력발전소에서 생산된 전기를 상하이 인근으로 보내기 위해 2,071km의 HVDC 송전선 건설에 성공하였다. 지금 중국은 서부의 전력을 동부로 HVDC를 통해 연결하는 다양한 프로젝트를 지행하고 있으며 전 세계 HVDC 시장의 80%를 차지하고 있다. GEI는 이러한 중국의 기술적 자신감을 바탕으로 하고 있다.

다른 한편으로 중국은 베이징, 상해 등 동부지역에 갈수록 심각한 환경오염에 대처하기 위해 석탄화력발전을 줄이고 청정에너지로 대체하기를 희망한다. 중국은 기존의 석탄화력발전소에서 발생하는 심각한 미

---

umn_2015100766_ 1.html(검색일: 2017.09.12).

10   양사는 2015년 5월 합작기업 설립과 관련한 협정을 체결한 후 현재 합작기업 설립 작업에 착수하였으며, 예상 지분 구조는 Rosseti 51%, SGCC 49%임. 중국개발은행(China Development Bank)은 설립예정인 합작기업이 수행하는 프로젝트에 연간 최대 10억 달러 규모의 자금을 조달하기로 합의한 바 있다.

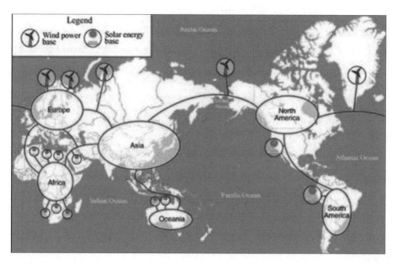

그림 2. GEI의 기본 구도

출처: The Global Energy Interconnection Development and Cooperation Organization(GEIDCO).

세먼지와 이산화탄소 등 환경오염으로 겨울철만 되면 스모그 현상이 발생하고 있다. 도시 주변의 발전소를 점차적으로 폐쇄하고 수력과 태양광 등을 통한 청정에너지로 이를 대체하겠다는 것이다.

중국의 GEI 구상은 장기적인 비전이지만 실제 동북아 지역에서조차 실현 가능성이 불투명하다. 중국이 GEI에 성공하기 위해서는 무엇보다 아시아 국가들 간의 전력 연계를 구축하여야 하는데, 북한, 일본, 몽골, 인도 등 많은 인근 국가들은 중국의 패권주의적 경향으로 갈등관계에 놓여 있다. 러시아 또한 중국의 영토 야욕을 의심하고 있는 실정이다. 중국의 GEI는 비전 제시로만 끝날 가능성이 높다.

3. 러시아의 전력 시장 확보 관점

2012년 러시아는 블라디보스토크에서 APEC 정상회담을 가진 이후 극동과 동북아에 큰 관심을 갖고 있다. 러시아는 성장하고 있는 동아시아 시장에 참여하여 유럽으로 경사된 경제구조를 바로잡고 국토의 균형 발전을 추진하고 있다. 러시아 정부의 이 같은 노력은 '신동방정책(New East Asia policy)'[11]으로 요약된다.

신동방정책의 핵심적인 전략은 러시아가 압도적인 우위를 갖고 있는 자원을 바탕으로 새로운 시장을 개척하고 동북아 국가들 간의 협력을 촉진하는 것이다. 특히 개발 잠재력이 풍부한 전력을 바탕으로 러시아는 동북아 협력을 적극 추진하고 있다. 한국, 일본, 중국 등은 세계적인 전력 소비국이지만 환경 문제 등으로 발전소의 추가 설립이 용이치 못한 국가이다. 반면 에너지 부국인 러시아는 최종 상품인 전기를 동북아 국가에 수출하기를 희망한다.

러시아는 1991년 소연방 붕괴 이후 기존 발전용 전기가 남아돌면서 동북아 전력망 연계를 검토하기 시작하였다. 초창기에는 러시아-중국 간 전력 융통이 주 관심사였고, 2000년 이후 북한의 심각한 전력난과 맞물려 러시아-북한-한국과의 전력 연계를 검토하였다. 최근에는 러시아와 일본 홋카이도 간의 전력 연결에 큰 관심을 갖고 있다.

알렉산드르 아브라모프(Alexander Abramov) 교수는 "러시아-한반도, 그리고 사할린-일본을 잇는 전력 연계망 건설로 동해를 둘러싼 '통합 전력 그리드'를 구축함으로써 이 지역의 에너지안보협력이 강화될 것이며 현재로선 석탄, 가스, 석유를 원료로 내다 파는 것보다 전력을 파는

11   러시아정부가 공식적으로 '신동방정책(New Eastern Policy)'이라고 명명한 적은 없다. 러시아 외교 전문가들은 신동방정책을 '아시아로의 중심축 이동(pivot to Asia)'으로 표현하였다. 19세기 극동으로의 러시아의 팽창적인 대외정책을 동방정책이라고 한다면 2012년 푸틴의 아태지역으로의 본격적인 진출 정책을 '신동방 정책'으로 부를 수 있을 것이다. 장덕준(2014)「러시아의 신동방정책과 동북아」,『슬라브학보』, 제29권 1호, 230쪽.

것이 나은 선택"이라고 지적했다.[12]

전력시장의 측면에서 본다면 동북아는 상호보완을 통한 성장이 가능한 매력적인 지역이다. 러시아 동부지역(동시베리아와 극동 러시아)은 막대한 가스, 석유 및 수력 자원을 보유하고 있기 때문에 석탄 위주인 중국 동북지역보다 에너지의 절대량과 청정도 측면에서 경쟁력이 있다. 전력 요금이 비싼 한국과 일본은 러시아의 새로운 에너지 판매시장으로 매력이 높다. 러시아와 동북아 국가 간의 전력 연계는 상호 간에 시너지역할을 할 수 있는 환경을 갖고 있는 것이다.

러시아는 2016년부터 일본을 적극적으로 끌어들여 동북아 에너지 브리지 사업을 추진하고 있다. 푸틴은 2016년 2차 동방포럼에서 러시아와 한국·일본을 잇는 해저 송전망(에너지 브리지) 사업을 검토하기 위한 정부 간 워킹그룹 신설을 제안하면서 한·일 등 각국에 "경쟁력 있는 가격으로 (전력을) 제공코자 한다"고 말했다.[13] 푸틴의 제안에는 동북아 국가 중에 북한은 빠져 있으며 가장 우선적인 협력 대상자로 일본을 주목하였다.

아베정부는 극동지역의 에너지, 교통인프라, 의료, 농업, 목제가공업 등에 관심을 갖고 있으며 실제로 하바로프스크와 사하공화국의 카갈라시 선도개발구역에서 대규모 온실을 건설하여 농작물을 재배하고 있다. 또한 블라디보스토크 자유항에서는 일본 기업이 연해주 파르티잔 지역에 특별 환적 시설 프로젝트를 추진 중이다.

2016년 푸틴은 남·북·러 전력연계, 일본과의 에너지 브리지 사업

12   강태호(2016) 「푸틴의 동방외교와 극동개발의 국제정치 4」, 『투코리아』 2016.08.12, http://2korea.hani.co.kr/429567(검색일: 2017.09.21).

13   "We will provide with competitive prices (power)"(2016), *Eastern Economic Forum*, https://forumvostok.ru/en/asian-energy-super-ring-project-to-be-discussed-at-the-eef/ (검색일: 2017.09.12).

을 포괄한 아시아 '에너지 슈퍼 링(Energy Super Ring)' 전략을 통해 동북아 통합 전력망(그리드)을 제시하였다. 슈퍼그리드 협력 국가로는 한국, 북한, 일본뿐만 아니라 중국과 몽골을 포함하고 있다. 러시아는 이미 중국에다 전력을 수출하고 있으며, 북한과도 적극적인 협력을 추진하겠다는 것이다.[14]

푸틴의 ESR 전략은 특별히 새롭게 제시되기보다는 기존의 러시아 정책을 통합시켜서 시장 관점에서 접근하겠다는 의지를 표현한 것이다. 러시아는 2017년 3차 동방경제포럼에서도 다시 한번 ESR 전략을 강조하였다. 문제는 러시아가 대규모 송전, 해저 케이블에 대한 기술적 경험이 일천하다는 것이다. 초기 투자자금 조달도 유가 하락에 직면한 러시아가 조달하기에는 부담이 크다. 무엇보다도 러시아가 다자간 동북아 국가들과의 협의보다는 러시아 중심의 양자간 대화를 선호하는 것도 ESR 전략을 추진하는 데 장애요인이라고 할 수 있을 것이다.

III. 동북아 슈퍼그리드 추진 전략

1. 일본의 소프트뱅크

손정의 회장은 ASG 이니셔티브를 실행에 옮기기 위해 2011년에 일본 신재생에너지 재단(Japan Renewable Energy Foundation: JREF)을 설립하였으며, 산하에 연구소(Japan Renewable Energy Institute: JREI)

---

14 "Asian Energy Super Ring Opens Up New Horizons for Economic Growth" (2016), *Sputnik International*, 2016.09.04, https://sputniknews.com/russia/20160904 1044945899-asia-energy-cooperation/(검색일: 2017.09.12).

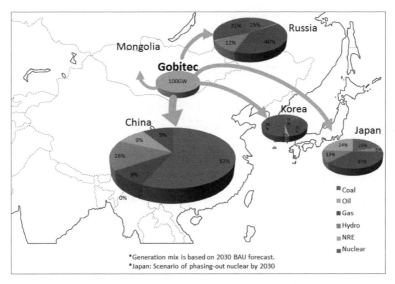

그림 3. 2030년 예정 GOBITEC 프로젝트의 신재생에너지 생산과 수출

출처: Gobitec and Asian Super Grid from Renewable Energies in Northeast Asia, 2014.

를 두어 실천 과제를 연구·개발하고 있다. 손정의 회장 개인과 소프트뱅크 관계자들은 동북아 슈퍼그리드 관련 국제회의와 연구에 적극 참여하고 있다.

소프트뱅크는 몽골에 이미 태양광 발전소 가동을 추진하고 있다. 몽골과 중국 북부의 고비 사막을 의미하는 소프트뱅크의 'GOBITEC 프로젝트'는 이 지역에서 광전지, 집중 태양열 발전소 및 풍력 발전소를 통한 풍력 및 태양 에너지의 재생 가능 에너지 생산을 목표로 한다. 고비 사막의 태양광 및 풍력 발전 잠재력은 약 2,600TWh로 추정되며 현재 100GW 프로젝트가 계획 중이다. 여기서 생산되는 해저 케이블을 통해 한국과 일본 등으로 수출될 예정이다.

소프트뱅크의 동북아 슈퍼그리드 프로젝트의 가장 큰 문제점은 일본 정부가 무관심하게 대응한다는 것이다. ASG 구상의 1단계는 우선 일본 전역을 가로지르는 직류 송전망을 설치해 지역 간 전기 교환을 통해 효율을 높여야 한다. 일본은 현재 동일본과 서일본이 각각 교류 전원의 주파수가 달라 서로 전기를 교환하지 못하고 있는 실정이다. 그러나 이 구상에 대해 일본에서는 발전 관련 회사의 이익 때문에 실천이 어렵다고 보고 있으며 일본 정부도 적극 나서고 있지 않다. 일본 정부가 소프트뱅크가 추진하는 동북아 슈퍼그리드에 나서지 않는 이유는 전력을 수입하기 위해서는 여러 관련 법규를 개정해야 하기 때문이다. 과거 일본은 자국 내 시장의 독과점 체제로 전력 연계에 부정적이었다. 일본 정부는 ASG 구상을 사업자 간 협력사업으로 인식하고 정부 차원에서 전면에 나서지 않고 있는 상황이다.[15] 또한 일본의 발전 정책이 여전히 원전을 주요한 발전원으로 삼고 있다는 점도 손정의 구상의 추진을 어렵게 만들고 있다.

손정의 구상에 대해 일본 정부는 동북아 에너지협력을 자국의 국제정치적 문제를 해결하는 수단의 하나로 활용하려는 생각이 강하다.[16] 러시아가 제안하고 있는 '사할린–홋카이도' 전력 연결에 대해서도 러시아의 쿠릴반도 반환을 전제로 접근하고 있는 것이 그 증거이다. 중국의 패권과 북핵 문제 등 현재와 같이 복잡한 동북아 국제정치 상황에서 동북아 슈퍼그리드는 현실적으로 어렵다고 생각하는 것이다.

GOBITEC을 포함한 손정의의 구상이 지나치게 이상적이며 현실성이 부족하다는 점도 문제점이다. 자국의 풍부한 에너지 자원을 갖고 있는 러시아가 굳이 값비싼 몽골의 전기를 받을 이유는 없다. 중국도 자체적으로 신재생발전을 추진하기 때문에 몽골의 전기에 대한 관심이 없다.

15　김학만 등(2013) 「한일 계통 연계에 대한 소고」, 『전기의 세계』, 대한전기학회, 제62권 제4호, 24쪽.
16　에너지경제연구원(2017a), 25.

한국의 경우, 손정의 구상은 북한을 배제하고 한국을 일종의 통과 국가로 간주하기 때문에 적극적인 협력을 추진할 명분이 없다.

2. 중국

중국의 GEI 프로젝트의 최종 목표는 아시아, 유럽, 아프리카, 북미, 남미 등 5개의 대륙을 그리드로 연결하는 것이다. 이를 위해 2030년까지 '아프리카~유럽', '아시아~유럽' 및 '아시아~아프리카'의 상호 연결을 추진한다. 2040년까지 '북미~남미', '오세아니아~아시아' 및 '아시아~북미'의 상호 연결을 추진할 예정이다. 마지막으로 2050년까지 '유럽~북미' 간 상호 연결이 형성되어야 하며, 청정에너지 기지(북극 및 적도 지역 포함)와 주 부하 센터 사이의 기본 그리드 및 대륙 간 연결 채널의 건설되면 최종적인 목표가 완수된다.

중국은 GEI를 추진하기 위해 3단계를 설정하고 있다.[17] 1단계는 국가 내 상호연계(Domestic Interconnection)로 2020년까지, 여러 국가에서 추진하는 국가 그리드의 상호 연결을 촉진하는 것이다. 이를 위한 주요 과제는 그리드에 대한 컨센서스 구축, 기술 및 표준 연구 수행, 국가 그리드와 스마트 그리드 건설의 상호 연결 강화, 그리고 국가 내 청정에너지를 개발하는 것이다.

2단계는 국가 간 상호연계(Transnational Interconnection)로 2030년까지, 대륙 내의 국가들 간의 그리드 상호 연결을 추진하는 것이다. 주

---

17 "Three steps to build GEI"(2016), *The Global Energy Interconnection Development and Cooperation Organization*, 2016.04.01, http://www.geidco.org/html/qqnycoen/col2015100791/ 2016-06/01/20160601160242806739675_1.html(검색일: 2017.09.02).

요 과제는 국가 간 그리드 연결 및 대륙 내 청정에너지 기반을 개발하는 것이다. 3단계는 대륙 간 상호연계(Transcontinental Interconnection) 로 2050년까지, 대륙 간 그리드 상호 연결을 추진하는 것이다. 주요 과제는 대륙 간 UHV 그리드를 구축하고, 북극과 적도에서 전력 에너지 자원을 개발하여 글로벌 에너지 상호 연결을 구축하겠다는 것이다.

중국은 세계적인 에너지 그리드의 상호 연결은 거대하고 체계적인 프로젝트로 생각한다. 국제기구, 정부, 공공 기관, 산업 협회, 과학 연구 및 교육 기관 간의 협력이 필요하다는 것이다. 뿐만 아니라 전력 기술, 그리드 기술 및 전력 저장 기술의 혁신이 추진되어야 하며, 이를 위해 ICT와 그리드 기술의 통합이 추진되어야 한다. 다른 한편, 표준화 강화, 우수한 디자인 강화, 그리고 이해 관계자들의 조정 개발 메커니즘을 요구한다고 보고 있다.[18]

중국의 GEI 추진전략은 원대한 비전을 담고 있지만 실현 가능성은 대단히 낮다고 할 수 있다. 일단 아시아 지역만 하더라도 중국은 일본, 한국, 인도, 베트남 등과 외교적 분쟁으로 그리드 연결은 힘들다. 중국과 국경 및 영토 분쟁을 겪고 있는 나라들은 그리드를 통한 중국의 영향력 강화에 결코 동의하지 않을 것이다. 남미와 북미의 그리드 연결, 아프리카 대륙의 그리드는 중국의 영향력과는 전혀 별개의 문제이기도 하다.

3. 러시아

2016년 푸틴은 남북러 전력연계, 일본과의 에너지 브리지 사업을 포괄한 아시아 ESR 전략을 통해 동북아 슈퍼그리드를 제시하였다. 일본, 중

---

18   "Three steps to build GEI"(2016). 위의 논문.

국과 달리 러시아의 그리드 전략은 구체성과 역사를 갖고 있다. 러시아는 2030~2050년까지 러시아와 인접한 유라시아 국가들에서는 전력 수요가 크게 증가하여 동아시아 지역의 전력수요는 2030년경 13조 kWh 이상에 달할 것으로 전망하고 있다. 국가 간 전력 연결을 위해 러시아는 아무르 지역에 거대 수력발전소를 이미 가동하고 있으며 오래전부터 러중, 러북, 그리고 러일을 연결하는 그리드를 추진해왔다.

러시아의 전략이 보다 더 현실적인 것은 러시아는 신재생에너지 잠재력도 대단하지만 세계 어느 나라보다 저렴한 가스, 석탄 등 화력 발전이 가능하다는 점이다. 천연가스를 통한 발전은 LNG 발전보다 50% 이상 저렴한데 러시아는 세계 최대 천연가스 생산대국이다. 러시아의 에너지 전략 또한 최근 단순한 원자재 수출보다는 에너지 자원의 가공 수출을 선호하고 있다.

전력시장의 측면에서 본다면 동북아는 상호보완을 통한 성장이 가능한 매력적인 지역이다. 러시아 동부지역(동시베리아와 극동 러시아)은 막대한 가스, 석유 및 수력 자원을 보유하고 있기 때문에 석탄 위주인 중국 동북지역보다 에너지의 절대량과 청정도 측면에서 경쟁력이 있다. 전력 요금이 비싼 한국과 일본도 유망한 시장이다.

러시아는 이미 북한을 넘어 한국으로까지 전력 연결을 계획하였다. 첫 번째 단계로 북한 나선시에 60MW(전체 전력망 길이는 63km, 러시아 접경선에서 라진까지 45km, 연해주를 따라 18km 전력선이 부설될 예정), 이후에는 350MW로 확장할 계획이다. 이 사업을 위해 러시아는 약 35억 달러를 투자할 계획도 세웠다. 나선 프로젝트는 한반도와 연결되는 슈퍼그리드의 시작이라고 할 수 있을 것이다.

나아가 북한 전역에 화력 발전소 건설을 포함해 2~3GW 수준의 전력을 공급할 예정이다. 이 단계가 완료되면 한국으로 전력 연결을 추진한다. 북러 간의 에너지 프로젝트는 나선 에너지 브리지, 북한의 구리 및 광물을 대가로 한 북한 동해안 에너지 공급, 러시아 남북한을 잇는 에너지 브리지 프로젝트 등으로 세 가지가 서로 연계돼 있다.

러시아는 북한과 함께 일본과의 전력 연결도 적극 추진하고 있다. 러시아의 최대 국영 수력발전회사인 루스기드로와 일본 종합상사 미쓰이와 합작으로 추진하는 약 60억 달러 규모의 러·일 에너지 브리지 프로젝트는 러시아 사할린 섬과 일본 홋카이도 해협 사이에 약 43km 구간에 해저케이블을 매설하고 사할린, 홋카이도 지역에 각각 발전소 1기를 건설해서 양국 간에 전력망을 잇는 것이다.[19] 러시아의 대일본 전력공급 규모는 1단계에서 약 2GW이며 추후 11~14GW로 증가할 것으로 보도되고 있다.[20]

러시아는 중국과의 전력망 연결도 적극 추진하고 있다. 러시아에서 해외전력거래를 전담하는 Inter RAO는 중국으로 전력을 수출하기 위해 8GW 규모의 에르코베츠카야(Yerkovetskaya) 석탄화력발전소 건설을 계획하고 있다. 이 발전소에서 중국으로 보내기 위해서는 2,000km HVDC 송전선이 구축되어야 한다. 이 사업에 중국 SGCC가 관심을 갖고 있다. 러시아 국영수력발전기업 루스히드로(RusHydro)와 중국 산시아(Sanxia)는 극동지역의 아무르 강 유역에 4개의 치수(flood-control)용 수력발전소 공동개발에 관한 사전 협약을 체결했다.[21]

소프트뱅크의 ASG와 중국의 GEI 전략이 추상적이며 비전 중심적이라면 러시아의 추진 전략은 구체적이고 실천 가능성이 대단히 높다고

---

19   Dmitry Bokarev(2017) "Asian Energy Ring: The Vision is Being Turned into Reality," New Eastern Outlook. https://journal-neo.org/2017/02/17/asian-energy-ring-the-vision-is-being-turned-into-reality/(검색일: 2017.09.02).

20   에너지경제연구원(2017a), 32.

21   에너지경제연구원(2017a), 31.

할 수 있다. 러시아는 수력 등 신재생에너지 자원뿐만 아니라 가스 발전 등 화력을 통한 기저발전이 가능하기 때문에 전력 공급을 받는 국가의 입장에서도 안정적인 전력 수급이 가능하다는 장점을 갖고 있다.

IV. 동북아 슈퍼그리드 비교

1. 동북아 슈퍼그리드 추진 배경과 전략 비교

동북아 슈퍼그리드를 추진하는 국가들의 추진배경은 각 국가가 처한 입장에 따라 다르다. 일본의 경우 전력 부족 해소, 청정에너지 확보가 주목적이라면 중국은 세계전략 차원에서 추진되고 있으며 중국이 경쟁력을 갖고 있는 HVDC, UHC 등의 전력 기술을 수출하는 데 중점을 두고 있다. 러시아의 경우 전력 수출을 통한 경제 활성화와 극동 경제발전에 초점을 두고 있다.

표 1. 동북아 슈퍼그리드 추진 배경과 추진 전략 비교

	추진 배경	추진 전략
일본	• 전력 부족 해소 • 청정에너지 확보 • 값싼 에너지 확보	• Asia Super Grid • 해저 케이블을 통한 연결 • 몽골의 신재생에너지
중국	• 중국의 세계 전략 • 자국 내 전력 수요 충당 • 중국 전력 기술의 수출	• Global Energy Interconnection • 2050년까지 3단계 연결 • 신재생에너지 중심
러시아	• 극동 경제발전 • 전력 수출로 경제 활성화 • 동북아 에너지 패권	• Energy Super Ring • 나진, 삿포로 등과의 연결 • 수력 및 가스 발전

출처: 자체 조사

전력 수출을 통해 경제를 활성화하겠다는 러시아의 배경이 현실적이라면 가장 합당한 파트너는 전력 수입이 필요한 일본이다. 그러나 소프트뱅크의 경우 러시아의 전력 수입보다는 몽골의 신재생에너지 전력에 초점을 두고 있어 공동 추진이 불가능하다. 일본 정부는 러시아의 쿠릴열도 반환을 묵시적 조건으로 내걸고 있어 실질적 추진이 상당히 힘들다. 중국의 경우, 굳이 몽골이나 러시아로부터 전력을 수입하기보다는 자체적으로 국내에서 전력을 조달하겠다는 생각이 강하다.

동북아 슈퍼그리드를 추진하는 국가들의 추진전략은 각 국가의 대외정책을 적절하게 반영하고 있다. 일본(소프트뱅크)의 경우 국가 간 영향력을 최소화하기 위해 해저 케이블을 통한 연결을 주장하고 있다. 주요 발전 전원은 외부 투자가 절대 필요한 몽골이며, 장기적으로 일본과 긴밀한 관계를 맺고 있는 서남아도 포함하고 있다. 반면 러시아는 철저하게 시장 중심적이며, 다자간 슈퍼그리드보다는 러일, 러북, 러중 등의 양자 간 전력 연결을 추진하고 있다. 중국의 동북아 슈퍼그리드는 구체성 없이 공허하게 보인다.

동북아 슈퍼그리드 협력방안은 그동안 갈등과 대결을 지속해온 동북아의 경제와 안보에 획기적인 전환점이 될 수 있다. 동북아 지역은 일본, 중국 등 세계적인 경제 강대국들이 있지만 상호간의 협력은 긴밀하지 않았다. 메건 오셜리번(Meghan O'Sullivan)는 동북아 슈퍼그리드가 새로운 '라프로슈망(rapprochement · 상호협력)'을 가져올 수 있다며 문제는 '외교적 역량'에 있다고 진단하였다.[22]

지금까지 동북아 지역에 대두된 통합 논의는 중국의 일대일로, 러시

22   김상협(2016) 「동북아 슈퍼그리드 시대의 주역이 되자」, 『매일경제』, 2016.10.19, http://opinion.mk.co.kr/view.php?sc=30500111&year=2016&no=730876(검색일: 2017.09.02).

아의 EAEU, 일본과 미국의 TPP 구상 등은 적대적인 상호관계를 확장
하는 국제기구인 반면 전력 연결은 상호 불신과 적대적인 국가들의 협력
을 전제로 한다. 정치적으로도 동북아는 미국과 중국의 갈등, 러시아와
미국의 견제 등이 겹치며, 북한의 핵 문제로 한미일과 북중러 간의 집단
대결이 강화되는 추세이다. 동북아 국가들의 전력 연결이 이러한 갈등을
증폭할 것인지 아니면 새로운 대안이 될 것인지는 동북아 국가들 간의
외교 역량에 달려 있다고 할 수 있다.

2. 북한 변수와 남북러 전력연결

문재인 정부의 동북아 슈퍼그리드 구상은 크게 두 개의 축으로 구성된
다. 하나는 몽골과 중국의 풍력, 태양광 에너지를 한-중-일 라인을 통해
공동 활용하는 가로축이고, 다른 하나는 러시아 극동지역의 수력, 천연
가스(LNG) 등 청정에너지를 활용하는 세로축인 남-북-러 라인이다. 몽

그림 3. 2030년 예정 GOBITEC 프로젝트의 신재생에너지
출처: 북방경제협력위원회

골 고비사막의 재생에너지 활용 잠재량은 이미 일본과 중국에 의해서 확인되고 실제 사업으로 추진되고 있다. 중국은 특히 자국의 신재생 에너지 라인을 여기에 첨가하여 한국과 일본으로의 전력 수출에 큰 관심을 가지고 있다.

한-중-일 라인은 몽골에서 생산되는 전기를 중국을 경유하여 해저 케이블을 통해 한국과 일본에다 공급하겠다는 것이다. 소프트뱅크가 북한을 배제하고 비용과 시간이 갑절 이상 걸리는 해저 케이블에 집착하는 이유는 북핵 문제로 인한 시비를 피해가겠다는 생각이 강하기 때문이다.

한국의 경우, 한-중-일 라인보다는 북한과의 전력 연결을 추진해왔다. 남-북-러 전력망 연계사업은 2005년 북핵 문제의 해결 과정에서 북한에 절대적으로 부족한 전력을 공급하는 차원에서 처음 제기되었다. 한국이 북한에다 전력 계통을 연계하여 전력을 공급하는 방식이었다. 그러나 천문학 단위의 비용에다 송전거리 확대에 따른 비효율성 문제로 연변 원자력 발전으로 사업이 대체되었다. 이후 한국은 2015년 12월 러시아와 협의를 통해 러시아 아무르주 부레야강 상류에 있는 부레야 수력발전소에서 생산한 전기를 한반도로 연결하는 '한-러 전력망 연계 예비타당성조사' MOU를 체결하여, 구체적인 연구에 착수하였다.

이 프로젝트는 러시아 아무르주 부레야강 상류 지역에 있는 부레야 수력발전소에서 생산한 전기를 한반도로 연결하는 것이다. 이 수력발전소는 연간 전력 생산량이 71억 KWh로 충주댐의 8배에 달한다. 북한도 전력 부족을 부레야 수력발전소로 해결할 것을 기대하고 2011년에 김정일이 직접 방문까지 하였다. 러시아와 북한은 이를 위해 블라디보스토크-청진 구간에 송전선을 설치하여 연간 30~50kW의 전력을 북한에 송전한다는 MOU를 체결하였다. 2015년 블라디보스토크 동방경제포럼 라오 에스 보스토카(Rao Es Vostoka)의 S. 톨스토구조프(Sergey

Tolstoguzov) 대표는 조만간 북한 나선경제 특구로 15~40MW의 전력
을 공급할 계획이라고 밝혔다.

　러시아는 남-북-러 전력망 연계를 통해 북한과 한국의 경기북부지
역까지 전기를 보낼 예정이다. 러시아 로세티는 2015년 6월에 열린 상
트페테르부르크 세계경제포럼에서 향후 한국으로 1단계에서 4GW의 전
력을 수출할 계획이라고 밝혔는데, 이는 2016년 기준으로 한국 전력 사
용량의 5% 내외에 불과하다. 한국의 발전 설비의 약 40%이상이 예비 발
전원인 점을 감안한다면 발전 중단에 대한 리스크는 없다고 볼 수 있다.

　남-북-러 전력망 연계 사업은 사업적 타당성에도 불구하고 북핵 문
제와 남북의 긴장관계 때문에 여러 차례 논의가 중단되었다. 실제로 국
가 간 슈퍼그리드가 구축된 유럽이나 북미 지역의 경우 안정적인 정치적
기반을 바탕으로 하고 있다. 대규모 자금이 소요되고 수년간의 건설 기
간이 소요되는 국가 간 전력망 연계 사업에는 정치적 안정과 장기계약에
대한 신뢰성이 보장되어야 하는데 북한의 경우 북핵 문제로 국제사회에
서 경제 제재를 받고 있으며 재무적인 신뢰도 거의 없는 상황이다.

　남-북-러 전력망 연계 사업의 가장 큰 문제는 역내 국가들 간 공감
대 미흡과 협력사업의 완료시점까지 장기간이 소요되는 반면 실질적인
진전을 위한 국가 간의 합의가 아직 없다는 것이다. 무엇보다도 다자간
사업에 필수적인 성공적인 장기계약을 위한 제도적 조건을 갖추지 못하
고 있다.

V. 결론

동북아 슈퍼그리드의 비교 연구는 한국의 대동북아 전략 및 북핵 문제

해결에도 중요한 시사점을 준다. 일본의 경우 전력 부족 해소가 가장 중요한 목적인 반면 중국은 세계전략 차원에서, 러시아는 전력 수출을 통한 새로운 시장 확보 차원에서 슈퍼그리드가 추진되고 있다. 당장 수출 가능한 수력과 가스 발전 잠재력을 갖고 있는 러시아가 한국에게는 가장 합리적인 파트너이다. 러시아는 이미 러일, 러북, 러중 등의 양자 간 전력 연결을 추진하고 있어 실질적인 협력이 가능하다.

문재인 대통령은 2017년 9월 7일, 3차동방경제포럼에서 한국도 동북아 슈퍼그리드에 적극 참여하겠다는 의사를 밝혔다. 한국의 경우 슈퍼그리드를 통해 북핵 문제도 해결할 가능성도 높기 때문에 추진 의지가 강력하다. 특히 북한을 배제하는 중국, 일본과 달리 러시아는 북한과의 전력 연결에도 적극적이다. 이런 점에서 한국의 입장에서는 러시아와 협력하여 동북아 슈퍼그리드를 추진하는 것이 현실적이라고 할 수 있다.

에너지 연료의 97%를 수입하는 우리나라는 대륙을 연계하는 에너지 공급 시스템 구축이 필요하다. 경제성이 있는 발전 에너지 수입과, 그리고 북한을 포함한 한반도 신경제지도 구축을 위해서라도 동북아 슈퍼그리드를 적극 추진하여야 한다. 특히 북한과의 전력 연결 과정에서 북한의 대규모 인프라 구축을 통해 북한을 개방으로 유도하고 남북 간의 화해와 협력의 가능성을 조성할 수 있다.

남-북-러 전력계통을 통한 동북아 슈퍼그리드가 실현될 경우, 한국은 전력계통 측면에서 고립된 섬 상태를 탈피할 수 있을 뿐만 아니라 남북 경제협력과 남북 관계를 크게 개선할 수 있을 것이다. 한국은 러시아의 상대적으로 저렴한 전력 수입을 통해 발전소 건설을 둘러싼 사회적 갈등도 피할 수 있으며 미세먼지 감축과 온실가스 절감의 환경적인 해결책도 찾을 수 있다. 러시아 전력을 kwh당 0.05달러 정도에 수입하면 한국은 전력 원가를 10~20% 정도 낮게 수입하게 된다.

한국이 주도하여 동북아 슈퍼그리드가 현실화될 경우 공급 신뢰도 제고, 환경문제 해소는 물론이며 한국이 동북아 다자간 협력을 선제적으로 주도하는 계기가 될 것이다. 러시아는 한국에다 전력 수출을 통해 새로운 성장 동력을 찾을 수 있으며 침체된 극동 경제 발전의 계기가 될 것이다. 남-북-러 전력망 연계는 한-러 간의 전략적 협력 동반자관계에 실질적 내용을 부여하는 사업이 될 것이다.

유럽에서 슈퍼그리드 프로젝트가 안정적으로 추진되고 있는 것은 무엇보다 참여국 정부의 정책적 의지가 확고하고, 다양한 국가 간 협력 체계를 통하여 공급 신뢰성을 확보하였기 때문이다. 슈퍼그리드는 국가 간 정치적 이슈가 발생하여 전력공급 등이 차질이 발생하면 에너지안보의 문제가 심각하게 부각된다. 따라서 슈퍼그리드 구축을 위한 당사국 간 갈등 해결을 위한 합리적인 제도나 협의체의 등장은 필수불가결하다.

슈퍼그리드는 국가들 간의 단순한 전력계통 연계가 아니라, 전력을 손쉽게 사고 팔수 있는 시장을 만드는 것이다. 따라서 하드웨어 못지않게 소프트웨어 구축도 중요하다. 국가 간 전력거래를 위해 장기선도계약과 현물시장 등 다양한 방식의 전력거래 시스템, 전력거래 모델, 국제시세에 연동된 전력가격 시스템, 전력요금 결제와 관련된 금융시스템 등 새로운 시장을 형성하여야 한다. EU가 철강공동체에서 시작하였듯이 동북아 국가들도 슈퍼그리드 구축을 통해 지역 공동체로 발전해나갈 것이다.

참고문헌

강태호(2016)「푸틴의 동방외교와 극동개발의 국제정치 4」, 『투코리아』, 2016.08.12, http://2korea.hani.co.kr/429567(검색일: 2017.09.21).

김상협(2016)「동북아 슈퍼그리드 시대의 주역이 되자」, 『매일경제』, 2016. 10.19, http://opinion.mk.co.kr/view.php?sc=30500111&year=2016&no=730876 (검색일: 2017.09.02).

김학기 외(2014) 『남-북-러 삼각 경제협력 방안 연구』, 산업연구원.

김학만 등(2013)「한일 계통 연계에 대한 소고」, 『전기의 세계』, 제62권 제4호, 대한전기학회, 191-198쪽.

에너지경제연구원(2017a)「세계 에너지시장 인사이트」, 제17-11호.

에너지경제연구원(2017b)「세계 에너지시장 인사이트」, 제17-16호

장덕준(2014)「러시아의 신동방정책과 동북아」, 『슬라브학보』, 제29권 1호, 229-266쪽.

지식경제부(2010) 『한국 러시아 전력거래를 위한 전력계통연계 사업 타당성에 관한보고서』, 2010차년도 진도보고서.

윤성학(2017)「푸틴의 아시아 에너지 슈퍼 링 구상과 한러협력」, 『북방에서 길을 찾다』, 동북아 공동체연구재단 편, 디딤터, 113-140쪽.

윤재영(2013)「동북아 SUPERGRID 구상과 전망」, 「세계 에너지시장 인사이트」, 13-8호, 3-10쪽.

토니세바(2015) 『에너지혁명 2030』, 교보문고.

한국전기연구원(2002) 『동북아 국가간 계통연계 기술개발 예비타당성 연구』.

한국전기연구원(2011) 『동북아 계통연계 정책방안 검토』.

한국전력공사(2007) 『200만kW 남북한 계통연계 연구』.

한국전력공사(2017) 『한국전력통계』, 제86호(2016년).

Попов, С. П., К. А. Корнеев и Е. В. Ершова(2015) "Долгосрочные тенденции на рынках энергоносителей Восточной Азии," *Энергетика России в XXI веке. Инновационное развитие и управление*, 1-3 сентября 2015 г., Иркутск.

Dmitry Bokarev(2017) "Asian Energy Ring: The Vision is Being Turned into Reality," *New Eastern Outlook*. https://journal-neo.org/2017/02/17/asian-energy-ring-the-vision-is-being-turned-into-reality/(검색일: 2017.09.02).

"We will provide with competitive prices (power)"(2016), *Eastern Economic Forum*, https://forumvostok.ru/en/asian-energy-super-ring-project-to-be-discussed-at-the-eef/(검색일: 2017.09.12).

Mano, Shuta(2014) *Asia Super Grid: Opportunities and Risks*, Japan Renewable Energy Foundation.

"Asian Energy Super Ring Opens Up New Horizons for Economic Growth"

(2016), *Sputnik International*, 2016.09.04, https://sputniknews.com/russia/201609041044945899-asia-energy-cooperation/(검색일: 2017.09.12).

"Three steps to build GEI"(2016), *The Global Energy Interconnection Development and Cooperation Organization*, 2016.04.01, http://www.geidco.org/ html/qqnycoen/col2015100791/2016-06/01/20160601160242806739675_1.html(검색일: 2017.09.02).

Friends of the Supergrid: www.friendsofthesupergrid.eu

INTER RAO UES: www.interao.ru

HVDC 2015: www.hvdc2015.org

러시아에너지경제연구소: www.energystrategdy.ru

중국 GEI: http://www.geidco.org

일본 Japan Renewable Energy Institute: www.renewable-ci.org

제5장

북한의 대중 석탄수출에 대한 유엔 안보리 분야별 제재의 한계[*]

김현경(하버드대 케네디스쿨 졸업)

I. 서론

2016년 3월, 국제연합(United Nations, 이하 유엔) 안전보장이사회(이하 안보리)는 결의 2270[1]을 통과시킴으로써 유엔 회원국들의 북한산 석탄 수입을 전면 금지하였다. 결의 채택 당시 석탄은 북한의 전체 수출액 중 약 40%를 차지하는 주요 품목이었으며, 중국은 북한 총교역규모의 약 90%를 차지하는 대상국이었다. 석탄은 북한의 가장 중요한 수출품목 중 하나이며, 결의 2270을 통해 대북제재 역사상 광물제재가 처음으로 도입된 만큼 제재효과에 대한 국제사회의 기대가 컸다. 하지만, 결의 2270은 "민생(livelihood) 목적을 위한 수출"은 허용하는 포괄적 예

---

[*] 이 장은 다음의 논문을 수정·보완한 것임을 밝힌다. 김현경, 김성진, "북한의 대중 석탄수출에 대한 유엔 안보리 분야별 제재의 한계," 『국가안보와 전략』 제18권 2호, 2018.

1 United Nations Security Council S/RES/2270(2016)
   https://www.un.org/sc/suborg/en/s/res/2270%282016%29 (검색일: 2018.5.15)

외조항(제29(b)항)을 두고 있었다. 대부분의 북한산 석탄이 중국으로 수
출되고, 수출 목적을 검증할 수 있는 실질적인 수단이 없는 상황에서, 제
29(b)항을 근거로 북한산 석탄의 대중수출은 결의 채택 이후에도 계속
되었다. 같은 해 9월 북한의 제5차 핵실험이 발생하자, 유엔안보리는 결
의 2321[2]을 통과시킴으로써 그 동안 실효성에 의문이 제기되어 왔던 민
생목적의 예외조항을 삭제하는 대신, 회원국들의 연간 북한산 석탄 총
수입 규모를 400,870,018달러 또는 7,500,000톤을 초과하지 못하도록
26(b)항에 규정하였다.

　　이러한 맥락 속에서, 본 논문이 탐구하고자 하는 핵심질문은 다음
과 같다. "북한에 대한 특정 분야별 제재(sectoral sanction), 그 중에서
도 특히 북한의 석탄 수출에 대한 제재가 실제로 북한의 석탄 수출액을
감소시켰는가? 만약 그렇지 않다면, 그 원인은 무엇인가?" 대부분의 북
한산 석탄이 중국으로 수출되고 있는 상황에서, '중국의 결의 이행의지'
야말로 제재효과의 가장 중요한 변수로 간주된다. 하지만 본 논문에서는
실제 석탄 수출이 이루어지는 북한 시장과 그 수출량 대부분을 수입하는
중국 시장을 대상으로 삼아 연구를 진행했다. 당시 북한의 일반교역에
대한 특정 분야별 제재를 포함한 까닭에 '유례없이 강력한 제재'로 일컬
어졌던 안보리 결의 2270 및 2321의 제재효과를 평가함에 있어, 분석의
시기와 대상은 2009~2016년 사이 북한의 대중 석탄수출에 연구의 주
요 초점을 맞추었으며, 논문 후반부에 보론의 성격을 지닌 2017년의 논
의를 추가하였다. 제재효과를 "제재목적 달성에 대한 기여도"로 크게 정
의한다면 목적에 따른 다양한 평가가 가능하지만,[3] 북한의 광물 수출에

2　　United Nations Security Council S/RES/2321(2016)
　　　https://www.un.org/sc/suborg/en/s/res/2321%282016%29 (검색일: 2018.5.15)
3　　예를 들어, "핵무기 개발에 투입되는 자금의 차단" 또는 "북한을 핵협상 테이블로 유도하기

대한 제재의 최우선적 목적은 수출액을 감소시키는 것이기에, 이 연구에서는 수출액 감소에 따른 이차적 효과보다는 제재가 가져오는 시장에서의 변화를 주목했다. 본 논문에서는 주로 문헌연구를 통해 중국 석탄시장의 수요와 공급 요인을 살펴보고, 중국의 북한산 석탄 수입을 금지하는 유엔안보리 광물제재의 이행 정도와 이행의 한계를 분석했다. 이후, 중국의 입장에서 광물제재 이행이 어려운 이유를 확인함으로써, 보다 더 실효성 있는 제재를 위한 조건을 도출하였다.

II. 북한의 대중 수출 석탄에 대한 수요·공급 요인 검토

제재효과를 분석하기에 앞서, 이 장에서는 북한산 석탄의 대중 수출을 결정짓는 요인에 대한 연구[4]와, 중국의 석탄 생산·소비 등 석탄 수입시장에 대한 자료를 통해, 북한이 수출하는 석탄에 대한 수요 및 공급의 주요 요인들을 살펴본다. 시장의 수요공급 요인을 분석하기에 앞서, 북한의 수출용 "석탄"을 정의하는 것이 필요하겠다. 북한이 지난 20년간 중국에 수출해 온 석탄의 99%는 무연탄(HS 코드 27011100)이다. 안보리 결의뿐 아니라 북한의 석탄 생산·수출 관련 대부분의 문서에서는 "무연탄"보다는 "석탄"(HS코드 2701)이라는, 보다 광의의 품목명을 써 왔다. 그러나 석탄의 종류와 용도에 따라 수출·입 가격과 시장동향이 달라지

위한 압박 강화" 등 대북제재의 목적을 무엇으로 보는지에 따라 제재효과에 대한 평가가 달라질 수 있다.

4 Jong Kyu Lee, "What Determines the DPRK's Anthracite Exports to China?: Implications for the DPRK's Economy," *KDI Journal of Economic Policy*, Vol. 37, No 2 (May 2015), pp.40-63; 김규철, "북·중 무연탄 무역 연구: 무연탄가격을 중심으로," 『KDI 북한경제리뷰』 2017년 2월호, pp.3-23.

기 때문에, 북한의 대중 석탄 수출 연구에 있어 중국의 수입 동향 분석은 무연탄 시장에 한정할 필요가 있다. 현재 북한의 석탄 매장량 약 205억 톤 중 무연탄이 45억 톤, 갈탄이 160억 톤인 것으로 추정되고 있으며, 무연탄 매장량의 82%가 집중되어 있는 최대 부존지역은 평안남도 북부탄전인 것으로 알려져 있다.[5]

1. 중국의 북한산 무연탄 수입시장의 수요 요인

북한산 무연탄의 대중 수출은, 중국에 북한산 무연탄 수입에 대한 수요가 존재한다는 사실을 의미한다. 수입수요를 국내에서의 생산과 소비 간의 차이로 본다면, 어떤 이유에서든 중국 국내에서 생산되는 무연탄이 국내수요를 충족시키고 있지 못함을 뜻한다. 이에 대해 크게 세 가지로 정리할 수 있다.

첫째, 중국의 무연탄 부존지역과 소비지역 간의 괴리로 인해 높은 운송비용이 발생한다. 내륙에서의 운송비용이 인접국가로부터의 수입비용보다 높을 경우 해안지역에서 수입에 대한 수요가 생기는데, 중국은 석탄의 주 수요를 이루는 철강 등의 산업발전단지가 동쪽 연안 지역에 형성되어 있는 반면, 석탄 매장 및 채굴은 주로 섬서성(陝西省)과 내몽골자치구 등 내륙지방에서 이루어지기에, 석탄의 공급과 수요 지역 사이의 지리적 간극이 크다.[6] 무연탄은 중국 전체 석탄 부존량의 약 10%를 차지하고, 섬서성, 귀주성(貴州省) 등 내륙지방에 매장되어 있어, 무연탄 소

---

5   이인우, 『북한의 광물자원 통계』(원주: 한국광물자원공사 남북자원협력실, 2017), p.4.

6   Chengjin Wang and Cesar Ducruet, "Transport Corridors and Regional Balance in China: The Case of Coal Trade and Logistics," *Journal of Transport Geography*, Vol. 40 (October 2014), pp.6-7.

비가 주로 이루어지는 해안 지역의 수요를 저렴한 비용으로 충족시키기
가 어렵다.

둘째, 중국의 경제발전과 산업구조 개편에 따라 무연탄에 대한 수요
가 변화할 수 있다. 우선, 전체 석탄시장의 관점에서 중국은 전 세계 석
탄의 47%를 생산하는 주요 공급국이지만, 급속한 경제성장과 더불어 석
탄에 대한 국내수요도 함께 증가하여, 2009년부터는 석탄 수입이 수출
을 초과하는 순수입국이 되었다.[7] 또한, 석탄산업의 문제점인 과잉공급
을 해결하기 위해, 2016년부터 중국은 석탄 폐광 및 탄광 운영일수 축소
등의 정책을 시행해오고 있다.[8] 중국정부의 석탄시장 구조조정 정책이
향후 중국의 석탄 수입에 미칠 구체적인 영향은 아직 불확실하나, 중·장
기적으로 국내수요를 줄여서 수입을 감소시킬 것이 예상된다.

셋째, 중국정부가 대기오염문제를 해결하기 위해 강력한 환경규제
를 도입하면서, 관련 정책들이 무연탄 수요에 영향을 미치는 것을 예상
할 수 있다. 예컨대, 중국정부가 환경기준을 강화하면서, 이를 이유로 북
한산 무연탄이 중국 항구에서 통관이 되지 않은 사례들이 언론에 기사화
되기도 했다.[9] 1999~2001년 중국정부가 환경문제를 들어 석탄광산을
닫는 정책을 추진했을 때 보기 드문 국내저항이 발생했을[10] 정도로 석탄
은 중요한 국가 에너지원이지만, 2000년대부터 중국정부의 환경규제가

7   Wang and Ducruet, 2014, p.9.
8   Stephen Duck, "The Chinese Coal Industry: How to Solve the Problem of Over-
     supply," (August 2016).
     https://www.crugroup.com/knowledge-and-insights/insights/the-chinese-coal-
     industry-how-to-solve-the-problem-of-oversupply/ (검색일: 2018.5.15)
9   "중국 환경기준 강화에 북한 무연탄 수출 제동." 『연합뉴스』 2015. 3. 4; "中지방도시, 北
     석탄에 잇단 '퇴짜'…"통관검사 강화한 듯." 『연합뉴스』 2016.11.2.
10   Tim Wright, *The Political Economy of the Chinese Coal Industry: Black Gold and
     Blood-Stained Coal* (London: Routledge, 2012), pp.119-120.

크게 강화되어 환경 요인이 석탄의 수요에 큰 영향을 미치는 변수 중 하나로 자리 잡았다.

2. 중국의 북한산 무연탄 수입시장의 공급 요인

중국 무연탄 수입시장에의 공급요인은 무연탄의 시세차이와, 무연탄 수출 국가들의 수출량을 기준으로 파악할 수 있다. 첫째, 중국이 수입하는 각 국가별 무연탄 가격에는 편차가 존재한다. 무연탄 수입가격은 국제시세와 일정한 시차를 갖고 변동하나,[11] 무연탄을 판매하는 중국 동북부지방의 항구나 온라인 시장의 가격동향을 살펴보면, 무연탄 가격에는 원산지별로, 그리고 수입 항구별로 편차가 있어, 무연탄 수입에 있어 상대가격(relative price)이 중요한 변수가 될 수 있다는 사실을 알 수 있다.

둘째, 주요 국가들의 대중 무연탄 수출량 및 여타 국가의 수출대체 가능 정도가 공급의 다른 변인이 될 수 있다. 중국은 최근 수년간 대부분

표 1. 2013~2016년간 주요국의 대중 무연탄 수출액(단위: 천 달러)

	2013	2014	2015	2016
북한	1,373,711	1,132,184	1,045,790	1,177,007
러시아	678,604	466,210	221,869	202,906
호주	471,318	328,176	144,716	66,636
베트남	844,966	439,527	43,434	25,365
기타	73,870	42,070	1,681	5,234
합계	3,442,469	2,408,167	1,475,490	1,477,148

출처: 한국무역협회(KITA) 무역통계

11   김규철, 2017, p.8.

의 무연탄을 북한에서 수입해왔으며, 이외에는 러시아, 호주, 베트남이 주요 수입국인 것으로 나타났다. 만약 러시아, 호주, 베트남 등 북한의 무연탄 대중 수출 경쟁국으로 볼 수 있는 이들이 더 많은 무연탄을 중국에 수출한다면, 북한산 무연탄의 공급이 감소할 수 있다. 결과적으로, 북한산 무연탄의 공급은 중국시장에서의 상대가격과 타 원산지 무연탄의 대체가능성에 따라 달라진다고 볼 수 있다.

III. 중국의 북한산 석탄 수입 관련 주요 발견

1. 중국 동·북지역에서의 북한산 석탄의 중요성

중국의 북한산 석탄 수입은 북한 정권을 존속시키기 위한 중국 정부의 정치적 의지의 산물로 여겨졌다. 게다가 유엔안보리 결의 2270 통과 이후에도 변화가 없었던 북한산 석탄의 대중 수출규모로 인해, 중국정부의 북핵문제 해결의지가 미약하다는 국제사회의 평가를 낳았다. 이러한 해석은 북한의 경제가 중국에 일방적으로 의존하고 있다고 전제하고 있다. 하지만 중국의 각 성별 무연탄 수입통계를 보면, 중국의 북한산 무연탄 수입이 사실상 '호혜적'인 이유에서 비롯되며, 북한산 무연탄이 중국 동북지역의 산업발전에 있어 중요한 역할을 하고 있음을 알 수 있다.

북한이 중국에 수출하는 석탄이 중국의 전체 석탄수입시장에서 차지하는 점유율이 2013년 5%에서 2016년 10%로 증가하기는 했으나, 전체 시장에서 차지하는 절대적 비중이 크다고는 볼 수 없겠다. 현재 중국의 석탄시장에 가장 많은 양을 수출하고 있는 국가는 호주와 인도네시아다. 그러나 석탄 중에서도 무연탄 시장만을 볼 경우, 북한의 중국시장

표 2. 2012~2016년간 북한의 대중 무연탄 수출액(단위: 천 달러)

	2012	2013	2014	2015	2016
중국의 무연탄 수입액	3,313,372	3,442,474	2,408,163	1,457,491	1,477,159
북한산 무연탄 수입액	1,189,794	1,373,711	1,132,184	1,045,790	1,177,007
비중(%)	35.9	39.9	47.0	71.8	79.7

출처: 한국무역협회(KITA) 무역통계

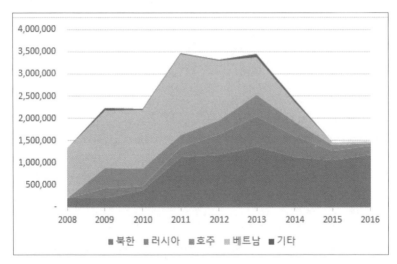

그림 1. 2008~2016년간 중국의 무연탄 수입액과 국가별 비중 변화
출처: 한국무역협회(KITA) 무역통계

점유율은 크게 높아진다. 북한산 무연탄의 중국시장 점유율은 2012년 35.9%에서 2015년 71.8%로 급증했고, 2016년에는 79.7%에 이르렀다. 유엔안보리가 결의 2270을 통해 대북제재 역사상 최초로 광물 제재를 도입한 해에, 중국 무연탄 수입시장의 약 8할을 북한산 석탄이 차지하고 있었던 것이다.

    그렇다면 북한산 무연탄의 중국시장 점유율이 2015년에 급증한 이유는 무엇일까? 혹자는 중국의 무연탄 수입시장에서 1위를 차지하던 베트남이 국내수요 증가를 이유로 대중 무연탄 수출을 점차 감소시키고, 2016년에는 순수입국으로 전환한 것에서 원인을 찾는다.[12] 하지만 베트남산 무연탄의 대중 수출 감소와 북한산 무연탄의 대중 수출 증가 간 상관관계에도 불구하고, 두 가지 이유에서 전자를 후자의 원인으로 보기는 어렵다. 첫째, 북한은 2013년에 이미 중국의 무연탄 수입시장에서 가장 높은 점유율을 보이고 있었다. 둘째, 중국의 석탄시장은 수요지와 공급지의 지리적 격차로 인한 높은 운송비용 때문에, 각 지역에서 인접국가로부터 석탄을 수입하는 석탄수입의 '지역화' 현상이 강한바, 동·북지역에서 주로 거래되는 북한산 무연탄이 남·서지역이 주 시장인 베트남산 무연탄을 대체하기는 어려웠을 것으로 판단된다.

2000년대 초반까지 북한의 대중 수출은 요녕성(遼寧省)과 길림성(吉林省)에 집중되었으나,[13] 광물자원 수출이 확대된 이후 북한과 인접한 동·북지역 성들의 비중이 높아졌다. 특히 북한의 주력 수출상품인 무연탄의 수요처들이 북·중교역의 핵심으로 떠올랐는데, 북한산 무연탄은 2008년 이래 매년 93~97%가 산동성(山東省), 강소성(江蘇省), 요녕성, 하북성(河北省)의 4성으로 수출되고 있다. 이 중에서도 북한과 지리적으로 가장 가까운 산동성의 북한산 무연탄 수입비중은 최대 99%에 달하여, 4성 중에서도 가장 높은 의존도를 보인다. 그 다음으로 강소성이 84.0%로 산동성의 뒤를 이었고, 요녕성이 79.5%, 하북성이 78.7%의 의존도를 보이고 있다. 이와 같은 동·북지역 4개성의 북한산 석탄에 대한 높은 의존도를 감안하면, 북·중 석탄무역이 북한에 일방적으로 혜택을

---

12 "North Korea Gains in China Coal Exports as Vietnam Bows Out," *Bloomberg* 20 July 2015.

13 최수영, 『북한의 지하자원 수출실태 분석과 정책적 시사점』 한국경제연구원 정책연구보고서 2015-30 (서울: 한국경제연구원, 2015), p.16.

가져온다기보다는, 중국 성들의 산업과 경제에서 큰 역할을 하고 있다는
사실 역시 알 수 있다.

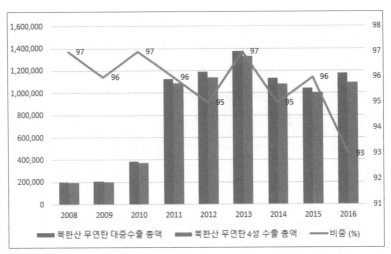

그림 2. 중국의 전체 북한산 무연탄 수입규모와 4성의 수입비중
출처: 한국무역협회(KITA) 무역통계

표 3. 4성의 전체 무연탄 수입금액 대비 북한산 무연탄 수입비중(단위: %)

	2012	2013	2014	2015	2016
산동성	85.6	90.7	95.2	99.2	91.3
하북성	51.4	38.8	49.4	69.6	78.7
요녕성	77.6	65.6	58.7	72.7	79.5
강소성	52.6	60.7	56.7	67.1	84.0

출처: 한국무역협회(KITA) 무역통계

2. 중국의 북한산 석탄 수입의 경제적 유인 추정

그렇다면 중국 동·북지역 4성에서 북한산 무연탄의 수입비중이 높은 이유는 무엇일까? 서론에서 밝혔듯이, 본 논문에서는 중국의 북한산 석탄 수입이 북한의 정권을 유지시켜주기 위한 정치적 의지에서 비롯된다기보다는, 중국 성들의 경제적 수요에서 기인할 것이라는 가정을 한바, 수요를 결정하는 가장 중요한 요인인 가격을 살펴볼 필요가 있다. 이하의 [그림 3]에서는, 한국무역협회의 무연탄 수출금액과 수출량 데이터를 사용하여 가격을 도출하였다. 그 결과, 북한산 무연탄은 같은 성에서 거래되는 경쟁재인 러시아산과 호주산 무연탄에 비해 가격이 매우 저렴하다는 특징을 보였다. 4성에서 러시아산과 호주산 무연탄이 톤당 130~150달러에 거래될 때, 북한산 무연탄은 55~100달러에 거래되었다.

북한산 무연탄 가격이 경쟁재인 러시아와 호주 무연탄에 비해 최대

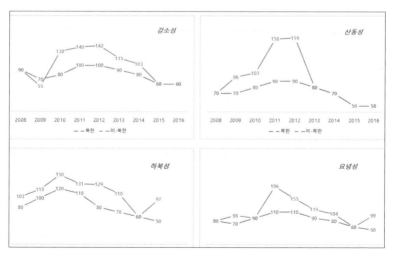

그림 3. 4성의 북한산 및 여타 원산지 무연탄 수입단가 추이(단위: 달러/톤)
출처: 한국무역협회(KITA) 무역통계

절반까지 저렴한 이유에 대해서는 이 논문의 연구범위를 넘어 더 심도 있는 고찰이 필요할 것으로 생각되나, 여기에서는 세 가지 원인을 생각 해 볼 수 있다. 첫째는 지리적 근접성이다. 석탄가격이 운송비를 포함한 다는 사실을 감안할 때, 북·중 간 지리적 근접성으로 인한 낮은 운송비 가 북한산 무연탄의 가격을 저렴하게 할 것이라고 가정할 수 있다. 그러 나 같은 기간 4개성에 수입된 여타 원산지의 무연탄을 살펴보면, 지리적 요인으로 인한 운송비가 결정적인 요인까지는 아니라는 사실을 알 수 있 다. 예컨대, 2016년 8월 하북성으로 수출된 미국산 무연탄은 톤당 56달 러로, 북한산 무연탄과 6달러 정도밖에 차이가 나지 않았으며, 2016년 12월 강소성으로 수출된 이란산 무연탄의 경우 톤당 50달러에 거래되 어, 같은 기간 수출된 북한산 무연탄에 비해 오히려 30달러 가량 낮은 가 격을 보이고 있다.

　　두 번째로 생각해 볼 수 있는 원인은 중국의 수요독점이다.[14] 중국이 북한산 무연탄에 대한 수요독점의 지위를 이용하여 수입가격을 낮게 책 정한다는 가정이 가능하다. 그러나 이 가정은 북한과의 교역이 금지되기 전인 2000년대 초반 한국과 일본에서 거래되던 북한산 무연탄의 가격을 분석해보면 설득력이 떨어진다. 2000~2006년 간 북한산 무연탄은 일본 시장에서 톤당 평균 42.2달러에 거래된 반면, 중국시장에서는 25.5달러 에 거래되었다. 즉, 중국 이외의 수입국이 있을 때에도 중국시장에서 더 저렴한 가격에 거래되는 모습을 보인 것이다. 따라서 현재 북한산 무연 탄의 저렴한 대중 수출가격이 중국의 수요독점 때문인 것으로 단정 짓기 는 어려운 일이다.

　　세 번째로, 중국이 북한 탄광에 대해 얻어낸 특수한 경제적 권리를

14　김규철, 2017, pp. 15-18.

설명변수로 고려할 수 있겠다. 현재 북한 내 광물자원을 개발하기로 계약을 체결한 38개의 외국기업 중 33개가 중국기업이다. 또한, 2005년 한 중국회사는 북한의 무연탄 탄광개발 관련 양해각서에 서명했고, 2012년에는 중국의 한 해운업체가 무연탄 수송을 원활하게 하기 위해 나진항 주변 인프라에 투자하기로 결정하기도 했다.[15] 이러한 중국의 대북 투자로 인해 무연탄 거래에서 유리한 조건을 얻는 것이라는 추측이 가능하나, 지금까지 고려한 세 가지 변수들이 중국에 수입되는 북한산 무연탄 거래가격에 어떤 영향을 미치는지에 대해서는 추가적인 연구가 필요할 것이다.

IV. 중국의 지속적인 대북 광물제재 이행의 한계와 정책적 함의

1. 안보리 결의 2321과 2016년의 금지조치의 효과

북·중 간 석탄교역 기제에 대한 분석을 통해, 북한의 석탄 수입 관련 제재의 지속성에 대한 함의를 도출할 수 있겠다. 중국 내에서 북한산 무연탄에 대한 높은 수요가 있고, 북한산 무연탄의 저렴한 가격이 이 수요를 지탱하고 있다는 사실을 통해, 대북 광물제재를 이행하려는 중국정부의 정치적 의지와 무관하게 제재이행이 지속되지 못할 수 있다는 사실을 추정 가능하다.

실제로 중국정부가 북한산 석탄의 수입 중지를 2017년 2월에 본격적으로 선언하기 전, 2016년 12월에 약 3주 동안 시행한 북한산 석탄의

---

15   "North Korea Gains in China Coal Exports as Vietnam Bows Out,"『Bloomberg』20 July 2015.

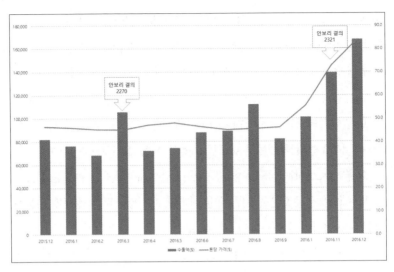

그림 4. 2016년 북한산 무연탄의 대중 수출금액과 톤당 수출단가
출처: 한국무역협회(KITA) 무역통계

수입금지 조치가 중국의 동·북지역 4성의 무연탄 교역시장에 어떤 변화
를 가져왔는지 살펴보면, 광물에 대한 분야별 제재의 효과 및 한계를 파
악할 수 있다. 결과적으로 말해서, 2016년 12월 중국 정부의 '3주간 수
입금지 조치(Three-Week Ban)'는 북한산 무연탄의 대중 수출을 감소시
키기는커녕, 그 반대의 효과를 가져왔다. 2016년 12월 북한산 무연탄의
수입가는 거의 두 배로 뛰어올랐으며, 수입량 또한 전년 동기간 대비 급
증하여 북한에 유입되는 무연탄 판매수입 역시 급증했다.

먼저 수입액 추이를 살펴보자. 2016년 3월 유엔안보리 결의 2270
이 도입되었을 때에는 전월 대비 다소 증가했고, 같은 해 9월 북한의 제5
차 핵실험 이후 유엔안보리에서 결의 2321이 논의되던 중에도 수입액은
꾸준히 증가하여, 11월 결의 통과 이후 12월에는 정점에 달하였다. 가격
측면을 살펴보면, 북한으로부터의 석탄 수입을 금지한 안보리 결의 2270
이 통과되기 전후로 북한산 무연탄의 가격은 톤당 약 45달러에서 83달

러까지 상승했다.

유엔안보리 결의 2321 통과 전후의 수입량과 수입단가가 모두 늘어난 현상을 통해, 안보리결의가 중국 석탄교역시장 행위자들의 행동에 영향을 미쳤다는 사실을 알 수 있다. 더 구체적으로는 결의 2270 당시에는 '민생목적'의 석탄 수입을 허용하는 예외조항으로 인해 시장행위자들의 석탄 공급에 대한 기대가 변화하지 않은 반면, 결의 2321에서는 석탄 상한수입물량 및 상한금액에 제한을 둬, 중국 수입업자들의 미래 무연탄 공급에 대한 기대를 변화시킨 것으로 예상할 수 있다. 즉, 미래 무연탄 공급의 예상치가 감소함으로써 현재의 무연탄 수요가 증가한 것이다. 무연탄 가격은 북한의 제5차 핵실험 이후 계속 증가하여 '3주간 수입금지 조치'가 시행되기 시작한 12월에는 핵실험 이전 가격수준의 약 두 배가 되었는데, 이는 시장행위자들의 기대 변화에 따른 수요 증가에서 원인을 찾을 수 있겠다.

유엔안보리 결의 2321이 규정하고 있는 북한산 무연탄의 상한수입 물량 및 상한수입액은, 앞서 언급한 바와 같이 각각 7,500,000톤 또는 400,870,018달러로서, 2016년 북한 대중 무연탄 수출의 2/3 또는 67% 감소를 의미한다. 이러한 제한규정은 무연탄 수출로 인한 소득이 김정은 정권의 핵무기 개발자금으로 쓰이는 것을 차단한다는 제재의 주 목적에는 부합하나, 실제 이행에 있어 이러한 제한규정이 유관 행위자들의 경제적 이해에 부합하는지 생각해 볼 때, 중국의 유엔안보리 결의 2321의 지속적 이행은 어려울 것이라는 결론에 다다르게 된다. 중국 동·북지역 성들의 대북 석탄의존도가 최대 90% 이상에 달하는 상황에서 갑작스럽게 북한산 석탄 공급을 차단한다면, 2016년 12월 석탄수입량과 수입금액의 증가처럼 오히려 의도치 않은 역효과를 일으킬 수 있다.

게다가 중국과 같이 세관신고와 기록의 투명성이 담보되지 않는 국

가에 대해서는, 만약 중국정부가 유엔안보리에 제출한 기록상으로는 북
한산 무연탄 수입량이 제한선을 넘지 않았다고 하더라도, 통계적 조작과
밀무역의 가능성이 상존한다. 결론적으로, 유엔안보리 결의 2321의 제
한조치에도 불구하고, 북한산 무연탄 수입이 중국 경제행위자들의 이해
에 부합한다면 중국정부의 정치적 의지만으로는 이행을 담보할 수 없을
것이다.

2. 향후의 제재이행 감시에 대한 함의

북한산 석탄 관련 분야별 제재가 지니는 한계에 관한 지금까지의 논의를
통해, 유엔안보리 전문가패널(Panel of Experts) 등 국제사회의 분야별
제재이행 감시(monitoring) 관련 몇 가지 함의를 도출할 수 있겠다. 첫
째, 공식적인 수입제한조치하에서는 북한산 무연탄에 대한 암시장이 형
성되어 통계에 잡히지 않는 교역이 계속 이루어질 가능성이 있다. 중국
내에 북한산 무연탄에 대한 높은 수요가 있고, 이는 경쟁재의 절반 가격
에 가까운 저가로 인한 것이다. 시장에서 북한산 석탄이 사라지면 경쟁
재인 러시아산과 호주산 석탄이 이를 대체할 가능성이 있지만, 2016년
12월 중국 정부가 3주간 북한산 석탄 수입을 금지했을 때 경쟁재인 러시
아산 무연탄 가격 또한 평균 80달러에서 140달러로 상승했다는 사실을
상기할 필요가 있다. 또한, 북한의 무연탄 수출업자들은 수입제한조치에
대응하여, 가격을 더욱 낮춰서 거래 위험을 상충하려는 유인을 지닌다.
이러한 교역은 공식적인 통계에 잡히지 않거나, 중국 지방정부가 인지하
고 있어도 중앙정부와의 좋은 관계를 유지하기 위해 교역 내역을 보고하
지 않을 가능성이 높다.[16]

둘째, 북한의 대중 무연탄 수출 이외에도, 중국으로부터 북한에 흘러들어가는 현금의 원천이 존재한다는 사실에 주목할 필요가 있다. 북한산 무연탄은 북·중 교역의 40%를 차지하지만, 중국은 여러모로 여전히 북한의 생명줄을 쥐고 있다. 예를 들면, 중국정부의 수입금지조치 발표 며칠 뒤인 2017년 2월 4일, 중국 단둥시의 수출입검역·규제국에서는 중국의 한 액체석유가스 회사가 북한의 화학공장과 250만 달러에 이르는 4,000톤의 원유공정 계약을 맺었음을 발표했다.[17] 북한은 원유 역시 중국으로부터 수입함을 감안할 때, 이러한 계약은 북한에 대량 현금유입을 발생시킬 것이다. 즉, 국제사회는 북한에게 있어 무연탄에 상응하는 재화가 무엇인지 주의 깊게 관찰해야 할 것이다.

3. 안보리 신규결의 채택 및 2017년 이후 추세

2017년 2월, 중국정부는 연말까지 북한산 석탄 수입을 전면 중단하겠다고 발표했다. 중국정부의 이러한 발표는 제재이행의 강력한 의지를 천명한 것으로 해석된다. 같은 해 8월, 유엔안보리는 북한의 석탄 수출에 적용되던 금액과 수량의 상한액을 폐지하고, 전면 금지로 대체하는 결의 2371[18]을 채택하였다. 그렇다면, 시장은 이러한 정책적 변화에 대응하여, 앞에서 살펴본 2016년 3주간 수입금지 조치 당시와 다르게 반응했을까?

2017년 중국의 월별 북한산 무연탄 수입국들의 동향을 정리한 것이

---

16   2017년 1월 14일 북경대 김경일 교수, 한국무역협회 최용민 박사와의 인터뷰
17   "국제사회 대북제재속 中, 北에서 LPG 4천t 수입 계약." 『연합뉴스』 2017. 2. 17.
18   United Nations Security Council S/RES/2371(2017) https://www.un.org/sc/suborg/en/s/res/2371-%282017%29 (검색일: 2018. 5. 15)

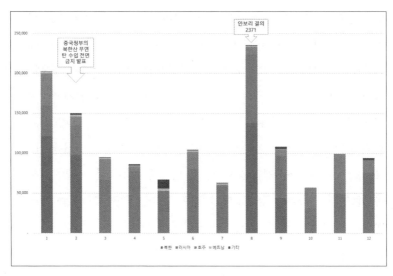

그림 5. 2017년 중국의 월별 무연탄 수입국 동향

출처: 한국무역협회(KITA) 무역통계

[그림 5]이다. 1~2월, 8~9월을 제외하고는 통계상 수입량이 전무하다. 그리고, 중국의 무연탄 수입 시장에서 북한과 함께 주요 판매국이었던 러시아산과 호주산 석탄 수입이 크게 증가한 것을 관찰할 수 있다. 2017년 북한으로부터의 무연탄 수입량이 전년 대비 약 65% 감소했고, 대부분의 기간 동안 수입이 없기 때문에, 일견 중국이 대북 석탄 제재, 특히 결의 2321상의 제재를 충실히 이행하는 것처럼 보인다.

하지만 중국 정부가 2월에 북한산 무연탄 수입의 전면 금지를 발표했음에도 불구하고, 2017년 북한으로부터의 무연탄 수입 비중은 전체 수입금액의 약 30%에 달하며, 이는 러시아 다음으로 높은 비중이다. 다시 말해서, 대중 무연탄 최대수출국은 러시아로 대체되었으나, 여전히 북한은 중국에 수입되는 무연탄을 두 번째로 많이 공급하는 국가라는 위상을 유지하고 있다. 특히, 안보리 결의 2371 채택 이전 결의 2321에서

표 4. 2016~2017년 주요국별 무연탄 수입규모(단위: 천 달러)

	2016	2017
북한	1,177,007	400,851
러시아	202,906	706,162
호주	66,636	215,159
기타	30,599	39,216
합계	1,477,148	1,361,387

출처: 한국무역협회(KITA) 무역통계

규정된 상한액에 근접하는 북한산 석탄이 중국에 수입되었고, 결의 2371 채택 이후인 8~9월에도 수입량이 있었다는 점에서 중국이 안보리결의 이행의지에 대한 재고찰이 필요하다고 하겠다.

　중국 정부의 북한산 무연탄 수입 금지 의지와 결의 2371에 따른 유엔안보리 차원의 석탄 수입 금지 결정에도 불구하고, 북한으로부터의 무연탄 수입이 계속되고 있는 상황 뒤에는 제재를 피하기 위한 북한의 우회 수출이 존재한다. 2018년 3월에 발간된 유엔 대북제재위원회 전문가 패널(Panel of Experts)의 보고서에 따르면, 2017년 1~11월간 북한에서 출발한 30건의 석탄 운송이 있었고, 중국, 말레이시아, 한국, 러시아로 향한 이 선박들 중 단 한 건만 대북제재위에 보고되었다. 북한은 석탄의 원산지 변경을 위해 선박자동식별시스템(Automatic Identification System, AIS)을 특정 구간에서 끄고, 제3국에 정박하기도 하는 전략 등을 사용하여 제재를 피해 석탄 수출을 계속했다.[19] 이 보고서는 공식 통계에 잡히지 않는 이러한 북한산 석탄 수출로 인한 수입이 1,900만 달러

19　United Nations Security Council, "Note by the President of the Security Council," S/2018/171 (5 March 2018), pp. 21-22.

에 달할 것으로 예상하고 있다.[20]

V. 결론

이 논문에서는 한 국가의 타국 경제제재 이행이 전적으로 정부의 정치적 의지에 달려 있을 것이라는 일반적 견해를 넘어, 시장에서의 수요·공급 등 경제적 변수가 제약요인으로 작용할 수 있다는 점을 검토했다. 2016년 채택된 국제연합 안전보장이사회 결의 2270은 북한의 광물 수출에 대한 분야별 제재(sectoral sanctions)를 처음으로 도입했는데, 북한의 석탄 수출이 총 교역수입의 40% 이상을 차지한다는 점을 감안할 때 석탄 수출 제재가 북한의 핵무기 개발 프로그램으로의 자금 유입 차단 효과를 낼 것이라는 기대가 나타났다. 하지만 예상과는 달리, 시장에서는 오히려 북한산 무연탄의 대중 수출이 증가하는 효과가 나타났다. 2270의 후속 결의인 2321이 북한산 무연탄 수입규모에 대해 제한선을 설정함으로써 미래의 공급 감소에 대비한 수입업자들의 수요가 증가했고, 이로 인해 오히려 북한산 무연탄 가격이 상승하면서 중국의 북한산 무연탄 수입규모가 증가하는 효과가 발생한 것이다.

이는 북한의 무연탄 수출에 대한 중국의 수요, 특히 동·북지역 4개성의 수요가 있기 때문이었으며, 중국 정부의 산업개편 정책, 석탄 수입 관련 환경기준 강화 등의 요인으로 인해 장기 수요는 감소할 수 있겠지만, 그럼에도 불구하고 여전히 시장은 저렴한 가격의 무연탄을 필요로 할 것으로 보인다. 2017년 유엔안보리가 결의 2371을 채택하여, 석

---

20   United Nations Security Council, 2018, p.16.

탄 수출에 대한 쿼터 설정을 넘어서 수출 전면금지를 규정했음에도 불구하고, 북한의 대중 무연탄 수출이 계속되어 여전히 제2의 수출국 자리를 유지하고 있는 이유를 이러한 사실들을 통해 유추할 수 있겠다. 유엔 대북제재위원회의 전문가패널 보고서는 통계에 잡히지 않는 북한의 우회 수출 행태를 상세히 설명하면서, 제재의 실효성을 높이기 위한 시사점을 제공하고 있다. 결과적으로, 수요 관점에서 경제 제재의 효과를 고려한다면, 유엔안보리의 북한산 석탄에 대한 분야별 제재이행에 한계가 있다는 사실이 실증적으로 확인된다. 이는 국제사회가 제재의 완전한 이행이라는 목표를 대북 제재에 추가할 때, 대상 물품에 대한 수요를 충족시키는 정책이 병행되어야 한다는 점을 시사한다.

참고문헌

1. 문헌

김규철. "북·중 무연탄 무역 연구: 무연탄가격을 중심으로." 『KDI 북한경제리뷰』 2017년 2월호,
　　pp. 3-23.
김현경, 김성진. "북한의 대중 석탄수출에 대한 유엔안보리 분야별 제재의 한계." 『국가안보와
　　전략』 제18권 2호, 2018.
이인우. 『북한의 광물자원 통계』. 원주: 한국광물자원공사 남북자원협력실, 2017.
최수영. 『북한의 지하자원 수출실태 분석과 정책적 시사점』 한국경제연구원 정책연구보고서
　　2015-30. 서울: 한국경제연구원, 2015.

Duck, Stephen. "The Chinese Coal Industry: How to Solve the Problem of Oversupply"
　　(August 2016).
https://www.crugroup.com/knowledge-and-insights/insights/the-chinese-coal-industry-
　　how-to-solve-the-problem-of-oversupply/ (검색일: 2018. 5. 15)
Lee, Jong Kyu. "What Determines the DPRK's Anthracite Exports to China?: Implications
　　for the DPRK's Economy." *KDI Journal of Economic Policy*, Vol. 37, No 2 (May
　　2015), pp. 40-63.
United Nations Security Council. "Note by the President of the Security Council."
　　S/2018/171 (5 March 2018).
Wang, Chengjin and Cesar Ducruet. "Transport Corridors and Regional Balance in Chi-
　　na: The Case of Coal Trade and Logistics." *Journal of Transport Geography*, Vol.
　　40 (October 2014), pp. 3-16.
Wright, Tim. *The Political Economy of the Chinese Coal Industry: Black Gold and
　　Blood-Stained Coal*. London: Routledge, 2012.

2. 언론 및 웹사이트

"중국 환경기준 강화에 북한 무연탄 수출 제동." 『연합뉴스』 2015.3.4.
"中지방도시, 北석탄에 잇단 '퇴짜'…"통관검사 강화한 듯." 『연합뉴스』 2016.11.2.
"국제사회 대북제재속 中, 北에서 LPG 4천t 수입 계약." 『연합뉴스』 2017.2.17.
"North Korea Gains in China Coal Exports as Vietnam Bows Out." *Bloomberg* 20 July
　　2015.
한국무역협회(KITA) 무역통계(K-stat) http://stat.kita.net/ (검색일: 2018.5.5)
United Nations Security Council S/RES/2270(2016)
https://www.un.org/sc/suborg/en/s/res/2270%282016%29 (검색일: 2018.5.15)
United Nations Security Council S/RES/2321(2016)
https://www.un.org/sc/suborg/en/s/res/2321%282016%29 (검색일: 2018.5.15)

United Nations Security Council S/RES/2371(2017)
https://www.un.org/sc/suborg/en/s/res/2371-%282017%29 (검색일: 2018.5.15)

제6장

냉전시기 북한의 석유산업 건설에 대한 연구[*]

박종철(경상대학교 사회교육학과 교수, 통일평화연구센터 소장)

I. 서론

1. 문제제기

건국 이후 북한에서 위기의 주요 요인 중의 하나가 에너지 문제였다. 김정은 시기에서도 여전히 심각한 에너지 부족은 경제건설의 주요 문제점이 되고 있다. 2016년 5월 개최된 제7차 당대회에서는 김정은은 '에너지와 동력은 인민경제의 지속적 발전의 관건'이라며, 주요사업으로 발표하였다.

　　2017년 유엔 안전보장이사회에서 대북 제재의 주요 품목으로 원유

* 　이 연구는 냉전시기 중소가 지원한 북한 석유화학콤비나트와 송유관 건설에 관한 연구, 동북아연구(제32권 2호), 2017년 12월, 조선대학교 사회과학연구원에 발표한 논문을 수정보완함. 이 논문은 2016년도 한국연구재단 중견연구자지원사업의 지원을 받아서 연구되었음. (2016S1A5A2A01026193)

와 정제유에 대한 제한을 하면서[1] 석유화학산업에 대한 관심이 증가하고 있다. 북한의 석유화학산업이 냉전시기에 중국과 소련의 원조에 의하여 건설되었다. 마오쩌둥 시기 중국은 단둥-신의주 인근에 봉화화학공장과 중조우의관을 건설하였고, 브레즈네프 시기 소련은 라진에 승리화학공장을 건설하였다. 고난의 행군 시기 산업이 붕괴되는 과정에서 관련 산업에 대한 투자와 설비증설이 이루지지 않았고, 승리화학은 1999년 생산이 중단되었다. 따라서 냉전시기 석유화학설비를 분석하는 것은 현재 북한의 석유화학산업의 수준을 이해하는 데 중요한 초석이 되고 있다. 북한 석유문제에 대하여 연구에 제약이 있는 상황에서 이 연구에서는 이를 둘러싼 접근법과 자료, 석유산업의 기원, 냉전시기 소련과 중국의 북한에 석유화학콤비나트 건설, 그리고 백마화학콤비나트와 승리화학콤비나트의 건설과 생산물에 대하여 분석하도록 한다.

2. 관련 자료

이상과 같은 문제의식을 바탕으로 다음과 자료를 통하여 이용하도록 한다.

첫째, 북한 산업시설 및 북중자원 무역 관련 통계자료다. 이는 대부분 추정치인데, 대표적으로 관련 통계를 제공하는 정보포털사이트로는 북한 지하자원넷,[2] 통계청 북한통계포털,[3] 통일부 정보포털,[4] 에너지경

---

1   2006년 제1차 핵실험에 대한 대응으로 유엔안보리는 결의안 1874호(2009년), 2087호 2094호(2013년), 2270호 2321호(2016년), 2356호 2371호 2375호 2397호(2017년)를 채택했는데, 제6차 핵실험 이후 2375호와 2397호에 유류제재를 포함시키기 시작했다. 2397호에는 원유 공급상한액을 연간 400만 배럴, 정유제품을 200만 배럴에서 50만 배럴로 감축하고, UN회원국의 대북 원유 공급량 보고를 의무화하며, 북한의 추가도발시 유류제한 강화를 결의안에 포함시켰다.

제연구소,[5] 중국 국가통계국,[6] 미국 지질조사국의 통계 및 보고서,[7] 38노스[8] 등이 있다. 특히 중국 해관통계[9]에서 다양한 최신 정보를 수집할 수 있고, 중국의 대북무역통계자료를 활용하여 북중 송유관의 생산량을 추정할 수 있다. 이와 더불어 석유화학 관련 북한의 일반적인 과학기술과 통계 등의 현황은 한국석유화학협회,[10] 한국석유공사,[11] 각 정유업체 등의 정보포털을 참고로 할수 있다.

둘째, 중국과 북한 정부 및 투자협회와 단동화교들이 북한산업과 기업소에 대한 개발과 투자 및 북중무역에 대하여 정보제공 포털을 제공하고 있는데, 중요한 사이트를 소개하면 다음과 같다. 상무부의 일대일로 현황 포털,[12] 투자조선(중조경제무역협력망),[13] 평양주재 중국대사관의 상

2 북한 지하자원넷 (Information System for Resources of North Korea)은 남북교류협력지원협회가 운영하는 북한의 광업현황 및 광산물 무역통계 등 전문자료를 제공하는 온라인 서비스이다. 북한광산 700개 중 100개에 대한 서비스를 제공하고 있다. http://www.irenk.net/ (검색일: 2016.1.5.).

3 통계청 북한통계포털은 북한의 제1차 자료를 바탕으로 통계를 작성했지만 일부는 추정치는 포함하고 있어 부정확한 내용이 포함될 수 있다고 밝히고 있다. http://kosis.kr/bukhan (검색일: 2016.1.5.).

4 http://nkinfo.unikorea.go.kr/nkp/ (검색일: 2016.1.5).

5 http://www.keei.re.kr (검색일: 2016.7.15.).

6 http://www.stats.gov.cn (검색일: 2016.1.5.).

7 http://minerals.usgs.gov (검색일: 2016.1.5).

8 http://www.38north.org/(검색일: 2016.1.5.). 38 North는 2009년부터 시작된 존스 홉킨스대학의 미한연구소 (U.S.–Korea Institute at SAIS: USKI)의 프로그램이다. 관리는 국무부의 전직 관료이자 USKI방문학자 조엘 위트(Joel S. Wit)와 USKI 부국장 제리 타운(Jenny Town)이 관리하고 있다. SAIS는 존스 홉킨스 대학 Paul H. Nitze School of Advanced International Studies이다.

9 http://www.haiguan.info (검색일:2016.8.20.) 2014년도 통계부터 사용이 가능하며, 국가별, 상품별, 총액별 등 다양한 방식으로 접근이 가능하다. 1년간 3000위안이다.

10 http://www.kpia.or.kr (검색일: 2016.1.6.).

11 http://www.knoc.co.kr (검색일: 2016.1.6).

12 중국상무부 일대일로 정보포털(走出去公共服务平台) http://fec.mofcom.gov.cn/article/gbdqzn/(검색일:2016.8.20)

무부,[14] 조선중국투자기업협회,[15] 북경주재 조선대사관,[16] 중국상무부 연구원 해외투자자문센터[17] 등이 있다.

셋째, 역사적 문헌 자료가 이다. 해방공간의 산업에 대하여 소련민정부의 보고서(1948)[18]가 있다. 일제 말기 및 한국전쟁시기 북한산업에 대한 연구로는 기무라 미쓰히코·아베 게이지(2009)의 연구[19]가 있는데, 여기에는 조선석유 원산석유공장에 대한 개략적인 내용이 설명되어 있다. 또한 사회주의계획경제의 추진과정 중 무산광산에 대한 자료로는 평

13   "投资朝鲜-中朝经贸合作网"는 단동화교가 운용하고 있고, 북중 무역을 중계하는 무역대리 회사를 중심으로 경제협력을 소개하고 있다. 단동화교 http://www.idprkorea.com (검색일: 2016.1.5.)

14   각국의 중국대사관 상무부는 각국의 경제, 무역, 투자 환경 등에 대하여 매우 자세히 소개하고 있지만, 평양주재 대사관의 경우 제한적으로 정보를 제공하고 있다. 평양시 모란봉구 긴마을동 전화: 02-381-3119, 02-382-3120 팩스: 02-381-3421 청진주재 총영사관 상무부(함경남도, 함경북도, 양강도, 라진특별시) 주소: 함경북도 청진시 신암구 천마산 여관 4층 전화(팩스): 07-323-0401

15   명칭: 조선중국상회 주소:평양시 대동강구 문수대로 대사관촌 3호 305 전화(휴대폰): 019-1250-0168, 019-1250-0680, 팩스: 02-381-7186, 02-381-4731 이메일: dprkcba@163.com 인터넷: http://www.dprkcba.org 2014년 4월 27일 성립되어 초대회장으로 平津自行車合營會社의 중국 측 사장 梁彤軍이며, 2015년 현재 회원기업은 60개, 그중 투자 기업은 49개, 무역대표처 8개, 항목그룹이 3개이다.

16   주소: 베이징시 朝阳区日坛北路 전화: 010-6532-1186(당직), 6532-5518, 6532-5018(경제 상무참사처), 6532-6639(영사처), 팩스: 010-6532-1145, 심양영사관 주소: 랴오닝성 선양시 皇姑区 黄河大街 一号大厦 12B 전화: 024-8685-2742, 팩스: 024-8685-5432 단동판사처 주소: 랴오닝성 단동시 地广场 B座21层 전화(팩스): 0415-345-0099

17   베이징시 东城区安外东后28号 전화: 010-6451-5042, 6422-6273, 6451-5043 팩스: 010-6421-2175 이메일: kgjyb@126.com 인터넷: http://www.caitec.org.cn

18   Доклад об итогах работы равления Советской Гражданской Администрации за три года (август 1945 г. -ноябрь 1948 г.) том 2, Экономическая часть, АВПРФ, ф. 0480, оп. 4, п. 14, д. 47. АВПРФ (Архив Внешней Политики Российской Федерации (러시아 외교정책 문서보관소), 이하는 『조선주재 소련 민정국 3개년 사업총결보고 (1945년 8월 – 1948년 11월)』.

19   기무라 미쓰히코·아베 게이지(저), 차문석·박정진(역), 『전쟁이 만든 나라, 북한의 군사공업화』, 미지북스, 1989.

양주재 이바노프 대사의 일기, 그리고 북한에서 발행한 조선향토대백과
사전,[20] 조선지리전서[21] 및 CNC북한학술정보[22]가 있는데, 석유화학산업
에 대한 정보가 있다. 북한에서 발행한 전서에는 특히 1980년 후반 북한
산업이 최고 수준일 때를 중심으로 기술되어 있으며 대부분 북한공식자
료 및 통계에 의거하고 있는데, 당시의 북한산업을 과대평가하는 경향이
있다. 이와 더불어 대학석유협회(1990),[23] 여형섭(2015)[24]에도 북한 석유
화학산업의 발전과정에 대한 기록이 있다.[25]

셋째, 상기 자료를 보완하기 위하여, 북중 국경 등에서 북한이탈주
민에 대한 인터뷰를 이용할 수 있다. 예를 들어, 단동에서 송유 및 저유

---

20   조선향토대백과사전은 2000년대 초반 평화문제연구소가 북한 과학백과사전출판사와 협
      력으로 북한지리에 대하여 출판한 총 20권의 백과사전이다. 백과사전에는 지명, 자연, 역
      사, 사회·경제, 민속 등이 포함되어 있다. 북한지역정보넷(North Korea Human Geog-
      raphy) 및 네이버 등 국내 포털에서도 조선향토대백과사전의 지리정보를 제공하고 있다.
      http://www.cybernk.net/ (검색일: 2016.1.5)

21   1982년 김정일의 교시에 의하여 조선과학원 지리학연구소가 연구하고, 조선 교육도서출판
      사에서 1989년 발간한 도서이다. 조선지리전서는 20권의 부문지리편과 10권의 지방지리
      으로 총 30권이 발간되었다. 조선지리전서는 조선과학원 지리학연구소, 김일성종합대학,
      각도 사범대학, 과학원 산하 연구소, 기상수문국, 자원개발부, 국가건설위원회, 국토관리총
      국, 농업과학원, 산림과학원, 철도부, 간석지 건설총국, 각 도 행정 및 경제지원위원회 등
      20개 단위하의 100여 개의 기업, 기업소에서 종사하는 500여 명의 과학자, 기술자, 전문
      가, 교수들이 참가하여 1982-1988년에 집필되었다. 무산광산과 관련해서 경제지리(제17
      권), 공업지리(제18권) 및 함경북도(제29권) 편에 기술되어 있다. 교육도서출판사 편, 『조
      선지리전서: 공업지리』, 평양:교육도서출판사, 1989.

22   CNC북한학술정보는 북한학술관련 데이터베이스이며, 북한 지리 데이터베이스는 1989
      년 출판된 조선지리전서보다 좀더 자세한 내용을 다루고 있다. 북한 교육도서출판사와 한
      국 NK지오그라피가 서비를 하고 있다. 필자는 조선지리전서와 거의 동일하며, 2010년 12
      월 한국 측에서 자료를 전송받아서 서비스하고 있다. 네이버 등에서도 검색이 가능한다.
      http://geography.yescnc.com/member/joingate.aspx (검색일: 2016.1.5.).

23   대한석유협회, 『석유산업의 발전사』, 서울: 대학석유협회 홍보실, 1990, 175-177쪽.

24   여형섭, 『석유135년, 이 땅에서의 기록: 시대 흐름에 따른 석유를 둘러싼 환경과 제도 변화
      의 추적』, 지식과 감성, 2015.

25   中国商务部贸易经济合作研究院, 商务部投资催进事物局, 中国驻朝鲜大使馆经济商务参赞处,
      朝鲜(2015年版), 2015.

시설을 관찰할 수 있고, 북중 석유가공제품의 비합법적인 유통구조와 평양내의 석유 유통 등에 대하여 청취할 수 있다.[26] 고난의 행군 이후, 북한 경제가 재건되는 과정에서 2010년대 민영운수부문에서 비합법인 석유소비가 증가하고 있다고 보도되고 있다. 고난의 행군 시기 산업시설의 마비에 따라서 유통분야가 비합법적으로 민영부분이 담당하고 있으며, 따라서 운수용와 난방용 석유가공제품(휘발유, 디젤유, 액화석유가스 등)의 사용이 증가되고 있다고 한다. 물론 통계적으로 규명하는 데에는 한계가 있지만, 평양 및 도시의 도심의 자동차 운행의 증가와 교통체증, 시외버스 및 운송트럭의 증가는 탈북자 인터뷰 및 외국인 관광객이 증언이 있다. 또한 중국의 대북 원유 공급은 중국석유 단일기업에 의하여 송유관을 통하여 봉화화학공장 단일기업에 공급하는 구조적 특징을 보이고 있어, 북한 석유산업을 이해하는 지표가 되고 있다.

다섯째, 구글 어스(Google Earth) 등 위성사진으로 송유(운반)시설 및 저유시설, 석유화학공장 및 항만 등을 관찰할 수 있다.[27]

이와 더불어 북한의 석탄석유, 즉 인조석유에 개발 가능성에 대한 필자의 연구가 있다. 이 연구에서 필자는 일제시기의 아오지 화학콤비나트에서 석탄석유의 생산, 해방과 한국전쟁 기간의 파괴, 소련에 원조에 의한 복구계획, 고난의 행군 이후 내재적 경제발전을 위한 북한에서 탄소하나 석탄석유 산업의 개발에 대하여 분석하였다.[28]

---

26 이와 관련하여 NK데일리 등에 기획 취재가 있다. (검색일: 2015.1.5.). 예를 들어 필자는 단동지역 사업가, 평양의 비합법적인 소규모 정유와 주유 시설 관계자, 북한의 석유화학공장 관계자 등에 대한 인터뷰조사를 실시했다.

27 안제웅(2011)의 연구에도 승리화화련합기업소와 봉화화학기업소에 시설배치에 대하여 구글 어스를 통하여 설명을 하고 있다.

28 박종철, 북한의 탄소하나 산업의 기원을 찾아서, 통일한국, 평화문제연구소, 2018년 각호.

II. 석유산업의 태동

1. 일제의 조선석유 건설과 해방 후 가동중단

우리나라의 경우 석유는 1880년 경부터 미국 등에서 수입되기 시작했고, 일제시기 전쟁침략을 본격으로 석유가 도입되기 시작하였다. 일제는 전쟁을 목적으로 철도, 도로, 항만과 석탄, 석유를 일체화하여 개발하였다. 1931년 만주사변 이후 조선의 석유공장에서 항공유, 휘발유, 항공윤활유, 중유 등을 생산했다. 1937년 7월 중일전쟁 발발로, 미국은 일제에 대한 석유수출제한 및 금수조치로 일제는 석유수유 억제와 더불어 대용연료를 개발하려고 시도하였다.[29] 태평양전쟁 말기 1943-1945년 아오지탄광 등 2곳에 석탄액화설비를 건설하였다.

해방 과정에서 관동군과 소련군에 의하여 북한에 위치한 많은 산업설비가 파괴되었다. 1949년 일정정도 설비가 복구되어 재가동되었지만, 한국전쟁 시기 석유 및 아오지의 석탄액화 인조석유 설비는 전략 폭격으로 생산이 불가능하게 되었다.[30] 해방 이후, 석유 및 원유 문제에 대하여 평양주재 소련 민정부 보고서는 석유 등 수입하지 않고는 이용이 불가능하며, 따라서 소련의 원조가 필요하다고 보고하고 있었다.[31]

29   여형섭, 앞의 책, 36-43쪽.

30   『동아일보』1950년 10월 5일. 1950년 7월 8일 UN군의 폭격을 받았다고 한다.

31   『조선주재 소련 민정국 3개년 사업총결보고(1945년 8월-1948년 11월)』, Доклад об итогах работы Управления Советской Гражданской Администрации за три года (август 1945 г. -ноябрь 1948 г.), том 2, Экономическая часть, АВПРФ, ф. 0480, оп. 4, п. 14, д. 47.

표: 해방전후 조선 북부의 화학공업의 주요 지표 (단위: 톤)

일련번호	공업 부문 및 개별 기업소들	기업소 소재지	기업소 수 합계	가동 상황 45년 8월 15일 이전	가동 상황 46년 6월 1일 현재	제품 형태	단위	연간 생산량 계획	연간 생산량 45년 8월 15일 이전	연간 생산량 46년 6월 1일 현재	노동자 수 45년 8월 15일 이전	노동자 수 46년 6월 1일 현재	비고
3	카바이드-시안아미드 공장	Дзюнсен-1 삭주-1	2	2	2	결합 카바이드	〃	22,000	15,000	16,800	3,200	3,100	
						결합 시안아미드		20,000	12,000	7,200			
6	합성연료 및 유기물 공장	아오지(Кайкан)-1 영안(Эйан)-1	2	2	-	메탄올과 에탄올	〃	25,000	5,000	-	5,000	2,000	연료 생산량은 이오지 공장의 경우에만 표시되어 있음.
						운활유		10,000	35,000				
						석탄 연료		50,000	42,000				
						포르말린		확정 안 됨.	확정 안 됨.				
						우로트로핀		확정 안 됨.	확정 안 됨.				
7	석유증류 공장	원산	1	1	보조 작업장 작업	직접 증류한 벤진 등유	〃	18,000	15,000				태평양함대가 관리하는 공장의 석유제품 생산량은 가공되는 원유의 종류에 따라 표시되어 있다.
						디젤 연료		-	-	-			
						운활유		-	-	-			
						정제 얄콜		-	1,600	1,500	1,500	700	
						세탁비누		-	450	300	-	-	
						코크스		-	-	1,500	300,000	-	
						파라핀 초	개 (판독불가)	-	-				
8	주정 공장	평양-1 원산-1	2	2	2	정제 얄콜		(판독불가)	3,600	2,800	270	250	(판독불가)

출처: 소련 민정부 보고서(1948년)

2. 계획경제시기 소련원조에 의한 원유가공공장의 건설 논의

한국전쟁 이후 전후 재건과정에서, 김일성과 북한 당국은 화학산업 및 연료 분야의 국가목표를 '석탄을 주로 사용하며, 전량 수입해야 하는 석유의 사용을 최소화할 것'으로 정하였다. 소련은 북한의 전후 재건을 위하여, 1955년 총액 3.5억 루블의 원조를 하였는데, 그중 석유와 더불어 석유설비 건설이 일부 제공했다.[32] 1957년 6월 8일 김일성은 소련대사 이바노프와 "모스크바에 경제협력계획을 논의하기 위해" 준비 면담을 했다. 이때 김일성은 1958년~1961년(제1차 5개년계획) 석유생산품 수입을 '5만 3천 톤'으로 계획을 했다고 설명을 했다.[33] 1958년 이후 재건을 통하여 일반화학공장으로 생산설비를 변경하였고, 공장의 명칭을 원산화학공장으로 변경했다.[34] 1959년 김일성은 소련으로부터 석유수입을 증가할 것을 제안했고, 만약 그 양이 부족하면 알바니아에서 수입할 것을 제안했다.[35] 1960년 2월 10일, 로동당 중앙위원회 국제국 국장 박용국이 모란봉지구 초대소에 초대하여 각국 대사들에게 "1960년 1월 인민경제관리상황"에 대하여 설명을 하며, "김일성은 흐루쇼프에게 아오

---

32 "쿠류드코프(И. Kurdyuko)가 포노마레프 Б.Н에게 보낸 보고서신 : 조선의 정세와 그리고 조선동지와의 담화중에 주목해야 하는 기본 문제에 관하여(1955년 4월 7일)", 『РГАНИ』, Ф.5,оп.28,д.314,л.33-63. Korea 1953-1956.

33 "푸자노프 일기(1957년 6월 8일)," 『АВПРФ』, ф.0102,оп.13,д.5,л.114-130. 조선 1957-1960.

34 "푸자노프의 일기(1957년 10월 8일-11일)," 『АВПРФ』, ф.0102,оп.13,д.5,л.257-307. 조선 1957-1960. 푸자노프 대사의 원산방문 일지에 의하면, 원산석유공장이 가동이 중단되어 일부 설비만 남아 있었고, 원산시내는 시민이 적고, 재건하는 건물이 적었다고 기록하고 있다. 그 외 복구에 관해서는 대한석유협회, 석유산업의 발전사, 서울: 대학석유협회 홍보실, 1990, 175-177쪽.

35 "푸자노프 일기(1959년 3월 2일)," 『АВПРФ』, ф.0102,оп.14,д.6,л.26-64. 조선 1957-1960. 남일이 푸자노프에게 한 대화.

지에 원유가공공장의 건설을 제안했고, 흐루쇼프는 이에 긍정적인 답변을 했다"고 설명을 했고, "아오지는 일제시기 석탄에서 휘발유를 추출하는 공장이 있었기 때문에, 이 설비를 이용하여 원유가공공장을 건설할 계획"이라고 설명했다.[36] 1960년 12월 체결된 '조소 1961~1967년간 공업 기업소 건설 및 확장을 위한 기술원조협정'에 따라서 제1차 7개년 경제개획기간에 아오지에 연간 200만 톤 처리능력의 원유가공공장 건설을 계획하였지만, 북소 관계의 악화에 따라서 소련의 대북 원조가 대폭 축소되었다.

1962년부터 중국은 북한에 대한 원유공급을 개시하였고, 1960년대 중반 북한의 연간 석유소비량은 60-70만 톤이라고 이주연 부수상은 주은래 수상에게 설명하였다.[37] 문화대혁명으로 북중 관계가 악화되면서 북소관계가 회복되었다. 1967년 3월 '조소 1967~1970년간 경제 및 과학기술협조 협정'에 따라 소련의 원유가공공장의 원조지역이 선봉지구로 변경되어 건설하게 되었다.[38] 문화대혁명 시기 중국의 대북 석유제공은 중단되었다고, 1960년대 후반 데탕트 분위기 속에서 북중 장기무역 협정이 체결되면서 중국의 대북 석유공급이 재개되었다. 1970년대 중소의 석유 지원으로 로동신문에는 평양 시내에 석유냄새가 진동하여 환경문제를 집중적으로 거론하였다.

---

36 "푸자노프 일기(1960년 2월 10일)," 『АВПРФ』, ф.0102,оп.16,д.6,л.28-61. 조선 1957-1960.

37 『중국외교부 당안관』 106-01476-05. "주은래총리와 조선 이주연 부총리의 첫 번째 회담기록"(1965년 11월10일 오후 4시부터 7시35분, 조어대호텔 회의실). 1957년 6월 8일 김일성은 이바노프에게 연간 석유정제제품의 수입을 5만 3천 톤이라고 설명한 점에 비추어, 5년 사이에 수치가 약 10배 정도 차이를 보이고 있어, 냉전시기 북한으로의 석유 도입과 내부에서 소비, 유통 등에 대하여 좀더 면밀한 검토가 필요하다.

38 한국산업은행, 『新북한의 산업(하)』, 서울: 한국산업은행, 2005, 269쪽. 1972-1973년 일본, 프랑스, 이탈리아 등에서 원유가공공장의 건설을 추진하기도 했다.

III. 중국·소련의 지원에 의한 석유 화화공장의 건설

북한에는 대표적인 3개의 대규모 석유화학 콤비나트가 있는데, 평안북도 피현군, 평안남도 안주군, 그리고 라진특별시에 위치해 있다. 피현과 라진은 외국에서 수입된 원유를 가공하고 있고, 반입 물동량은 안주의 6배 규모이다. 피현과 라진에서는 휘발유, 디젤유, 윤활유, 연료용 중유 등을 생산되고 있고, 피현에서는 특히 나프타를 생산하고 있다. 안주공장은 피현에서 생산한 나프타를 가공하는데, 이 공정은 대량의 전력을 필요로 한다.[39] 1970년대 소련의 원조로 라진에 승리화학공장을 건설하였고, 중국의 원조로 단동 동쪽의 국경부근이며, 신의주 동쪽인 피현군 백마산에 봉화화학공장(북한주민들은 백마산에 위치하고 있다고 해서 '백마화학'이라고 부르기도 한다)을 건립하였다. 이러한 공장건설에 따라서 1980년대 북한에서 석유화화공업이 성장하게 되었다. 따라서 다른 산업과 유사하게, 석유화학산업 역시 봉화화학공장과 승리화학공장이 각각 동해지역과 서해지역이 나누어져 화학원료를 공급하고 있다. 그러나 소련 붕괴로 러시아의 대북한 원유 제공이 거의 중단되면서 승리화학공장은 큰 타격을 입었다. 고난의 행군 시기인 1997년부터 현재까지 중국도 북한에 대한 원유공급을 52만 톤 정도만 유지하고 있다.

　　탈북자 증언에 의하면, "고난의 행군 시기부터 원유가공공장 부근에는 비합법적인 석유거래 장마당이 활성화되었다고 한다. 북한의 석유설비는 승리화학공장은 원유공급 및 소비처 부족 등으로 가동률이 낮다. 승리화학공장과 봉화화학공장은 설비 수준이 낮고, 생산성이 낮은 문제점이 지적되고 있다. 북한의 공장배치, 특히 고난의 행군 이후 설비 노후

39　교육도서출판사 편b, 『조선지리전서: 공업지리』, 평양:교육도서출판사, 1989, 192-193쪽. 안주공장의 경우, 원공가공 및 석유화학공업분야의 전력소비의 96%를 사용하고 있다.

화에 따라서 관련 시설이 분산되어 있어, 유기적 연관성이 낮다. 봉화화학공장에서는 생산량의 30% 정도가 횡령으로 민간에 빼돌려진다. 2개의 콤비나트가 각각 노후화되어 생산량이 감소하였고, 특히 승리화학공장의 문제가 더욱 심각하다"라는 증언도 있다.[40] 액화석유가공설비로는 앞서 설명한 태평양전쟁 말기부터 개발된 아오지인조석유공장(阿吳支人造石油工場) 등이 있다. 대표적인 연유창(석유저장시설)은 백마연유창(평안북도 봉화화학공장 소재), 와우도연유창(남포시 소재, 평양 등 서해안 공업지구에 공급), 문천연유창(강원도 북부 문천군, 동해안 지구에 공급) 등이 있다.[41]

1. 승리화학련합기업소: 라선특별시 웅상동

이 공장은 웅기 정유공장이라는 명칭으로 소련의 지원하에 소련 극동산 원유를 정유하는 것을 목적으로 건설되었다. 이공장은 러시아 극동 나홋드카 등에서 유조선을 통하여 원유를 공급받고 있다. 1968년 6월 공장 건설을 시작하여 1973년 1단계공사가 완공되어 정유생산을 시작하여, 연간 100만 톤의 원유정제 능력을 보유하게 되었다. 9월, 웅기 정유공장을 승리화학공장으로 명칭을 변경하였다.[42] 그리고 1975-1979년에 2

40 탈북자 H씨(2014년 10월).

41 Gary L. Jones, Heavy Fuel Oil Delivered to North Korea Under the Agreed Framework(GAO/T-RCED-00-20), October 27, 1999; Status of Heavy Fuel Oil Delivered to North Korea Under the Agreed Framework(GAO/RCED-99-276), September 1999 등. 1999년 KEDO의 조사에 의하면, KEDO의 중유가 선봉화력발전소 22만 5천 톤, 청진화력발전소 2만 1천200톤, 북창화력발전소 1만 2천 톤 , 영변열발전소 2천 톤, 동평양화력발전소 1천 톤, 순천화력발전소 1천 톤, 남포항 9천 톤, 송림항 1만 1천 톤 등에 28만 2천200톤 중유저장시설을 보유하고 있다.

42 특별자료: 북한의 석유산업, 석유협회보(1992. 4), 95쪽.

단계의 공사로 정유생산능력이 200만 톤(4만b/d)으로 증가되었다. 1983년 그리스 생산설비, 1985년 오일블랙크 생산설비, 1986년 정제톨루올 생산설비와 참출류 설비, 고무용매 생산설비가 추가로 건설되어, 1980년대 후반 30여 가지의 연료와 중간제품, 화학제품을 생산했다.[43]

러시아에서 유조선으로 원유가 기업소 산하 웅상항 전용부두를 통하여 공급되며, 웅상항에서 정유공장까지 전용철도가 부설되어 있다.[44] 공업용수는 강릉저수지와 관곡천, 선봉천의 물을 이용하고, 6월 16일 화력발전소에서 공급받고 있다.[45] 승리화학공장은 원유정유시설 지원시설, 행정시설, 출하시설, 운송설비, 저장시설(직경 45m 규모의 저장탱크 9기, 제품탱크 129기) 등이 있다. 나프타 수율이 38.4%로 매우 높은 러시아산 경질원유 정제에 적합한 설비로 되어 있으며, 주요설비는 소련 우파설계 연구소에서 설계한 증류탑 3기(상압식 1기, 감압식 2기)와 개스오일 증류탑 1기, 아스탈트 장치 및 탈황설비 등이 있다. 공정별 설비는 상업증류공정 200만 톤, 2차 증류공장 31.2만 톤, 접촉개질공정 24.78만 톤, 경유수소화 정제공정 35만 톤, 방향족 탄화수소 추출공정 13.38만 통 등이 있다. 주요 생산품은 나프타와 휘발유, 나프타, 디젤유, 석유, 중유, 윤활유, 모빌유, 변압기유, 피치 등 수송용 원료이며, 그 외에 프로판가스, 와니스, 양초, 물크림, 장판니스 등을 생산하고 있으며,[46] 등경유 탈황 설비

---

43   교육도서출판사 편d, 『조선지리전서: 함경북도』, 평양:교육도서출판사, 1989, 374쪽.

44   윤웅, 『북한의 지리여행』, (서울: 문예산책, 1995), 219-220쪽.

45   교육도서출판사 편d, 『조선지리전서: 함경북도』, 평양:교육도서출판사, 1989, 374쪽.

46   교육도서출판사 편d, 『조선지리전서: 함경북도』, 평양:교육도서출판사, 1989, 545쪽. 승리화학련합합기업소의 주요 생산품비율은 1985년 기준으로 연료용 중유(35.7%), 디젤유(29%), 나프타(9.2%), 휘발유(8.3%), 항공유(5.3%), 석유(2.4%), 아스팔트(3.3%), 구두론(1.6%), 윤활유(1.4%), 방추유(0.7%), 벤졸(0.2%), 룰루유(0.5%), 모빌유(0.2%), 디젤윤활유(0.3%), 기계유(0.3%), 차축유(0.17%), 식료기름용매(0.13%), 크실롤(0.08%), 변압기유(0.04), 그리스(0.03), 폭약 및 파라핀(0.02%), 고무용매(0.17%), 재봉기유(0.03%), 머릿기름(0.01%), 된머리기름(0.03%), 기타(0.72%)이다.

가 되어 있어 부산물로 생산되는 황(Sulfur)으로 요소비료의 원료도 생산하고 있다. 이상과 같은 설비와 생산품에 대한 추정은 한국산업은행(2005, 268-269)과 안제웅(2011, 16-23)에 구체적으로 분석되어 있다.

냉전시기 승리화학공장은 나홋트카항–선봉항를 연결하는 해상수송로 및 하산–승리화학공장(5km)를 연결하는 철로수송로가 있어, 물류공급이 유리한 측면이 있었고, 수요처인 함흥, 흥남, 원산, 청진 등의 화학공업지구와 항만과 철로, 도로로 이용한 운반이 근접한 거리였다. 승리화학공장에서는 북한 유일의 석유전용 발전소인 선봉석유발전소(20kW)에 석유를 제공하고 있다.[47] 그러나 소련 붕괴 후, 원유의 공급 및 소비처와의 거리가 멀었고, 고난의 행군 시기 승리화학공장의 가동률이 급격히 감소하였고, 1999년부터 가동이 중단되었다.[48]

몽골의 에이치비오일(HBOil JSC)은 2013년 6월 북한의 국영 정유회사인 승리화학연합기업소의 지분 20%를 1000만 달러에 인수했다. 북한 나선특별시 등에서 내륙 유전과 가스전 탐사도 포함되어 있다.[49]

---

47 북한의 나머지 화력발전소는 석탄발전소이다. 그러나 석탄화력도 설계기준에 따라서 착화용 중유가 필요하기 때문에 석탄발전소에서도 중유가 필요하다. KEDO의 조사에 의하면, KEDO가 제공한 중유는 선봉석유화력발전소 이외에 청진, 북창, 평양, 동평양, 순천, 영변 등 6곳의 발전소에서 사용된 것으로 파악되고 있다. 정우진, "북한의 석유산업현황," 『석유협회보』, 262호, 2007, 26쪽.

48 필자가 탈북자 P씨와의 인터뷰(2014년 10월 15일, 서울)에 의하면, 가동이 러시아에서 원유가 도입될 때 갈헌적으로 가동된다고 증언하고 있다. 모스크바대 올리그 키리야노프 박사(2017년 11월 25일, 서울)도 라진을 수차례 방문했는데 승리화학공장이 1999년 가동이 중단되었다고 설명하고 있다.

49   Mike Rego, "North Korea—Hydrocarbon Exploration and Potential," *GeoExpo*, Vol. 12, No. 4, 2015, pp. 22.

그림 1. 모스크바대학 올리그 박사 제공(2016년 촬영)

2. 봉화화학련합기업소: 평안북도 피현군 백마로동자지구

이 공장은 피현군 백마산 부근에 위치해 있다. 일반적으로 원유공장의
입지가 항만을 배후로 하는 데 비하여 이 공장은 단동에서 '중조우의관'
을 통하여 원유를 공급받고 있다. 따라서 이 공장은 황해에서 약 30km,
압록강에서 약 20km거리이며, 신의주 서쪽에 위치하고 있다. 이 공장
은 피현군에서 화학공업이 차지하는 비중은 1986년 73.4%를 차지하고
있다. 백마역을 통하여 평양, 안주 등으로 가공된 석유제품을 운송하고
있다.

중국의 원조에 의하여, 1975년부터 백마 정유공장이란 명칭으로 건
설을 시작하여, 1978년 4월 보일러 시운전을 완료하고 접촉분해, 상압,
감압 계통의 설비의 시운전을 하였고, 1978년 9월 제1단계 설비가 완공
되어 원유처리능력 100만 톤의 상업/감압 증류탑과 접촉분해공정을 완

공하여, 항공유, 휘발유, 디젤유, 윤활유 및 프로판가스 등을 생산하였다. 1978년 백마정유공장의 명칭을 봉화화학 공장으로 변경하였다.[50] 그리고 1980년 9월 2단계 설비가 완공되어 탈파라핀, 탈아스팔트와 아스팔트산화공정을 완공하여 연간 150만 톤(3만b/d)의 원유 가공능력을 보유하게 되었다.[51] 현재 설비노후화가 문제가 되고 있다고 한다.

이 공장의 면적은 60여만 m^2이며, 10개의 직장, 보조생산시설로 구성되어 있으며, 삽교천을 공업용수로 이용하고 있다. 생산된 석유 제유품은 송유관, 송유기관, 송유차로 운반하고 있다. 그리고 나프타(naphta)[52]를 평남 안주의 남흥화학공업기지에 철도를 이용하여 제공하는 역할을 하고 있다.[53] 봉화화학공장의 중요설비는 상압증류탑 2기, 감압증류탑 1기, 접촉분해공정, 수첨분해시설(Hydrocracker), 가스오일증류탑 등이 있다. 접촉분행공정과 수첨분해시설은 저부가가치의 상압잔사유를 정제하여 휘발유, 등유, 경유 등 고부가가치 경질유를 생산하는 고도화 설비이다. 다칭원유의 점도가 높은 중질유분이 많은 단점이 있지만, 저유황이기 때문에 탈황설비를 필요로하지 않는다. 이는 승리화학

---

50   "특별자료: 북한의 석유산업," 『석유협회보』, 1992, 95쪽.

51   교육도서출판사 편, 『조선지리전서: 평안북도』, 평양:교육도서출판사, 1989, 332-334쪽, 478-479쪽; 안제웅(2011), 23-27쪽. 조선지리전서에서는 이 공장이 1957년부터 공사를 시작하여, 1959년 완공되었다고 주장하고 있지만, 조선지리전서 외에 다른 자료에는 기록이 나와 있지 않다.

52   북한어로 나프사(러시아어)이며, 납사로도 불리고, 석유화학공업의 시초 원료로 정제되지 않은 가솔린(조휘발류)이다. 나프타는 원유를 증류할 때 프로판 가스와 등유·유분 사이에서 생산되는데, 경질과 중질 등 크게 2가지로 분류된다. 경질 나프타는 석유화학의 기초 원료인 에틸렌을 비롯해 도시가스·합성비료 등 제조용으로 이용된다. 그리고 중질 나프타는 자동차용 휘발유의 혼합기초 재료인 접촉재질과 방향족 탄화수소 제품의 원료 등으로 이용된다.

53   교육도서출판사 편, 『조선지리전서: 평안북도』, 평양:교육도서출판사, 1989, 332-334쪽, 478-479쪽.

공장에 공급되는 러시아산 원유와 성분이 상당히 다르다.[54] 상압잔사유의 수율이 64.5%인데, 봉화과정은 이를 최적화하기 위한 65만톤 규모의 감압증류탑 등을 보유하고 있다. 주요설비는 소련 우파설계연구소에서 설계한 증류탑 3기(상압식 1기, 감압식 2기)와 개스오일 증류탑 1기, 아스탈트 장치 및 탈황설비 등이 있다. 공정별로는 상업증류공정 200만 톤, 2차 증류공장 31.2만 톤, 접촉개질공정 24.78만 톤, 경유수소화 정제공정 35만 톤, 방향족 탄화수소 추출공정 13.38만 톤 등이 있다. 그 외에 생산되는 윤활기유는 감압증류탑의 하단에서 생산되는 감아 잔사유(VR:Vacuum Residue)에서 아스팔트 성분만 제거하여 생산되고 있다. 이상과 같은 설비와 생산품에 대한 추정은 한국산업은행(2005, 267)과 안제웅(2011, 23-27)에 구체적으로 분석되어 있다. 봉화화학공장의 주요 생산 제품 구성은 나프타 7.1%, 휘발유 15.2%, 항공석유 3.3%, 석유(등화용) 2.5%, 디젤유 18.4%, 중유 30%, 액체파라핀 0.5%, 윤활유 33%, 아스팔트 3.2%, 액화가스 0.7% 등이라고 한다.[55]

2015년 3월 31일, 봉화화학공장 설립 40주년 기념보고회 행사를 했다.[56] 봉화화학공장의 가공능력이 150만 톤인데, 고난의 행군 이후 중국으로부터 원유수입량이 50만 톤이라는 점에서 고난의 행군 시기 봉화화학공장의 가동률이 30%정도라고 분석할 수 있다.

54　"특별자료: 북한의 석유산업,"『석유협회보』, 1992, 95쪽.

55　oseph S. Bermudez Jr., "North Korea's Exploration for Oil and Gas, (2015.12.14.)," http://38north.org/wp-content/uploads/2015/12/Bermudez-NK-Exploration-Oil-Gas.pdf (검색일: 2016.1.5.); 김필재, "中, 對北 '원유공급' 중단 안한 듯… 봉화화학공장 정상 가동", http://www.chogabje.com/board/view.asp?C_IDX=62287&C_CC=AZ

56　『로동신문』, 2015년 4월 2일. 기념보고회에는 리무영 내각 부총리 겸 화학공업상, 리만건 평안북도당위원회 책임비서 등이 참가했으며 당 중앙위원회가 축하문을 보냈다.

표 1. 원유 정제공장

	승리화학련합기업소	봉화화학련합기업소
원명칭	웅기화화공장	백마화학공장
위치	라선특별시 웅상동(동해)	평안북도 피현군 백마로동자구(황해) 신의주 압록강 20km, 황해 30km
설비제공 및 원유공급	러시아	중국
원유특징	높은 나프타와 황 포함	중국 중국석유집단 점도가 높은 중질유분(다칭, 지린유전) 파라핀 성분을 다량함유
원유공급 및 수송방식	유조선(공장 산하 웅상항) 철로(웅산항-공장)	중조우의관(송유관)
가공제품 운송방식	철로, 도로	철로(백마역), 도로
주요 공급처	동부지역(함경도) 화학공장	서부지역(평안도) 화학공장 나프타: 안주 남흥청년화학공장
제1단계 건설	1968-1973년 제1단계 총 생산능력 100만 톤	1975-1978년 제1단계 총생산능력 100만 톤
제2단계 건설	1975-1979년 제2단계 총 생산능력 200만 톤	1980년 총 생산능력 150만 톤
가동상황	1997년부터 현재까지 중국이 원유 50만 톤 정도만 공급 유엔안보리 결의안 2397호에 의한 가동 제한	1999년 중단 주변 석유발전소를 석탄발전소로 변환

출처: 조선지리전서 등을 참조하여 필자 작성

3. 평안남도 안주 북부의 남흥동 청년화학련합기업소

남흥기업소는 현대적인 대규모 석유화학기업소이며, 앞에서 설명한 피현군의 봉화화학공장에서 생산하는 나프타를 원료로 하는 제품을 생산하고 있다.[57] 1974년 11월 공장건설이 시작되어 1976년 4월 요소비료가 생산되었고, 1979년 8월 고압폴리에틸렌, 10월 아크릴섬유를 생산하기 시작했고, 11월 조업식을 거행했다. 탈북자 P씨에 의하면, 설비 일부가 프랑스에 도입되었는데 첨단설비의 유지보수에 문제가 있다고 한다.[58] 봉화화학공장에서 안주공장으로 나프타를 주로 송유 철도를 이용하여 공급받고 있다. 즉 안주공장은 원료기지와 소비자와 직접 연결되어 거래를 하고 있다.[59] 이 기업소는 7개의 계열공장에서 아닐론, 요소비료, 폴리에틸렌, 요소비료, 아크릴섬유, 폴리프로필렌, 탄산소다 등을 생산하고 있다.[60]

IV. 대북 원유와 중조우의관의 중국의 건설 원조

1. 전략적 목적의 대북한 원유 공급

중국정부는 1962년부터 원유·완성유의 제공을 개시했다.[61] 시기적으로 대약진운동 이후, 중국은 경제위기 상황이었다는 점에, 중국의 대북 석유 제공은 소련을 견제하기 위한 전략적 목적이었다고 분석할 수 있다. 1965년 11월 회담에서 이주연 부수상은 저우언라이 총리에게 연간 북한의 석유소비량이 60~70만 톤이라고 설명했다.[62] 문화대혁명 초기 북중

---

57 련합기업소는 주요 모체 공장을 중심으로 이와 관련된 공장, 기업소 등을 하나의 울타리에 놓고 관리하는 콤비나트와 같은 형이다. 련합기업소 안에 노동자, 사무원은 1-5만 명 정도이고, 1만 명 이상의 기업을 특급련합기업소로 분류한다.

58 탈북자 P씨와의 인터뷰(2014년 10월 15일).

59 교육도서출판사 편b, 『조선지리전서: 공업지리』, (평양:교육도서출판사, 1989), 192-193쪽.

60 자체 기술자 양성을 위한 공장대학과 기능공학교가 설치되어 있고, 또한 탁아소와 유치원, 종합진료소와 정양소, 문화회관 등의 문화후생시설(후방기지)도 있다. 과학백과사전출판사·평화문제연구소 편, 『조선향토대백과: 평안남도』. (서울: 평화문제연구소, 2005).

61 当代中国丛书编辑部, 『当代中国对外贸易(上)』, (当代中国出版社, 1992), 300-301.

62 중국외교부 당안관 106-01476-05. "주은래 총리와 조선 이주연 부총리의 첫 번째 회담기

관계가 급격히 악화되면서 중국의 대북한 경제협력과 원조도 급격히 축소되었다.

이후 1970년대 초반 미중 데탕트 국면에서 북중관계는 강화되었다. 1970년 10월 저우언라이와 김일성은 평양에서 세 번째 장기무역협정(1971~1976년)을 체결하였고, 북중 경제협력은 대폭 강화되었다. 중국의 대북 원유 수출은 1971년 '중요물자상호공급협정(重要物資相互供給協定)'을 근거로 증가되었다. 이를 배경으로 1971년부터 1977년까지 중국은 북한에 매년 원유 60만 톤, 완성유 56-59만 톤 등을 제공하였다.[63] 〈표1〉와 같이 1978년~1985년 북한은 연간 125만 톤~260만 톤을 수입했는데, 매년 도입량이 급증하였다. 1986~1991년 북한은 연간 약 280만 톤의 석유를 수입했다.[64]

그중 100만 톤은 중국, 100만 톤은 구소련, 나머지 50만 톤은 중동에서 공급받았다. 이상의 우호시기 중국은 북한 측에 시장가격의 1/2정도의 우호가격으로 석유를 공급하며, 바터제로 무연탄, 시멘트 등을 공급받았다. 1990년 9월, 평양을 방문한 세바르드나제는 종래 30% 할인하던 원유공급 가격을 국제가격으로 연동시키며, 바터무역에 의한 물물교환방식을 외환 현금결제를 요구하였다.[65] 소련 붕괴 후, 러시아로부터의 수입은 이전과 비교하여 10%대로 급락했고, 2004년부터 러시아의 대북 석유수출은 거의 0에 가깝게 되었고, 2010년대 러시아의 2만 톤급 유조선을 통한 북한으로 석유수출이 언론에 빈번하게 보도되고 있다. 1990

록"(1965년 11월10일 오후 4시부터 7시35분, 조어대호텔 회의실).

63   『代中国丛书编辑部』,『当代中国对外贸易(上)』,(当代中国出版社, 1992), 301. 중국은 1950~1960년대에 북한에 제공한 차관의 미결제분을 면제해 주었다.

64   장영식(1994).

65   특별자료: 북한의 석유산업, 석유협회보(1992. 4), 96쪽. 1994년 북미 기본합의서에서 연간 50만 톤의 중유지원을 합의했지만 실행되지 않았다.

표 2. 북한의 원유 수입량 및 제품 생산량 (단위: 만 톤/연간)

연도	정제규모	제품생산	원유수입량	원유수입증가율
1977	200	12	12	
1978	200	120	125	
1979	200	150	152	22%
1980	200	160	169	11%
1981	200	184	194	15%
1982	200	201	210	8%
1983	200	218	228	8%
1984	250	233	244	7%
1985	300	249	260	7%
1986	300	265	278	7%
1987	300	265	282	1%
1988	300	265	282	0%
1989	300	280	292	4%
1990	300	280	282	-3%
1991	300	287	282	0%

주: 수출은 없음.
출처: 장영식(1994)

년 북한은 300만 톤 규모의 원유를 수입했지만, 고난의 행군 시기 연간 110만 톤 규모로 축소되었다.

북중우호 시기 중국은 중조우의관을 통하여 매년 100~150만 톤의 석유를 북한에 공급하였다. 이는 당시 북한이 필요로 하는 석유의 약 30%~50%를 충당할 수 있는 분량이었다. 중국의 대북 원유 수출량은 1996년까지 연간 100만 톤을 초과했지만, 그러나 1997년부터 석유공급

량이 43~50만 톤 정도로 감소되었다.[66]

　　1991년 사회주의 경제경제권의 붕괴 및 1997년 이후 중국의 대북 석유 수출의 급감은 북한의 '고난의 행군' 시기 산업이 많이 붕괴되면서 원유를 포함한 석유의 공급 필요성이 급감한 것으로 추정된다. 산업재건에 따라서 석유수요량이 증가되었음에도 불구하고 중국 측에서 원유 제공을 증가시키지 않고 있다고 분석할 수 있다. 중국의 대북 수출 원유가는 1991년 이후 국제가격과 비슷하거나 혹은 조금 저렴한 정도로 공급하고 있다.[67]

2. 중조우의관

김정은 시기 생명선 중의 하나는 시진핑의 대북 원유제공이다. 원유제공은 단동–백마산 구간의 지하 송유관을 이용하고 있다.

1) 중조우의관의 건설

중국에서 북한으로 지원하는 석유는 중국 헤이룽장성(黑龍江省) 다칭유전(大慶油田)의 원유이다. 중국의 석유수송관은 원유수송관과 완성품수송관으로 나눌 수 있다.[68] 중국석유천연가스주식유한공사(中国石油天然

---

66   따라서 중국의 대북 원유제공에는 전략적 성격이 내포되어 있다. 예를 들어 1970년대 말 중국·베트남 전쟁 시기에 중국은 전략적 목적하에 베트남 지원 원유를 북한으로 전용하여 대북 제공량을 증가시켰다. 중조우의관은 기술적 특성상 연간 최저 43만 톤을 수송해야만 한다.

67   박종철, 정은이, "국경도시 단동과 북한 사이의 교류와 인프라에 대한 분석"『한국동북아논총』(2014).

68   중국의 원유수송관은 중국의 53.5% 석유를 생산하는 제일 큰 수송관인 동북수송관, 그리고 북경을 포함하나는 화북관, 서북관, 화동화중관으로 나누어진다. 다칭에서 단동까지의 송유관은 노후화되어 있어 있어, 송유철도탱커를 이용하고 있다는 주장되고 있다. 대칭유전(大庆油田)은 1966년부터 연간 생산량이 11066.89만 톤에 도달했다. 1970년 7월, 저우

气股份有限公司, 약칭: 중국석유)의 홈페이지에 소개된 중조우의수출관(中
朝友誼管)은 중국 유일의 석유수출송유관으로 1개의 원유관과 1개의 완
성유관으로 되어 있다. 이 송유관은 1975년 12월 20일 완공되어, 1976
년 1월 1976년 1월 통유(通油) 기념식을 북한에서 거행했다. 현재 다칭
유전의 원유를 철도탱커(铁路罐车运)로 단동 송유저장소까지 운반하여
신의주까지 우의관을 통하여 운반하고 있다. 최근 연간 송유량은 52만
톤이다. 단동 전안구 진산만 석유저장고(丹东市振安区金山湾油库)에서 압
록강 밑을 통과하여 신의주 백마산 저장고로 연결되어 있다.

2) 원유송유관의 설계

중국 측 석유저장고는 12m³이고, 송유단위는 28기, 원유 열가열 보일러
6기로 구성되어 있다. 그리고 송유관의 전체 길이는 30.3km이고, 중국
측이 10.81km를 관리하고 있고, 송유관의 직경 377mm이고 설계압력
2.5MPa, 설계송유량 300만 톤/년이다. 이와 더불어 중국 유일의 완성유
수송관이다. 이 관은 원유수송관과 동시에 건설되었고, 양 관은 거리는
1.5m이다. 직경 219mm이다. 완성유관도 1975년 같은 날 완공되었지
만, 1981년 운송이 중단되고 봉인되어 있는 상태이다.[69]

주요시설은 동북송유관관리국(東北輸油管理局 中國友誼送水企業)이

언라이 총리와 리셴녠(李先念) 부총리는 다칭유전에서 산업시설로의 송유관 건설에 집중
할 것을 결정했다. 1970년 8월 3일, 동북송유관(东北管道) 건설간부들(建设领导小组)은
"83" 공정을 결정했다. 83공정은 대칭유전에서 산업시설이 집중된 우순(抚顺)까지 송유관
을 연결하는 것으로, 동북 각 산업시설을 연결하는 프로젝트이다. 전체 길이는 596.8km이
고, 그중 직경 720mm 송유관이 558.6km이다. 1970년 9월 공사를 시작하여, 1971년 8월
시운행을 거쳐, 10월 31일 정식으로 송유를 개시했다. 연간 송유량은 2,000만 톤이다.

69   吳建卿, 我国输油管道之最, 2015/01/26
     http://www.cnpc.com.cn/syzs/yqcy/201501/b80930703ed24aebbab9a9d-
     0c5f66820.shtml (검색일: 2015.1.5.).

관리하고 있으며, 주요 임무는 매년 국가의 원유수송의 계획을 수행하고
있다.[70] '중국송유관 단동송유가스지점'의 경우 2011년 현재 직원 243명
이 있다.[71]

북중 송유설비의 설계도를 분석하면, 기름을 저장하는 관은 12만 ㎡
로 직경이 377mm와 219mm의 두 갈래 송유관이 2.9km이다. 그 중 중
국 측이 10.81km를 관리하고 있다. 단동의 파산(83)유류저장고에서 신
의주 백마산(해발 136m)까지 압록강 하저를 통하여 송유하고 있다. 송
유능력은 최대 연간 400만 톤으로 연간 완성유는 100만 톤, 원유는 300
만 톤이 수송될 수 있도록 설계되었다.[72]

[그림 1]의 송유관은 지하에 묻혀 있는데, 중국의 송유지점(해발
32.8m)을 출발하여, 압록강변의 계량지점(해발 9.55m)을 통하여 북
한 백마산(136m)으로 송유한다. 단동의 송유지점에서 압록강까지는
10.81km이고, 애허(愛河), 압록강, 다지도(多智島)를 거쳐 백마산까지
거리는 총 거리는 30.31km이다.

---

70 이 회사는 '중조우의수출석유가스공사(中朝友谊输油气公司)'라는 간판이 있고, 이 회사의
    모회사인 '중국석유(CNPC)'의 로고도 같이 표기되어 있다. 중조우의수출석유가스공사(中
    朝友谊输油气公司)'는 '송유관단동수출석유가스공사(管道丹東輸油 分公司)'로 개명했다.
    http://www.11467.com/dandong/co/45142.htm (검색: 2014.5.20). 현재 명칭은 중국
    송유관단동송유가스지사(中国石油管道丹东输油气分公司)이다. 五味洋治,『中国は北朝鮮を
    止められるか』, 일본: 晩聲社, 2010.
71 단동연감에 의하면, 산하에 1실(室)·6과(科)·5개의 하부단체(基层站队)가 있다. 여기서 1
    실은 판공실(당위원회 사무실)이며, 6과에는 인사과(당위원회 조직부), 재무과, 경영계
    획과, 생산과, 송유관안전과(위생보안과), 당원이 있다. 5개의 하부조직으로는 단동송유과,
    압록강송유과, 수리대, 소방대과 공급소가 있다. 또한 광산구역서비스관리센터(矿区服务管
    理中心)와 단동양성기지 등의 부문도 있다. 丹東市地方誌辦公室編,『丹東年鑒』, 2012, 瀋陽
    出版社, p.238.
72 中国石油天然气股份有限公司官道分公司,『中国石油天然气股份有限公司企業標準:中朝輸油管
    道超低輪量運行規程(Operating regulations for Dandong-Sinuiju oil pipeline under
    overflow throughput process), 2001. 7. 1.실시』, (2001.3.26. 배포).

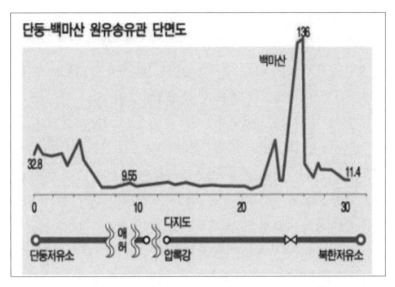

그림 1. 단동-백마산 원유송유관 단면도 (단위: 해발 높이(1m), 길이(2km))[73]

V. 제재에도 불구하고 에너지 소비는 어떻게 줄어들지 않고 있는가

북한 석유산업의 발전과정에 대한 주요 쟁점을 다음과 같이 정리하도록 한다. 첫째, 둘째, 북한에서 석유화학산업의 발전은 태평양전쟁 시기 일제에 의하여 원산공장이 건설되었지만, 해방 전 이 설비가 해체되었다. 해방 이후 북한 당국은 일제 시대와 마찬가지로 석유 소비를 규제하였다. 한국전쟁 이후 소련에 의하여 북한에서 석유화학산업의 건설이 논의되었고, 중소대립에 따라서 대규모 석유화학콤비나트 1968년부터 승리

---

73 中国石油天然气股份有限公司官道分公司, 『中国石油天然气股份有限公司企业標準:中朝輸油管道超低輸量運行規程(Operating regulations for Dandong-Sinuiju oil pipeline under overflow throughput process), 2001.7.1.실시』, (2001.3.26. 배포), 1쪽.

화학공장과 1975년부터 봉화화학공장이 건설되었다. 이 기업소들은 각 각 동해와 서해로 양분되어 화학산업에 원료를 공급하고 있다. 1980년 대 후반 북한 산업이 최고 수준이 이르렀을 때, 중국 도입분 200만 톤, 소련 도입분 100만 톤으로 약 300만 톤 규모를 도입하였다. 서로 산업설 비가 분단된 점은 북한 산업발전에 매우 큰 걸림돌로 작용하고 있다.

1976년 완공된 중조우의관은 전략적 목적으로 건설되어 원유와 정 제유를 공급하다가 1981년 정제유관을 폐쇄하고, 1997년부터 현재까지 평균 52만 톤의 원유를 북한에 공급하고 있다. 특히 제3차 핵실험 이후 유엔안보리에서 미국 등은 중국에 원유송유관 폐쇄를 주장하고 있는 상 황이며, 중조송유관은 북한은 산업의 생명선과 같은 역할을 하고 있다. 냉전말기 소련경제의 위기가 심화되면서 소련의 북한에 대한 원유와 가 공제품의 공급이 중단되었고, 1990년대 초반 일시적으로 이란, 리비아 등을 통하여 부족한 석유를 도입하기도 했지만, 이 시기 석유도입이 감 소하였다. 그리고 중국의 석유 제공은 1997년부터 원유 50만 톤으로 축 소되었지만, 1995년~2002년까지 KEDO의 중유의 지원으로 주로 화력 발전에 이용되었다. KEDO는 매년 50만 톤의 중유공급을 약속했지만, 실제 이행은 2차례에 불과하여 북한 에너지 문제를 해결하는 도움이 되 지 못했다.

이상과 같은 냉전시기 북한 석유화학산업에 대한 연구에도 불구하 고, 여전히 규명되지 못한 많은 논쟁점이 있는데 향후 다양한 논쟁이 있 을 것으로 기대된다. 북한의 에너지 산업은 주로 무연탄에 의존하고 있 고, 고난의 행군 시기 북한에 석유공급이 급감했지만, 북한 경제가 재건 되고 있는 국면을 맞고 있다. 첫째, 제6차 핵실험 이후 UN안보리 결의 안 제2375호에는 중국의 대북 원유관을 통한 원유 50만 톤, 정제유 50 만 톤, 기타 석유를 지속적으로 제공할 수 있도록 하고 있다.[74] 따라서 중국의 대북 영향력과 원유공급의 상관관계를 규명할 필요성이 있다.[75] 둘째, 필자는 인터뷰를 통하여 다양한 방식의 석유가공제품(가솔린, 등유 등 수송용)에 대한 비합법적인 무역을 청취했는데, 향후 전략물자의 통제가 어느 정도 수준인지 규명할 필요가 있다. 셋째, 무연탄 및 아오지액화석유공장 등의 액화석유설비 능력이 어느정도인지 규명할 필요가 있다. 즉 북한 자체 내부의 석유 대체 능력이 어느 정도인지 규명할 필요가 있다. 더불어 필자는 탈북자 인터뷰를 통하여 승리화학공장과 봉화화학공장 등의 노후화에 따라서 많은 설비가 문제점이 있다는 지적을 들었지만, 구체적으로 어느 정도 수준인지 향후 규명할 필요가 있다. 다섯째, 외부의 전략물자 통제에도 불구하고, 장마당 등에서 비합법적인 소규모 석유 거래가 증가하고 있고, 민간부문에서 버스와 트럭의 운행이 증가되면서 주유소 등 석유저장설비도 역시 증가하고 있다. 또한 평양, 신의주

---

74 한국정부가 연간 북한 석유사용량은 100-150만 톤으로 추정하고 있다. 이에 비하여 2018년 4월 북경에서 비공개로 진행된 조중관계연구회에서 중국 측 전문가들은 "현재 북한 석유 연간 총사용량을 500만 톤 규모로 추정하고 있다며, 상당부분은 밀수와 탄소하나산업을 이용하여 조달하고 있다"고 주장했다.

75 2017년 11월 평양을 방문한 북경대 김경일, 리팅팅 교수 등은 유엔결의안 2375호에도 불구하고 북한 경제와 석유상황은 비교적 안정적이라고 분석하고 있다. "지난 5년간 원유공급이 절반 이하로 감소했고 유엔결의안 2375호 실행 이후 휘발유 가격이 리터당 인민폐 10원정도 2배로 올랐다. 버스와 택시 요금도 인상되지 않았다. 쌀값도 안정세를 유지하며, 경제가 전혀 동요되는 현상을 보이지 않고 있다. 이에 따라서 북한 주민들 사이에 김정은 통치에 대한 정당성이 부여되고 있다… 이러한 고강도 제재에 대한 북한은 오래전부터 자구책을 준비해 왔다. 중유를 절약하기 위하여 화력발전소의 무중유 착화법을 개발하고, 수출이 금지도 석탄을 화력발전소에 대량 투입해서 화력발전의 비율을 높이고 있다. 2020년까지 에너지를 기본적으로 해결하고 식량을 완전 해결하는 것을 목표로 하고 있다." 김경일 교수는 2017년 11월 조선사회과학자대회에 초대를 받아서 이에 대한 방북기를 2017년 12월 3일 한겨레신문에 기고하였다. 한겨레신문, 2017.12.3. 그 외에도 미국 전략국제문제연구소(CSIS) 산하 포털 '분단을 넘어(Beyond Parallel)'의 조지프 버뮤데즈와 리사 콜린스는 평양과 주변 6곳의 주유설비를 상업위성으로 분석한 결과 유류공급 부족사태를 겪지 않는다고 주장하고 있다. Joseph Bermudez and Lisa Collins, Pyongyang Gas Stations and Fluctuating Fuel Prices, https://beyondparallel.csis.org/ (검색일: 2017.12.21.).

등 경제가 발전된 지역에 민간의 수송용과 난방용 석유가공제품이 사용이 증가되고 있는데, 전략물자의 통제에도 불구하고 북한 시장에서 석유 유통과 소비가 증가되는 메커니즘을 규명할 필요가 있다.

참고문헌

연구논문 · 저서

기무라 미쓰히코·아베 게이지(저), 차문석·박정진(역), 『전쟁이 만든 나라, 북한의 군사공업화』, 미지북스, 1989.

김경술, "미래를 보다! 통일 후 정유 산업은?," 『석유와 에너지』, 296호, 대한석유협회. 2015.

남북교류협력지원협회, 『북한의 원유 수입 동향』, 남북교류협력지원협회, 2013.

정우진·박지민·임을출·최승환·박언경, 『전략물자 수출통제 제도하의 북한 에너지산업 투자활성화 방안연구』, (에너지경제연구원, 2008), 8쪽.

박종철, 정은이, "중국의 대북 원유무역과 북한의 석유산업," Korea Global Forum(2016).

박종철, "북중 간 경협은 어떻게 이루어지고 있는가?" 『북중관계 다이제스트』, (다산출판사, 2015).

안제웅, 『북한 정유산업의 전개과정 및 특성에 관한 연구』, 북한대학원대학교 석사논문, 2011.

한국산업은행, 『新북한의 산업(하)』, 서울: 한국산업은행, 2005.

当代中国丛书编辑部, 『当代中国对外贸易(上)』, 当代中国出版社, 1992.

朱永浩, 『中国東北経済の展開−北東アジアの新時代−』, 日本評論社, 2012.

Mike Rego, "North Korea – Hydrocarbon Exploration and Potential," *GEO ExPro*, Vol. 12, No. 4, Oslo: TGS-NOPEC Geophysical Company ASA, 2015.

기밀해제문건 및 보고서 등 문건

『조선주재 소련 민정국 3개년 사업총결보고 (1945년 8월 – 1948년 11월)』, Доклад об итогах работы Управления Советской Гражданской Администрации за три года (август 1945 г. -ноябрь 1948 г.) том 2, Экономическая часть, АВПРФ, ф. 0480, оп. 4.

"쿠류드코프(И. Kurdyuko)가 포노마례프 Б.Н에게 보낸 보고서신: 조선의 정세와 그리고 조선동지와의 담화중에 주목해야 하는 기본 문제에 관하여(1955년 4월 7일)," 『РГАНИ』, Ф.5, оп.28, д.314, л.33-63. Korea 1953-1956.

"푸자노프 일기(1957년 6월 8일) ," 『АВПРФ』, ф.0102, оп.13, д.5, л.114-130. 조선 1957-1960.

"푸자노프의 일기(1957년 10월 8일-11일)," 『АВПРФ』, ф.0102, оп.13, д.5, л.257-307. 조선 1957-1960.

"푸자노프 일기(1959년 3월 2일)," 『АВПРФ』, ф.0102, оп.14, д.6, л.26-64. 조선 1957-1960.

"푸자노프 일기(1960년 2월 10일)," 『АВПРФ』, ф.0102, оп.16, д.6, л.28-61. 조선 1957-1960.

丹东市消息协会, 『朝鲜对外紧急企业』, 丹东市消息协会, 2014.

中国海关总署临管司编. 『中国海关通关指南』. 中国对外经济贸易出版. 각 년도판.

中国海关报关使用手册編, 2015. 『中国海关报关使用手册』, 北京: 中国海关出版社

교육도서출판사 편a, 『조선지리전서: 경제지리』, (평양: 교육도서출판사, 1989).

교육도서출판사 편b, 『조선지리전서: 공업지리』, (평양: 교육도서출판사, 1989).

교육도서출판사 편d, 『조선지리전서: 함경북도』, (평양: 교육도서출판사, 1989).

교육도서출판사 편d, 『조선지리전서: 평안북도』, (평양: 교육도서출판사, 1989).

과학백과사전출판사·평화문제연구소 편. 『조선향토대백과: 함경북도』. (서울: 평화문제연구소, 2005).

윤웅, 『북한의 지리여행』, (서울: 문예산책, 1995), 211쪽.

中国石油天然气股份有限公司官道分公司, 『中国石油天然气股份有限公司企业標準:中朝輸油管道超低輸量運行規程(Operating regulations for Dandong-Sinuiju oil pipeline under over-low throughput process), 2001.7.1.실시』, (2001.3.26. 배포).

한겨레신문, 2017.12.3.

정보포털 사이트

북한 지하자원넷 http://www.irenk.net/ (검색일: 2016.1.5).

통계청 북한통계포털 http://kosis.kr/bukhan (검색일: 2016.1.5.).

중국 국가통계국 http://www.stats.gov.cn (검색일: 2016.1.5.).

CNC북한학술정보 http://geography.yescnc.com/member/joingate.aspx (검색일: 2016.1.5.).

미국 지질조사국 http://minerals.usgs.gov (검색일: 2016.1.5).

投資朝鮮-中朝经贸合作网 http://www.idprkorea.com (검색일: 2016.1.5.).

중국의 대북 무역회사블로그 http://pdk3841.blog.me/ (검색일: 2016.1.5.).

단동화교 무역상 http://www.zhongchaotong.com/ (검색일: 2016.1.5).

북한지역정보넷 http://www.cybernk.net/ (검색일: 2016.1.5.).

통일부 정보포털 http://nkinfo.unikorea.go.kr/nkp(검색일: 2016.1.5.).

중국해관 통계포털 http://www.haiguan.info (검색일: 2016.8.20.)

중국 상무부 일대일로 정보포털 http://fec.mofcom.gov.cn/article/gbdqzn/ (검색일: 2016.8.20.)

미국 전략국제문제연구소(CSIS) 산하 포털 '분단을 넘어'(Beyond Parallel) https://beyond-parallel.csis.org/ (검색일: 2017.12.21.)

제3부 러시아의 대외 에너지 협력

제7장

러시아 천연가스 전략 중심이동의 원인, 경과, 지속가능성: 상호의존의 관점[*]

나지원(동아시아연구원)

I. 서론

21세기 들어 중국을 중심으로 아시아 지역이 상대적으로 빠른 경제 성장을 지속하고 동시에 한국이나 일본 등 에너지 수급을 해외에 의존할 수밖에 없는 동아시아 국가들의 에너지 수요 또한 꾸준히 증가하면서 천연가스와 석유 공급원으로서 러시아, 특히 극동 러시아(Russian Far East, 이하 RFE) 또는 동시베리아 지역의 잠재력은 새삼 주목받게 되었다. 사실 동아시아 국가들이 이 지역에 본격적으로 관심을 갖게 된 것은 소련이 붕괴한 1990년대부터였다. 중동과 아프리카 지역에서 배를 통해 석유와 천연가스를 수입하는 경로에 거의 전적으로 의존했던 한국, 중국, 일본에게 공산권이 붕괴하고 세계 시장에 편입된 러시아의 막대한 에너지원은 수입원을 다각화하고 상대적으로 불안정한 해상 운송에 대

---

[*] 이 장의 내용은 나지원, 2018. "러시아 천연가스 전략 중심이동의 원인, 경과, 지속가능성: 상호의존의 관점"『슬라브研究』34권 2호에 게재된 논문을 수정보완한 것임을 밝힌다.

한 의존도를 낮추는 묘안으로 여겨졌다.

하지만 거듭되는 에너지 협력 논의와 기획에도 실제로 성사되거나 꾸준히 진행된 프로젝트는 드물었다. 오히려 2000년대 중반까지 러시아의 에너지 수출은 기존 최대 거래 상대였던 유럽 지역 국가들에 집중되었으며 사우스 스트림(South Stream)과 나부코(Nabucco) 프로젝트 등 천연가스 수출 확대를 위한 가스관 추가 건설 사업도 경쟁적으로 진행되고 있었다. 그러나 2009년 러시아 연방정부가 발표한 『러시아 에너지 전략 2030』은 2005년까지 전무하다시피 했던 아시아-태평양 지역 에너지 자원 수출을 2030년까지 27% 수준으로 끌어올리겠다는 목표를 내세우며 러시아 에너지 정책의 물리적, 지리적, 정치적 방향 전환을 선언했다 (신범식 2015, 236).

그리고 이 선언은 말에 그치지 않고 곧 행동으로 이어졌다. 동시베리아-태평양 송유관(Eastern Siberia-Pacific Ocean Oil Pipeline)과 알타이 가스관(Altai Pipeline), 시베리아의 힘 가스관(Power of Siberia Pipeline) 건설 등으로 구현된 동부 석유·가스 프로그램이 바로 그것이다. 여기에는 러시아가 2014년부터 중국과 대규모 석유 및 천연가스 수출 및 극동 에너지 개발 사업 협력에 마침내 합의하고 본격적으로 착수한 것도 중요한 변수로 작용했다. 일본과도 푸틴-아베 정상회담 이후 극동 지방에서 생산되는 액화천연가스(LNG) 수출과 일본-사할린 가스관 건설 프로젝트 등에 대한 협의가 활발해진 것 역시 같은 맥락이었다.

여기에서 크게 세 가지 의문이 자연스럽게 일어난다. 첫 번째는 냉전 종식 이후 에너지 분야에서 러시아-동북아 간 협력의 잠재력은 꾸준히 존재했음에도 왜 지금 시점에서야 구체화되었느냐 하는 질문이다. 이에 대해서는 정치적, 경제적 상황 변화를 원인으로 지목하는 다양한 연구들이 이미 있지만 어느 한 가지 요인만으로는 만족스러운 설명이 나오지 않는다는 문제가 있다. 물론 학술적인 관점에서는 가장 결정적인 하나의 변수를 찾는 것이 의미가 있겠지만 정책결정 차원에서는 어떤 변수들의 조합을 통해 지금과 같은 상황이 가능했는지를 살펴야 적절한 대응책을 강구할 수 있을 것이다.

두 번째는 과연 러시아가 동아시아 지역에서의 에너지 정책을 얼마나 일관성 있게 지속할 것이냐 하는 물음이다. 동아시아 정치질서에 본격적으로 등장한 19세기 중반 이래 러시아의 행보는 대체로 기회주의적 착취자(opportunistic exploiter)로 평가받았다. 즉, 역내(域內) 문제에 진지한 이해당사자로 책임감을 갖고 꾸준히 참여할 의지나 자원은 충분하지 않은 상황에서도 적극적으로 참여할 듯한 태도를 보이다가 결국 자기 이익만 취하고 (또는 그런 시도에 실패하고) 물러나는 행태를 반복했다는 것이다(신범식 2014). 특히 역사적, 지리적, 정치적으로 유럽과 아시아에 걸쳐 있는 이중적 정체성을 활용하지만 결과적으로는 유럽에서의 영향력 강화를 위해 아시아를 활용하는 양상이 정치, 경제, 군사 등 여러 분야에서 되풀이되었기 때문에 이른바 '유라시아주의(Eurasianism)'를 표방하며 아시아-태평양 지역에 관여하겠다는 푸틴 행정부의 공약에 대해 역내 국가들은 여전히 환영 반, 의심 반의 태도를 버리지 못하고 있는 것이다. 요컨대, 러시아의 동아시아 에너지 정책이 이번에는 다를 것인지, 이전과 근본적으로 다르다면 왜 그리고 어떻게 다른지를 살펴볼 필요가 있다.

이상의 두 질문에 대한 답이 나오면 이를 바탕으로 세 번째 질문을 던질 차례이다. 이러한 상황에서 한국은 러시아의 에너지 전략에 어떻게 대응하고 협력을 추진할 것인가? 동아시아 지역에서 한·중·일은 모든 분야에서 긴밀한 협력 파트너임과 동시에 치열한 경쟁자이며 이는 에너지 시장에서도 예외가 아니다. 즉, 중국과 일본이 (비록 정도의 차이는 있지만) 러시아와의 에너지 협력에 박차를 가하고 일정 수준에서는 가시적인 성과도 내고 있는 상황에서 한국은 얼마나 적극적으로, 그리고 어떠한 전략적 입장을 견지하면서 러시아와의 협력을 추진하는 것이 한국의 에너지 안보에 최대 이익이 될지를 고민해야 한다는 뜻이다.

이번 장에서는 이 질문들을 염두에 두고 러시아의 에너지 전략 변화, 그 중에서도 천연가스 관련 정책의 최근 변화와 그 원인을 추적한다. 우선적으로 러시아 국내외의 정치적, 경제적 변화가 천연가스 수출 전략에 미친 영향, 그 중에서도 유럽-러시아 간 천연가스 교역 및 협력이 큰 변곡점을 맞이한 상황을 분석한다. 표면적으로는 유럽-러시아의 천연가스 교역이 하향일로를 그리는 것처럼 보이지만 실제 경로와 변수는 더 복잡하다는 점을 보일 것이다.

다음으로는 러시아가 동북아 지역에서 추진하고 있는 천연가스 사업의 경과와 현황을 파악하고 특히 각각의 성공 요인과 장애 요인을 분석한다. 러시아의 천연가스 전략 변화, 즉 동북아로의 무게중심 전환이 일견 단기적인 위기 모면을 위한 미봉책의 성격을 띠고 있는 것처럼 보이지만 과연 그러한 겉모습이 기층(基層)에서 벌어지고 있는 상황과도 일치하느냐 하는 물음에 대해 한 가지 답을 제시하는 작업이다.

본 장에서는 이러한 정책 변화 과정을 적절히 분석하기 위해 러시아라는 국가 행위자의 국익 극대화라는 측면에서 일관되게 살펴볼 수 있도록 경제적 상호의존(economic interdependence)의 분석틀을 활용하고자 한다. 이 분석틀은 정치와 경제가 교차하는, 혹은 상호작용하는 영역에서 특히 적실성을 갖는데, 천연가스라는 재화(commodity)와 그것이 거래되는 시장의 독특한 성격을 검토함으로써 이러한 상호작용이 천연가스 시장에서 두드러지게 나타남을 확인할 수 있다. 더불어 러시아라는 국가의 정치경제적 특수성이 이러한 결합을 강화함을 밝힌다. 그리고 이를 바탕으로 이 요인이 러시아의 정책 변화에 중요한 변수로 작용했음을 전체적인 서술 과정을 통해 거듭 확인하고자 한다.

　끝으로 이 분석틀을 통해 살펴볼 때, 러시아의 동북아 가스 시장 진출 노력이 동북아의 각국에게는 어떠한 반응을 불러일으켰고 그것이 어떠한 성과 혹은 실패로 귀결되었는지를 검토할 것이다. 그리고 이를 바탕으로 세 번째 질문에 대한 답의 실마리를 제시하고자 한다. 적어도 천연가스 정책에서만큼은 러시아가 '이번에는 다를' 수 있는지. 만약 그렇다면 한국은 얼마만큼의 기대를 갖고 어떠한 정치적, 경제적 투자를 할 때에 국익을 극대화할 수 있는지에 대한 간략한 제언으로 마무리하겠다.

II. 러시아의 천연가스 수출 전략 변화를 이해하기 위한 분석의 기초

1. 천연가스라는 상품의 특수성

근대 산업 사회가 시작된 이래, 화석연료는 철강과 함께 이른바 '전략 자원(strategic resources)'의 대표격으로 손꼽힌다. 한 국가의 무력 동원뿐만 아니라 모든 경제 활동에 필수불가결한 재화가 바로 화석연료이기 때문이다. 화석연료 시장이 다른 일반적 재화 시장과 달리 정치 상황과 안보 논리의 영향에 민감할 수밖에 없는 것도 이러한 맥락에서 이해할 수 있다. 하지만 그 중에서도 천연가스는 상품 자체의 속성 때문에 더더욱 정치적인 재화로 취급된다. 석유와 천연가스는 화석연료라는 점에서 유사하다고 생각하기 쉬우나 사실 재화로서의 성격은 판이하며 나아가 시장에서 거래되는 방식도 완전히 다르다. 무엇보다 석유는 형체가 있지만

천연가스는 말 그대로 "무형"의 기체이며(Shaffer 2009) 따라서 공급국
가와 소비국가가 가시적이고 물리적으로 연결되어야만 한다. 이 때문에
천연가스 거래는 석유 거래보다 정치적 영향력이 개입하기 쉬워지는 것
이다.

　　보다 구체적으로 말하자면 석유는 미국 뉴욕의 상업거래소
(NYMEX) 또는 런던의 국제석유거래소(IPE)와 같은 국제적인 거래소
에서 가격을 흥정하는 수천 명의 중개업자들을 통해 평균가격이 결정되
는 상품이다(Toyin and Ann 2008). 물론 때때로 다양한 방식의 계약을
통한 거래가 있었지만 결국은 생산자와 구매자가 직거래를 실시하는 현
물 시장(spot market) 가격으로 수렴되었다.

　　이처럼 석유 시장은 다수의 수요자와 공급자 간 거래를 통해 가격이
주기적(cyclical)으로 변동하는 양상을 보이면서 일정한 범위 내에서 움
직인다. 또한 외부 충격으로 가격 급등이나 폭락이 벌어지더라도 정부의
정책 개입을 통해 충격을 완화할 수 있는 다양한 기제가 있으며 무엇보
다 시장가격보다 낮은 가격으로 공급할 의사가 있는 다른 생산자들과 거
래를 할 수 있는 여지가 있다. 이는 기본적으로 석유가 형태를 띠고 있으
며 따라서 어느 지역 또는 국가에서 생산된 석유라도 다른 지역의 석유
로 대체가능(fungible)하기 때문이다. 즉, 특정한 생산지대의 석유 공급
이 차질을 빚더라도 다른 지역의 공급 또는 비축한 석유 재고로 이를 벌
충할 수 있다는 것이다. 결론적으로 석유는 국제적으로 (가격이) 통합된
재화에 가까우며 각국 정부가 자국의 석유 수요를 충당하기 위해 사용할
수 있는 정책 수단도 다양하다. 가격 급변(price shock)이 일어나기는
하지만 적절한 정책 대응을 통해 초기 충격을 극복하고 원상회복할 수
있다.

　　반면 천연가스는 석유와 달리 형태가 없고 운송 및 거래 형태에 심

각한 제약이 따른다. 특히 천연가스는 생산자와 소비자 간의 직접적인 연결을 요한다. 기술의 발전으로 액화천연가스(LNG) 등 수송과 거래를 용이하게 하는 다양한 방식이 활용되고는 있지만, LNG 수송선을 통한 교역은 여전히 전체 천연가스 거래 중 5% 정도이며 여전히 천연가스의 가장 큰 운송수단은 가스관(pipeline)이다(Shaffer 2009). 최근 각광을 받고 있는 새로운 형태의 천연가스인 "셰일 가스"는 세계 여러 지역에 매장되어 있고 향후 개발 잠재력은 크지만 아직 가스관을 통한 교역을 대체할 수 있는 수준에는 턱없이 미치지 못하고 있으며 단시일 안에 이러한 상황이 급변할 가능성도 적다고 전문가들은 전망하고 있다. 결국 현실적으로 천연가스 생산자와 소비자는 여전히 가스관을 통해 직접 거래하는 방법을 가장 먼저 고려해야 하는 것이다.[1]

이처럼 천연가스라는 상품의 특수한 물리적 속성 때문에 천연가스 시장 또한 일반 재화 시장과 다른 특이한 형태를 띨 수밖에 없다. 가스관 건설은 막대한 비용이 들기 때문에 대개 15년에서 20년의 장기 계약을 체결함으로써 투자에 대한 수익을 보장받는다. 또한 대부분의 장기계약은 구매자가 실제 소비와는 무관하게 일정량의 가스를 수입하도록 하는 무조건대금지급계약(take-or-pay, 또는 의무인수) 조항을 포함하고 있다. 이와 같은 경직성 때문에 세계 천연가스 시장은 교역 조건이 서로 다른 북미, 아시아, 유럽으로 크게 나뉘어 있고 정치가 시장과 밀접하게 얽

---

1   천연가스 및 석유 산업에서는 생산 공정을 업스트림(upstream, 또는 상류), 미드스트림(midstream, 또는 중류), 다운스트림(downstream, 또는 하류)으로 구분한다. 업스트림 부문은 유전/가스전의 탐사, 시추 및 유정/가스정 개발과 같은 초기 개발단계를, 미드스트림은 갱정에서 채취한 원유/천연가스를 처리시설까지 운송을 담당하는 포집 체계(gathering system), 그리고 이를 정제하여, 송유관/가스관으로 배송할 수 있는 품질로 처리하는 과정을 말한다. 끝으로 마지막 단계인 다운스트림은 원유에서 추출한 다양한 석유 제품 및 가스의 판매와 배급을 가리킨다. 다만 미드스트림은 대체로 다운스트림과 묶어서 보기도 한다.

혀있는 것이다(Deutch 2011, 82-93).

　　이어지는 장에서 볼 수 있듯이 2000년대 후반부터 러시아–유럽 간 천연가스 거래 양상의 변화와 이에 대한 러시아의 대응 또한 이와 같은 천연가스의 물리적, 기술적 특성과 함께 천연가스 시장의 강한 정치적 성격을 고려해야 비로소 온전하게 이해할 수 있다. 그리고 이러한 상황을 보다 체계적으로 파악하고 일반적으로 적용할 수 있도록 도와주는 분석틀과 개념을 상호의존(interdependence) 이론이 제공해줄 수 있다(Keohane and Nye Jr. 1973, 160).

2. 상호의존론과 천연가스 시장: 러시아의 사례

상호의존 이론과 그 핵심개념인 민감성(sensitivity)과 취약성(vulner-ability)을 원용하면 정치와 경제의 역학 속에서 나타나는 네 가지의 천연가스 시장 구도를 그려볼 수 있다. 첫 번째는 공급자와 소비자가 대칭적 혹은 상호적으로 의존하는 관계이다. 공급자(국가)에게는 소비자(국가)의 시장이, 반대로 소비자는 공급자의 상품이 절실히 필요하고 별 다른 대안이 없는 관계라고 볼 수 있다. 하지만 공급자가 또 다른 판로(시장)를 확보하고 소비자도 기존 가스관과 별도로 안정적인 수입처를 확보하게 되면 이는 상호의존(interdependence)이 아니라 상호연결(inter-connection)로 볼 수 있다. 하지만 두 경우 모두 공급자와 소비자가 상호 행사할 수 있는 정치경제적 수단의 무게가 비슷하다는 점에서 대칭적인 관계이다.

　　반대로 공급자나 소비자 중 한 쪽이 일방적으로 상대에게 의존하게 되는 관계에서는 정치가 경제를 압도할 여지가 커진다. 더 강력하고 독립적인 측이 더 의존도가 높은 측에게 자기 의지를 강요할 수 있게 되는 것이다. 따라서 후자는 전자가 제시하는 교역 조건에 대해 민감성과 취약성이 동시에 높아진다. 반면 전자는 상호의존에서 후자의 반응에 민감해지기는 하지만 상대적으로 쉽게 대안을 택할 수 있다는 점에서 취약성은 감소하기 때문에 비대칭적인 관계가 형성된다. 이를 표로 정리하면 다음과 같다.

국가 1

	취약성 있음/민감성 있음	취약성 없음/민감성 있음
취약성 있음/민감성 있음 국가 2	상호의존 (interdependence)	2가 1에게 일방적 의존 (Unilateral Dependence)
취약성 없음/민감성 있음	1이 2에게 일방적 의존 (Unilateral Dependence)	상호연결 (interconnection)

그림 1. 천연가스 시장에서 나타날 수 있는 공급자-소비자 관계 유형

　사실 순수한 시장 원리만이 적용되는 재화라면 이러한 상호의존의 분석틀은 잘 맞지 않는다. 그러나 앞서 언급한 것과 같이 천연가스라는 재화의 물리적 특수성과 국가 경제 전반에 미치는 영향력 때문에 가스 시장은 수요공급의 균형뿐만 아니라 지리적 조건, 그리고 국제정치적 변수에 영향을 받게 되는 것이다. 그리고 러시아라는 국가의 특수성은 이러한 정치요인을 더욱 강화시키는 기폭제로 작용한다.

3. 에너지 국가주의(statism)

앞서 제시한 분석틀이 의미가 있으려면 국가, 즉 정부가 해당 산업에 직, 간접적으로 상당한 영향력을 행사할 수 있어야 한다. 즉, 해당 산업이 국유 또는 국영기업의 사실상 독점 형태로 운영되거나 정부가 규제를 통해 가격 설정 및 수요와 공급 결정을 좌우할 수 있어야 하는 것이다. 이러한 점에서 러시아의 천연가스 산업은 국가 중심적 모델에 부합하는 전형적인 사례라고 할 수 있다. 특히 2000년 3월부터 집권한 블라디미르 푸틴(Vladimir Putin) 대통령 치하에서 러시아 정부는 주요 천연가스 및 석유 회사들과 국가의 연결고리를 더욱 강화했다. 가즈프롬(Gazprom), 루코일(LUKoil), 로스네프트(Rosneft) 등은 직, 간접적으로 정부의 영향력 하에 놓였다. 이러한 움직임에 저항했던 당시 러시아 최대의 석유회사였던 유코스(Yukos)가 정부 훈령에 거부하다가 결국 파산한 것은 석유 및 천연가스 산업에 대한 정부의 힘이 얼마나 클 수 있는지를 방증하는 사례다(Sotiriou 2015, 61).

　그나마 석유산업은 국제시장이 긴밀하게 통합되어 있어 한 국가의 정부가 가격 및 수급에 미칠 수 있는 영향력이 제한적인 반면 천연가스 시장은 그 폭이 상대적으로 넓다. 소련 시절에 천연가스 채굴 및 공급을 전담하던 정부 부처인 가스부(Ministry of Gas)는 소련 붕괴 이후 합자회사인 가즈프롬으로 탈바꿈한 후, 3년에 걸쳐 민영화되어 정부 지분은 40% 이하로 낮아졌다(Victor and Victor 2004). 이후 1993년에서 2005년 사이에 38퍼센트까지 낮아진 정부 지분은, 푸틴 집권 후 발표한 대통령령으로 50.002퍼센트로 높아졌고 러시아 정부는 가즈프롬에 대한 통제력을 되찾게 되었다.

　2000년대까지 가즈프롬은 러시아 천연가스 매장량의 60%를 소유하고 국내 가스 생산의 94%, 그리고 주로 유럽연합(EU)을 대상으로 하지만 신흥 중국 시장을 포함한 유라시아 대륙 전체를 아우르는 수출망을 거느리고 있었다(Rosner 2006). 과거 소련 시절 가스부 소유의 (토지, 천연자원, 가스관 등) 거의 모든 자산을 그대로 흡수한 가즈프롬은 자연히 국내외적으로 상당한 영향력을 행사할 수 있었다. 특히 거대한 사업망과 기업 규모를 활용해 적극적인 '해외 공략'에 나섰다. 즉, 구소련 국가 지역과 EU 시장에서 미드스트림 및 다운스트림 분야 자산을 인수하는 수직통합을 추진했다. 하지만 이러한 사업 전략이 순수한 이윤 극대화 논리에 따랐다기보다 대주주인 정부의 입김이 작용한 것이 아니냐는 의문이 자연스레 제기되었다. 특히 2006년과 2009년 유럽과 우크라이나에 가스공급을 중단했던 사건은 러시아가 천연가스를 위시한 에너지 자원을 정치 수단화하는 것이 아닌지에 관해 논란을 불러일으켰다(Sotiriou 2015, 62).

　요컨대, 가즈프롬으로 대표되는 러시아의 천연가스 수출이 단지 교역행위가 아니라 대외정책 수단으로서 활용되고 있다는 근거 있는 추정을 통해 러시아의 천연가스 전략에도 복합적 상호의존 분석틀 적용에 무리가 없음을 확인할 수 있다. 더불어 러시아에게 천연가스를 위시한 에너지 자원은 외교 수단으로서뿐만 아니라 국가경제의 기반으로 더 큰 중요성을 띠고 있다는 점에서 적용가능성은 더 커진다. 가즈프롬 러시아 정부 세수(稅收)의 25%를 부담하고 러시아 GDP의 8퍼센트를 차지한다는 사실을 놓고 보면, 러시아는 정부 운영과 다양한 정책 집행을 위해 가즈프롬으로부터 거두는 세입이 필수불가결하다고 해도 과언이 아닌 것이다(Rosner 2006).

　물론 뒤에서 살펴보겠지만 2010년대에 들어오면서 러시아 천연가스, 특히 해외수출부문에서 가즈프롬의 독점적 지위는 상당히 침식

되었다. 경영 측면에서는 가즈프롬이 야심차게 추진하던 액화천연가스
(LNG) 프로젝트가 잇따라 난관에 봉착하고 법적으로도 러시아 정부가
기업의 천연가스 수출 규제를 완화하면서 로스네프트, 노바텍(Novatek)
과 같은 기업들과 경쟁해야 하는 입장이 된 것이다. 그럼에도 앞서 나열
한 분석이 여전히 유효하다고 할 수 있는 것은 후발주자라고 할 수 있는
이 기업들이 애초에 가즈프롬의 독점체제를 무너뜨릴 수 있게 된 것부터
가 푸틴 행정부의 정책 덕분이며, 나아가 이들 또한 정부의 주식 지분보
유와 규제 등 인적, 법적, 물적 연결고리를 통해 정부와 얽혀 있기 때문
이다.

　　이어지는 부분에서는 2010년대부터 러시아가 기존의 천연가스 최
대 판매처였던 유럽 지역에서 여러 가지 난항을 겪으면서 대안을 모색하
는 과정을 추적하고 이를 앞서 제시한 분석틀을 통해 평가한다. 즉, 러시
아가 충분한 규모의 대안 시장을 마련하여 유럽에 대한 의존도를 낮춤으
로써 취약성을 완화하려는 시도가 어떠한 계기로 시작되었고 어떻게 진
행 중인지를 중점적으로 살펴보고 이러한 시도가 동북아 국가들의 천연
가스 수급과 어떤 관계를 맺고 있는지를 검토한다.

III. 러시아의 천연가스 전략 변화

1. 시장 요인: 유럽 시장의 수요 변화와 가격 결정 방식 논란

널리 알려져 있다시피 러시아는 역사적으로 유럽의 주요 천연가스 공급
원이었다. 러시아는 2차 대전 직후부터 동유럽 국가들에 천연가스를 수
출하기 시작했고 1967년에는 소비에트 브라츠트보 가스관이 처음 개

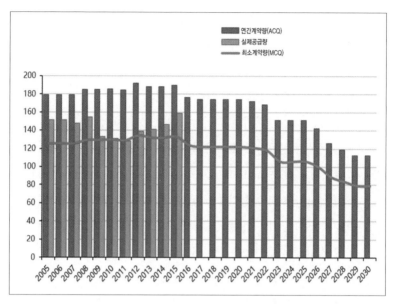

그림 2. 러시아의 대(對)유럽 가스 계약량 및 공급량 (단위: 10억 m³(bcm))
출처: Mitrova 2016, 48

통되면서 서유럽 국가들에도 수출을 시작했다. 이후 러시아의 대(對)
유럽 천연가스 수출은 꾸준히 성장해 1979년에는 유럽 천연가스 소비
의 39%를 담당하기에 이른다(Petrostratégies 1988). 소련이 몰락한 이
후에도 가즈프롬은 유럽에서 지배적 공급자의 위치를 지켜냈다. 가스
수출은 1990년 109bcm(1090억 m³, 이하 bcm으로 표기)에서 1995년
117.4bcm, 1999년 126.8bcm, 2005년에는 154.3bcm으로 꾸준히 증
가하다가 2007~2008년에 정점을 찍은 후 감소세로 돌아섰다(Gazprom
Export 2016).

2008년 경제위기 이후 국제 천연가스 시장, 특히 유럽 시장이 요동
치면서 러시아도 적지 않은 영향을 받았다. 한편으로는 경제위기로 인해
유럽의 천연가스 수요에 불확실성이 가중되었다. 2014년 석유 가격 폭

락으로 천연가스 가격도 29%가량 떨어졌다. 다른 한편으로는 유럽연합
이 천연가스 부문에서 신규 규정을 도입을 통해 시장을 자유화하고 가격
결정 방식을 바꾸면서, 40년간 가즈프롬이 관행적으로 실시하던 기존의
천연가스 판매 모델을 지속하기 어렵게 되었다.

2008~2009 경제위기는 유럽 천연가스 시장에 큰 충격이었다. 다
른 경제 대국들의 천연가스 소비와 수요는 증가했지만 유럽 가스 소비는
꾸준히 감소해 2009년 464.5bcm에서 2012년 439.8bcm으로, 2014년
에는 384.5bcm까지 떨어졌다(Eurostat 2015). 유럽 전체의 가스 수요가
감소하면서 천연가스 시장은 공급 과잉 상태가 되었고 유럽의 모든 주요
가스 공급 기업들이 어려움을 겪었다. 하지만 그 중에서도 가장 큰 타격
을 받은 것은 역시 가즈프롬이었다. 2008년에서 2014년 사이에 러시아
굴지의 거대 가스기업인 가즈프롬의 수출량은 20% 가까이 감소했다. 유
럽의 경기 불황에 온화한 겨울날씨가 이어지면서 가즈프롬의 고객들은
장기계약에 명시된 최소한의 가스만을 구입했던 것이다(그림 2 참조).

가즈프롬과 계약을 체결한 유럽의 주요 가스 수입국들은 장기계약
조건에 명시된 양보다 적게 구입하거나, 구매자의 필요를 넘어서는 분
량은 되팔거나, 장기계약의 고정가격보다 저렴할 수 있는 현물가격(spot
price)으로 가스를 판매하는 공급자 역할을 할 수 없다는 데에 끊임없이
불만을 제기했고 결과적으로 이러한 제약은 장기계약의 경제성을 약화
시켰다. 천연가스 가격을 석유가격에 연동시키는 연동제의 경직성 때문
에 가즈프롬의 계약가격과 가스 허브(gas hub)에서의 현물가격 사이에
는 꾸준히 큰 격차가 생겼다(그림 3 참조). 특히 미국의 셰일 가스(shale
gas) 혁명으로 천연가스 공급 과잉 사태가 벌어진 이후 대량의 액화천연
가스가 유럽으로 방향을 선회하면서 현물가격은 더 떨어졌다.

2009년 가즈프롬과 거래하던 유럽 국가와 기업들은 공급받는 천

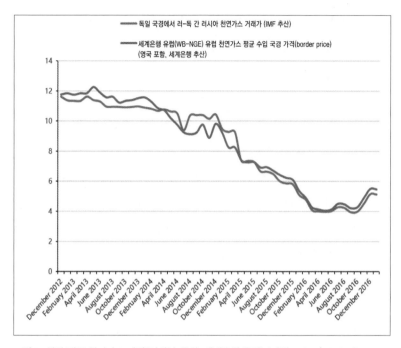

그림 3. 월간 평균 천연가스 가격(러시아-독일, 세계은행 유럽) (단위: USD/MMBtu)
출처: International Monetary Fund 2017; World Bank 2017

연가스 계약 가격을 더 이상 유가가 아니라 NBP(National Balancing Point) 가격지수에 연동시키자고 요구했다(Orlova 2017). 더불어 독일, 이탈리아, 터키는 최소계약량(Minimum Contract Quantity, MCQ)을 23~27%가량 감축해달라는 요구도 제시했다. 결국 가즈프롬은 2010년에 유럽 내 최대 구매자들과의 계약을 개정해 장기계약에서 요구하는 최소 가스 구입량을 계약의 85%에서 75%로 줄이고 가격결정 공식의 기준가격도 낮추기로 했다.

　이처럼 천연가스 장기 공급 계약에 관한 분쟁이 상호합의로 해결되고 그 결과 일부 기업들은 계약서에 명시된 최소구입량 이외의 구입 가격을 약 15%~20%까지 낮추었지만, 가즈프롬은 기존 계약 관행 유지를 고집하면서 보다 유연한 가격 설정 방식으로 계약을 변경하려는 구매자들의 요구를 거부했고 이처럼 완고한 태도는 결국 가즈프롬에게 자승자박의 결과를 초래했다.

2009년에서 2011년 사이, 가즈프롬의 주요 경쟁사들은 계약서를 개정하거나 유가 대비 10~15%까지 할인한 가격으로 새 계약을 체결하는 식으로 장기 계약 변경에서 훨씬 더 유연한 입장을 보였다. 예를 들어, 유럽 제2의 천연가스 공급 업체인 노르웨이 스타토일(Statoil)은 천연가스 장기계약 할인율을 최대 30%까지 허용하는 식으로 가격정책을 변경했다(Powell 2013). 2013년 11월 스타토일은 북유럽 국가들과 체결한 천연가스 계약 절반 이상에 대해 석유가격 연동을 폐지하겠다고 발표했고 그 결과 스타토일의 천연가스 유럽 수출은 7.5% 증가했다(Makan 2013). 가즈프롬은 이처럼 천연가스 시장에서 가격 편차가 커지고, 가격경쟁이 더욱 심화하는 동시에 공급 기업까지 늘어나는 상황에 충분히 대비하지 못했고 결과적으로 유럽 지역 수출은 2000년대 후반에 침체에 접어들었다.

2. 제도 요인: 유럽 천연가스 시장 규제 변경과 자유화

유럽 국가와 기업들은 러시아가 고집한 종래의 천연가스 거래 방식이 자신들에게 이롭지 못하다는 사실을 깨닫고 천연가스 시장을 하루빨리 자유화할 필요가 있음을 인식했다. 이에 유럽연합 집행위원회(European Commission)는 2009년에 제3차 가스 지침(Third Gas Directive)과 가스 규제 715호(Gas Regulation No.715)가 포함된 이른바 제3차 에너지 패키지(Third Energy Package)를 채택하면서 가스관 시스템에 대한 접근권 및 사용권에 대대적인 변화를 일으켰다. 그 결과 유럽의 가스 공급자 및 수요자들도 상당한 영향을 받았지만 가장 심각한 타격을 받은 것은 다름 아닌 가즈프롬이었다. 제3차 가스 지침과 가스 규제 715호의 핵심 내용은 국가 간 운송을 규제하기 위해 신설된 두 가지 규정, 즉 천연가스 공급과 운송 서비스를 분리하는 이른바 분할("unbundling") 요건과 유럽연합 네트워크에 관한 신설 법령이었다. 새롭게 채택된 이 규제 조항들은 주로 유럽의 천연가스 운송과 관련되어 있다. 기존 천연가스 운송은 대개 계약 체결 국가 간 국경에 위치한 배송 지점에서 거래가 이루어지는 포인트-투-포인트(PP) 방식이었다면 최근에는 "허브(hub)"로 통칭되는 각 지역의 가상시장 사이에서 천연가스 운송량을 결정할 수 있는 입출(entry/exit, EE) 방식으로 바뀌고 있다. 다시 말해, 1960년대 이후 지금까지 그랬던 것처럼 천연가스가 더 이상 국경에서 사고 팔리는 것이 아니라 가상시장(가스 "허브")에서 거래된다는 뜻이다. 유럽의 모든 가스 구매자와 판매자들은 제3자 사용권(Third Party Access, TPA)을 통해 유럽연합의 모든 가스 기반시설에 대한 사용권을 획득하게 되고 배송량은 경매에 부쳐져 최대 15년간 매년 혹은 매달 할부 형식으로 지불하게 된다(Yafimava 2013).

이와 같이 배송 시스템이 근본적으로 더 유연하지만 동시에 더 불안정한 형태로 전환되면서 가즈프롬에게는 특히 심각한 법적 문제를 야기했다. 가즈프롬이 선호하는 종래의 장기 양자 계약, 즉 계약 체결 국가 간 국경에서 배송이 결정되는 방식과 신규 배송 체계는 상충하는 부분이 많기 때문이다. 이러한 상황은 당연히 가즈프롬의 유럽 사업 전반에 심각한 불확실성과 부정적 영향을 미치게 되었고 특히 유럽 지역에서 체결한 장기계약의 미래에도 자연히 의문이 제기될 수밖에 없었다. 유럽 천연가스 시장의 규제완화로 가즈프롬이 처한 문제는 크게 세 가지로 요약할 수 있다.

우선 러시아는 유럽연합 에너지 수요의 약 36%를 차지하는 최대의 천연가스 공급국이기 때문에 이처럼 막대한 수출량을 감당하기 위해서는 그에 상응하는 기반시설 구축이 필수적이다. 그런데 이러한 기반시설 건설과 유지에 필요한 자금을 조달할 수 있는 거의 유일한 방법은 장기 공급 계약인 것이다. 이것만큼이나 심각한 문제는 규제완화로 인해 최종 구매자와 맺은 배송계약과 운송경로상의 국가들과 맺는 통행 계약 기간이 불일치하는 경우가 빈번하게 발생할 수 있다는 점이다. 특히 거래 계약은 앞서 언급한 대로 대체로 장기계약인 반면 통행 계약은 그보다 기간이 짧을 가능성이 크기 때문에 극단적인 경우, 중간에 위치한 국가들이 계약 갱신을 거부한다면 러시아는 최종 구매자에게 천연가스를 배송할 수단이 없어져 의도치 않게 계약 불이행을 하는 사태에 직면할 수도 있는 것이다.

더불어 제3차 에너지 패키지 채택으로 가즈프롬은 유럽 국가들과 체결한 주요 가스 공급 계약에서 도착지 제한조항(destination clause)을 폐지해야 했다. 이 제한은 러시아와 계약을 체결한 국가가 수입한 천연가스를 타국으로 재수출하지 못하게 함으로써 가즈프롬의 이익을 보호하는 역할을 했다. 다시 말해, 제3차 에너지 패키지 덕분에 유럽 국가들은 구매자로서 러시아와의 계약을 보다 유리하게 협상할 수 있게 되었을 뿐만 아니라 판매자로서 현물 시장(spot market)에서 가즈프롬과 자유롭게 경쟁할 수 있는 가능성 또한 커지게 된 것이다.

3. 국제정치 요인: 러시아–EU 관계에서 지리정치적 악재와 EU의 본격적 대안 모색

하지만 유럽 시장에서 가즈프롬이 처한 위기는 규제 변화에 그치지 않았다. 주지하다시피 2014년 봄, 러시아가 크림 반도를 합병하고 우크라이나 동부의 분리주의 운동에 러시아 군대가 연루되었다는 의혹까지 겹치면서 유럽과의 지리정치적 상황은 악화일로에 접어들었고 러시아의 대(對)유럽 수출에도 자연히 먹구름이 끼게 되었다. 우크라이나에 대한 러시아의 천연가스 수출이 2014년 14.5bcm에서 2015년 7.8bcm으로 반 토막 나고 에너지 안보 관련 유럽 정책이 한층 강화되면서 러시아의 가스 수출이 불리해진 것이 대표적인 결과다(Gazprom Export 2016).

사실 이러한 에너지 안보 강화 정책은 2009년 러시아-우크라이나 간 가스 위기 사태 이후 이미 모색되기 시작했다. 가스 공급 중단 상황에 직면한 유럽 국가들은 긴급 상황에 대처하기 위한 기반시설 및 운송방향 전환(reverse stream) 시스템의 개발을 최우선 과제로 삼았다. 2014년의 사태는 이러한 움직임을 더욱 촉진했을 따름인 것이다. 단기적으로 이러한 유럽연합의 에너지 안보 정책은 천연가스의 새로운 수입원을 적극적으로 모색하고 잠재적인 수출 국가들과 협력을 강화하는 형태로 나타났다. 현실적으로 공급원 다각화는 액화천연가스(LNG) 수입의 증가를 의미하는 것이기 때문에 유럽 연합의 정책은 결과적으로 LNG 관련 기반시설의 개발과 확충이 핵심이다. 따라서 이 정책의 궁극적인 목표는 유럽연합의 외곽에 위치한 회원국들의 천연가스 운송망을 개량, 개발, 통합하고 동시에 공급 중단에 가장 취약한 국가들에 가스 저장 시설을 확충하는 데에 맞춰졌다(Lis 2016).

4. 러시아-EU 천연가스 상호의존: 끝의 시작?

2000년대까지 이어진 유럽 지역에서 러시아의 천연가스 시장 우위는 냉전이 끝나기 전인 1980년대부터 유럽연합의 전신이었던 유럽공동체

(European Community)의 주요국가들, 즉 프랑스, 독일, 이탈리아가 소련과의 천연가스 장기 계약을 체결하고 유럽 통합 가스 시스템(Unified Gas System into Europe)을 확대구축했던 시절까지 거슬러 올라간다 (Clingendael 2008, 20). 소련 붕괴 이후에도 러시아의 이러한 입지에는 변화가 없었으며 앞서 살펴본 것과 같이 오히려 2000년대 중반까지 러시아에 대한 유럽의 의존은 더욱 공고해지는 경향을 보였다. 그러나 2006년 러시아-우크라이나 간 가스 분쟁으로 인해 어려움을 겪으면서 유럽 국가들은 이러한 의존을 양자 관계 심화의 기반으로서 생각하기보다는 의심과 불확실성의 근원으로 바라보게 되었고 그에 따라 천연가스의 안정적 공급을 보장하기 위한 다양한 조치를 마련하기 시작했다.

　　하지만 공급자로서 러시아 또한 유럽 시장에 의존하고 있던 것은 마찬가지였다. 2008년에 터키를 포함한 유럽 시장에 대한 러시아의 천연가스 판매는 전체의 27%를 차지했는데 심각한 규제와 가격통제로 사실상 이윤이 거의 남지 않는 국내 시장 판매분(54%)이나 러시아의 영향력 유지를 위해 염가에 판매하고 있던 구소련 국가들에 대한 수출(13%)을 제외하면 거의 수출의 90%에 육박하는 수준이었다(IEA 2009, 465). 이를 보면, EU 가스 시장에 대한 러시아의 의존은 명백하다. 결국 EU 입장에서나 러시아의 입장에서 서로에게 크게 의존하면서 대안이 없는 상황(상호의존)은 여러 이유로 불가피했지만 이것은 어디까지나 상호신뢰가 존재할 때에만 타당한 명제라고 할 수 있다. 어느 한 쪽이라도 상대에 대한 신뢰를 잃고 다른 곳으로 눈을 돌리기 시작한다는 사실이 명백해지면 상대방 또한 일방적 의존 관계에 놓이지 않기 위해 자연히 대안을 찾게 되는 순환이 시작되는 것이다.

　　그러나 판매처와 생산지의 지리적 인접성이 비용에 결정적 영향을 미치며, 운송을 위한 기반시설 구축에 막대한 비용과 시간이 투입되는

표 3. 유럽연합 천연가스 수급 전망 (단위: bcm)

유럽연합	2007	2015	2020	2025	2030
수요	526	532	564	589	619
공급	214	167	139	116	103
순수입	312	365	425	473	516

출처: IEA 2009, 478: IEA 2011, 159

천연가스라는 재화의 특수성을 고려하면 이러한 상호의존관계가 하루아침에 뒤바뀌지는 않을 것으로 보인다. 특히 노르웨이를 위시한 유럽 국내의 주요 천연가스 공급 국가들의 생산량이 앞으로 2030년까지 서서히 감소할 것으로 예상되는 반면, 온실가스 배출 감축을 위해서 석탄과 석유에 대한 의존도를 빠른 시일 내에 줄여야 하는 필요성은 커지고 있기 때문에 유럽 지역의 천연가스 수입 수요는 오히려 당분간 증가할 것으로 예상된다. 또한 2010년을 전후로 나온 전망에 따르면 유럽의 천연가스 생산이 감소함에 따라 러시아의 공급량은 증가할 것으로 보였다(IEA 2009, 435; IEA 2011, 343). 이 예측대로라면 유럽의 러시아 의존도는 더욱 커질 수밖에 없는 상황이었다.

게다가 당초 러시아는 중국 시장 개척을 통해 선제적으로 유럽에 대한 의존도를 낮춤으로써 러시아에 대한 유럽의 일방적 의존의 구도 혹은 최소한 러시아에 더 유리한 형태의 상호연결(interconnection)을 구상했었다. 2011년 전망에 따르면 러시아는 2035년까지 EU와 중국 에너지 시장에서 거의 동일한 수입 점유율(30% 내외)을 확보할 것으로 보였다(IEA 2011, 329). 이렇게 되면 러시아의 에너지 수출에서도 중국의 몫은 2010년 2%에서 2035년에는 20%까지 증가하는 반면, 유럽의 비중은 2010년 61퍼센트 2035년에는 48%까지 낮아지는 결과가 된다(IEA

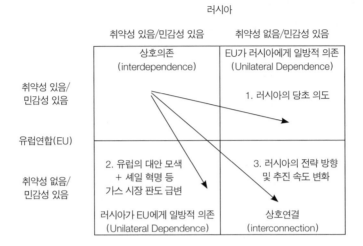

그림 4. 러시아-유럽 천연가스 관계 도식화

2011, 335). 이와 같은 중국(을 포함한 동북아) 시장 개척 시도를 통해 러시아는 2000년대 동안 단기적으로는 유럽에 대한 협상력을 강화하는 동시에 장기적으로는 유럽 시장에 대한 상대적 의존도를 낮추는 양수겸장의 전략을 추구했다(Energititseskaia Strategia Rossii 2003).

하지만 이러한 전망은 이른바 셰일 혁명(shale revolution)으로 불리는 셰일 가스의 막대한 생산과 그로 인한 공급 측면의 충격으로 완전히 뒤집어졌다. 당초에는 중동 및 북아프리카 지역에서 유럽으로 수입되는 LNG가 증가하더라도 장기적으로 2030년까지 러시아의 공급을 대체하고 시장의 판도를 뒤바꾸기에는 턱없이 부족할 것으로 평가되었으나(IEA 2009, 438) 미국에서 생산된 저렴한 셰일 가스가 이 등식의 균형을 완전히 바꾸어놓은 것이다. 러시아는 오히려 유럽이 자국에 대한 의존도를 먼저 낮출 수도 있다는 가능성에 직면하면서 대안의 마련이 시급해졌다. 유리한 협상고지 선점의 문제가 아니라 국가 경제 흥망을 좌우하는 초미의 사안이 된 것이다.

IV. 동아시아로 눈을 돌리는 러시아

1. 대안 부재: 국내 시장과 구소련 지역의 수요 둔화

이처럼 수요 약세, 공급 경쟁 심화, 가격 결정 방식 변화, 불리한 규제 변화 등 2000년대 후반 이후 자국에게 불리하게 돌아가는 유럽 천연가스 시장 상황을 타개하기 위해 러시아는 대안 시장을 시급히 모색할 수밖에 없는 상황에 처했다. 특히 러시아 경제가 에너지 수출에 의존하는 구조를 단시일에 변화시킬 가능성은 매우 낮다는 점을 고려하면 이는 국가경제뿐만 아니라 정권 안보의 측면에서도 긴요한 사안이었다.

우선 가장 먼저 눈에 띈 해결책은 가즈프롬에게 제2의 시장인 국내 및 구소련 지역(former Soviet Union, 이하 FSU) 시장에 대한 가스 공급 증가였다. 그러나 여기에는 두 가지 문제가 있었다. 우선 이 시장은 유럽 가스 수출 감소를 상쇄할 수 있을 만큼 크지 않다는 것이었다. 그보다 더 심각한 난관은 이 지역의 경제상황과 천연가스 수요 또한 유럽과 비슷하게 하강곡선을 그리고 있었다는 점이다. 최근 몇 년간 FSU에 대한 러시아의 가스 수출은 계속 하락했다. 2011-2015년간 수출량은 (연간 최대치 기준) 72.5bcm에서 41bcm으로 무려 43% 하락했다(Central Bank of the Russian Federation 2016)(그림 5 참조).

감소의 가장 큰 원인은 주지하다시피 FSU 국가들 중에서도 러시아 가스 최대 수입국인 우크라이나에 대한 수출이 급감했기 때문이다. 우크라이나의 수입량은 이 기간 동안 연간 40bcm에서 7.5bcm으로 급감했

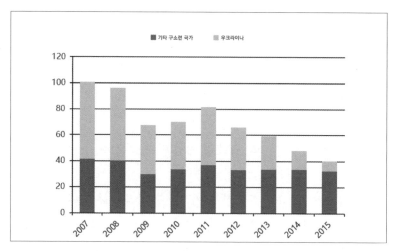

그림 5. 구소련 국가군에 대한 러시아 가스 수출 (단위: 10억 m³(bcm))
출처: OAO Gazprom 2010; OAO Gazprom 2015

다(Ukrtransgaz Statistics 2016). 우크라이나 동부에서 일어난 군사 충돌
로 우크라이나 정부는 러시아산 천연가스에 대한 의존도를 낮추어야 할
필요성을 절감했다. 하지만 우크라이나의 천연가스 수입 감소에는 정치
적 요인뿐만 아니라 경제적 이유도 크다. 2009~2013년간 러시아산 천
연가스 수입 비용 상승이 경제 위기와 맞물리면서 산업용 천연가스 소비
가 직접적인 타격을 받았다. 더욱이 러시아가 돈바스(Donbass) 지역을
합병하기 이전까지는 이 지역에 풍부하게 매장되어 있던 석탄을 천연가
스 대체연료로 저렴하게 채굴할 수 있었던 것도 수입 감소의 한 가지 이
유였다(Pirani and Yafimava 2014).

러시아 국내 시장도 사정은 크게 다르지 않다. 2008년 경제 위기 이
후 러시아의 천연가스 수요는 6.36% 감소했다(그림 6 참조). 2011년 소
비량은 472.8bcm로 일시적으로 상승했으나 다시 정체기에 접어들었다
가 2015년에 456bcm으로 감소했고 그 이후로 이렇다 할 회복세는 보이

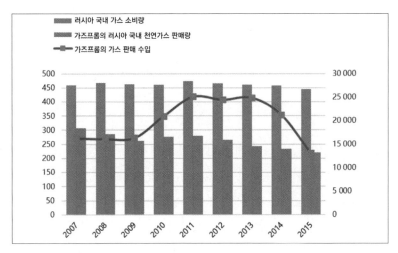

그림 6. 러시아 국내 가스 소비와 국내 시장에서 가즈프롬의 가스 판매량 및 수입 (단위: 10억 m³(bcm), 미국 달러(USD))
출처: Rosstat 2011; Rosstat 2016

지 못하고 있다(Federal State Statistics Service 2015). 게다가 내수 시장은 수출보다 공급가격이 낮다는 것도 고려해야 한다. 유럽 수출 물량을 국내에서 완전히 소화한다 하더라도 그만큼의 수익이 발생하지 않는 것이다. 이 때문에 가즈프롬의 국내 사업 수익성은 고질적인 문제였다.

　가즈프롬이 천연가스 내수시장 가격을 수출가격보다 훨씬 낮게 책정하기 시작한 것은 1990년대의 일이다. 경제위기 여파가 남아있던 2009년을 제외하고 2006년부터 2014년 사이에 국내 가격을 유럽 수출가와 맞추기 위해 평균 15%의 가격인상을 실시했지만 그럼에도 상황을 반전시키지는 못했다. 게다가 유가가 급등하면서 행정적으로 결정된 내수 가격과 유가에 연동된 수출 가격 격차는 거의 좁혀지지 못했다. 이후 석유 가격이 급락하고 러시아에 대한 경제 제재가 지속되면서 경제 상황이 나빠지자 러시아 정부는 국내 가스 가격을 동결시켰으며, 러시아 전문가들은 물가상승률 둔화에 따라 가스 가격 상승률도 연간 5~6%로 낮아질 것으로 보고 있다.

2. 러시아–동북아 가스 협력: 장기적 이익의 합치와 단기적 이익의 불일치

이러한 상황에서 러시아에게 유럽 시장을 대체할 수 있는 현실성 있는 대안으로 동북아시아 지역이 떠오른 것은 자연스러운 귀결이었다. 무엇보다 수십 년간 고도의 경제성장을 이어온 아시아 지역이 이제 명실상부하게 세계 에너지 시장에서 크고 중요한 수요자로 떠올랐다는 점은 주지의 사실이다. 이러한 에너지 수요 성장의 중심에는 물론 중국이 있지만 아시아의 다른 개도국들 역시 가세하고 있으며, 비록 수요 증가 속도가 둔화되기는 했지만 에너지를 사실상 전량 수입에 의존하고 있는 일본과 한국 또한 여전히 중요한 위치에 있다. 특히 동북아 지역은 에너지 자원 부존량이 풍족하다고는 할 수 없기 때문에 수입 에너지 의존이 더욱 극적으로 상승할 가능성이 다분하다. 물론 중국이 상당량의 석유와 천연가스를 생산하고는 있지만 국내 생산만으로 수요를 감당하기에는 턱없이 부족하다.

하지만 동북아 국가들의 끊임없는 노력에도 불구하고 이 지역 경제성장의 동력원이 되는 에너지의 공급과 분배는 불안정한 상태가 지속되었다. 또한 수입 에너지에 대한 의존이 심화되면서 이 지역 국가들은 에너지원의 가격 급등과 공급 부족, 공급 중단에 대한 불안을 항시적으로 겪게 되었다. 동북아 국가들에게 에너지 안보가 에너지나 경제 정책과 같은 이른바 "하위 정치(low politics)"에 머무르지 않고 정치적 정당성과 안정성, 나아가 국가 안보에 대한 시험인 "고위 정치(high politics)"의 영역으로까지 격상된 배경에는 이러한 조건이 있는 것이다(Herberg

2015, 12).

사실 아시아-태평양 지역 국가들과 에너지 협력을 강화하려는 러시아의 기획은 어제오늘 일이 아니다. 그 역사는 자본주의와 공산주의의 양대 진영으로 대치하던 1970년대 소련 시대까지 거슬러 올라간다. 당시 소련과 일본은 사할린 대륙붕에 매장된 가스를 공동으로 시추했고 LNG 형태로 일본에 수출하는 방안까지 검토했다. 그러나 1973년 제1차 석유 위기 이후 일본은 에너지 소비 절감을 목표로 하는 "에너지 사용 합리화 등에 관한 법률(エネルギ—の使用の合理化等に関する法律)"이른바 "에너지 절약법(Energy Conservation Act)"을 제정하고 이에 따라 재생에너지 사용을 장려하는 등 에너지 정책 노선을 변경하면서 이 공동 사업에도 차질이 생겼다(Nishiyama 2013). 여기에 LNG 관련 기술이 점차 발전하고 일본이 미국, 브루나이, 호주, 인도네시아 등 다른 국가들과 차례로 LNG 수입 계약을 체결하여 국내 시장 수요 이상의 공급량을 확보하면서 이 프로젝트는 유야무야되고 말았다.

하지만 1990년대 초에 이르러 공산권이 붕괴하고 동아시아에서 해빙(解氷)의 기운이 무르익으면서 동아시아 국가들과 러시아 간 에너지 협력 논의는 새로운 동력을 얻게 되었다. 특히 그 중심에는 코빅타(Kovykta) 유전 개발과 이르쿠츠크(Irkutsk)-중국-한국을 연결하는 가스관 건설 구상이 있었다. 그러나 이 프로젝트 역시 2004년 최종적으로 중단되고 러시아가 처음으로 이 지역에서 실질적으로 에너지 개발과 협력을 추진하게 된 것은 2009년 사할린에 가스 액화 공장을 건설하면서부터였다(Gerasimchuk 2016). 2014년 현재 사할린-2(Sakhalin-2)에서 생산되는 LNG의 약 72%는 일본으로, 약 24%는 한국으로 수출되고 있다(British Petroleum 2016).

러시아가 이처럼 2000년대 후반 들어 동북아 에너지 협력 사업에 박차를 가하고 있는 주요한 배경에 2007~2008년 유럽연합(EU) 금융위기 이후 유럽의 러시아 에너지 수입이 감소 추세로 돌아서고 설상가상으로 우크라이나 사태 이후 러시아에 부과된 일련의 경제제재 조치로 서구에 대한 에너지 자원 수출이 크게 제약을 받게 된 상황이 있다는 것은 주지의 사실이다. 그러나 푸틴 대통령 3기 출범과 함께 야심차게 내건 동방정책(East Policy)과 이후 행보는 이러한 방향전환이 단순히 국가 재원의 고갈을 일시적으로 회피하기 위한 미봉책이 아니라는 견해도 있다. 즉, 천연가스 수출 시장의 다각화가 단기적으로는 유럽 시장에서의 손실을 만회하고 한정된 판로에 대한 의존도를 낮추려는 전술적 차원의 움직임인 것은 맞지만 보다 장기적으로는 러시아의 지리적 위치를 십분 활용해 유럽과 아시아를 잇는 이른바 '에너지 가교'가 되어 정치경제적 상황, 그리고 무엇보다 시장 가격에 따라 가스 공급 방향을 그때그때 달리할 수 있도록 공급자로서의 유리한 입지를 차지하겠다는 전략적 고려가 있다는 것이다(Reuters 14/05/23). 또한 이러한 계획이 실현되면 자연스럽게 기존 수요자였던 유럽 국가들에 대한 협상력이 강화되고 러시아에게 유리한 방향으로 가격 설정을 할 수 있을 것이라는 복안(腹案)이 있었을 것이라는 추측도 가능한 부분이다.

3. 러시아-중국 간 가스관 건설 프로젝트: 절반의 성공

상술(上述)했듯이 가스 거래를 위한 러-중의 첫 접근은 1990 년대 초까지 거슬러 올라간다. 1997년 러시아는 한-중-러 3국 협정에 따라 한국과 중국에 총 30bcm의 천연가스 수출에 동의했지만 향후 건설될 가스관의 출발지로 선정된 코빅타(Kovykta) 가스전 지분 문제가 불투명해지면서 결국 프로젝트가 좌초하고 말았다. 2006년에 푸틴 대통령과 후

진타오(胡錦濤) 주석은 러-중 연간 최대 수송 용량이 80bcm에 이르는 가스관 2기의 건설협정을 맺었다. 같은 해, 가즈프롬과 중국석유공사(CNPC: China National Petroleum Corporation)가 재정 협력 협정을 맺으면서 건설은 순조롭게 추진될 것으로 보였다. 하지만 가격이 걸림돌이 되면서 이 사업 역시 실행되지 못했다(Paik 2012).

　러시아와 중국 간의 길고 지루한 협상은 2007년에 들어 중대한 전기를 마련했다. 가즈프롬이 동방 가스 프로그램(Eastern Gas Program)을 수립한 것이다. 첫 번째 목표는 동시베리아에 매장된 천연가스를 채굴하여 중국을 위시한 아시아 지역에 수출하는 것이었다. 또 다른 목표는 블라디보스토크에 LNG 플랜트를 건설해 LNG 산업을 육성하고 극동 러시아 지역 전반의 가스 내수 시장을 확대하겠다는 것이었다. 결과적으로 보면 사할린-2(Sakhalin-2) LNG 프로젝트의 확장 또한 이 프로그램의 일환이었다(Harada 2017).

　하지만 양국이 최종적으로 천연가스 거래 협정을 체결한 것은 2014년 5월에 이르러서였다. 러시아 정부가 "역사적" 협정이라고 부른 이 협정은 늦어도 2019년부터 이르쿠츠크 지역의 코빅타(Kovykta) 가스전과 중국 동북지역을 잇는 "시베리아의 힘(Power of Siberia)" 가스관을 통해 매년 38bcm의 천연가스를 수출할 것으로 예상되었다(그림 7 참조). 이 계약은 10여 년 가까이 이어진 마라톤 협상 끝에 이룩한 획기적 성과인 것은 사실이나 러시아가 당초 세웠던 목표에는 미치지 못했다. 협정 체결 직전인 2014년 3월에 일어난 크림 반도 합병과 우크라이나 사태로 러시아가 국제정치적으로 곤란한 상황에 빠진 것이 협상에 불리한 영향을 미쳤던 것으로 보인다. 결국 러시아는 사활이 걸린 부분, 즉 가격과 가스 수출 노선에서 양보를 할 수밖에 없었고 중국은 이 기회를 놓치지 않은 것이다.

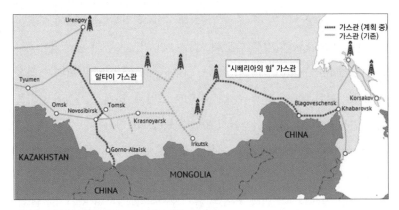

그림 7. 러시아-중국 간 가스관 건설 (기존 및 계획)
출처: Luft 2014

　　반면 알타이 가스관(Altai Pipeline)으로 대표되는 서부 가스 노선은 러시아가 결국 중국의 동의를 얻어내지 못하면서 계획이 좌초했다. 당초 러시아는 두 가지 목적에서 서시베리아(Western Siberia)에 매장된 천연 가스를 중국 시장에 공급할 심산이었다. 장기적 목표는 러시아를 유럽과 아시아 사이의 "에너지 교량(energy bridge)"으로 만들고 단기적 목표는 주로 유럽으로 수출되던 이 지역의 천연가스 과잉생산 문제를 해결하기 위한 신시장 확보였다. 때문에 원래 러시아가 구상했던 러-중 협정에서는 기존 시설을 증설할 필요 없이 가스관만 중국 서부 신장(新疆)성까지 연결하기로 되어 있었다. 동부 가스 노선에 비해 상대적으로 짧은 이 노선을 통해 서시베리아에서 가스를 저렴하게 공급할 수 있었다면 이 프로젝트는 저비용으로 가능했을 것이다. 또한 이 사업이 순조롭게 진행되었다면 알타이 가스관과 "시베리아의 힘" 가스관을 합쳐 최대 68bcm의 천연가스를 수출하면서 중국이 러시아 천연가스의 최대 고객이 될 수도 있었다.

　　하지만 "시베리아의 힘" 가스관이 착공된 지 한 달 후인 2014년 10

월, 가즈프롬과 CNPC가 이에 관한 양해각서(MOU)를 체결하면서 마침내 사업이 궤도에 오를 것으로 보였으나 이후에는 사실상 진척이 없다시피했다. 중국이 투르크메니스탄에서 수입하는 천연가스를 매년 최대 23bcm까지 증량하기로 한 것이다. 게다가 이렇게 중앙아시아–중국 가스관을 통해 중국 서부에 공급되는 천연가스가 2021년까지 최대 65bcm으로 증가할 것으로 예상되면서 중국 정부는 사실상 알타이 가스관에는 관심을 잃은 것으로 보인다.

러시아의 계획이 어그러진 배경에는 중국의 천연가스 수요 성장세 둔화가 크게 자리잡고 있다. 2016년까지 5년간 매년 평균 14%가 성장했던 데 반해, 2017년에는 7%로 성장세가 반토막난 것이다. 이와 함께 중국의 국내 천연가스 생산, 특히 셰일 가스 개발도 중국에 대한 러시아 천연가스 수출량을 결정하는 변수가 될 것으로 보인다. 비록 2015년까지 셰일가스로 매년 6.5bcm을 생산한다는 당초 목표는 달성하지 못했지만, 셰일 가스 자원 대부분을 소유하고 있는 중국 국유 에너지 기업인 CNPC와 시노펙은 낙관적인 전망을 하고 있다. 2016년 한 해 동안, CNPC의 자회사인 페트로차이나(PetroChina)는 2.5bcm, 시노펙은 3.76bcm을 생산하면서 당초의 목표생산량을 초과달성했다(Dunnahoe 2016). 셰일 가스 탐사 기술이 발전하면서 향후 생산량은 더 증가할 것으로 보인다.

러시아가 대(對)중국 가스 수출에서 직면한 어려움은 이뿐만이 아니다. 중국은 지난 10년간 꾸준히 가스 공급원 다각화를 추진하는 데에 성공했고 미국 LNG 생산업체들도 중국 시장 진출에 관심을 갖고 있는 것으로 알려졌다. 중국 천연가스 시장에서 러시아가 독점적 지위를 확보하기는커녕 여러 경쟁자들과 다투어야 하는 상황에 가까워진 것이다.

4. 동북아에서 판로와 생산지의 다각화 모색과 LNG 분야 진출 시도

결국 중국이 협상 과정에서 완강한 자세를 보이고 국내적으로도 천연가스 수요에 불확실성이 커지면서 러시아는 자연스럽게 동북아 지역의 다른 시장에도 눈을 돌리게 되었다. 그 중에서도 경제적, 지리적, 정치적으로 가장 유력하고 매력적인 대안은 역시 동북아의 양대 천연가스 수입국이자 가스 가격이 높게 형성된 한국과 일본이었다. 특히 기존에 이 두 나라가 주로 수입을 의존하던 인도네시아와 말레이시아가 경제성장으로 국내 천연가스 수요가 증가하면서 순수입국이 된 것은 러시아에게 기회라고 할 수 있다. 또한 일본의 경우 2020년부터, 한국은 2024~2025년 경부터 계약만료 등으로 기존 LNG 계약을 통한 천연가스 수입이 급감한다는 것도 호재다. 한일 양국은 이미 만료되는 기존계약을 갱신하거나 대체하기 위해 천연가스 공급처를 물색하고 있는 것으로 알려져 있다 (Corbeau et al. 2014).

러시아가 1990년대 후반~2000년대 초반에 양국에 가스관을 건설하는 데에 실패하면서 LNG 시설의 개발이 현실적이고 시급한 대안으로 떠올랐다. 현재 러시아가 계획 중인 8개 LNG 프로젝트 중 절반인 4개는 아시아–태평양 지역 공급 가능성을 염두에 두고 진행되고 있는데, 사할린-2(Sakhalin-2), 극동 LNG(Far East LNG) 또는 사할린-1(Sakhalin-1), 블라디보스토크 LNG(Vladivostok LNG), 그리고 야말 LNG(Yamal LNG)가 해당된다. 2017년에서 2023년 사이에 수출 개시 예정인 이 프로젝트들은 2013년 12월에 채택된 LNG 수출 자유화 규정의 혜택을 받았다.

사실 LNG 수출 자유화는 러시아 천연가스 산업 역사에서 획기적인 사건이라 할 수 있다. 사상 처음으로 가즈프롬 이외의 가스 생산업체들

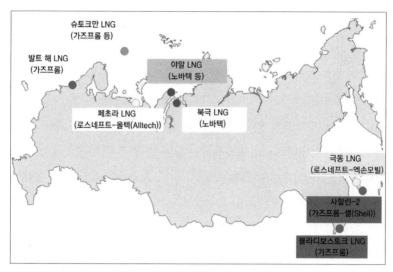

그림 8. 러시아의 주요 LNG 프로젝트 (기획, 건설, 운영중 프로젝트 포함)
출처: Gerasimchuk 2017, 7

이 수출을 할 수 있게 된 것이다. 이 정책은 1990년대와 2000년에 추진
했던 발트 해, 슈토크만(Shtokman), 하라사베이(Kharasavey) 등 여러
LNG 프로젝트에 가즈프롬이 연달아 실패한 반면 가스 시장 수출 경쟁
은 심화되면서, 아시아 시장에서 입지 확보의 기회를 놓쳐서는 안 된다
는 러시아 정부의 우려가 더해진 결과물이었다.

결국 명목상으로는 천연가스 수출의 독점 체제가 깨진 '자유화'의
형태를 띠고 있었지만 이러한 자유화는 결국 정부의 강력한 필요와 지
원 하에서 가능한 것이었기에 여전히 동북아 천연가스 시장 진출에서 국
가 차원의 정치적, 경제적 고려가 핵심 변수가 될 수밖에 없고 여러 기업
들의 경쟁 또한 이 한계 내에서 벌어지고 있다고 할 수 있다. 그렇다면
2017년 말까지 이 기업들이 추진한 각자의 핵심 프로젝트에서 동북아
지역 천연가스 시장 확보를 위해 얻어낸 성과는 얼마나 크며 장애요소는
무엇일까?

5. 가즈프롬의 사례: 안팎의 악재로 거듭되는 대형 프로젝트 중단

2016년까지 가즈프롬은 러시아의 유일한 LNG 생산기업으로 생산량은 전량 동북아 지역 국가들이 소비했다. 2015년 사할린-2의 주운영기업이자 가즈프롬이 지분의 50.1%를 보유하고 있는 사할린 에너지(Sakhalin Energy)는 가스 14.5bcm을 수출했는데 이 중 일본이 10.5bcm, 한국이 3.5bcm를 수입했으며 대만과 중국은 각각 0.3bcm과 0.2bcm을 수입했다(British Petroleum 2016).

사할린-2 프로젝트를 통해 건설된 두 대의 가스 트레인 생산용량은 (당초 설계 용량이었던 13bcm/년에서) 꾸준히 증가했지만 유가 폭락으로 동북아에서의 러시아 가스 수출은 심각한 타격을 받았다. 유가 급락이 아시아 지역의 LNG 가격에도 도미노 효과를 일으키면서 2014년부터 2017년 사이에 절반 이하(16.76 USD에서 7.60 USD)로 떨어졌다. 그렇지만 사할린-2 프로젝트의 성공에 고무된 가즈프롬과 (사할린-2 프로젝트 지분의 27.5%를 보유한 2대 주주인) 셸(Shell)은 2015년 6월 목표 생산량 연간 6.8bcm의 세 번째 가스 트레인 건설에 합의했다(Maslin 2015). 여기에 블라디보스토크에 LNG 플랜트가 완공되면 2019년부터 러시아의 LNG 수출은 매년 13.6bcm으로 증가할 것으로 예상된다.

그러나 2012년에서 2014년 사이에 아시아 지역에서 LNG 수출을 통해 사업을 확장하려고 했던 당초 계획과 달리 가즈프롬의 아시아 사업 전략 중심은 대규모 LNG 프로젝트에서 기존의 가스관 사업으로 옮겨가고 있는 것으로 보인다. 이러한 전략 변화의 배경에는 우크라이나 사태 이후 러시아에 대한 미국과 유럽의 경제제재로 인해 러시아가 서구 자본시장에서 장기 자금을 융통하거나 국제 석유기업들과의 합작에 큰 어려움을 겪게 된 상황이 있다. 2015년 8월 초, 미국은 사할린 대륙붕에 가즈프롬이 보유한 대규모 가스전에 제재조치를 내렸다. 당초 이 대륙붕에서 채취된 가스를 사할린-2 프로젝트의 천연가스 생산에 사용할 계획이었으나, 러시아의 유전을 겨냥한 미국의 제재에 사할린-3 프로젝트에 해당되는 유즈노-키린스코예(Yuzhno-Kirinskoye) 가스전이 포함되어버리면서 여기에서 생산되는 천연가스로 추가적인 세 번째 가스 트레인에 공급하려던 러시아의 계획이 어긋나고 말았다(Bierman et al. 2015). 상황을 타개하기 위해 가즈프롬은 로스네프트가 소유하고 있던 사할린-1 프로젝트의 천연가스를 임시 대안으로 활용하고자 했으나 로스네프트와의 합의에도 실패했다. 결국 가스 공급에 불확실성이 커지면서 사할린-2 프로젝트 확장을 위한 최종투자결정(FID, final investment decision)도 제시하지 못하고 있으며 가즈프롬의 최근 발표에 따르면 일러야 2021년에나 가능할 것으로 보인다. 블라디보스토크의 LNG 플랜트도 상황은 크게 다르지 않아 2017년 상반기까지 가스 공급원조차 결정하지 못하고 있다.

　당초 동시베리아 가스전 개발, "시베리아의 힘" 가스관 건설, 블라디보스토크 LNG 플랜트 건설은 통합 프로젝트로 구상되었다. 이 프로젝트가 실현되면 가스관을 통해 중국 시장에 천연가스를 공급하고 블라디보스토크로부터 한국과 일본에 수출을 늘릴 수 있을 것이었다. 이 프로젝트의 핵심에는 LNG가 있었다. 코빅타(Kovykta)와 차얀다(Chayanda) 가스전 개발, 그리고 "시베리아의 힘" 가스관 건설이 경제성을 확보하려면 아시아에 대한 LNG 수출 증대가 필수적이었기 때문이다. 그러나 LNG 플랜트용 천연가스 공급처에 대한 혼선이 지속되면서 결국 프로젝트는 임시 중단되고 말았다. 가즈프롬의 공식 발표에 따르면 블라디보스토크 LNG 플랜트는 더 이상 사업 우선순위가 아니고 2021년 계획으로 밀려났다고 한다.

결국 가즈프롬은 대규모 LNG 기술 운용 경험이 일천한데다가 서방의 제재로 사할린-2와 블라디보스토크 LNG 프로젝트를 통한 가스 공급이 불가능해지면서 기존 핵심 사업이었던 가스관 사업으로 복귀하는 방향을 점점 더 진지하게 고민하게 되었다. 우선 2011년 완공된 1,800킬로미터 규모의 사할린-하바로프스크-블라디보스토크 가스관을 통해 사할린에서 생산된 천연가스를 운송하는 방식을 다시 논의하기 시작했다. 현재 연간 운송량 5bcm인 이 가스관은 최대 30bcm까지 확장가능하며 중국이 더 이상 관심을 보이지 않고 있는 알타이 가스관을 대체할 수도 있다는 점에서 가능성이 커지고 있다.

6. 노바텍: 야말 LNG의 성공은 이어질 수 있을 것인가?

석유와 천연가스 가격이 요동치고 서구의 경제 제재가 지속, 심화되는 상황 하에서 독립 가스 생산 기업인 노바텍(Novatek)이 주도적으로 추진하고 있는 야말 LNG 프로젝트(노바텍이 지분의 50.1% 소유)의 개발 진척은 지지부진한 가즈프롬의 상황과 대조되면서 특히 깊은 인상을 주고 있다. 2013년에 건설이 시작된 러시아의 두 번째 액화 플랜트인 야말 LNG 플랜트는 16.5mtpa/년(약 22.4bcm)의 목표 생산 용량으로 2017년 10월 가동을 예정하고 있다. 이에 따라 LNG 수출은 2017년 5.5mtpa/년(약 7.4bcm)에서 2018년부터 2019년에 플랜트 설계 용량이 완전히 활용되는 시기까지는 10.5mtpa/년(15bcm)으로 증가할 예정이다. 노바텍의 최고운영자 대주주인 레오니드 미켈슨(Leonid Mikhelson)은 2017년 3월 인터뷰에서 야말에서 생산되는 LNG가 2017년부터 현물 거래시장(spot market)에서 판매될 수 있고 2018년부터는 장기계약용 운송을 시작할 수 있을 것이라고 언급했다(Platts 17/03/30). 야말

반도 북동부에서 진행 중인 이 프로젝트는 주로 아시아 시장을 노리고 있다. 여름에는 LNG 수송선이 북극해와 베링 해협을 통하는 북동항로로, 겨울에는 쇄빙 능력이 있는 LNG 수송선이 야말 반도에서 서쪽 항로를 따라 벨기에 제브루헤(Zeebrugge)의 환적터미널까지 운송을 한 다음, 일반 LNG 수송선에 옮겨 싣고 수에즈 운하를 통해 아시아까지 운반될 것이다.

노바텍은 프랑스의 토탈(Total, 20%), 중국의 CNPC(20%), 실크로드 기금(Silk Road Fund, 9.9%)이 참여한 해외 컨소시엄을 만들어내는 데 성공했다. 이 프로젝트는 각 투자기업들이 자기 전문분야와 기술을 투입함으로써 최적의 결과를 낼 수 있었다. 토탈 사는 세계적인 LNG 운영 기술을 공여했고 중국 국유 기업인 CNPC는 연간 3bcm의 가스 구매를 확약했다. 하지만 2014년 러시아가 우크라이나 군사 작전을 벌인 이후 노바텍도 서방 제재의 대상이 되면서 야말 프로젝트 투자는 위험에 처했다.[2] 그러나 이후 러시아와 중국 은행으로부터 자금을 확보하면서 사업을 지속할 수 있게 되었다. 2016년 4월 1일에는 러시아의 스베르방크(Sberbank) 및 가즈프롬방크(Gazprombank)로부터 41억 달러 융자 계약을 체결한데 이어 4월 29일에는 중국개발은행(Chinese Development Bank) 및 중국 수출입은행(Export-Import Bank of China)과 120억 달러 융자 협정을 맺었다(Sberbank 2016). 여기에 2016년 연말, 푸틴 대통령의 방일(訪日) 중에는 일본국제협력은행(JBIC)와 2억 유로 규모의 신용공여한도 계약에 서명하면서 프로젝트 진행에 필요했던

---

2   가즈프롬에 이어 노바텍과 로스네프트 또한 2014년 미국 재무부의 경제 제재 조치로 미국 자본 유치가 불가능해졌다. 이에 관해서는 U.S Department of the Treasury. 2014. "Actions Implement Executive Order 13662 against Two Russian Financial Institutions and Two Energy Firms." U.S Department of the Treasury Press Releases. (7월 16일) 을 참고하라.

180~190억 달러의 해외 자금 확보에 거의 성공했다(Yamal LNG 2016).

노바텍 지분 일부를 소유하고 있는 겐나디 팀첸코(Gennady Tim-chenko)와 러시아 정부 간의 긴밀한 관계 덕분에 야말 LNG 프로젝트는 정부의 상당한 지원 또한 얻어낼 수 있었다. 러시아 국민복지기금(National Welfare Fund of Russia)은 2015년 1월 야말 프로젝트에 1500억 루블의 차관을 제공했다(Staalesen 2015). 게다가 이 프로젝트는 처음부터 광물채굴세(Mineral Extraction Tax) 및 수출 관세를 면제받았다. 이 덕분에 러시아의 기존 가스 산업 조세제도하에서 야말 프로젝트의 경제성은 두드러지게 나아졌고, 2013년 푸틴 대통령이 야말 LNG 프로젝트가 공급되는 가스전에 대한 조세 감면 혜택을 지시함으로써 노바텍은 재원을 더욱 견실히 할 수 있게 되었다(*The Moscow Times* 13/10/21).[3] 더불어 사베타(Sabetta)항만 시설 및 사베타 국제공항 개발 등 천연가스 수송로 마련을 러시아 극동 개발 프로그램의 일환으로 추진하면서 프로젝트에 대한 정부 차원의 기술적 지원까지 받게 되었다.

7. 로스네프트의 사례: 적과의 동침 혹은 독자노선

러시아 최초의 대규모 육상 석유-천연가스 통합 프로젝트인 사할린-1(Sakhalin-1) 프로젝트는 엑손모빌(Exxon Mobil)(30%), 소데코(Sodeco)(30%), 로스네프트(Rosneft)(20%), ONGC(20%)로 구성된 해외 투자자 컨소시엄인 엑손 네프테가즈(Exxon Neftegaz)가 운영하고 있다. 485bcm으로 추정되는 이 지역의 거대한 가스 매장량은 이 합작회사가 1996년부터 생산물분배협정(Production Sharing Agreement)에

---

3   2013년 10월 21일, 러시아 정부는 북극 야말 반도 인근에 노바텍이 채굴권을 보유한 기단 (Gydan) 반도 가스전에 대해 세제 혜택을 부여했다(The Moscow Times 2013).

의거해 사업을 시작한 이래 끊임없는 논란의 중심에 있었다. 특히 프로젝트 수익 방식에 관해 로스네프트와 엑손모빌은 가격이 높은 아시아 시장에 천연가스를 수출해야 한다고 꾸준히 주장해왔고, 2004년 중국 국유 석유기업인 CNPC와 양해각서(MOU)를 체결했다. 2006년에는 결국 매년 총 10bcm의 가스를 20년 이상 공급한다는 내용의 예비 협정을 체결함으로써 아시아 수출에 더욱 힘이 실렸다.

그러나 이 계획은 같은 시장을 두고 경쟁적으로 가스관 프로젝트를 추진하던 국유기업 가즈프롬의 반대에 직면했다. 가즈프롬은 자사의 수출 독점 구조를 무너뜨리는 사업에 대한 지원을 거부하고 사할린-1 프로젝트에서 생산되는 가스는 국내 가스 가격에 가깝게 책정되어야 한다고 지속적으로 주장했다. 반면, 로스네프트와 엑손모빌은 사할린-2 LNG 플랜트에서 액화된 가즈프롬의 천연가스와 동일하게 수출 넷백(net-back) 가격에 가까운 가격으로 정해져야 한다고 주장했다(Henderson 2017).

결국 사할린-1 천연가스 가격에 대해 가즈프롬과의 합의에 실패한 로스네프트와 엑손모빌은 선박을 통한 액화가스 아시아 수출이라는 대안을 마련했다. 2013년 사할린 남부에 연간 생산 용량 5mpta(6.8bcm)의 극동 LNG 플랜트(Far East LNG Plant) 건설 협정을 체결하고 2018년 말에서 2019년 초 사이에 가동을 시작할 계획을 세운 것이다. 그러나 로스네프트가 사할린-2 가스관의 사용권을 얻는 데에 실패해 사할린 북부 가스전의 천연가스를 매년 8bcm씩 남부에 건설 예정이던 LNG 플랜트까지 수송하려던 계획도 수포로 돌아가면서(RIA Novosti 15/06/25) 플랜트 부지를 하바로프스크 지역의 데카스트리(De Kastri) 항으로 변경할 수밖에 없어졌고 프로젝트 일정 전체가 2020년까지 연기되고 말았다(Nariman 2017). 결국 엑손 네프테가즈는 가즈프롬에 가스를 판매할지 아니면 자체적으로 액화 플랜트를 운용할지 아직 결정하지 못하고 있는 상황이다.

게다가 LNG 가격이 급락하고 대(對)러시아 경제 제재로 이 프로젝트에 대한 해외 투자자들의 관심이 식으면서 자금 조달은 갈수록 어려워지고 있는 실정이다. 결과적으로 이 프로젝트는 2017년 말까지도 공급 전 단계에 머물러 있다.

8. 동북아에서 러시아의 천연가스 시장 확보의 딜레마: 필요와 의존 사이

러시아는 세계 1, 2위를 다투는 석유 및 천연가스 생산자로 다시 부상했지만, 에너지 패권과는 거리가 멀다. 물론 확인 매장량과 기존 설비 및 시장 침투 능력, 생산력 등에서 러시아는 분명 천연가스 강대국이며 이러한 공급 측면의 강점은 러시아가 거래해온 유럽 및 유라시아 시장에서의 지위를 공고히 해주는 요소들이다. 더불어 낮은 한계생산비용, 그리고 가스관을 통한 대규모 공급을 단시일 내에 전환 혹은 중단할 수 있는 러시아의 능력은 독보적이라고 할 수 있다.

그러나 이러한 구조적 강점은 동북아 시장으로 오면 상당히 퇴색된다. 특히 동북아에서는 이처럼 막대한 천연자원을 지속가능한 전략적 수단으로 전환시키기 위해 극복해야 할 제약이 시장과 제도, 기반시설 등 거의 모든 면에서 뚜렷하다. 가스관 및 액화 시설의 신규 건설을 위한 초기 비용이 너무 높은데다가 투자수익률(ROI)을 고려하면 더더욱 현실성은 떨어지기 때문이다. 게다가 지리적인 이유로 이 지역은 역사적으로 LNG에 대한 의존도가 높았기 때문에 지역 차원에서 LNG 통합 시장에 대한 논의가 활발해지고 있으며, 특히 셰일 혁명 이후에 동남아,

호주, 북미, 동아프리카, 중동 지역에서 생산되는 비전통적(unconventional) 천연가스 수입에 큰 관심이 쏠리고 있는 점도 부정적 요인이다 (Goldthau 2008; Stevens 2009).

사실 석유 부문에 비하면 러시아의 동북아 가스 교역은 확연히 더 많은 함정과 위험요소가 도사리고 있다. 액화천연가스 해상 수송에 대한 의존 심화에서 비롯되는 동북아의 이른바 "말라카 딜레마"를 피하기 위한 보완책으로서 러시아를 통한 육상 천연가스 공급이 훌륭한 대안이 될 수 있음에도 러시아와 동북아 국가들 간의 천연가스 공동 개발 및 수출 합의는 오랜 협상이 무색할 정도로 쉽사리 구체화되지 못하고 있었다. ESPO 프로젝트와 달리 참가국들은 우유부단한 태도를 보였고 깊은 상호 불신과 경쟁 구도를 초월해 상호 이득이 되는 가스 협력 계약을 체결하는 결과를 내지 못하고 가변적인 국내외 정치 상황에 발목이 잡혔다. 무엇보다 한국이나 일본과 진행하는 개발 프로젝트들에 비해 더 사업규모가 큰 중국 국유 에너지 기업과의 협업에서 이러한 문제가 두드러지게 나타나면서 동북아 지역에서 러시아의 천연가스 외교에 큰 걸림돌이 되었다.

이는 동북아 각국의 에너지 수급 상황과 관련 제도가 상이하고 협력 거버넌스가 미약하다는 점에서 기인하는 부분이 크다. 중국의 경우, 러시아로부터 가스관을 통해 천연가스를 대규모로 도입할 때 발생하는 시장 취약성의 문제에 대한 우려와 함께 가스 정책을 담당하는 정부 부처와 국유 에너지 기업들 간의 권한과 역할이 혼선을 빚고 있어 장기적인 양자 계약 체결에 걸림돌이 되고 있다. 양국이 중앙아시아 및 동시베리아 지역의 천연가스 자원을 개발하고 동북아 에너지 교역을 다각화함으로써 얻는 공동의 이익이 확연함에도 이러한 상황은 불신을 조장하고 경제적, 상업적 교섭이 쉽사리 정치적 갈등으로 비화되는 부작용을 낳고

있다. 지난 2009년 가즈프롬이 운영하는 투르크메니스탄–중국 간 가스
관이 '기술적 문제'로 폭발하는 사고가 일어나 양국 간 가스 공급이 중단
되었을 때, 투르크메니스탄 정부가 이를 단순 사고가 아닌 러시아의 고
의적 방해로 간주하고 극렬하게 규탄했던 사례가 대표적이다(Stulberg
2015, 147). 반면 상대적으로 규제와 제도가 투명한 한국과 일본의 경
우, 러–중 협력에서와 같은 불확실성이나 불안정성은 적지만 이미 양국
은 LNG를 통해 오랜 기간 자국의 수요를 충당해왔기 때문에 러시아와
의 협력을 적극적으로 추진할 동기도 적다는 것이 문제다.

그러나 이를 상호의존의 관점에서 보면 또 다른 그림이 보인다. 중
국은 당초 에너지원 비율(national energy mix)에서 천연가스의 비중이
미미했지만 2007년에 순수입국이 된 이후 수요가 가파르게 상승하면서
2035년에는 2007년의 3배로 증가할 것으로 예상되고 있다(Itoh 2010,
26). 이로 인한 부족분을 충당하기 위해 중국은 국내의 비전통적 가스공
급원을 찾는 동시에 LNG 수입을 위한 해안 시설 건설, 그리고 육로를
통해 러시아와 중앙아시아로부터 수입하는 방안을 병행 추진하고 있다.
따라서 중국 입장에서는 국내외의 다른 잠재적 대안을 너무 조기에 포기
하고 러시아와 장기 계약을 체결함으로써 의존도를 높이는 데에 따르는
위험부담이 상당히 높다고 할 수 있다.

이와 대조적으로 한국과 일본은 이미 천연가스 소비 전체를 수입,
특히 LNG 수입으로 충당하고 있기 때문에 러시아로부터 천연가스 수입
을 추진한다고 해도 직접적으로 취약성이 증가하는 상황은 아니다(U.S.
EIA 2010a, 2010b). 따라서 중국이 향후 수입 의존도 심화에 대한 정치
적, 경제적 우려를 품고 있는 것과 달리 양국은 이러한 측면에서 협력이
더 용이한 측면이 있다.

러시아가 상대적으로 소규모인 한국, 일본과의 합작 벤처 프로젝트

는 순조롭게 추진하고 있는 반면, 주로 가스관 건설을 동반하는 중국과의 대규모 프로젝트는 심각한 교착상태에 빠진 적이 있거나 사실상 폐기되는 경우가 많은 것도 이러한 상황 때문이다. 사할린-2, 사할린-3 프로젝트나 프리모르스크 지역과의 연계 사업, 그리고 보다 최근의 야말 LNG 프로젝트까지 사례를 보면 한국과 일본은 의존도 증가라는 정치적 부담이 없이 순수하게 경제적이고 상업적인 관점에서 러시아와의 천연가스 협력을 추진할 수 있음을 알 수 있다(Takeda 2008; Henderson and Stern 2014).

요약하자면 중국과의 협력은 양국에게 필요성은 크지만 취약성에 대한 위험 부담, 즉 일방적 의존상황에 대한 두려움이 걸림돌로 작용하면서 지체를 거듭하고 있는 데에 비해, 한국과 일본은 러시아 천연가스에 대한 시급한 필요는 적지만 동시에 의존도 증가의 우려도 매우 적기 때문에 역설적으로 협력이 쉽게 일어나는 상호연결 구도에 가깝다고 할 수 있다. 이를 개략적으로 도식화하면 다음과 같다.

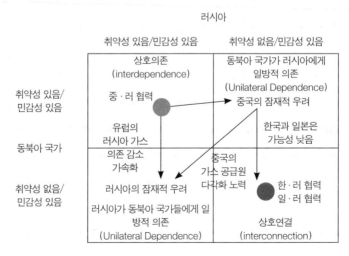

그림 9. 러시아-동북아 국가 천연가스 협력 진전 이후 관계 도식화

V. 결론

가스 수요 정체, 유가와 가스 가격 하락 및 가격 경쟁 증가, 그리고 LNG
에 대한 접근성 증대와 같은 유럽 가스 시장의 대대적 지각변동으로 러
시아 천연가스는 짧게는 지난 10여 년, 길게는 30여 년에 가까운 우월
적 지위를 위협받게 되었다. 동북아 지역으로의 방향전환은 이러한 관점
에서 대안 시장의 적극적 모색으로 해석된다. 그러나 동북아 지역 천연
가스 자원을 개발하고 이 지역 국가들에 가스를 수출하려는 러시아의 협
상과 개발 프로젝트는 더 오래 전에 시작되었다는 점에서 이러한 분석은
단면적이다. 지지부진하던 협상이 돌파구를 찾은 데에는 유럽 지역에서
러시아가 느낀 위기감이 분명히 영향을 미쳤지만 사실 러시아판 아시아
로의 전환(pivot to Asia)은 유럽과의 상호의존 관계에 내재된 취약성을
선제적으로 낮춤으로써 유럽 시장에서의 입지를 강화하려는 1차적 목적
이 있었다고 보아야 한다. 물론 그 과정에서 중국 시장의 막대한 잠재 수
요와 아시아 시장 전체에 대한 일정한 지분 확보에 대한 기대도 있었던
것은 맞지만 이는 어디까지나 상대적으로 장기적인 목표였다.

  그러나 우크라이나 사태 이후 미국과 EU의 대러시아 제재가 지속적
으로 강화되고 시리아 사태까지 중첩되는 등 지리정치적 긴장이 고조되
면서 유럽은 더욱 적극적으로 러시아 가스의 대안을 모색하게 되었고 이
에 러시아도 시급한 대응이 불가피해졌다. 다시 말해, 유럽 시장 변수는
러시아의 동북아 천연가스 시장 확보 노력의 촉진제이기는 했지만 근본
원인이라고 하기는 어렵다.

  2009년에 사할린-2 LNG 플랜트 건설이 이처럼 지연된 방향전환
(pivot)의 첫 성과였다면 2014년 가즈프롬과 CNPC 간의 '시베리아의
힘' 가스관 건설 협약은 방향전환의 본격적인 전개를 알리는 사건이었

다. 그러나 중국 동부 지역에 대한 천연가스 추가공급을 목표로 하는 알타이 가스관 및 사할린-하바로프스크-블라디보스토크 가스관 건설 논의는 중국의 가스 수요 불확실성 증가와 함께 중국의 고압적인 자세로 인해 교착상태에 빠졌다. 이는 비단 중국만의 문제라기보다 세계적인 셰일 혁명 등 세계 시장 차원의 가스 가격 하락 덕분에 수요자 시장이 되면서 동북아 국가들의 협상력이 제고된 점도 크게 작용했다. 그러나 그 기저에는 양국이 천연가스 시장에서 각자의 존재를 절실히 필요로 하지만 일방적 의존의 함정에 빠질 것을 우려한 결과, 협상에서 양측이 완강하게 입장을 고수하면서 협력을 어렵게 만든 상호의존의 딜레마가 있다.

사할린-2, 블라디보스토크 LNG 프로젝트, 남-북-러 가스관 연결 프로젝트 등 러시아가 한국과 일본의 틈새시장을 공략하기 위해 추진했거나 하고 있는 다양한 LNG 프로젝트는 중국 가스 시장에 대한 의존도를 낮추려는 이러한 고민의 결과물이라고 할 수 있다. 서방의 경제 제재가 이러한 노력을 심각하게 저해했음에도 야말 LNG는 결국 투자 자금을 유치하는 데에 성공했지만 결과적으로 중국 자본이 상당 부분을 차지했다는 점에서 중국에 대한 의존도 증가는 러시아에게 불가피한 현실이다. 공급 문제에서 국내 기업 간의 알력이 눈에 띄는 걸림돌로 보이지만 결국 중국의 투자와 거리가 있는 사할린-2와 블라디보스토크 LNG 프로젝트가 정체 상태에 빠져 있는 것도 이에 대한 방증이다.

이렇듯 러시아와 동북아 국가 간에는 천연가스를 위시한 화석연료 분야에서 상호보완과 공통이익의 잠재력이 충분함에도 전략적 차원의 대형 계약은 시장 상황 변화와 정치적 제약, 그리고 제도 미비로 인해 난항을 겪고 있다. 이러한 상황은 향후 러시아-동북아 국가 간 가스 전략 및 협력에 다음과 같은 시사점을 준다.

첫째, 러시아가 동북아 지역에서 상호의존적인 정치경제적 관계를 운영할 수 있는 역량과 지역 내에서의 위상을 높이기 위한 수단으로 에너지 산업을 활용하는 데에는 아직 한계가 뚜렷하다. 무엇보다 러시아가 자국의 극동 지역(RFE) 개발에만 주로 집중하고 있는데다가 이 지역에서 경제적, 전략적 입지를 확대하려는 방식이 일관적이지 못하다보니 역내 다른 국가들과 함께 에너지 거버넌스 수립을 위한 규범을 실천하고 발전시키기 위해 러시아가 동원할 수 있는 정치적 자원이 턱없이 부족하다는 점이 제일 큰 문제다. 특히 석유 부문에서 양자 협력의 기회가 있기는 하지만 경제적, 상업적인 이득 이외에 러시아가 동북아에서 영향력을 제고할 수 있을 만한 여지는 별로 없다(Stulberg 2015, 148). 기회주의적 착취자로 행동하고 인식되었던 러시아의 역사적 정체성은 이런 방식으로 가스 협력에서도 발목을 잡는 것이다.

반면 천연가스 부문에서는 신규가스관 건설을 통해 러시아의 동북아 시장을 새롭게 개척하고 기존 업체 및 사업계획들과 경쟁할 수 있는 대항마로서 영향력을 확보할 수 있는 잠재력이 상대적으로 크다. 하지만 여기에도 잠재력에 상응하는 장애물은 있다. 한국과 일본은 가스관을 통한 천연가스 도입 수요가 비교적 크지 않은 반면, 상대적으로 훨씬 큰 주고객이라 할 수 있는 중국은 러시아 외의 국가로부터 천연가스를 수입하려는 양다리 전략(hedging strategy)을 지속하고 있으며 한국, 일본에 비해 정치 과정이 불투명하다는 문제가 있다. 협력의 기반이 되는 지역 거버넌스가 정착할 여지는 부족하고 협력이 일순간에 경쟁구도로 뒤바뀔 위험은 큰 상태가 지속되고 있는 것이다.

두 번째로, 러시아가 동북아 에너지 시장 진출을 모색하는 전략적 상황이 유동적이다. 셰일 가스 등 비전통적 가스 추출이 세계적으로 증가할 것으로 기대되면서 천연가스 산업은 대변혁의 초입에 서 있다. 지금 추세가 지속된다면 천연가스 부문 또한 세계적으로 통합된 석유 시장과 비슷한 동학에 따라 움직일 가능성이 크다. 즉, 육로 가스관을 통한 운송의 중요성이 대폭 감소하게 되는 것이다. 이는 곧 가스관 운송에 주로 의존하던 러시아의 시장 지배력 또한 약해진다는 의미와 마찬가지다 (Johnson and Stromquist 2014). 그러나 다른 한편으로, 이와 같은 가스 시장 개방은 러시아와의 협력에 대한 다른 국가들의 위험 부담을 줄임으로써 한편으로는 러시아에게 기회가 될 수도 있다. 관건은 러시아가 천연가스 판매에서 LNG의 비중을 얼마나 빠르게 높이고 특히 극동 지역 가스전 개발에 속도를 내느냐에 달려 있다. 전자의 경우, 그 자체로 러시아의 전략적 입지가 강화되지는 않겠지만 공급가격을 두고 알력을 벌이고 있는 중국과의 협상에 물꼬를 트는 촉매가 될 수 있다는 점에서 러시아에게 특히 중요하다.

끝으로 이는 한국이 러시아와의 천연가스 협력을 추진할 방향과 목표 설정에도 중요한 함의가 있다. 한국의 경우, 러시아와의 협력이 상당히 진전되더라도 일방적 의존 상태에 빠질 위험은 낮으며 오히려 천연가스 수급 경로를 다각화함으로써 취약성을 낮추는 상호연결(interconnection)의 심화라는 긍정적 방향으로 나아갈 가능성이 크다. 이런 의미에서 야말 LNG 프로젝트에서는 호기를 놓쳤지만 차기 북극 육상 LNG 개발 프로젝트인 북극-2 LNG 사업에 보다 적극적으로 참여하여 지분을 확보하는 것은 물론이고, 동시에 황해 한-중-러 가스관, 나아가 남-북-러 가스관까지도 동북아 외교와 안보 상황 변화에 따라 진지하게 제안하고 구상할 필요가 있다. 더불어 이처럼 물리적인 차원에서만이 아니라 제도적 차원에서도 '교량'의 역할을 자임해야 한다. 동북아에서 에너지 경쟁, 특히 중국을 상대로 하는 경쟁의 격화를 미연에 방지하고 경쟁에 투입할 힘을 역내 협력의 동인으로 활용함으로써 안정적 에너지 수급이 보장될 때 가장 큰 수혜자는 다름 아닌 한국이기 때문이다.

참고문헌

1. 한국어 논문

신범식. 2014. "러시아 신(新)동방정책과 동북아 지역정치: 지역 세력망구도 변화와 러시아의 가
　　능성 및 한계." EAI 연구보고서. 서울:동아시아연구원.
신범식. 2015. "러시아의 에너지 동방정책과 동북아 국가들의 대응." 신범식, 김연규 편.『세계
　　정치』23: 229-274. 서울:사회평론.

2. 외국어 단행본

Clingendael. 2008. *Clingendael Annual Report 2008*. The Hague: Clingendael Institute
Eurostat. 2015. *Eurostat yearbook 2015*. Brussels: Office for Official Publications of the
　　European Communities
Herberg, Mikkal E. 2015. "Energy Competition and Energy Cooperation in Northeast
　　Asia." in *Energy Security Cooperation in Northeast Asia*, edited by Bo Kong and
　　Jae H. Ku, 12-37. Routledge: New York
Paik, Keun-Wook. 2012. *Sino-Russian Oil and Gas Cooperation*. Oxford: OIES
Rosner, Kevin. 2006. *Gazprom and the Russian State*. London: GMB Publishing Ltd.
Shaffer, Brenda. 2009, *Energy Politics*. Philadelphia: University of Pennsylvania Press.
Sotiriou, Stylianos A. 2015. *Russian Energy Strategy in the European Union, the Former
　　Soviet Union Region, and China*. Maryland: Lexington Books
Stulberg, Adam N. 2015, "Dilemmas and Prospects for Russian-Northeast Asian Energy
　　Security" in *Energy Security Cooperation in Northeast Asia* edited Bo Kong and
　　Jae H. Ku, 127-157. New York: Routledge.
Toyin, Falola, Genova Ann. 2008. *I diethnis politiki tou petrelaiou*. Athina: Ekdoseis
　　Ppazisi

3. 외국어 논문, 학술보고서 및 발표자료

Corbeau, Anne-Sophie, Anne Braaksma, Farid Hussin, Yayoi Yagoto and Takuro Yama-
　　moto. 2014. *The Asian Quest for LNG in a Globalising Market*. Paris: International
　　Energy Agency
Deutch, John. 2011. "The Natural Gas Revolution and its Consequences." *Foreign Af-
　　fairs* 90(1): 82-93.
Gerasimchuk, Olga. 2016. "Russia's Natural Gas Export Policy in Asia Pacific in the
　　1990s: Unfulfilled Potential." *ENERPO Journal* 5(1).

Gerasimchuk Olga, 2017, "Russia's Gas Pivot to Asia: A Short-Sighted Policy or A Long-Term Strategy?" Paper presented at 2017 6th International Youth Conference on Energy (IYCE) in Budapest, Hungary.

Goldthau, Andreas. 2008. Resurgent Russia? Rethinking Energy Inc. *Policy Review* 147: 53-63.

Harada, Daisuke. 2017 "How drastically Russian gas flows to Asia Pacific region changed in a decade" Paper Presented at JOGMEC, LNG Congress Russia in March

Henderson, James and Jonathan Stern. 2014. "The Potential Impact on Asia Gas Markets of Russia's Eastern Gas Strategy." *Oxford Energy Comment*. Oxford: OIES. https://www.oxfordenergy.org/wpcms/wp-content/uploads/2014/02/The-Potential-Impact-on-Asia-Gas-Markets-of-Russias-Eastern-Gas-Strategy-GPC2-.pdf (검색일: 2018.3.31.)

Henderson, James. 2017. "Russian LNG: Progress and delay in 2017" Oxford: OIES.

Itoh, Shoichi. 2010. "The Geopolitics of Northeast Asia's Pipeline Development." National Bureau of Asian Research Special Report. Seattle, WA: NBR. http://www.nbr.org/downloads/pdfs/eta/ES_Conf10_Itoh.pdf (검색일: 2018.3.31.)

Johnson, Robert and Emily Stromquist. 2014. "The Russian Gas Sector; A Political Risk Case Study." Houston, TX: The James Baker III Institute for Public Policy, Rice University. https://www.belfercenter.org/sites/default/files/files/publication/CES-pub-GeoGasEurasia-012914.pdf (검색일: 2018.3.31.)

Keohane Robert and Joseph Nye, Jr. 1973. "Power and interdependence." Survival 15(4), 158-165.

Lis, Aleksandra, "The Energy Union: What is it about and how can it develop?" http://www.academia.edu/8811109/The_Energy_Union_what_is_it_about_and_how_will_it_evolve_in_the_future (검색일: 2018.3.31.)

Mitrova, Tatiana, 2016. "Shifting Political Economy of Russian Oil and Gas", CSIS Report. Washington D.C.: CSIS. https://www.csis.org/analysis/shifting-political-economy-russian-oil-and-gas-0 (검색일: 2018.3.31.)

Nariman, Karimbayev, "Monetizing Sakhalin-1 Gas. Russian Far East LNG Project." Paper Presented at the ExxonMobil Presentation, LNG Congress Russia 2017 in Moscow, Russia on March 16.

Nishiyama, Hidemasa. 2013. "Japan's Policy on Energy Conservation" Paper presented at the IPEEC Energy Management Action Network (EMAK) 4th Workshop in Tokyo, Japan. January 3rd.

Orlova, Elena V. 2017. "Evropa idet na birzhu." *Neftegazovaya vertikal* 7(8)

Pirani, Simon and KatjaYafimava. 2014. "CIS gas markets and transit." in *The Russian Gas Matrix: How Markets are Driving Change*. Oxford: OIES,

Stevens, Paul. 2009. "Transit Troubles: Pipelines as Sources of Conflict." *A Chatham House Report*. London: Royal Institute of International Affairs. https://www.

chathamhouse.org/sites/files/chathamhouse/public/Research/Energy%2C%20En-
vironment%20and%20Development/r0309_pipelines.pdf (검색일: 2018.3.31.)

Takeda, Yoshinori. 2008. "Russia's New Political Leadership and Its Implications for
East Siberian Development and Energy Cooperation with North East Asian States".
Russian Analytical Digest 33(8): 5-8. http://www.css.ethz.ch/content/dam/ethz/
special-interest/gess/cis/center-for-securities-studies/pdfs/RAD-33.pdf (검색일:
2018.3.31.)

Victor, David G., Makarova-Victor Nadejda. 2004. "The Belarus Connection: Exporting
Russian Gas to Germany and Poland." *Geopolitics of Natural Gas Working Paper
Series* California: Standford IIS

Yafimava, Katja. 2013. "The EU Third Package for Gas and the Gas Target Model: major
contentious issues inside and outside the EU" *OIES Paper* 75.

4. 기사 및 보도자료

Bierman Stephen, Elena Mazneva and Joe Carroll. 2015. "U.S Puts Russian Gas Field Off
Limits as Sanctions Tighten." *Bloomberg.* (8월 7일) https://www.bloomberg.com/
news/articles/2015-08-07/gazprom-offshore-field-in-russia-s-far-east-sanctioned-
by-u-s- (검색일: 2018.3.31.)

Dunnahoe, Tayvis. 2016. "China's shale gas production outperforms expectations"
Oil&Gas Journal (3월 11일) https://www.ogj.com/articles/2016/11/china-s-shale-
gas-production-outperforms-expectations.html (검색일: 2018.3.31.)

Luft Gal. 2014. "Russia's Big Bear Hug on China", *The American Interest.* (11월 20일).
https://www.the-american-interest.com/2014/11/20/russias-big-bear-hug-on-
china/ (검색일: 2018.3.31.)

Makan, Ajay. 2013. "Statoil breaks oil-linked gas pricing." *Financial Times* (11월 19일)

Maslin, Elaine. 2015, "Gazprom, Shell agree to Sakhalin expansion." *Offshore Engineer.*
(6월 19일)

Petrostratégies. 1988. "Statistics: Europe's growing dependence on imported gas" *Pet-
rostratégies* 97. (4월 4일)

Platts. 2017. "Russian Yamal LNG to sell first 2017 cargoes on spot market."(3월 30
일) https://www.platts.kr/latest-news/shipping/sabetta-yamalpeninsula/russian-
yamal-lng-to-sell-first-2017-lng-cargoes-26699065 (검색일: 2018.3.31.)

Powell, William. 2013. "Statoil ditches the theory, beating Gazprom in practice." https://
www.platts.com/news-feature/2013/naturalgas/eu-gas/index (검색일: 2018.3.31.)

Reuters. 2014, "Putin says Russia may become swing gas producer for Europe, Asia."
Reuters (5월 23일) https://www.reuters.com/article/us-russia-forum-putin-
china/putin-says-russia-may-become-swing-gas-producer-for-europe-asia-idUS-
BREA4M07L20140523 (검색일: 2018.3.31.)

RIA Novosti. 2015, "Reshenie ob otkaze dostupa Rosnefti ktrube "Sakhalin-2" vstupilo v silu" (6월 25일)

Sberbank. "Sberbank signs loan agreement to finance Yamal LNG project." Sberbank Press Release. 4월 12일. http://data.sberbank.ru/en/press_center/all/index. php?id114=200011299 (검색일: 2018.3.31.)

Staalesen, Atle. 2015, "Russian crisis money for Yamal." *Barents Observer*, (1월 5일) http://barentsobserver.com/en/energy/2015/01/russian-crisis-money-yamal-05-01 (검색일: 2018.3.31.)

The Moscow Times. 2013. "Putin orders more tax breaks for Yamal." *The Moscow Times* (10월 21일) https://themoscowtimes.com/articles/putin-orders-more-tax-breaks-for-yamal-28784 (검색일: 2018.3.31.)

Yamal LNG. 2016. "Yamal LNG signed loan agreement with JBIC." Yamal LNG Press Release. (12월 16일) https://oglinks.news/article/251e73/yamal-lng-signed-loan-agreement-with-jbic (검색일: 2018.3.31.)

5. 정부, 공공기관, 기업 통계자료

British Petroleum. 2016. *BP Statistical Review of World Energy*. https://www.bp.com/content/dam/bp/pdf/energy-economics/statistical-review-2016/bp-statistical-review-of-world-energy-2016-full-report.pdf (검색일: 2018.3.31.)

Central Bank of the Russian Federation. 2016. "Russian natural gas exports in 2000-2015." http://www.cbr.ru/eng/statistics/credit_statistics/print.aspx?file=gas_e.htm (검색일: 2018.3.31.)

Energititseskaia Strategia Rossii. 2003. "Energititseskaia strategia Rossii na period do 2020 goda" *Minprotorg*. 8월 28일.

Federal State Statistics Service. 2015. *Russian Statistical Yearbook 2015*. Moscow: Federal State Statistics Service.

Gazprom Export 2016. http://www.gazpromexport.ru/en/statistics (검색일: 2018.3.31.)

IEA. 2009. *World Energy Outlook 2009*. Paris: OECD/IEA.

IEA. 2011. *World Energy Outlook 2011*. Paris: OECD/IEA.

International Monetary Fund Commodity Data http://www.imf.org/external/np/res/commod/index.aspx (검색일: 2018.3.31.)

OAO Gazprom. 2010. *Gazprom in figures 2006-2010*. Moscow: OAO Gazprom. http://www.gazprom.com/f/posts/55/477129/gazprom-reference-figures-2006-2010-en.pdf (검색일: 2018.3.31.)

OAO Gazprom. 2015. *Gazprom in Figures 2011-2015*. Moscow: OAO Gazprom. http://www.gazprom.com/f/posts/12/001311/gazprom-in-figures-2011-2015-en.pdf (검색일: 2018.3.31.)

Ukrtransgaz Statistics. http://utg.ua/en/utg/company/ukrtransgaz-today.html (검색일:

2018.3.31.)

U.S Department of the Treasury. 2014. "Actions Implement Executive Order 13662 against Two Russian Financial Institutions and Two Energy Firms." U.S. Department of the Treasury Press Releases. (7월 16일)

U.S. Energy Information Administration. 2010a. *Country Analysis Brief: Japan*. Washington, DC: EIA

U.S. Energy Information Administration. 2010b. *Country Analysis Brief: South Korea*. Washington, DC: EIA

World Bank Commodities Price Data http://www.worldbank.org/en/research/commodity-markets (검색일: 2018.3.31.)

제8장

러시아-일본 가스 협력

현승수(통일연구원)

I. 서론

석유, 천연가스와 같은 에너지 수출에 전폭적으로 의존해 온 러시아 경제는 2015년 이후 초래된 국제 유가 및 원자재 가격 하락 추세로 인해 큰 어려움에 직면해 있다. 2011~2014년의 3년 동안 100달러를 넘었던 원유 가격이 2015년에는 50달러대로 추락했다. 러시아의 우크라이나 사태 개입과 크림반도 병합은 그렇지 않아도 위기에 내몰린 러시아 경제에 제재라는 또 하나의 부담을 안겨줬다. 2017년 이후 국제 유가가 상승세로 돌아서면서 러시아 경제에도 완만하게나마 회복의 조짐이 보이고 있지만, 러시아가 과거와 같은 높은 성장세를 회복하기에는 여전히 역부족이라는 게 전문가들의 일치된 견해다.

한편, 에너지원을 전적으로 수입에 의존해 온 일본은 2011년 3월 11일 발생한 후쿠시마 원전 폭발 사고 이후 에너지 수급에 비상이 걸렸다. 보다 안전한 에너지원의 확보가 시급한 일본에서는 천연가스 수요가 급증하는 추세다. 세계 최대의 천연가스 수출국인 러시아에 일본이 주목하는 이유다. 아·태 시장에 눈독을 들이고 있던 러시아도 이러한 일본의 요구에 부응해 일본과의 에너지 협력에 관심이 많다.

하지만 러·일 양국의 가스 협력은 좀처럼 진전을 보지 못하고 있다. 무엇보다 국제 에너지 시장의 상황이 불안정하다는 점이 가장 큰 장애 요인이다. 게다가 단순히 공급과 수요의 논리로만 해결될 수 없는 불편한 그 무엇이 러시아와 일본 사이에 가로놓여 있다. 두 나라 사이에 해결해야 할 복수(複數)의 난제가 가스 협력에 걸림돌로 작용하고 있다. 이 장에서는 러·일 가스 협력의 경과와 현황을 고찰하고 두 나라의 에너지 협력을 추동하는 요인과 이를 저해하는 요인을 아울러 규명해 본다.

II. 러·일 가스 협력의 경과와 현황

1. 러·일 가스 협력의 대강(大綱)

일본은 천연가스를 전량, 유럽 등 해외로부터 액화천연가스(LNG)의 형태로 수입한다. 2011년 3월 발생한 후쿠시마 원전 사태가 일본 천연가스 수입의 전환점이었다. 사고 발생 전 해인 2010년도 일본의 LNG 수입량은 7056만 톤이었다. 그러던 것이 2011년도 수입량은 8318만 톤, 2012년 8687만 톤, 2013년 8773만 톤을 기록해 2011년 이전보다 24%나 증가했다.

[그림 1]에서 보는 것처럼 일본은 러시아에서도 9~10% 남짓의 LNG를 수입한다. 러시아의 대일본 LNG 수출은 '사할린-2 LNG 플랜트'에서 시작됐다. 러시아에서 유일하게 상업생산 중인 연간 1000만 톤 생

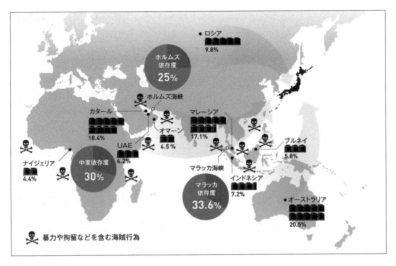

그림 1. 일본의 천연가스 수입 현황 (2014년 기준)

출처: 経済産業省(2014)

산능력의 사할린-2 LNG 플랜트는 러시아 국영 가스프롬(Gazprom) 사가 주식의 절반 이상을 소유하며 '사할린에너지'(Sakhalin Energy) 사가 운영한다. 사할린에너지에는 영국과 네덜란드의 합작 정유회사인 로열더치셸, 일본의 미쓰이물산과 미쓰비시상사가 자본을 출자하며 2009년 3월부터 일본에 LNG 수출을 개시했다.[1] 사할린-2 플랜트의 대일본 수출량은 2010년에 600만 톤으로 일본의 전체 LNG 수입에서 차지하는 비율은 8.5%였다. 그러던 것이 2011년 774만 톤(9.3%), 2012년 834만 톤(9.6%), 2013년 860만 톤(9.6%)으로 3년 동안 260만 톤, 약 43%나 증가했다. 하지만 이 기간 동안 일본이 수입한 LNG 총량에서 볼 때, 카타르는 945만 톤, 오스트레일리아는 507만 톤으로 러시아가 차지하는

1　사할린-2 LNG 플랜트의 지분구조는 가스프롬 50%+1주, 로열더치셸 27.5%-1, 미쓰이물산 12.5%, 미쓰비시상사 10%이다(이투뉴스 17/06/19).

비중은 그리 크지 않음을 알 수 있다. 그 원인은 사할린-2 LNG 플랜트의
LNG 공급 능력이 1000만 톤 이하로, 일정한 잉여 생산능력은 갖추고
있지만 대폭적인 증산에는 한계가 있기 때문이다. 러시아가 대일본 가스
수출을 확대하기 위해서는 공급용량을 추가로 늘리는 신규 프로젝트를
만들거나, 혹은 기존 플랜트의 확대 프로젝트를 추진해야 한다(畔蒜泰助
2016, 50).

현재 러시아가 일본을 포함한 아·태 지역 시장을 수출 대상으로 하
여 구상하고 있는 가스 프로젝트에는 블라디보스토크 LNG 플랜트 건설
프로젝트와 극동 LNG 플랜트 건설 프로젝트, 야말 LNG 플랜트 건설 프
로젝트 등 3개 신규 LNG 프로젝트와 이미 가동 중인 사할린-2 LNG 플

표 1. 러시아의 아·태 시장 대상 LNG 프로젝트

	블라디보스토크 LNG 플랜트 건설 프로젝트	극동 LNG 플랜트 건설 프로젝트	야말 LNG 플랜트 건설 프로젝트	사할린-2 LNG 제3계열 증설 프로젝트
러시아 참여 기업	가스프롬	로스네프트 (Rosneft)	노바테크 (Novatek)	가스프롬
해외 협력사	• 이토추(일본) • 마루베니(일본) • 일본국제석유개발주식회사제석 (INPEX帝石) • 일본석유자원개발주식회사 (JAPEX)	• 엑슨모빌(미국) • 사할린석유가스 개발회사(SO-DECO, 일본)	• 토탈(프랑스) • 중국석유천연가스유한공사 (CNPC) • 실크로드기금(중국)	• 로열더치셸(영국, 네덜란드) • 미쓰이(일본) • 미쓰비시(일본)
공급 능력	• 500만 톤/연(예상) • 1500만 톤/연 (최종)	• 500만 톤/연	• 550만 톤/연(예상) • 1650만 톤/연 (최종)	• +500만 톤/연 • 현재 955만 톤/연
천연가스 공급원	미확정	미확정	사할린-1	유즈노-탐베이 (Yuzhno-Tambei)

출처: 畔蒜泰助(2016, 50).

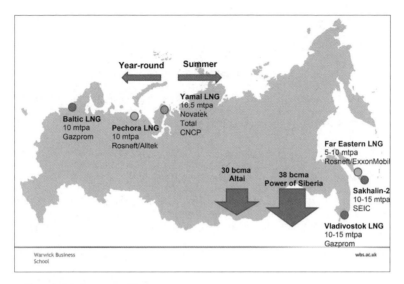

그림 2. 러시아의 LNG 프로젝트
출처: Asia Pacific Foundation of Canada.

랜트의 확대 프로젝트가 있다. 일본은 이 가운데 야말 프로젝트를 제외한 3개 프로젝트에 참여하고 있다.

2. 사할린 LNG 프로젝트

사할린 프로젝트는 러시아 사할린 주에서 진행되는 유전과 천연가스전 개발 프로젝트이다. 사할린 대륙붕 지역에 막대한 양의 석유 자원이 매장되어 있다는 사실이 확인된 것은 20세기 전반이었다. 하지만 자연환경이 혹독하고 운송수단이 부족하다는 등의 이유 때문에 소련 정부는 이 지역의 개발에 소극적이었다. 소련이 해체되고 러시아연방이 들어선 1990년대 전반기에 러시아 정부는 외국 자본을 유치해 사할린 프로젝트를 본격적으로 개시했다.

사할린 광구는 사할린 섬 전역에 1~8구역까지 나눠져 있으며, 이 가운데 1, 2 구역은 각각 사할린-1 프로젝트와 사할린-2 프로젝트로 불린다. 사할린-1 프로젝트는 미국의 엑손모빌(ExxonMobil) 사가 운영하며 일본의 민관 컨소시엄인 사할린석유가스개발(SODECO), 러시아 국영 석유회사인 로스네프트 사의 자회사, 인도 국영 석유회사 ONGC가 공동 출자한다.[2] 한편, 사할린-2 프로젝트는 사할린에너지 사가 운영하는데, 위에서 언급한대로 이 회사에는 로열더치셸, 일본의 미쓰이물산, 미쓰비시상사가 공동 출자한다. 사할린-1, 2 프로젝트는 개발 초기에 원유에서부터 생산을 시작했는데 이는 수출 대상국 확보가 용이했기 때문이다. 천연가스의 경우에는 파이프라인을 깔거나 LNG 플랜트를 건설하는 데에 비용이 많이 든다. 따라서 우선 수출 대상국을 확보한 연후에 최종 투자 결정을 내리는 것이 일반적이며, 그만큼 시간도 오래 걸린다.

러시아가 사할린 지역에 매장되어 있는 천연가스 수출에 본격적으로 착수한 2000년 초, 사할린-1과 사할린-2는 천연가스 판매 방식이 서로 달랐다. 사할린-2는 천연가스를 LNG 형태로 일본을 포함한 아·태 시장에 수송·판매하려 한 반면, 사할린-1의 경우는 사할린에서부터 일본으로 해저 파이프라인을 설치해 가스를 수송 및 판매하고자 했다. 일본은 천연가스를 전량 LNG 형태로 수입해 왔는바, 사할린-2가 더 적합한 게 사실이다. 하지만 그렇다고 해서 사할린-1 방식, 즉 파이프라인 건설 자체가 부적합한 것은 아니었다. 왜냐하면 파이프라인의 건설 거리가 2000km 이내일 경우에는 새롭게 LNG 플랜트를 건설하는 것보다 비

---

2   사할린-1 프로젝트는 생산물분배협정(PSA) 방식으로 진행되며 운영사인 엑손모빌이 지분30%를 보유하고 있다. 나머지 지분은 일본 사할린석유가스개발(SODECO)가 30%, 인도 ONGC가 20%, 로스네프트가 20%를 보유한다(에너지경제연구원 15/03/27). 한편, SODECO에는 일본 자원에너지청과 이토추, 마루베니가 공동 출자한다.

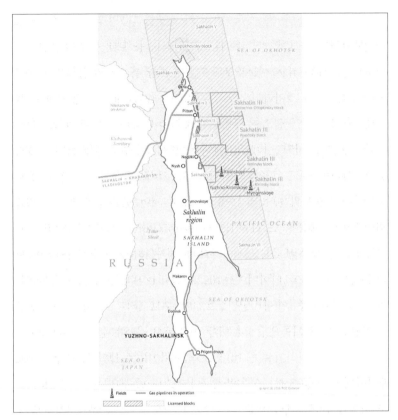

그림 3. 사할린 LNG 프로젝트
출처: Gazprom.com (a)

용 면에서 파이프라인 건설이 유리하기 때문이다. 따라서 사할린-1은 사할린과 일본의 근접성(사할린 남단에서 일본의 수도권까지 약 1400km)을 고려해 일본 최초로 파이프라인을 통한 천연가스 운송·판매 방식을 택했던 것이다(畦蒜泰助 2016, 53).

하지만 빠른 시간 안에 고객을 확보해 2009년 3월 첫 LNG 출하에 성공한 사할린-2 쪽이 승기를 잡은 듯 보였다. 러시아 에너지 산업의 핵심기업으로 떠오르며 사할린에너지의 주식 과반수도 확보하게 된 국영

가스프롬은 2006년 3월 중국 CNPC와 체결한 러시아의 대중국 천연가스 공급에 관한 틀 합의가 이후 구체적인 진전을 보지 못하자 2009년 3월, 사할린-2 LNG 플랜트로부터 일본을 포함한 아·태 시장으로 LNG 수출을 개시했던 것이다.

　이에 반해 사할린-1이 구상했던 해저 파이프라인 건설 계획은 어업보상 문제가 불거지면서 일본의 전력·가스업체들이 난색을 보이게 되었고 결국 좌초됐다. 그러자 사할린-1 프로젝트의 운영사인 엑손모빌은 사할린으로부터 일본이 아닌, 중국 쪽으로 파이프라인을 건설하여 가스를 수송·판매하는 쪽으로 방침을 전환했다(РБК 05/10/02). 2006년 10월 22일자 일본 아사히 신문은 "사할린-1의 사업주체인 미국 엑손모빌이 천연가스 전량을 중국에 수출하겠다는 내용의 각서를 이달 중순 중국 측 석유회사인 중국석유천연가스(CNPC)와 교환한 사실이 확인됐다"고 전했다. 아사히 신문은 "구체적인 각서 내용이 밝혀지지는 않았지만 본격적 협상을 시작하기 위한 계약 전 단계의 합의로 보인다"고 분석했다. 중국이 엑손모빌과 정식 계약을 체결하게 되면 일본의 전력·가스회사는 사할린-1으로부터는 천연가스를 공급받을 수 없게 되는바, 아사히 신문은 "일본은 이란 아자데간 유전 개발권을 상실할 가능성이 커진 데다 러시아가 사할린-2 석유·가스 개발 프로젝트를 중단, 타격을 받은 상황이어서 사할린-1에서마저 가스를 확보하지 못하게 될 경우 국가 자원 전략이 크게 흔들릴 수 있다"고 우려했다(朝日新聞 06/10/22). 여기서 말하는 사할린-2 프로젝트 중단이란, 2006년에 국제 환경문제가 제기되자 러시아 정부가 프로젝트 참여를 재검토하기로 하면서 개발이 중단 위기를 맞게 된 사실을 가리킨다. 결국 러시아 정부는 일본도 참여하고 있던 다국적 사업회사인 사할린에너지의 사할린-2 개발허가를 취소하고, 사할린에너지의 주식 과반수를 러시아 국영기업 가스프롬에 매각했다.

한편, 엑손모빌의 대중국 노선 변경 정책은 중국 측과의 가격 협상에서 진전을 보지 못했고, 이미 중국과 천연가스 공급 계약을 체결한 가스프롬이 엑손모빌의 움직임을 견제하고 나서는 바람에 더 이상 추진되지 못했다(TUSBASE 07/10/04). 이런 상황에서 일본이 참여해 개발한 사할린-1 프로젝트의 천연가스를 자국으로 수입하고자 하는 일본 측과, 중국의 천연가스 시장을 두고 미국 엑손모빌과 경쟁 관계에 있던 가스프롬의 이해가 일치하면서 새롭게 부상한 것이 블라디보스토크 LNG 프로젝트였다.

3. 블라디보스토크 LNG 플랜트 계획

가스프롬이 사할린-2 LNG를 일본에 수출하기 시작한 지 두 달 후인 2009년 5월, 푸틴 총리가 일본을 방문했을 당시 일본의 자원에너지청, 이토추, 마루베니가 함께 출자하는 극동 러시아가스사업조사주식회사는 가스프롬과 블라디보스토크에서의 신규 LNG 플랜트 건설에 관한 공동 사전사업화가능성조사(PreFS)를 실시하기로 합의했다. 블라디보스토크 인근에 총 1500만 톤(트레인 3개)의 액화 플랜트를 건설하고 단계적으로 생산용량을 증대시켜 나간다는 이 계획은 가스프롬이 아·태지역에서 최초로 건설에 착수한 LNG 플랜트이기도 했다.

후쿠시마 원전 사고가 발생한 직후인 2011년 4월, 일본과 가스프롬은 PreFS에서 한 단계 더 진척된 공동 사업화가능성조사(FS)를 실시하자는 데에도 합의했다. 이는, 2008년 리먼 사태 이후 유럽 경제의 침체와 미국발 셰일가스 혁명의 여파로 인해 카타르 산 LNG가 저가로 유럽 시장에 유입되면서, 가스프롬이 역풍을 맞게 된 상황과 맞물렸다. 러시아 국내에서는 천연가스 시장을 아·태 지역으로 다변화해야 한다는 요

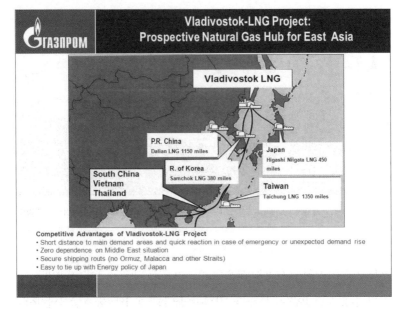

그림 4. 블라디보스토크 LNG 프로젝트
출처: Victor Timoshilov

구의 목소리가 높아졌다(畔蒜泰助 2016, 54). 또 2012년 9월, 블라디보스토크에서 개최된 APEC(아시아태평양경제협력체) 정상회의 당시, 푸틴 대통령과 노다 일본 총리가 참석한 가운데 가스프롬의 밀레르 사장과 일본 자원에너지청의 다카하라 이치로 장관은 「블라디보스토크 LNG 프로젝트에 관한 MOU」를 체결했다. 이 문서는 가스프롬이 연말까지 투자 결정 준비를 완료할 예정임을 명시하고 있다.

하지만 사업은 채산성이 맞는 가격으로 공급이 가능한 천연가스 공급원을 확보하기가 어렵다는 이유로 인해 초반부터 난항에 부딪쳤다. 2014년 2월, 가스 공급원인 유즈노-키린스크 매장지 운영과 관련하여 사업 착수 시기가 2018년에서 2019-2020년으로 한 차례 연기되었고, 게다가 유즈노-키린스크 매장지는 2015년 8월부터 미국의 대러 제재 대상에 추가되면서 매장지 개발에 차질이 불가피해졌다(에너지경제연구원 16/11/28, 30-31).

사업 초기, 블라디보스토크 LNG 프로젝트와 관련하여 3개의 천연가스 공급원에 대해 가능성이 검토 중이었다. 첫째는 사할린-1 광구다. 하지만 동 광구의 운영사인 엑손모빌과 일본 측은 천연가스의 매입 가격을 둘러싸고 합의를 하지 못하고 있었다. 둘째는 방대한 매장량이 예상되는 사할린-3 광구로서, 위에서 언급한 유즈노-키린스크 광구다. 이 광구는 당시 푸틴 대통령의 지시에 따라 가스프롬이 시추 작업에 속도를 내고 있었음에도 불구하고 생산 개시 시기가 크게 지연되고 있었다. 세 번째는 동시베리아의 차얀다 천연가스 광구(사하공화국 소재)이다. 동 광구는 위에서 언급한 2006년 3월 가스프롬과 중국 CNPC가 천연가스 공급에 기본 합의했을 당시 천연가스 공급원의 하나로 고려되던 곳이다. 그러나 중·러 간 기본 합의로부터 10여 년이 지났는데도 양측은 여전히 천연가스 매매 가격을 놓고 합의에 이르지 못하고 있었다(畔蒜泰助 2016, 54).

한편 블라디보스토크 LNG MOU의 서명이 이루어진 뒤 얼마 지나지 않은 2012년 10월 말, 가스프롬의 밀레르 사장은 푸틴 대통령과의 회담 자리에서 차얀다 천연가스 광구와 블라디보스토크 LNG 플랜트를 연결하는 3000km 이상의 파이프라인 건설에 착수할 것을 결정했다. 총 투자액은 1조2000억 루블(당시 환율로 약 30조원)이며, 2017년까지 완성을 목표로 한다고 보고했다. 전문가들 사이에서는 투자액이 지나치게 크기 때문에 러시아 정부에서 상당 정도의 인센티브를 부여하지 않는다면 천연가스 공급 비용이 과도하게 비싸질 수밖에 없을 것이라는 우려의 목소리도 들렸다. 물론 일본 정부가 이를 떠맡을 가능성도 대단히 희박했다. 이런 여건 속에서 2013년 7월, 가스프롬 경영진은 동 파이프라인의 건설은 2006년 3월에 가스프롬과 CNPC 간 기본합의에 도달한 바 있는 천연가스 공급 계약이 매매 가격을 포함하는 최종 합의에 도달할지의 여부에 달려 있다고 발언했다(RusEnergy.com 13/07/02).

그로부터 10개월 후인 2014년 5월에 상황이 크게 전환된다. 즉 가스프롬과 CNPC가 8년 간 난제로 남아 있던 천연가스 공급 계약의 최종 합의 문서에 서명했기 때문이다. 차얀다 광구와 코빅타 광구에서 연간 380억 m^3를 30년간 총액 4000억 달러에 공급하는 계약이며, 총 투자액은 천연가스 광구의 개발 비용과 총 연장 약 4000km의 파이프라인인 '시베리아의 힘'의 건설 비용, 차얀다 광구에 다량 함유되어 있는 헬륨가스 분리 시설의 건설비 등을 포함해 러시아 측에서 550억 달러, 중국 측에서 220억 달러를 출자하는 것으로 추정되었다. 잘 알려져 있는 것처럼, 이 같은 중·러 간 천연가스 공급 계약의 최종 합의를 가능케 한 것은 우크라이나 사태로 촉발된 서방의 대러 경제 제재였다. 중국은 러시아의 크림반도 병합을 지지하지 않았지만 그렇다고 대러 경제 제재에 동참하지도 않았다. 2014년 5월, 중국을 방문한 푸틴 대통령은 가스프롬이 CNPC와 천연가스 공급에 관한 최종 합의 문서에 서명하도록 조치했다.

이같은 상황 전개에 일본은 당황했다. 중·러 간 에너지 협력은 일본을 배제한 동북아의 지정학적 지각변동일 수 있었다. 이를 증명하듯, 2014년 9월 가스프롬 부사장 알렉산드르 메드베데프는 동시베리아의 천연가스는 중국으로만 수출되며 일본에는 수출하지 않는다고 발언했다. 차얀다 광구와 코빅타 광구의 개발에는 긴 시간이 필요하며 계약 기간 안에 계약된 만큼의 천연가스를 중국 측에 공급하는 일도 쉽지 않을 것이라는 게 그 이유였다. 따라서 당초 계획하고 있던 동시베리아 가스의 블라디보스토크 LNG 플랜트로의 공급은 전망이 불투명해졌다. 결국 2016년 2월 초, 가스프롬이 운영하는 금융기관 가스프롬반크

(Gazprom) 사가 더이상 가스프롬의 블라디보스토크 LNG 프로젝트에 투자할 수 없다고 밝힘으로써 동 사업은 잠정 중단되었다.[3]

4. 야말 LNG 프로젝트

가스프롬이 계획했던 천연가스 시장의 아·태시장 진출과 수출 다변화는 좀처럼 추진이 쉽지 않았다. 이에 2012년 하반기부터 가스프롬의 천연가스 수출 독점권을 단계적으로 자유화하는 조치가 러시아 정부 안에서 논의되기 시작했다. 동 독점권은 2007년 7월부터 가스프롬에 부여되어 오던 것이었다. 이로써 LNG 수출 자유화 논의도 본격화되었다. 동 논의를 주도한 것은 러시아 최대 민영 가스 회사인 노바텍과 로스네프트이며, 이들 두 회사의 로비가 성공을 거둔 것이라 할 수 있다. 그 결과, 2013년 11월 가스프롬 이외에 노바텍이 주도하는 야말 LNG 프로젝트와 로스네프트에게 LNG 수출을 허가하는 법안이 채택된다. 이 때부터 러시아 산 천연가스의 아·태 시장 진출과 다변화가 본격화되면서 3개 회사의 경쟁이 시작되었다.

　야말 LNG 프로젝트는 노바텍이 프랑스의 토탈(TOTAL) 사를 전략적 파트너로 삼아 시작된 것이다. 야말 반도 북서부의 유즈노-탐베이 광구를 천연가스 공급원으로 하며 3단계로 나누어 연간 1600만 톤의 LNG 생산 능력을 갖춘 플랜트 건설을 계획하고 있다. 동 LNG 플랜트의 운영자인 야말 LNG 사가 가동을 시작했을 당시의 출자 비율은 노바텍 80%, 프랑스의 토탈 20%였다. 노바텍은 아·태 지역 시장으로의 진출을 고려

3　2014년 2월 가스프롬반크 사는 블라디보스토크 LNG 프로젝트의 첫 번째 투자기업이 되겠다고 발표하였으며, 24-25%의 지분 매입에 대해 논의한 바 있다(에너지경제연구원 16/11/28, 31).

해 추가로 출자 기업을 물색했다.

　　여기에 가장 먼저 반응한 것이 중국이다. 2014년 1월, 중국 CNPC는 노바텍이 보유한 야말 LNG 지분의 20%를 인수하기로 합의했다. 더 나아가 노바텍은 9.9%의 주식을 양도하기 위해 일본과 인도 기업에 접근했지만 거래는 성사되지 않았다. 일본 기업으로는 엔지니어링 회사인 닛키(JGC Corporation)와 치요다화공이 동 LNG 플랜트의 설계와 건설을 수주했으나, 프로젝트 자체에 대한 출자는 실시하지 않았다. 2015년 12월, 노바텍은 중국의 실크로드펀드가 야말 LNG 사의 지분 9.9%를 취득하는 법적 구속력을 갖춘 문서에 서명했다고 발표했다(畊蒜泰助 2016, 55).

5. 극동 LNG 플랜트 건설 프로젝트와 사할린-2 LNG 플랜트 확장 프로젝트의 갈등

블라디보스토크 LNG 프로젝트의 실현 가능성이 불투명해지면서 새로운 러·일 천연가스 협력 프로젝트로 떠오른 것이 극동 LNG 플랜트 건설 프로젝트였다. 2013년 2월, 로스네프트 사와 미국의 엑손모빌은 극동에서의 새로운 LNG 프로젝트의 가능성에 관한 공동 연구를 실시한다고 발표했다. 로스네프트는 2018년 말 완공해 2019년 가동을 목표로 당초의 생산 능력이 연간 500만 톤이라고 발표했다. 당시 사할린 남서부 이린스크 항 주변에 LNG 플랜트를 건설하는 안이 검토되었으나, 현재는 사할린 서부의 데카스트리 항이 유력한 것으로 알려져 있다. 일본의 입장에서 이 프로젝트의 최대 강점은 사할린-1 광구 운영사인 미국의 엑손모빌과 손을 잡음으로써 비용 면에서 매우 유리한 동 광구의 천연가스 공급이 가능하다는 점이다.

하지만 극동 LNG 플랜트 건설 계획에도 해결해야 할 난제가 남아 있다. 로스네프트가 극동 LNG 플랜트에 천연가스를 공급하려면, 사할린에너지 사(가스프롬 소유)가 사할린-2 LNG 프로젝트를 위해 사할린을 남북으로 가로질러 건설한 파이프라인을 이용할 필요가 있었다. 따라서 로스네프트는 2013년 12월 이를 허용해 주도록 연방 에너지부에 요청했다. 하지만 가스프롬은 이를 거부했고 양사는 사할린-2 파이프라인의 활용 문제를 둘러싸고 법정 투쟁을 벌이게 된다.

사실 가스프롬은 블라디보스토크 LNG 플랜트 건설 계획과는 별도로 현재 두 개의 계열이 운영 중인 사할린-2 LNG 플랜트에 세 번째 계열을 증설함으로써 동 LNG 플랜트의 생산 규모를 확대할 계획이다. 앞에서 언급한 로스네프트의 사할린-2 파이프라인 사용 허가 요청 직후, 사할린-2 LNG 플랜트 운영자인 가스프롬과 파트너인 로열더치셸은 사할린의 LNG 플랜트의 세 번째 계열 증설계획과 관련하여, 이를 설계 단계로 이행하자는 데 합의했다고 발표했다. 다시 말해, 사할린에너지 사는 자신이 계획하는 사할린-2 LNG 플랜트의 확대 계획을 실현하기 위해서는 추가 천연가스 수송 능력이 필요하며, 이를 감안한다면 로스네프트에 이용 허가를 내줄 정도의 잉여 수송 능력은 없다는 입장을 분명히 한 것이다(畔蒜泰助 2016, 58).

사할린에너지가 주도하는 사할린-2 LNG 플랜트 증설 프로젝트의 가장 큰 강점은 기존 파이프라인과 LNG 플랜트가 존재한다는 점, 또 본래 동 프로젝트의 시작 단계에서 이미 세 번째 계열의 증설을 상정하고 설계와 용지 확보를 진행해 왔다는 점이다. 따라서 LNG 공급 능력 증설에 그다지 큰 비용이 들지 않을 것으로 예측됐었다. 하지만 사할린-2 광구에는 기존 계약을 초과하여 천연가스 공급을 늘릴 만큼의 남은 생산 능력이 없기 때문에, 사할린에너지는 따로 천연가스의 공급처를 확보해야 한다. 이에 사할린에너지는 새로운 천연가스 공급원으로서 사할린-3 광구, 특히 막대한 천연가스 매장량이 기대되는 유즈노-키린스크 광구를 상정하고 있었다. 동 광구는 가스프롬이 채굴권을 갖고 있다. 2015년 6월 18일, 상트페테르부르크경제포럼 당시, 가스프롬과 로열더치셸은 사할린-2 LNG 플랜트의 생산능력을 1.5배로 확대하자는 데 합의하고 정식 문서에 서명했다. 동 문서에 따르면, 가스프롬은 사할린-3 광구에서 생산되는 천연가스를 여기에 공급하게 되며, 최종투자결정(FID)은 2017년, 가동 개시는 2021년이다.

서명식 이틀 뒤인 6월 20일, 푸틴 대통령은 해외 14개 통신사 대표들과 가진 간담회에서 러·일 에너지 협력의 유망 프로젝트로 사할린-2 LNG 플랜트의 제3계열 증설 계획을 언급한다. 또 2015년 8월 4일, 로열더치셸이 가스프롬과의 자산 교환의 일환으로 사할린-3 광구의 지분을 인수한다고 발표했다. 하지만 그로부터 4일 후인 8월 7일, 미국 행정부는 사할린-3에서도 가장 유망하다 할 유즈노-키린스크 광구에 대해 LNG 기술을 수출, 재수출하거나 양도하는 것을 금지하는 제재 조치를 발표했다. 보다 정확히 말하면, 미국과 EU는 우크라이나 사태와 관련해 취한 대러 경제 제재의 일환으로 심해 자원 개발에 대한 기술 공여를 금지했는바, 유즈노-키린스크 광구가 여기에 해당됐던 것이다. 일부 전문가들은 바로 이 시점에 미국 행정부가 유즈노-키린스크 광구에 대한 제재 조치를 발표한 것은 로열더치셸에 대한 정치적 견제 의도를 갖고 있었기 때문으로 분석한다. 이 사건을 계기로 가스프롬은 사할린-2 LNG 플랜트의 확대 계획을 실현하기 위해 채굴권을 소유하고 있는 사할린-3을 대신해, 사할린-1 광구의 천연가스를 공급받기로 하고 로스네프트와의 가격 협상을 공식적으로 개시했다. 현재 양측의 협상은 진행중이다(畔蒜泰助 2016, 59).

6. 가스 파이프라인 건설 프로젝트

사할린과 일본의 수도권을 해저 파이프라인으로 연결하는 구상은 원래 사할린-1 프로젝트의 국제 컨소시엄을 주도하던 미국의 엑손모빌이 2000년 초 실현시키려 했던 것이다. 이후 계획은 좀처럼 진전을 보지 못하다가 2014년 다시 언론에 등장하기 시작했다. 러시아 전문가들은 사할린-2 LNG 플랜트 확장 계획과 비교할 때 가스 파이프라인 구상이 비용상 비교 우위에 있다고 주장한다. LNG 수출에는 포함되지 않는 수출세가 파이프라인을 통한 가스 수출에는 포함된다는 것이 주된 이유다.

그러나 러시아는 파이프라인 수출보다 LNG 수출을 전략적으로 선호하는 게 사실이다. 수입국을 유연하게 다변화할 수 있기 때문이다. 독일과 러시아 사이를 직접 연결하는 노르드스트림이 보여주듯, 파이프라인 구상은 정치적 리스크가 클 수밖에 없다. 따라서 일본 정부와 기업 역시 우선순위를 LNG에 두고 있다.

그렇다고 러·일 간 파이프라인 구상을 일방적으로 러시아만이 주장하는 것은 아니다. 일본에도 파이프라인의 효율성을 지지하고 추진하는 이들이 존재한다. 그 가운데 하나가 일본파이프라인주식회사다. 삿포로에 본사를 둔 이 회사의 사장 오가와 히데오는 러시아 정부가 해외 독자를 대상으로 만든 웹지인 러시아비욘드에 다음과 같은 인터뷰 내용을 싣고 있다.

사할린으로부터 일본 수도권인 도쿄 주변까지 간선 파이프라인을 설치하여 낮은 비용으로 청결한 에너지를 장기적이고 안정적으로 수송하는 사업이다. 파이프라인이 완성되면 연선에 있는 각 지역에서 많은 관련사업을 전개할 수 있다. 예를 들어 가스 판매, 가스 발전, 가스 화학, 압축 가스, 열병합, 재생가능 에너지 대응 사업 등이 그것이다. 연선뿐만 아니라, 일본 전체에 주는 이익도 크다. 일·러 평화조약의 체결 촉진이 그 최대 성과일 테지만, 이 밖에도 일본의 경제성장 전략이나 에너지 안보 분야에서도 메리트가 있다(RUSSIA BEYOND 17/06/19).

오가와에 따르면 예상되는 건설비나 건설 기간은 다음과 같다.

대형 싱크탱크 기관이나 대형 엔지니어링 회사가 작년에 실시한 최신 조사 및 추산에 따르면, 건설 비용은 전제조건에 따라 달라지지만, 대략 7천억 엔으로 추산된다. 기간은 일·러 양측의 준비상황이 어느 정도 진척되는지에 따르겠지만, 적어도 착공 직후부터 5년 이내에 완성될 것은 확실하다. 또 사할린과 와카나이 사이에 놓여 있는 무네타니 해협 구간은 반년 이내로 완성할 수 있다. 가동이 시작되면 내부 이익률은 20% 이상일 것으로 추산되기 때문에 충분한 이익을 도출할 수 있고, 경제 파급 효과 분석에서는 수조 엔 이상의 효과가 있을 것으로 예상하고 있다(RUSSIA BEYOND 17/06/19).

한편, 해저를 관통하는 파이프라인 건설 구상이 진전되지 못하고 있는 배경에 어업권 문제가 놓여 있다는 러시아 기자의 지적에 대해 오가와는 다음과 같이 말한다.

조금 오해가 있는 것 같다. 혼동하는 이들도 있는데, 우리 회사와는 다른 회사가 이전에 사할린서부터 수도권까지 해저 루트로 파이프라인을 연결하려는 시도를 했던 시기가 있었다. 이 구상에 따르면 일본해(역자 주: 동해) 연안이나 태평양 연안 주변의 어업과 직결되는 큰 문제들을 해결해야 했다. 하지만 우리 프로젝트는 육상 루트를 상정하고 있다. 해협 구간도 어업권이 없는 구역을 선정하고 있기 때문에 처음부터 어업권 문제는 존재하지 않는다(RUSSIA BEYOND 17/06/19).

파이프라인 매설에 대해 전력 업계로부터의 반발도 있는 모양새다. 에너지 가격이 싸질 가능성을 우려한다는 것이다. 이에 대해 오가와는 과거에는 그런 우려가 있었던 게 사실이지만, 적어도 2011년 방사능 유출 사고 이후부터는 상황이 크게 바뀌었다고 주장한다. 더욱이 2016~2017년 전력과 가스의 전면 자유화 조치가 시행되면서, 일본의 전력회사들은 오히려 저비용에 안정적인 연료나 전력을 찾고 있는 실정이라고 그는 말한다. 오가와는 지금까지 파이프라인 프로젝트가 궤도에 오르지 못한 가장 큰 원인은 러·일 정상과 정부 간 합의가 이루어지지 못했기 때문이며, 양국 정상 및 정부 간 협력이 본격화되면서 파이프라인 프로젝트도 큰 진전을 볼 것이라고 낙관했다.

III. 러·일 가스 협력의 추동 및 제약 요인

1. 협력 추동 요인

러시아의 입장에서 대일본 가스 수출을 추동하는 요인으로서 주목해야 할 점은 다음 세 가지다. 첫째, 러시아가 역사적으로 유럽과 옛 소연방 국가들에 편중되어 왔던 가스 수출 시장을 동쪽으로 방향 전환(shift)하려는 전략적 의도를 갖고 있다는 사실이다. 러시아는 중국을 비롯한 아·태 시장으로의 수출 다변화의 일환으로 대일 가스 수출의 판로를 개척하는 데에 적극적이다.

러시아 정부는 2007년 9월에 이른바 '동방 가스화 프로그램' 제하의 에너지 정책을 발표한 바 있다. 정식 명칭은 '중국 및 아시아·태평양 국가들에 대한 잠재적 천연가스 수출을 고려한, 동시베리아와 극동에서의 통합적 가스 생산·수송·공급 시스템의 발전 프로그램'이며, 연방정부는 가스프롬 사를 동 프로그램의 수행 코디네이터로 임명했다. 동 프로그램은 러시아가 천연가스의 수출 방향을 동쪽으로 돌린다는 전략을 정부 차원에서 확인한 공식문서인 셈이다.

하지만 에너지 시장을 다변화하기 위한 러시아 정부의 시도가 이 때 시작된 것은 아니다. 러시아로부터 중국 그리고 아·태 지역으로 수출되는 원유와 천연가스의 역사는 1999년에 사할린-2에서 생산된 원유의 일부가 수출된 것에서 시작된다. 이후, 2006년에 사할린-1의 원유 수출이 개시되었고, 2009년에는 사할린-2의 LNG 수출이 시작되었다. 사할린 석유 개발은 20세기 초부터 100여 년의 역사를 거쳐 오늘에 이르는데, 1970년대에 그 잠재력이 막대함이 확인되었지만 개발이 본격적으로 가능해진 것은 1990년대에 들어와서부터다. 당시 저유가가 계속되면서 러시아 정부는 외자 유치에 적극적이었던 게 배경으로 작용했다. 또 PS로 불리는 생산물 분여 방식이 매력적인 계약방식으로서 채택된 점, 그 결과로 최첨단 외자 기술이 도입된 점이 러시아의 적극적인 개발을 촉진했다.

이후, 21세기 들어 사할린 개발이 진행되는 중에 러시아는 고유가 시대를 맞게 된다. 채무국 신분이었던 러시아가 순식간에 채권국으로 탈바꿈하면서 오늘날의 경제 발전이 가능해졌고, 그 영향으로 인해 지금까지 서쪽으로만 수출되던 원유와 천연가스를 동쪽으로도 확대하는 방안이 힘을 받기 시작했다. 발견된 이후로도 인프라가 없어서 그대로 방치되어 오던 동시베리아의 유전과 가스전의 공급을 본격적으로 개시하는 작업이 동방 선회 정책의 핵심으로 부상했다. 2006년부터 건설이 시작된 '동시베리아·태평양'(ESPO) 원유 파이프라인과 현재 건설이 진행 중인 '시베리아의 힘' 천연가스 파이프라인이 중추적인 역할을 담당하고 있다. 특히 2009년이 기억할 만한데, 이 해에 사할린-2의 LNG 수출이 개시되었고 ESPO도 가동되기 시작했기 때문이다. 2009년은 러시아 에너지의 동방 선회가 확대된 획기적인 해였다.

더욱이 이미 2006년에 가스프롬 사는 두 개의 중요한 계약을 아시아의 에너지 관련 기업과 체결했다. 하나는 2006년 3월, 가스프롬이 중국석유천연가스유한공사(CNPC)와 체결한 대중국 천연가스 수출에 관한 첫 기본 계약이다. 이 계약에 따르면 가스프롬은 서시베리아 천연가스전으로부터 알타이산맥을 통과하는 파이프라인(서 루트)을 경유해 연간 300억 m³의 천연가스를, 또 동시베리아의 코빅타 천연가스전(이르쿠츠크 주)과 차얀다 천연가스전(사하 공화국)으로부터 파이프라인(동 루트) 경유로 연간 380억 m³의 천연가스를 중국에 공급하게 된다.

또 하나의 계약은 2006년 12월, 영국과 네덜란드 합작사인 로열더치셸과 일본의 미쓰이물산, 미쓰비시상사가 공동 출자한 사할린에너지 사가 자신의 주식 50%+1주를 미화 75.5억 달러로 가스프롬에 양도하는 기본합의서였다. 많은 전문가들은 이를 자발적인 양도가 아니었다고 본다. 러시아 정부가 환경문제를 이유로 몽니를 부려 이 같은 결정을 유도했다는 것이다.[4] 어찌됐건, 당시 사할린에너지는 사할린-2 LNG 플랜

---

4   2006년 7월, 러시아 정부는 가스프롬에 천연가스 수출의 독점권을 부여하는 결정을 내린다. 이는 우크라이나와 러시아 사이에 벌어진 천연가스 전쟁의 여파이며, 러시아가 EU 국가들과의 관계 악화에 따른 대 EU 전략 수단으로서 가스프롬의 영향력을 제고시키려는 의도가 있었던 것으로 전문가들은 분석한다. 그런데 이 결정은 가스프롬에 뜻하지 않은 이득을 안겨주었다. 사할린에너지 사의 주주들이 자사의 경영권을 가스프롬에 양도하는 데에 동의했기 때문이다. 러시아의 몽니도 작용했지만, 또 다른 배경에는 가스프롬을 끌어들임

트를 계획하고 있었는데, 동 플랜트는 오늘날까지 러시아 국내에서 유일
하게 가동하면서 일본을 포함한 아·태 지역 시장에 LNG를 수출하고 있
다. 결국 2007년 발표한 '동방 가스화 프로그램'은 2006년 가스프롬이
체결한 아·태 시장 대상 천연가스 수출 관련 두 개의 거래를 기반으로
구상된 것이라 할 수 있다(畔蒜泰助 2014, 59-60).

흥미로운 점은 러시아와 중국 사이에 체결된 천연가스 공급에 관한
기본조약이 2006년 초 우크라이나나 러시아 사이에 발생한 이른바 '천
연가스' 전쟁으로 촉발됐다는 사실이다. 우크라이나 천연가스 전쟁의 여
파로 인해, 일부 EU 국가들에 대한 천연가스 공급이 일시적으로 중단되
자 EU 내부에서 대러 에너지 의존을 비판하는 여론이 들끓었고, 이에 대
해 러시아가 EU 국가들을 견제하기 위해 중국과 계약을 체결했다는 것
이다. 실제로 가스프롬의 알렉세이 밀레르 사장은 당시 "푸틴은 EU가
가스프롬의 유럽 시장 점유율을 제한하려 한다고 생각했다. 때문에 중국
과의 천연가스 공급 계약을 체결하는 최종 결정을 내렸다"고 언급한 바
있다(Financial Times 06/04/29).

러시아의 에너지 지정학 전략의 관점에서 분석하면 두 가지 사항이
주목할 만하다. 하나는 우크라이나 문제로 인해 EU 국가들과의 갈등이
시작되었는바, 즉 가스프롬이 주요 시장이던 유럽 시장에서 어려움에 직
면하게 되면서 이것이 러시아로 하여금 가스 시장의 대아·태 동방 전환
을 촉진하게 하는 큰 계기가 되었다는 점이다. 또 하나는, 동방 가스화
프로그램의 정식 명칭이 보여주는 것처럼, 러시아 가스 시장의 동방 전
환은 중국은 물론, 일본을 포함하는 아·태 시장에 대한 가스 시장의 다
변화를 지향한 전략 프로그램이라는 점이다. 유럽 시장으로부터 아·태

으로써 사할린-2 LNG 플랜트를 안정적으로 운영하려는 외국 기업들의 전략적 판단이 작
용했다고 할 수 있다.

시장으로의 다변화와 아·태 시장 내에서 중국 시장뿐만 아니라 일본 등 중국 이외의 시장에 대한 다변화를 도모했다는, 두 개의 다변화가 러시아 가스 수출의 동방 전환 전략이 지닌 중요 목표였다고 하겠다.

둘째, 에너지원 자체가 갖고 있는 문제도 만만치 않다. 현재 LNG 시장은 과잉 공급 상태다. 일본에너지경제연구소의 분석에 따르면 과잉 공급 추세는 2022-2023년까지 지속될 전망이다. 러시아는 당분간 대량 LNG 공급이 가능할 만큼의 잠재력을 갖추고 있다. 하지만 2020년대 후반이 되면 그 잠재력이 실제적인 공급 능력으로 전환되어 시장에 나올 수 있을지 확신할 수 없다. 무엇보다 가격 경쟁력에서 러시아가 다른 LNG 수출국들보다 유리할 수 있을지도 문제지만, 공급의 유연성 내지 탄력성 측면에서도 러시아의 경쟁력을 확신하기는 힘들다. 일본을 포함한 아시아의 LNG 수입국들은 유연한 공급을 요구하고 있다. 이러한 요청에 부응하려면 공급국들은 다양한 방법으로 유연성을 제고시켜 나가야 한다. 공급국과 수입국이 함께 노력해야 한다는 것이다(小山堅 2018, 13). 더 늦기 전에 러시아는 대일본 가스 수출의 안정적 기반을 마련해야 한다. 러시아가 일본과의 협력을 서두를 수밖에 없는 이유다.

셋째, 에너지 전략에 국한하지 않더라도 러시아에게 있어서 일본과의 협력은 특별한 중요성을 지닌다. 러시아는 대중국 의존도를 낮춰야 하는 과제를 안고 있으며 이를 위해 중국 이외의 아시아 주요국들과의 관계 강화가 필요하다. 일본도 물론 이 안에 포함된다. 2016년부터 러·일 관계가 급물살을 타고 러시아 측에서도 이를 환영하는 분위기가 조성된 것도 이러한 이유 때문이다. 극동 지역을 개발하기 위해서는 민간 자본과 외국 자본을 유치해야 하고 이를 통해 산업 육성과 각종 인프라 정비, 수출 증대, 인구 감소세의 완화 등 과제들을 해결해야 하는바, 극동에 인접한 일본은 자본과 기술, 정보를 러시아 극동에 제공해 줄 수 있다.

일본이 줄 수 있는 메리트는 이뿐만이 아니다. 극동 지역뿐만 아니라 러시아 산업 전반의 현대화에 일본이 기여할 수 있다. 즉 자원 채굴에 편중된 산업 구조를 다변화하고, 특히 선진 기술 혁신에 기초한 고부가가치 사업을 육성함으로써 자원 시장의 유동성에 좌우되지 않는 안정적이고 지속적인 경제발전을 실현해 나가는 일은 러시아의 미래가 걸린 국가적 과제이다. 에너지 절약과 통신, 우주기술, 의료 및 제약, 소프트웨어, 복합재료, 나노기술, 원자력 및 수소 에너지 등 분야가 러시아의 미래를 이끌고 갈 중점분야다. 일본은 여기에 기술과 지식, 자본을 제공할 수 있다. 이들 분야에서 일본과 러시아가 공유할 수 있는 이익은 결코 적지 않다.

하지만 그럼에도 불구하고 러·일 간 무역액은 중·러 무역액의 1/3에 불과하며 일본은 러시아 대외무역에서 고작 4.6%를 차지하는 수준이다. 정치적 관계 역시 중·러 간 긴밀도에 비할 바가 못된다. 그동안 일본과 러시아는 한계를 극복하기 위한 양국 관계 발전의 잠재적 가능성에 주목해 왔다. 때문에 푸틴 대통령은 집권 3기를 시작하면서 신동방정책을 천명하고 영토문제의 '무승부' 해결을 제안하거나 러·일 외교·국방 장관 회담의 정례화 조치 등을 통해 대일 관계 강화를 향한 적극적 접근책을 강구했다. 일본의 대러 제재로 인해 이러한 분위기가 수그러들 때 조차 푸틴 대통령의 측근이라 할 러시아의 정·재계 인사들이 일본을 빈번하게 방문한 것도 이 때문이다.

일본의 대러 제재 동참으로 모멘텀을 상실한 듯 보였던 러·일 관계가 다시 활성화된 계기는 2016년 5월 러·일 정상회담이다. 당시 아베 총리는 8개 분야에서 러·일 협력을 추진하자는 제안을 내놓았는바, ① 건강수명의 연장 ② 쾌적하고 청결하며 살기 좋고 활동하기 편한 도시 조성 ③ 중소기업 교류 및 협력의 근본적 확대 ④ 에너지 ⑤ 러시아의 산업 다변화 및 생산성 향상 ⑥ 극동지역의 산업 진흥 및 수출기지화 ⑦ 첨단기술 협력 ⑧ 인적 교류의 근본적 확대 등 8개 분야가 그것이다. 아베 총리는 이 해 9월 블라디보스토크에서 개최된 제2차 동방경제포럼에서 이들 분야의 추진 현황을 매년 러·일 정상이 동방경제포럼의 장을 빌려 확인해 나가자는 제안도 내놓았다. 8개항 협력이 구체적으로 시동된 것은 이 때부터이며, 12월 푸틴이 일본을 방문했을 때 체결된 성과 문서들은 민간이 제출한 안건 68개를 포함해 모두 80개였다. 일본 측의 투·융자 총액은 3천억 엔에 달하는 규모였다. 2017년 9월에 열린 제3차 동방경제포럼에서는 민간 안건 48개를 포함한 56개 문서가 체결되었다.

이들 합의 문서는 다음과 같은 의의를 갖는 것으로 분석된다. 첫째, 러·일 양국에게 있어서 우선적으로 중요한 에너지 자원 협력이 중요한 위치를 차지하고 있다. 이 분야에는 북극권의 신규 LNG 프로젝트 '아크틱LNG2' 및 사할린 남서 해역의 천연가스에 대한 공동조사 및 생산협력에 일본이 참가하는 문제 등, 신규 자원 개발에 일본이 참여하는 계획이 포함된다.

그러나 이러한 자원개발 협력을 목적으로 한 안건들이 합의 문서 가운데에서도 일부에 지나지 않는다는 점에 주목할 필요가 있다. 오히려 러·일 경협의 핵심은 러시아 산업의 현대화와 관련된 과제들에 대응한 협력에 있다. 위에서 언급한 에너지 분야 합의에는 에너지 절감과 환경 협력 안건들이 다수 포함되어 있다. '첨단기술협력'에는 러시아의 우선 분야라 할 IT(정보·통신) 분야의 협력을 비롯해, 농축산 분야에서의 협력, 또 우편사업에서의 효율적인 시스템 도입과 관련한 협력 등이 포함된다. '러시아의 산업 다변화와 생산성 향상'에는 부품생산 등의 제조업이나 가스 화학, 비료 등 화학공업 분야에서 일본의 기술을 도입하는 사업이 포함된다. 기술 혁신의 촉진이나 고용 창출, 지역경제의 안정적 발전을 위해서는 '중소기업 교류 및 협력의 근본적 확대'도 중요하다.

주민 생활과 직결된 인프라 정비와 산업 진흥도 중점 협력 사업 중 하나다. 건강수명의 증진은 러시아의 인구 문제에 대응한 예방의료를 중시하며, 극동 지역의 하바로프스크에서 예방의료 및 진료센터를 설립하기 위한 협력 합의가 여기에 포함된다. 일본 기업이 러시아의 의료품과 의료기기 등 분야에 진출하는 안건도 합의되었다. 쾌적하고 청결하며 살기 좋고 활동하기 편한 도시 조성에는 블라디보스토크 도시 개발 플랜의 작성 및 시베리아·극동에서의 환경 부하를 경감시키는 폐기물 처리 기술에 관한 협력 등이 포함된다.

러·일 경협에서 많은 부분을 차지하는 것이 극동 지역에서 전개될 사업들이다. 극동 지역의 산업 진흥 및 수출기지화 분야에는 극동개발부가 추진하고 있는 정책들과 관련된 협력이 리스트업되어 있다. 국제협력은행(JBIC)은 '극동 투자유치 및 수출지원 에이전시'와 함께 선도개발구역에 대한 일본 기업의 투자 촉진 및 확대를 목적으로 한 합자기업을 설립한다. 선도개발구역에서의 온실채소 재배 사업, 닭고기 생산 등은 산업의 다변화와 함께 주민생활 개선과도 연계된다. 또 주민생활과 직결된 안건에는 홋카이도 소재 병원의 외래 재활 사업, 한랭지에 적합한 주택의 공급도 포함된다. 그 밖에 극동 지역에 풍부한 천연자원의 부가가치를 올리는 사업으로는 일본의 선진 기술을 이용한 가스화학 프로젝트, 화학비료 플랜트 건설 등을 들 수 있다. 바니노 항의 석탄수출 터미널 건설, 하바로프스크공항 신터미널의 건설 및 운영, 전력 프로젝트 공동개발 등의 인프라 협력도 들어 있다.

더욱 중요도가 높은 사업으로는, JBIC와 일본무역보험(NEXI) 등 기구가 일본 기업의 대러 비즈니스 지원을 위해 다양한 투자와 금융, 보험 등의 제도를 마련하는 안건을 들 수 있다. 소련 시기에 체결된 조세조약을 전면 개정하는 새로운 러·일 조세조약도 조인되었다. 러시아 시장의 리스크가 높아 진출을 망설이는 일본 기업들이 많은바, 그 리스크를 경감시켜 주는 이같은 제도들은 중요한 의미를 갖는다고 할 수 있다.

　이상 언급한 안건들은 기본적으로, 일본의 우위를 살리면서 러시아의 우선과제에 대응해 협력을 촉진하는 사업들이다. 이들 사업이 성과를 거두게 되면 러시아에게 일본과의 협력이 가져다주는 이점을 제고시키며, 푸틴의 '신동방정책' 안에서 일본의 위상을 높여줄 것으로 기대된다. 또 자원의 개발·수입과 자동차 수출에 편중돼 있던 러·일 경제관계가 다양한 분야로 확대되고, 중앙 및 지방 정부, 중소기업을 포함한 기업들의 실무적 관계와 인적 네트워크의 구축, 더 나아가 주민 차원에 이르는 신뢰관계 구축과도 연계될 수 있다. 극동개발부의 관련 조직 및 그 밖의 정부기관들과의 협력 관계 속에서 일본 측이 선도개발구역 제도나 사회 인프라의 정비, 산업 육성을 위한 플랜 등 구체적인 제안을 내놓는 등, 러시아의 정책 실효성 제고를 목표로 한 협력을 추진해 나가는 것도 가능할 것으로 전망된다.

　물론 이들 사업이 현실적으로 성과를 거두고 미래에 지속적으로 추진되어 갈지의 여부는 불투명하다. 러시아 산업의 현대화나 극동지역 개발과 같은 과제들은 쉽사리 성과를 기대하기가 어려운 게 사실이다. 서방의 대러 제재가 계속되고 있고 과거와 같은 원자재 가격의 상승세도 기대하기 어려운 만큼, 일본 기업들도 당분간 상황을 지켜보려 할 것이다. 하지만 위에서 언급한 다양한 합의들은 실제로 2016년 러·일 관계가 급속히 접근하기 이전부터 추진되어 오던 것들이다. 다시 말해 민간 차원에서 러시아 시장에 대한 관심은 늘 존재해 왔으며 정치적, 제도적인 지원이 잘 이루어지면 기업 스스로가 협력에 나설 수 있는 가능성도 충분히 있다고 판단된다.

2. 협력 제약 요인

러·일 양국의 필요에도 불구하고 가스 협력이 기대 이상의 성과를 보여
주지 못하고 있는 원인은 다양하지만, 여기서는 크게 다음 네 가지 문제
에 초점을 맞추어 논의하고자 한다.

첫째, 날로 심화되고 있는 동북아 지정학의 환경 변화가 러·일 간
에너지 협력은 물론 양국 관계 전반의 발전에 걸림돌로 작용하고 있다.
2012년 5월, 푸틴 대통령의 집권 3기가 시작되면서 러시아의 '동방 전
환'(povorot na vostok)에 전 세계의 이목이 집중되었다. '신동방정책'으
로 명명된 동 정책은 러시아의 대외관계가 그동안 유럽과 미국 등 서방
에 편중되어 왔다는 반성에서 출발하며 러시아가 동부 아시아 국가들과
의 관계를 강화하면서 동시에 아시아·태평양에 근접한 극동 지역 개발
을 본격화하는 게 골자다. 따라서 신동방정책은 국제정치와 경제, 안보,
에너지 등 분야를 모두 포괄하는 종합 전략이다. 푸틴 3기 출범과 때를
같이 해 정부 안에 '극동개발부'가 설치된 사실은 신동방정책의 상징처
럼 인식된 사건이었다.

푸틴의 신동방정책은 러시아가 크림반도를 병합하고 이로 인해 서
방의 제재를 받게 되면서 더욱 정당화된다. 2016년부터 러시아와 일본
이 상호 접근을 서두르게 된 배경에는 이러한 국제정세의 변화가 주효하
게 작용했다. 이 해 말, 푸틴 대통령은 일본을 방문하여 대규모 민간경제
합의를 체결했다.

사실 신동방정책의 주요 파트너로 거론되는 것은 중국, 인도 그리고
동남아 정도다. 이들 국가에 비해 일본에 대한 논의는 러시아에서 그다
지 활발하게 전개되는 양상은 아니다. 세계 최대 규모의 시장을 갖고 있
는 중국은 물론, 인도와 동남아 국가들은 향후 인구 증가와 경제발전 전

망이 거의 확실시되는바, 에너지에 대한 수요도 폭발적으로 증가할 것이 거의 확실하다. 하지만 일본의 경우는 경제 발전 속도가 예전 같지 않을 뿐만 아니라 인구 감소 경향이 뚜렷하게 관측되고 있어 러시아의 장기 전략 속에서 상대적으로 중요도가 낮은 것이 사실이다.

더욱이 러·일 간에는 남쿠릴열도(일본명: 북방영토)의 영유권을 둘러싼 갈등이 상존해 왔다. 아베 총리는 집권 초기부터 러시아와 영토 문제를 해결하고 평화조약을 체결하는 문제를 외교의 최중요 과제로 설정하고, 자신의 집권기 안에 매듭짓는다는 포부를 밝혀 왔다.

하지만 영토 문제 교섭에서 러시아가 보는 시각은 일본과 많은 부분에서 다르다. 러시아는 1953년 샌프란시스코 강화조약 당시 일본이 포기한 영토 안에 남쿠릴열도가 포함된다고 인식하며, 이의 반환을 요구하는 것은 일본의 그릇된 역사인식에 기인한다고 주장한다. 뿐만 아니라 일본의 정치 체제 특성상 총리의 리더십이 취약할 수밖에 없어 대러 교섭이 원활하게 추진되기가 쉽지 않다. 무엇보다 일본은 미국과의 동맹을 중시하며 대다수의 국제 사안을 미·일 동맹의 틀 안에서 대응한다. 따라서 미국과 러시아의 관계가 최악의 수준을 보이고 있는 현 상황에서는 대러 외교의 자율성을 확보하기가 힘들다. 대표적인 사례가 우크라이나 사태에 따른 서방의 대러 제재에 일본이 참여한 일이다. 아베 총리는 집권 2기 출범 직후부터 푸틴 개인과의 정상 간 인맥 만들기에 공을 들여 왔다. 그 이유는 물론 영토 문제 해결과 대러 경협의 활성화였다. 하지만 일본의 대러 제재 참가는 이러한 아베의 노력에 걸림돌로 작용했다. 사실 중국이나 인도는 물론, 동남아 국가들 안에서 일본처럼 대미 외교 종속성이 강한 나라는 드물다. 러시아뿐만 아니라 일본 내부에서도 이를 지적하고 개선을 요구하는 목소리는 작지 않다.

둘째, 러·일 천연가스 협력의 확대를 위해서는 복합적으로 작용하는 다양한 경제적 요인들이 해결되어야 한다. 단기적으로는 사할린-1 천연가스를 둘러싼 가스프롬과 로스네프트의 가격 협상이 타결될 필요가 있다. 가스프롬이 사할린-1 천연가스를 공급해 주게 되면 사할린-2 LNG 플랜트의 세 번째 계열의 확장 계획이 크게 진전될 가능성이 있다. 더 나아가 중장기적으로는 현재 채굴중인 광구들보다 더욱 많은 천연가스 매장량이 기대되는 사할린-3의 유즈노-키린스크 광구에 대한 경제 제재가 해제되어야 한다. 하지만 현 상황에서 미국이 대러 제재를 완화할 가능성은 낮아보이며 EU의 대러 제재 역시 예측불허다. 만일 EU가 대러 제재를 해제할 경우, 로열더치셸이 키린스크 광구 개발 참여를 두고 미국을 의식하면서 어떤 행동에 나설지 귀추가 주목된다. 또 하나의 관건은 유가 상승세이다. 그동안 혼미를 거듭하던 유가가 상승세를 지속하게 되면 러시아가 LNG/파이프라인의 신규 프로젝트에 본격적으로 착수할 수 있을 것이다.

셋째, 러시아의 가스 수출은 푸틴이 야심차게 추진하고 있는 신 동방정책과 극동 지역 개발에 직결된다. 하지만 이들 정책은 여전히 그리고 다분히 푸틴 개인의 리더십에 의존하는 경향이 강하며, 이것이 리스크로 작용한다. 막대한 비용이 들어가는 극동지역 개발에 대해 러시아 정부 안에서도 소극적인 논자들이 적지 않다.

하지만 서방과의 관계가 악화일로로 치닫고 있는 현 상황에서 신 동방정책은 러시아의 장기적인 생존 전략이다. 극동 개발과 아·태 경제권 편입이라는 러시아의 노선은, 고르바초프 집권기부터 제기되어 왔던 과제이다. 미래에도 러시아의 지정학 여건이나 정치문화 등의 조건이 쉽게 변하지 않는다면, 아시아를 향한 정책 방향은 중요성을 잃지 않고 유지될 것이다. 또 극동 개발에 막대한 비용이 들어가는 것은 사실이지만, 현재 극동개발부가 펴는 정책은 연방 재정의 대규모 투자에 의존하지 않고 민간자본의 역할에 기초해 극동에서도 일정한 개발 조건을 가진 지역을 중심으로 채산성을 중시하면서 추진되고 있다. 더욱이 갈루시카 극동개발부 장관 역시 지역 상황을 하루아침에 바꾸려는 생각보다는 우선 선도적인 프로젝트를 조금씩 축적해 나가려는 구상을 갖고 있다. 지식과 경험이 부족하고 모든 정치적 요인에 의해 합리성이 상실되는 경우도 있지만, 기본적으로는 무리 없는 개발을 지향하고 있는 것이다.

넷째, 러시아와의 협력에서 보여지는 일본 재계의 소극성이다. 하지만 일본 기업들 안에서도 러시아 진출의 필요성은 상존하고 있는바, 이를 촉진하기 위해서는 일본 정부의 개입이 불가피하다. 투자와 융자, 보험의 제도 정비도 중요하지만 현지 정보의 제공, 인맥 형성을 촉진하는 제도의 설치 등을 통해 기업의 리스크를 낮추도록 노력하고, 일본의 지식과 경험을 살리면서 러시아의 개발에 개입해 가야 할 것이다. 극동지역 개발에서 지방정부도 중요한 역할을 담당하고 있는바, 지방정부와의 협력도 불가결하다.

IV. 결론

2017년 일본이 러시아로부터 수입한 원유는 총 수입량의 6%를 넘었으며, 천연가스는 약 9%를 기록했다. 10년 전 사할린-1, 사할린-2의 원유 수입이 시작되었을 당시에 1% 정도였음을 고려하면, 최근 10년 동안 일본과 러시아의 에너지 협력 관계는 비약적으로 발전했다고 평가할 수 있다.

사실 러시아의 동방 선회로 인해 가장 큰 혜택을 받고 있는 것은 일본이라 할 수 있다. 원유 공급에 있어서 일본은 중동에 대한 의존도가 높

을 뿐만 아니라 분쟁 다발지인 중동에서 유사시 호루무즈 및 말라카 해
협과 같은 요충지를 경유하는 원유 공급국의 다양화가 요구되고 있다.
그런 가운데 과거 10년 간 일본의 원유 및 LNG 공급국의 추이를 보면,
러시아가 일본의 에너지 안보를 개선하는 데에 기여하는 부분이 있음은
부정할 수 없다.

하지만, 러·일 간 에너지 협력, 더 나아가 경제 협력을 통한 관계 개
선은 정치적이고 지정학적인 문제와 무관하지 않다. 러시아의 신동방정
책이나 최근 아베 총리의 적극적인 대러 외교도 동북아에서 양국이 지향
하는 지정학적 전략의 일환이다. 그런 만큼 러·일 협력은 모든 분야에서
상당 정도 양국 정상의 개인적 리더십에 의존하고 있는 게 사실이다. 그
런 한편으로, 영토문제의 해결 전망은 여전히 어두우며, 러·일의 정치·
안보 관계의 향배도 불투명하다. 그러나 정치적인 전략 관계가 가져다
준 기회를 이용하면서 정치·경제·사회적 연계가 여러 분야에서, 또 여
러 차원에서 형성된다면 정치적 요인에 좌우되지 않고 반대로 정치적 관
계를 보다 안정적으로 만드는 자립적인 러·일 경제 관계의 기초도 형성
될 수 있을 것이다.

일본이 대규모 경협 합의나 남쿠릴열도에서의 공동경제활동에 적극
나서고 있는 사실에 대해, 당연히 영토문제에서 일본 측이 서둘러 약점
을 잡힌 것이 아니냐는 견해도 일본 안에 만만치 않다. 하지만 경제와 에
너지 관계 및 중국과 북한 등 위협 요인을 고려한 외교·안보 분야에 있
어서 일본에게 러시아의 중요성은 증가일로에 있으며, 협력에 제동을 걸
경우 초래될 불이익 역시 증가하고 있다. 또 아시아에서 다각적이고 다
층적인 협력관계를 구축하고 있는 러시아에게 있어서 일본과의 협력이
사활적으로 중요한 것은 아니다. 영토문제와 같은 국민 차원의 관심 높
은 문제에서 쫓기듯 양보했다가는 국내정치적으로 어려운 상황에 직면

하게 될 것이다. 러시아와 중국 간 국경문제, 노르웨이와의 대륙붕 경계 획정 문제가 해결된 배경에는, 협력을 통한 공통이익과 신뢰양성이 있었다. 원래 일본 측은 적극적인 대러 협력으로 방향을 전환하면서도 그런 한편으로 영토문제에 관한 입장에서 양보는 하지 않고 있다. 적극적인 협력으로 공통이익을 만들어 내고 확대시키며, 또 국가 간 및 국민 간 상호이해와 신뢰 양성을 추진해 나가면서, 해결의 열쇠와 타이밍을 도출해 내는 것만이 현실적이고 총체적인 윈-윈 전략일 것이다.

참고문헌

에너지경제연구원. 2015. 「세계 에너지시장 인사이트」. 제15-11호. http://www.keei.re.kr/
    web_keei/pendingissue.nsf/0/9886A862CD9639D349257E17003A9A5E/$file/33_러
    시아중앙아시아.pdf(검색일: 2018.02.11).

에너지경제연구원. 2016. 「세계 에너지시장 인사이트」. 제16-43호. http://www.keei.re.kr/
    web_keei/d_results.nsf/XML_Portal_New/CE8A42F4C1FECA82492580780048BBE7/
    $file/WEMI1643.pdf(검색일: 2018.02.13).

"중단됐던 극동LNG 프로젝트 재시동." 『이투뉴스』(17/06/19). http://www.e2news.com/
    news/articleView.html?idxno=99619(검색일: 2018.02.11).

"EU meeting persuaded Putin to sign Chinese gas deal." *Financial Times* (06/04/29).

"Sakhalin III." *Gazprom.com.* http://www.gazprom.com/about/production/projects/
    deposits/sakhalin3/(검색일: 2018.02.09).

"Russia's Asian Gas Pivot Makes Slow Progress." *Asia Pacific Foundation of Canada.*
    https://www.asiapacific.ca/canada-asia-agenda/russias-asian-gas-pivot-makes-
    slow-progress(검색일: 2018.02.09).

Victor Timoshilov. "JSC Gazprom in World LNG trading Vladivostok LNG – a new source
    of energy for Asia-Pacific." *Gazprom.com.* http://slideplayer.com/slide/8419627/
    (검색일: 2018.02.21).

朝日新聞 (06/10/22).

経済産業省. 2014. "日本のエネルギーのいま：抱える課題." http://www.meti.go.jp/policy/
    energy_environment/energy_policy/energy2014/kadai/index.html(검색일:
    2018.02.01).

小山堅. 2018. "アジア／世界のエネルギー市場の課題とロシアの役割."『ERINA REPORT
    PLUS』. No.140.

畔蒜泰助. 2014. "プーチン・ロシアの東方シフトと日ロエネルギー協力の行方."『ロシア極東・シ
    ベリア地域開発と日本の経済安全保障』. 平成25年度外務省外交・安全保障調査研究事業(総
    合事業).

畔蒜泰助. 2016. "日露間のエネルギー協力：現状と課題."『日本の資源外交とエネルギー協力』.
    平成27年度外務省外交・安全保障調査研究事業(調査研究事業).

"日ロガスパイプラインに経済合理性あり."『RUSSIA BEYOND』. https://jp.rbth.com/
    business/2017/06/19/785635(검색일: 2018.01.29).

"Газпром: Природный газ 'Сахалин-1' в Китай не пойдет." *TUSBASE* (07/10/04). https://
    rb.ru/article/gazprom-prirodnyy-gaz-sahalin-1-v-kitay-ne-poydet/4847837.html(검
    색일: 2018.02.21).

"Старт строительства газопровода ≪Сила Сибири≫ под вопросом." RusEnergy.com
    (13/07/02). http://www.rusenergy.com/ru/news/news.php?id=67674&phrase_

id＝4638559(검색일: 2018.02.19).

"Эксон Нефтегаз Лимитед рассчитывает подписать соглашение с китайской CNPC о поставках газа в Китай в 2006г." *РБК* (05/10/02). https://www.rbc.ru/rbc-freenews/20051002081810.shtml(검색일: 2018.02.03).

제9장

중·러 가스 협력[*]

조정원(한양대학교)

I. 서론

중국은 1978년 개혁개방 이후 경제성장을 추진하는 과정에서 원유와 가
스의 소비가 늘어나면서 자국에서 생산되는 물량만으로는 국내의 늘어
나는 수요를 감당할 수 없게 되었다. 중국의 원유 수입이 급격히 늘어
나는 시기였던 1993년 12월 당시 중국 국가주석이었던 장쩌민(江泽民)
은 중앙재경영도소조(中央财经领导小组) 회의에서 연해 지역의 경제개발
로 인하여 에너지 수요가 급증하는 동부 지역의 에너지 수요 안정, 서부
지역의 발전, 석유, 가스를 중심으로 국내 에너지에서 부족한 부분을 국
외에서 보충하고 자원절약 및 개발을 중시할 것을 지시하였다(曾培炎,
2010). 장쩌민의 지시가 나온 1993년에 중국은 원유 수입량이 국내 원

---

[*] 본고는 『현대중국연구』 19집 4호에 게재된 "중·러 석유·가스 협력 강화요인과 장애요인:
중국의 국내적 요인을 중심으로"에서 중·러 가스 협력에 대한 내용을 발췌, 수정하여 작성
하였음.

유 생산량을 초과하면서 원유 순수입국이 되었다(张国宝, 2018). 그로부터 3년이 지난 1996년에는 장쩌민이 아프리카 국가들의 방문을 마친 후에 해외 진출(走出去)에 대한 연구를 강화할 것을 지시했는데 이는 중국의 에너지 국유 기업들이 해외에서의 자원 개발과 이를 위한 대외 에너지 협력을 추진하는 지침이 되었다(조정원, 2017: 249). 그 이후 중국 국유기업들의 해외 자원 개발과 중국의 국내 수요를 충당하기 위한 해외 에너지 수입이 늘어났다. 특히 중국 내 기업과 가정에서의 가스 수요가 늘어나면서 중국은 2007년부터 가스 순수입국이 되었다(沈联进, 2015). 중국은 해외에서의 원유, 가스 수입을 늘리는 과정에서 중동 정세의 불안, 남중국해에서의 베트남, 필리핀과 영유권과 자원 소유권 분쟁, 중국과 미국과의 갈등이 심해질 경우 미국이 중국의 중동 원유, 가스의 해상 수입 통로인 말라카 해협을 봉쇄할 가능성에 대한 우려로 인하여 원유, 가스 수입선의 다변화를 추진하고 있다. 그 과정에서 중국의 동북 지역과 지리적으로 인접한 러시아와의 협력도 진행하고 있다.

기존 연구에서는 중국과 러시아의 가스 협력에 대한 낙관을 경계하거나 한계에 직면할 가능성을 지적하고 있다. 우선 저유가와 중국의 천연가스 수요 증가 폭의 둔화, 아시아 국가들 간의 천연가스 수출 경쟁으로 인하여 러시아의 대중국 천연가스 수출을 낙관적으로만 전망하기 어렵다는 점을 지적한 바 있다(이유신, 2017: 218). 또한 서방의 대러시아 경제제재로 인하여 러시아의 가스관 건설 자금 조달과 건설 장비 수입이 용이하지 않으며 국제유가와 국제 가스 가격도 오르지 않고 있어서 러시아의 대중국 가스 사업의 경제성이 제고되지 않고 있으며 중국의 에너지 안보를 위한 국가별 해외 천연가스 수입 비중 관리로 인하여 중국과 러시아의 가스 협력 증진에 한계에 직면할 것으로 보았다(윤익중·이성규, 2015: 268). 아울러 저유가와 아시아 국가들 간의 천연가스 수출 경쟁 외에 미국의 동북아시아 천연가스 수출이 재개되면서 러시아산 천연가스가 중국을 포함한 동북아시아 시장에서 우월적인 지위를 점하기는 어려워졌다.

그럼에도 불구하고 러시아와 중국의 가스 협력은 2014년 5월 중·러 동부 가스관 건설에 합의한 후부터 진전을 보이고 있다. 그렇다면 중국과 러시아의 가스 협력이 강화되고 있는 원인은 무엇인가?

선행 연구에서는 러시아의 우크라이나 크림반도 점령 이후 러시아가 서방의 경제제재를 받게 되면서 미국과 유럽연합 회원국으로부터의 신규 투자와 건설 장비 수입이 어려워지면서 러시아가 중국과의 협력을 더욱 서두르게 되었음을 언급한 바 있다(张梦秋·王栋, 2016: 65). 또한 중국과 러시아의 에너지 협력은 러시아의 우크라이나 크림반도 점령 이후 미국과 유럽연합을 중심으로 진행되고 있는 대러시아 경제제재, 남중국해 영유권 문제로 인한 필리핀, 베트남, 미국과 중국 간의 대립에 따른 대외 환경의 변화에 대응하기 위한 차원에서 진행되어 왔다(Serafettin Yilmaz·Olga Daksueva, 2017: 1). 그러나 러시아의 국내 요인과 대외 환경의 변화 외에 중국의 국내적 요인으로 인한 중국과 러시아의 가스 협력의 강화 요인과 장애 요소도 병존할 가능성이 있다. 중국은 중국의 천연가스의 수입량이 늘어나면서 중국은 2017년 일본에 이어서 세계 2위의 천연가스 수입국이 되었다(孙阳, 2017). 이러한 중국의 가스 수요 증대는 중국의 로컬 기업들의 생산, 소비자들의 구매 패턴과도 연계되어 있다. 또한 중국의 대외 협력에서 중국 중앙정부의 정치적 지지와 재정 지원도 상당히 중요한 역할을 하고 있다. 중국의 생태도시 건설을 위한 대외 협력 프로젝트들을 살펴보면 텐진 빈하이신구에 있는 중국·싱가포르 생태성(天津中新生态城)은 중국 중앙정부의 정치적 지원을 바탕으로 한 싱가포르 중앙정부와 싱가포르 국유기업, 텐진시 정부 간의 협력

을 통해 성과를 낸 바 있다(신상범, 2016: 95). 그러나 상하이 둥탄 생태
성(上海东滩生态城) 프로젝트는 중국 중앙정부의 정치적 지지가 철회되
고 당시 상하이시 서기였던 천량위가 구속되면서 프로젝트의 진행이 중
단되었다(신상범·조정원, 2017: 200). 중국이 중앙아시아 국가들에서 추
진하는 에너지와 산업 기반 구축 프로젝트들도 중국 중앙정부의 정치적
지지와 재정 지원이 없었다면 성과를 거두기가 어려웠을 것이다(조정원,
2015: 300).

　　본고에서는 2009년부터 2018년 1월까지의 중·러 석유, 가스 협력
의 현황을 소개할 것이다. 또한 중국 중앙정부의 정치적 지지와 재정 지
원, 중국 로컬 기업들의 생산과 중국 소비자들의 구매 패턴의 변화 등의
중국 국내 요인이 중국과 러시아의 가스 협력에서 어떤 영향을 미치고
있는지를 분석하고자 한다. 아울러 중국과 러시아가 가스 협력을 추진하
는 데 있어서 장애 요인을 살펴보고 향후 양국의 가스 협력의 전개 방향
을 예측하고자 한다.

II. 중·러 가스 협력의 현황

1. 가스관 건설 담판 과정

중국과 러시아가 가스관 건설을 논의하기 시작한 것은 〈표 1〉에 나온 바
와 같이 1994년에 양국 간의 가스관 건설 양해각서에 서명했을 때부터
였다. 그러나 중러 동부 가스관 건설의 최종 합의에 도달하기까지 약 20
년의 시간이 소요되었으며 중국 서부 지역 신장위구르자치구를 관통하
는 알타이 가스관은 현재까지 건설을 시작하지 못했다.

표 1. 중국-러시아 가스관 건설 담판 과정

연도	주요 내용
1994	천연가스 파이프라인 건설 양해 각서(天然气管道修建备忘录) 서명.
1999	가즈프롬이 1,000m³당 180달러, 중국석유가 1,000m³당 165달러를 제안하면서 러시아산 천연가스의 대 중국 수출 협의를 진행했으나 국제 에너지 가격이 상승하면서 합의 달성에 실패.
2006.03	중국과 러시아가 천연가스 공급 양해 각서에 서명하면서 동부, 서부 가스관을 건설하고 2011년부터 30년 간 매년 중국에 600억에서 800억 m³의 천연가스를 수출하기로 하였음.
2008	중국과 러시아가 부총리급 천연가스 정기 협상 체제를 가동.
2009.06	중국과 러시아 국가원수가 천연가스 협력 양해 각서(天然气合作谅解备忘录)에 서명.
2009.10	2014년이나 2015년부터 러시아가 매년 중국에 700억 m³의 천연가스를 수출하기로 한 협의 규정에 서명.
2011.10	중국의 원자바오 총리, 러시아의 블라디미르 푸틴 총리가 16차 정기 회담을 진행했으나 천연가스 공급 가격 합의에 실패.
2012.06	블라디미르 푸틴 대통령의 러시아 방문 기간 중에 중국과 러시아의 석유 가스 협상 재개.
2012.12	가즈프롬과 중국석유가 서부 노선인 알타이 가스관 프로젝트에 대한 상업적 일정, 호혜 정책에 대한 협의 시작.
2013.03	시진핑 중국 국가주석의 러시아 방문 기간에 중국석유와 가즈프롬이 천연가스 공급 협의서에 서명.
2013.10	러시아 연방정부가 가즈프롬과 중국석유가 대중국 천연가스 공급 가격 결정 방식에 기본적으로 합의하고 연말에 천연가스 공급 계약을 체결할 가능성을 언급.
2014.04	러시아 부총리 아르카디 드보르코비치의 중국 방문 기간에 가즈프롬과 중국 석유가 천연가스 공급 협상에 진전을 보이고 있다는 내용의 성명을 발표.
2014.05	블라디미르 푸틴 러시아 대통령의 베이징 방문 기간에 양국 정부가 중러 동부 가스관 천연가스 협력 협의서(中俄签署东线天然气合作协议)에 서명.

출처: 郭芳·李凤桃·王红茹. 2014. "中俄天然气20年博弈.『中国经济周刊』. 第21期, p.32.

　　양국의 천연가스 협상에서 가장 큰 난관은 러시아산 천연가스의 대 중국 공급 가격이었다. 1999년에는 양국이 천연가스 공급 가격에 접점

을 찾는 듯 하였으나 국제 에너지 가격의 상승으로 인하여 합의에 이르
는 데 실패하였고 2011년 10월에도 양국은 가격에 대한 이견을 좁히지
못함으로 인하여 가스관 건설 합의에 도달하지 못했다. 중국이 2010년
부터 투르크메니스탄으로부터 천연가스를 대량으로 도입하고 있고 카타
르, 호주와 중동에서 LNG를 수입하고 있어서 러시아산 천연가스를 시
급하게 도입할 필요가 없었다. 또한 러시아도 유럽으로의 천연가스 수출
가격(m³당 380달러) 수준의 대중국 천연가스 수출을 원했으며 이에 대
해 양보를 할 생각이 없었다(조정원, 2012:301). 그러나 러시아의 우크라
이나 크림반도 점령 이후 러시아가 서방의 경제제재를 받게 되면서 미국
과 유럽연합 회원국으로부터의 신규 투자를 받기가 어려워지고 유럽의
천연가스 수요 증가 폭이 둔화되고 러시아산을 비롯한 해외 천연가스 수
요에도 영향을 미치게 되면서 러시아가 중국을 비롯한 아시아 국가로의
천연가스 수출량을 늘리는 일이 중요하게 부각되었다. 그로 인해 러시아
와 중국은 2014년 5월 중·러 동부 가스관 천연가스 협력 협의서(中俄签
署东线天然气合作协议)에 서명하게 되었다.[1] 또한 동년 9월에는 가즈프롬
은 시베리아의 힘 가스관의 러시아 구간인 야쿠티아의 차얀디스코예 가
스전~블라고베셴스크까지의 2,200km 구간 건설을 시작하였고 이르쿠
츠크의 코빅타 가스전부터 차얀다 가스전까지의 가스관 연장 공사 계획
을 공개하였다(Gazprom 2017). 그로부터 6개월 후인 동년 11월에는 시
베리아의 힘 2기 가스관 건설과 30년 동안 매년 300억 m³의 러시아산
천연가스 수출에 합의하였고 2015년 6월 29일에 중국석유는 시베리아

1　"중국과 러시아는 유럽 수출가격 수준에 근접하는 350달러 – 380달러/천m³(국경 인도가
　　격 기준)의 천연가스 공급 가격에 합의했을 것으로 추정된다."
　　윤익중·이성규. 2015. "우크라이나 사태 이후 러시아-중국 간 에너지협력의 정치·경제적
　　의미: 가스 부문을 중심으로." 『슬라브학보』. 30권 4호, 252쪽.

의 힘 가스관과 중국을 연결하는 중·러 동부 가스관 중국 구간의 건설을 시작하였다(郭芳·李凤桃·王红茹, 2014: 21).

2. 중·러 동부 가스관

시베리아의 힘 가스관과 연결되는 중·러 동부 가스관은 2015년 6월부터 공사를 시작했다. 가스관의 기점은 극동 러시아의 블라고베셴스크와 국경을 맞대고 있는 헤이룽장성(黑龍江省)의 헤이허(黑河)이다. 3,371km에 걸쳐서 건설되는 중·러 동부 가스관은 북부 구간인 헤이허-지린성

그림 1. 시베리아의 힘 가스관과 중·러 동부 가스관의 연결

출처: 조정원(2017), 「중국의 대외 에너지 전략과 동북아 에너지협력: 원유와 천연가스를 중심으로」 『21세기 동북아 에너지협력과 한국의 선택』 파주: 사회평론아카데미, p.262.

창링(长岭), 중부 구간인 지린성 창링(长岭) – 허베이성 융칭(永清), 남부
구간인 허베이성 융칭(永清) – 상하이(上海)로 나눠서 건설하고 있다(치羊旸, 2017). 중국석유는 2019년 10월에 북부 구간에 러시아산 천연가스
공급을 시작하고 2020년 12월에는 전 구간에 러시아산 천연가스를 공급
할 계획이다(치羊旸, 2017).

　　중·러 동부 가스관은 중국에서 최장 거리의 가스관이며 가스관 건
설을 통해 중국의 국내 철강, 장비 제조 산업의 수요 창출, 가스관 건설
에 따른 가스 저장소 확충을 유도하고 있다.

3. 중국의 러시아산 LNG 수입과 야말 LNG 터미널 건설 참여

2016년부터 2017년까지 중국의 러시아산 LNG 수입 물량을 살펴보면
중국의 전체 LNG 수입량의 2%를 넘지 못하고 있다.

표 2. 중국의 국가별 LNG 수입량

국가	2016년 수입량(비중)	2017년 수입량(비중)
호주	1,196.9(45.8)	1,728.8(45.6)
카타르	496.9(19)	748.4(19.7)
인도네시아	278.9(10.7)	306.7(8)
말레이시아	258.7(9.9)	421.2(11)
파푸아뉴기니아	212.4(8.1)	210.9(5.6)
나이지리아	26.3(1)	33.2(0.7)
러시아	25.7(0.98)	44.5(1.2)
미국	19.9(0.76)	151.2(4)

출처: 중국세관(中国海关)
수입량 단위: 만 톤, 전체 수입량에서 차지하는 비중: %

〈표 2〉에 나온 바와 같이 중국은 러시아산 LNG를 2016년 25만 7,000톤(약 357만 m³)을 수입했고 2017년에는 2016년보다 18만 8,000톤(약 261만 m³, 전년 대비 0.22% 증가)이 늘어난 44만 5,000톤(약 618만 m³)을 수입했다. 같은 기간 동안 중국이 도입한 러시아산 LNG의 양은 아직 호주, 카타르, 인도네시아, 말레이시아, 파푸아뉴기니아, 미국에 비해서 적다. 그렇지만 야말에서 생산된 LNG의 대중국 수출량이 늘어나면 LNG 수출량이 지속적으로 늘어날 가능성이 있다.

중국은 2013년 러시아연방정부와 러시아 노바텍이 제안한 시베리아 북부의 야말 네네츠 자치구의 LNG 터미널 공사에 중국석유가 20%, 중국 실크로드 기금(中国丝路基金)이 9.9%의 지분을 투자하였다(Total, 2017). 또한 2015년 12월 실크로드 기금과 노바텍은 야말 프로젝트에 15년 동안 7억 3,000만 유로의 장기 대출 협의서에 서명하였고 2016년 4월에는 중국수출입은행이 야말 프로젝트 공사에 15년간 93억 유로, 중국국가개발은행이 15년간 98억 위안의 대출을 제공하기로 하였다(中国石油新闻中心, 2018). 중국의 국유 기업과 일대일로 전략 실현을 위한 과감한 자금 지원은 야말 LNG 터미널 공사가 순조롭게 진행되고 2017년 12월 8일 LNG 생산을 시작하는 데 결정적인 기여를 하였다. 야말 LNG 터미널의 천연가스는 동년 동월 9일 쇄빙 LNG선을 통해 대중국 LNG 수출을 시작하였다(유철종, 2017). 러시아는 야말 LNG를 북극항로를 이용하여 매년 400만 톤(약 5,556만 m³)을 중국으로 수출할 예정이다(俄罗斯卫星网, 2018).

III. 협력의 강화 요인

1. 중앙정부의 에너지 정책, 전략

1) 일대일로와 에너지, 산업 협력

2013년 3월 14일부터 임기를 시작한 시진핑(习近平) 국가주석은 2013
년 9월 카자흐스탄 나자르바예프 대학에서 실크로드 경제권 구상을 발
표하고 1달 후인 동년 10월 3일에 말레이시아 국회 연설에서 해상 실크
로드 구축을 제안하였다(KIEP 북경사무소, 2015: 2). 그로부터 5개월여
가 지난 2014년 4월 10일 리커창 국무원 총리는 보아오 포럼에서 시진
핑 국가주석의 실크로드 경제권 구상과 해상 실크로드를 종합한 일대일
로(一带一路, 실크로드 경제권과 21세기 해상 실크로드) 전략을 발표하였
다(최필수, 2015). 일대일로 전략을 발표한 지 약 11개월이 지난 2015년
3월에 중국 중앙정부의 국무원 국가발전개혁위원회와 외교부, 상무부는
실크로드 경제권과 21세기 해상 실크로드 추진을 위한 전망과 행동(推动
共建丝绸之路经济带和21世纪海上丝绸之路的愿景与行动, 이하 전망과 행동)
을 내놓으면서 송유관, 가스관의 연결, 자원 탐사와 개발 협력을 주요 과
제 중의 하나로 명시하였다(国家发展改革委·外交部·商务部, 2015). 또한
동년 동월에 중국 중앙정부 국무원은 일대일로와 연계한 대외 산업 협력
을 추진하기 위해 국제 산업 에너지, 장비 제조 협력 가이드라인(国务院
关于推进国际产能和装备制造合作的指导意见, 이하 국제 산업 협력 가이드라
인)을 내놓았다. 국제 산업 협력 가이드라인에서는 해외 자원 개발을 강
화하고 은행의 저금리 대출, 프로젝트 융자를 통해 해외에서의 대형 프
로젝트 진행을 지원할 것임을 명시하였다(国务院, 2015).
　　시진핑 중심의 제5세대 지도부의 대외 에너지 정책과 전략으로 인

하여 중국석유와 중국 중앙정부의 중국 실크로드 기금이 야말 LNG 터미널에 29.9%의 지분을 투자하였다. 또한 중국의 정책 금융 기관인 중국수출입은행과 중국국가개발은행이 과감한 금융 지원을 할 수 있었다. 중국 중앙정부의 정치적 지지와 금융 지원, 국유 기업인 중국석유의 적극적인 참여가 없었다면 야말 LNG 터미널 공사의 2017년 12월 완공과 러시아산 LNG의 대중국 수출량 증대가 어려웠을 것이다.

2. 중국의 국내 경제적 요인

1) 중국의 석탄 대체를 위한 천연가스 수요 증대

2017년 1월부터 11월까지 중국의 LNG 수입량은 3,312만 6,000톤으로 2016년의 수입량(2,615만 4,000톤)을 넘어섰다(周泰来, 2017). 이는 중국의 가정용 난방, 산업, 발전용 천연가스 수요가 늘어났기 때문이다. 동년 1월부터 10월까지 중국의 천연가스 소비량은 1,865억 ㎥로 전년 동기 대비 18.7%가 늘어났는데 분야별 전년 동기 대비 증가율을 살펴보면 발전 27.5%, 공업 분야는 22.7% 증가, 화학공업 분야는 18.2% 증가, 도시 천연가스 소비는 10.1% 증가를 기록하였다(周泰来, 2017). 또한 수도 베이징(北京), 텐진(天津)과 허베이성(河北省)을 중심으로 석탄의 천연가스 대체(煤改气)를 추진하면서 천연가스의 수요의 급증을 유발하였다. 그 중 허베이성은 2017년 11월 28일 천연가스 공급 부족 경보를 발효하였고 그 이후에도 천연가스 공급 부족으로 병원과 주택, 학교에서 난방과 연료 공급의 어려움을 겪기도 하였다(中国产经新闻, 2017). 이와 같은 중국 수도권의 천연가스 공급 부족을 근본적으로 해결하려면 해외에서의 천연가스 수입량을 늘리는 방법밖에 없다. 특히 러시아와 인접한 중국의 동북 지역과 수도권에는 러시아산 천연가스의 공급을 늘려서 천연가스 수입 비용과 시간을 줄이고 천연가스의 공급량을 늘리는 것이 필요하다. 이를 위해 베이징천연가스그룹(北京燃气集团公司) 은 2017년 6월 30일에 러시아 산초스크 석유가스전의 지분 20%를 매입하여 러시아산 천연가스 수입을 늘리려 하고 있다(张晓东, 2017). 그러나 아직 중국의 수도권 지역의 천연가스 수요를 충족시킬 정도의 물량을 확보하지 못하고는 있다. 그렇기 때문에 현재 건설 중인 중·러 동부 가스관의 완공을 통해 러시아산 천연가스 공급을 큰 폭으로 늘리는 것이 필요하다. 중·러 동부 가스관이 중국석유가 계획한 대로 러시아산 천연가스 공급을 2020년 12월부터 시작하게 되면 허베이성을 비롯한 수도권 지역과 화동(华东)의 경제, 산업 중심인 상하이에 천연가스 공급이 늘어나게 된다. 이는 중국의 수도권과 상하이의 천연가스의 안정적인 공급에 도움이 될 수 있다.

IV. 협력의 장애 요인

1. 중국 내 가스 공급, 저장 인프라

중국과 러시아가 장기간 협의를 진행함에도 불구하고 건설에 들어가지 못한 알타이 가스관 사업은 중국 내 가스 공급 인프라 구축 계획에서 알타이 가스관과의 연결이 우선순위에서 밀리는 점이 영향을 미치고 있다. 알타이 가스관은 [그림 2]에 나온 바와 같이 러시아가 중국 서부의 신장위구르자치구를 통해 러시아산 가스를 수출하는 것을 목표로 하고 있다.

그러나 중국이 2010년부터 중앙아시아-중국 가스관을 통해 투르크메니스탄 천연가스를 대량으로 수입한 이후부터 천연가스 수입선을 다

그림 2. 알타이 가스관

출처: The Siberian Times reporter(2015), "Deal with China for Altai gas pipeline is 'imminent'", Siberian Times. http://siberiantimes.com/business/siberianexport/news/n0157-deal-with-china-for-altai-gas-pipeline-is-imminent/ (검색일: 2017.11.23.)

변화하고 있으며 중앙아시아–중국 가스관의 추가 개통으로 인하여 투르크메니스탄의 천연가스 외에 우즈베키스탄, 카자흐스탄의 천연가스도 신장으로 들어오고 있다. 그러나 신장으로 들어오는 러시아산 천연가스도 중국에서 수입하는 투르크메니스탄, 우즈베키스탄, 카자흐스탄 천연가스와 마찬가지로 중국의 국내 가스관인 서기동수와 연결이 되어야 한다. 그런데 신장으로 들어오는 러시아 가스를 안정적으로 공급하려면 현재 가동 중인 서기동수 1기, 서기동수 2기(투르크메니스탄 가스 수송용),

서기동수 3기와 현재 공사를 계획 중인 서부지역 가스 수송용인 서기동
수 4기, 중앙아시아(우즈베키스탄, 카자흐스탄, 투르크메니스탄) 가스 수
송용인 서기동수 5기 외에 서기동수 6기의 건설이 필요하다(윤익중·이
성규, 2015: 252). 그러나 현재까지 서기동수 6기의 건설 계획은 구체화
되고 있지 않다. 그렇기 때문에 알타이 가스관은 러시아가 중국에게 가
스 공급 가격을 저렴하게 해주는 등의 경제적 인센티브를 제공하지 않으
면 중국이 건설에 참여할 가능성이 높지 않다.

또한 중국의 천연가스 수입량은 매년 늘어나고 있지만 국내 각지에
가스를 저장하고 공급할 수 있는 인프라가 부족하다. 특히 중국 내 가스
지하 저장소의 부족은 국내 공급용 천연가스의 확보와 안정적인 공급에
부정적인 영향을 주고 있다. 2015년 중국의 가스 지하 저장소의 저장 용
량은 50억 m³였지만 실제 최대 저장 용량은 20억 m³정도로 동년 중국
의 천연가스 총소비량의 약 2%에 불과하였다(邓雅蔓, 2017). 또한 중국
은 2016년 4월까지 18개의 가스 지하 저장소를 구축하여 55억 m³까지
저장 용량을 늘리는 데 그쳤다(邓雅蔓, 2017). 이를 해결하기 위해 2015
년 2월 9일 국무원 국가발전개혁위원회가 로컬 민영 기업들의 수입 원유
사용권과 원유 수입 쿼터 배정을 허가하면서 로컬 민영 기업들이 LNG,
CNG 저장 탱크를 건설하고 매년 5,000만 m³의 가스 저장 설비를 늘리
면 수입 원유 사용 수량은 매년 100만 톤까지 한도를 늘려 주기로 하였
다(国家发展改革委, 2015). 또한 지하 가스 저장소를 건설하고 매년 2억
m³의 가스 처리 설비를 늘리는 경우에도 로컬 민영 기업들의 수입 원
유 사용 한도를 매년 100만 톤까지 늘려 주기로 하였다(国家发展改革委,
2015). 그럼에도 불구하고 중국의 천연가스 공급, 저장 인프라의 구축은
현재까지 계속 진행해야 하는 상황에 직면해 있다.

2. 중국의 미국산 LNG 수입량 증가

중국의 천연가스 수입선 다변화의 확대는 LNG 수입에 있어서도 지속적으로 추진하고 있다. 특히 LNG 수입선은 기존의 호주, 카타르와 말레이시아, 인도네시아, 파푸아뉴기니아, 나이지리아 외에 미국이 등장하면서 러시아의 천연가스 수출 증대에 장애 요인으로 작용할 가능성을 보여주고 있다. 2018년 1월 중국은 미국산 LNG 51만 8,887톤을 수입했는데 이는 같은 기간 중국의 국가별 LNG 수입량 3위에 해당하는 기록이며 말레이시아(50만 197톤), 인도네시아(34만 4,067톤), 러시아의 수입량(6만 3,317톤)보다 훨씬 많은 양을 도입한 것이다(中国海关, 2018). 미국산 LNG의 수입량 증가는 미국의 셰일가스 개발로 인하여 셰일가스의 액화를 통한 대량 수출이 가능해졌으며 중국의 국유 기업들이 동부 연해 지역의 LNG 터미널을 이용하여 미국산 LNG를 지속적으로 수입하면서 발생한 현상이다(观察者网, 2016).[2] 가정과 산업용 천연가스 수요가 많은 중국의 동부 연해 지역에서 미국산 LNG의 수입을 늘릴 경우 러시아산 LNG는 중러 동부 가스관이 2019년에 개통되더라도 가스관이 연결되는 중국 동북 지역과 수도권, 화동 지역의 상하이에 주로 공급, 소비될 가능성도 배제할 수 없다. 또한 러시아와의 원유, 가스 협력을 주도하는 국유 기업인 중국석유도 2018년 1월 9일 미국의 LNG 공급업체인 셰니에르에너지와 2043년까지 연간 120만 톤의 LNG 수입 계약을 체결하였다(강동균, 2018: A13). 셰니에르에너지가 중국석유와의 25년 LNG 공급 계약

---

2   2016년 8월 중국의 에너지 국유 기업인 중국해양석유가 광둥성 선전의 다펑 LNG 터미널을 통해 미국산 LNG 수입을 시작하면서부터 중국 에너지 기업들의 미국산 LNG 수입이 늘어나기 시작했다. 중국해양석유는 2016년 상반기 77억 4,000만 위안의 순손실을 기록한 바 있다. 중국해양석유는 기업의 수익성이 악화되는 상황을 막기 위해 LNG 수입을 늘려서 자사의 새로운 이윤 창출의 루트로 활용하려 하고 있다.

을 안정적으로 이행하기 위하여 루이지애나 주 샤빈패스 LNG 수출 터미널을 증설할 계획을 추진하면서 미국산 LNG가 중국으로 수출되는 물량이 늘어날 경우 러시아산 천연가스의 중국 내 수입, 소비 증대에 부정적인 영향을 줄 가능성도 있다.

V. 결론 및 전망

중국과 러시아의 가스 협력은 중국 중앙정부 국무원과 국무원 산하의 국가발전개혁위원회이 컨트롤 타워 역할을 하면서 정책 금융 기관인 국가개발은행, 중국수출입은행의 금융 지원, 중국석유의 적극적인 프로젝트 참여로 성과를 내고 있다. 또한 일대일로 추진을 위해 만들어진 중국실크로드기금이 야말 LNG 터미널 프로젝트에 지분 투자와 프로젝트 추진에 필요한 대규모 자금을 지원하면서 일대일로, 중국의 북극 항로 활용과의 연계도 가시화되었다.

중국과 러시아의 가스 협력은 중·러 동부 가스관 공사가 진행 중이기 때문에 2017년까지 러시아산 LNG의 수입만 진행되었다. 그러나 중국석유와 중국실크로드기금이 지분을 투자한 야말 LNG 터미널에서 생산된 러시아 LNG가 중국에 안정적으로 공급되고 중·러 동부 가스관이 2019년에 완공되어 대중국 가스 수출을 시작하면 중국의 러시아 천연가스 수입도 크게 늘어날 가능성이 있다. 2017년 12월과 2018년 1월에 투르크메니스탄이 대중국 천연가스 공급을 3차례 중단하면서 중국내 LNG 공급 가격의 상승을 경험했던 것도 가스관 건설과 LNG선을 통한 러시아 천연가스 수입량 증대의 필요성을 입증하고 있다(周程程 2018).[3]

그러나 중국과 러시아가 가스 협력을 위한 협상을 시작할 때부터 논의되었던 알타이 가스관은 중국의 가스 수입선 다변화, 러시아의 유가 연동에 의한 장기 계약 원칙으로 인해 추진이 쉽지 않을 것으로 보인다. 국제유가가 다시 오를 가능성이 있음을 감안하면 러시아가 유가를 반영하여 장기 계약을 하게 될 경우 중국이 원하는 저렴한 가격에 천연가스 공급이 이뤄지기가 어려울 것이다(윤익중·이성규, 2015: 268). 또한 중국의 국내 가스 공급, 저장 인프라는 여전히 확충이 필요하며 현재 추진되고 있는 확충 계획도 중앙아시아 국가들로부터 수입되는 천연가스 수입과의 연계가 우선 순위에 있다. 아울러 미국산 LNG의 대중국 수출량이 중국의 동부 연해 지역과 남방의 광둥성(广东省)을 중심으로 늘어날 경우 러시아산 천연가스와 LNG는 중·러 동부 가스관이 연결되는 중국 북부 지역과 화동 지역을 중심으로만 소비가 이뤄질 가능성이 있다. 물론 야말 LNG의 수입, 중·러 동부 가스관의 개통으로 단기적으로는 중국의 러시아산 천연가스 수입량이 늘어날 수 있을 것이다. 그러나 러시아산 천연가스가 중국의 천연가스 공급의 안정성을 확보하는 데 얼마나 도움이 될 지는 중국 내 가스 공급, 저장 인프라의 구축 속도와 국내 가스 공급 네트워크의 효율적인 작동 여부, 미국산 LNG의 대중국 수출량의 증가 지속 여부가 결정하게 될 것이다.

3   투르크메니스탄 가스 콘체른은 2017년 12월 초에 1차례, 2018년 1월에 3차례 중앙아시아-중국 가스관으로의 천연가스 공급을 총 4회 중단하였다. 특히 2018년 1월에 투르크메니스탄 가스 콘체른이 3차례 중국으로의 천연가스 공급을 중단하면서 하루에 최소 2,000만 m³에서 최대 3,000만 m³ 이상의 천연가스 공급 감소가 발생하였다. 그로 인해 중국의 도시가스 업체들이 액화천연가스(LNG)를 구입하여 천연가스 공급 부족분을 보충하면서 LNG 수요가 단기간에 늘어나고 일부 지역의 LNG 공시 가격이 상승하였다. 중앙아시아-중국 가스관의 천연가스 공급량 감소로 인한 수요 증가는 산시성(山西省)과 네이멍구(內蒙古)의 LNG 공시 가격에 영향을 미쳤다. 2018년 1월 30일 산시성과 네이멍구의 LNG 공시 가격은 톤당 6,500위안(약 112만 원)에서 6,900위안(약 119만 원) 사이였으나 동년 2월 1일에는 톤당 8,200위안(약 141만 원)에서 8,700 위안(약 150만 원)까지 상승하였다.

참고문헌

강동균(2018), "중국, 미국산 LNG 첫 장기수입 계약", '한국경제', 2월 12일, A13면.

남대엽(2016), 『중국 자동차 산업 전망 (1편) 중국을 점령한 토종 SUV의 질주』, POSRI, p.1.

신범식(2012), 「러시아의 대(對)동북아 석유·가스 공급망 구축 – 국제·지역정치적 의미 및 영향에 대한 네트워크 세계정치론적 이해」, 『국제정치논총』, 52권 3호, pp. 341-373.

신상범·조정원(2015), 「생태도시 건설의 정치: 중국 상하이 동탄 생태성 건설 실패 사례」, 『아세아연구』, 58권 4호, pp. 174-207.

신상범(2016), 「Domestic political constraints on Sino-foreign environmental cooperation: the case of eco-city building in China」, 『동서연구』, 28권 1호, pp. 69-96.

조정원(2012), 「러·중 에너지 관계 변화의 정치경제: 천연가스를 중심으로」, 『슬라브학보』, 27권 3호, pp. 279-312.

_____(2015), 「중앙아시아 국가들의 대 중국 경제 의존도 현황과 원인: 무역, 투자를 중심으로」, 『제7차 중앙아시아 연합학술회의, 중앙아시아의 세계화: 발전과 전망』, pp. 277-303.

_____(2017), "중국의 대외 에너지 전략과 동북아 에너지협력: 원유와 천연가스를 중심으로", 『21세기 동북아 에너지협력과 한국의 선택』 파주: 사회평론, p. 262.

최필수(2015), "중국의 일대일로 정책 활용전략 세미나", FTA 강국, KOREA. http://fta.go.kr/webmodule/htsboard/template/read/fta_shareBoard_01_view.jsp?typeID=8&boardid=183&seqno=141079&c=all&t=&pagenum=10&tableName=fta_new_board01&pc=&dc=&wc=&lu=&vu=&iu=&du=&cattype= (검색일: 2018.01.12)

이유신(2017), 「러시아의 대 중국 가스 정책: 기회와 도전」, 『중소연구』, 제40권 4호, pp. 213-245.

유철종(2017), "러, 야말 LNG 공장 첫 가동…세계 최대 LNG수출국 노린 사업", 「연합뉴스」, 12월 9일. http://www.yonhapnews.co.kr/bulletin/2017/12/09/0200000000AKR20171209001200080.HTML?input=1195m (검색일: 2017.12.17)

윤익중·이성규(2015), 「우크라이나 사태 이후 러시아-중국 간 에너지협력의 정치·경제적 의미: 가스 부문을 중심으로」, 『슬라브학보』, 30권 4호, pp. 236-272.

KIEP 북경사무소(2015), 「중국의 21세기 해상실크로드 구상, 추진 동향과 전망」, 『KIEP 북경사무소 브리핑』 Vol. 18, No. 4, pp. 2-15.

Acemoglu, D. and F. Zilibotti(1997), "Was Prometheus Unbound by Chance? Risk, Diversification, and Growth," *Journal of Political Economy*, Vol. 105, pp. 709-751.

Aghion, P., A. Banerjee and T. Piketty(1999), "Dualism and Macroeconomic Volatility," *Quarterly Journal of Economics*, Vol. 114, pp. 1359-1397.

Gazprom(2017), "Power of Siberia," Gazprom website. http://www.gazprom.com/about/production/projects/pipelines/built/ykv/ (검색일: 2017.04.21.)

Serafettin Yilmaz·Olga Daksueva (2017), "The energy nexus in China–Russia strategic partnership," *International Relations of the Asia-Pacific*, Vol.00, pp. 1-26.

The Siberian Times reporter(2015), "Deal with China for Altai gas pipeline is 'imminent'", *Siberian Times*. http://siberiantimes.com/business/siberianexport/news/n0157-deal-with-china-for-altai-gas-pipeline-is-imminent/ (검색일: 2017.11.23.)

Total(2017), "Yamal LNG project begins gas exports," Total China website. http://www.total.com.cn/en/home/media/list-news/yamal-lng-project-begins-gas-exports-cn (검색일: 2017.12.19.)

国务院办公厅(2005), "国务院办公厅关于印发国家能源领导小组办公室主要职责内设机构 和人员编制规定的通知", 中华人民共和国 中央人民政府. http://www.gov.cn/zhengce/content/2016-10/13/content_5118295.htm (검색일: 2017.12.21)

中新社(2005), "国家能源领导办公室正式成立(附主要职责)", 中国网. http://www.china.com.cn/chinese/PI-c/879932.htm (검색일: 2017.11.28)

中国国际贸易促进委员会经济信息部 (2007), "我国"走出去"战略的形成及推动政策体系分析", p. 12.

国务院, 国家发展改革委员会(2008), "能源发展"十一五"规划", p. 17.

施明慎, 许志峰(2009), "国开行"以贷款换资源"成功运作一批大项目," 人民网. http://finance.people.com.cn/GB/9998603.html (검색일: 2017.12.20.)

刘东凯, 侯丽军(2009), "中俄签政府间协议 能源合作获重大突破," 人民网. http://politics.people.com.cn/GB/1026/9169564.html (검색일: 2017.12.20.)

曾培炎(2010), "西气东输铸就能源大动脉," 中国能源网. http://www.china5e.com/news/news-100591-1.html (검색일: 2017.03.05.)

国务院(2015), "国务院关于推进国际产能和装备制造合作的指导意见", 中国政府网. http://www.gov.cn/zhengce/content/2015-05/16/content_9771.htm (검색일: 2018.01.07.)

沈联进(2015), "天然气时代　创新液化石油气运营模式," 新华网. http://www.xinhuanet.com/energy/2015-12/10/c_128517458.htm (검색일: 2018.01.21.)

徐洪峰, 施佳敏 (2015), "中俄能源合作综述," 环球视野. http://www.globalview.cn/html/economic/info_3012.html (검색일: 2018.01.23)

观察者网(2016), "中国首次进口美国液化天然气 经巴拿马运河运抵广东," 新浪军事. http://mil.news.sina.com.cn/dgby/2016-08-27/doc-ifxvixer7335837.shtml(검색일: 2017.03.21)

张梦秋·王栋(2016), "天然气合作背后的中俄关系模式探析," 「國際展望」第6期, pp. 55-72.

中国海关(2016), "中俄原油贸易再创纪录 进口将降温?," 石油手机报. http://wap.cnpc.com.cn/system/2016/06/22/001597516.shtml (검색일: 2018.01.12.)

邓雅蔓(2017), "中国天然气发展最大瓶颈：地下储气库不足," 界面. http://www.jiemian.com/article/978811.html (검색일: 2017.12.21.)

张晓东(2017), "中企投资为这里注入活力：走进俄罗斯上乔斯克油气田," 人民网. http://ydyl.people.com.cn/n1/2017/0922/c411837-29551595.html(검색일: 2017.12.23)

孙阳(2017), "12月天然气进口创新高 2017年进口天然气市场热闹非凡," 腾讯证券 http://stock.qq.com/a/20180201/016535.htm (검색일: 2018.01.21.)

新锐大众(2017), "两地贸易有来有往 鲁俄进出口贸易突破300亿元," 山东24小时. https://

w.dzwww.com/p/707135.html (검색일: 2018.01.23.)

中汽协会行业信息部(2017), "2016年汽车工业经济运行情况", 中国汽车工业协会. http://www. caam.org.cn/xiehuidongtai/20170112/1505203997.html (검색일: 2017.12.20.)

吴晔(2017), "2016年乘用车销量超2400万辆 中国品牌首次超过千万辆", 新华网. http://news. xinhuanet.com/auto/2017-01/12/c_1120298824.htm (검색일: 2018.01.12.)

中国经济网(2017), "2016年SUV：销量超900万辆 自主品牌占据大半", 新华网. http://news. xinhuanet.com/2017-01/22/c_1120359523.htm (검색일: 2017.3.20)

张旭东(2017), "2018年首批原油进口配额来了 地炼可进口1.2亿吨", 无所不能. http://www.wu-suobuneng.com/archives/46235 (검색일: 2018.01.12)

俄罗斯卫星网 (2018), "中石油：天然气将成中俄能源合作新增长点," 新浪财经. http://finance. sina.com.cn/stock/usstock/c/2018-01-01/doc-ifyqefvw8868787.shtml (검색일: 2018.1.21.)

国家发展改革委(2015), "关于进口原油使用管理有关问题的通知(发改运行〔2015〕253号)," 中华 人民共和国 国家发展改革委员会 经济运行调节局. http://yxj.ndrc.gov.cn/zttp/dfly-gl/201502/t20150216_738641.html (검색일: 2018.01.21)

国际商报(2017), "青岛港与俄最大港口建立合作," 中国服务贸易指南网. http://tradeinservices. mofcom.gov.cn/article/lingyu/gjhdai/201703/40519.html (검색일: 2018.01.07)

贾钟楠(2017), "欧洲将逐渐摆脱对俄天然气依赖," 财新网. http://opinion.caixin.com/2017-04-12/101077472.html (검색일: 2018.01.05.)

浚滨(2017), "11月俄罗斯连续9个月成中国最大原油供应国2017霸主地位稳固," FX168. http:// oil.fx168.com/1712/2421185.shtml (검색일: 2017.12.29)

路尘(2017), "冬天来了, 俄罗斯天然气怎么还没来？," 财新网. http://globus.caixin.com/arti-cle/2238/ (검색일: 2017.12.30.)

金十数据(2017), "中国亿吨石油港完工！日进口石油九百吨, 美国大惊！," 新浪财经. http:// cj.sina.com.cn/article/detail/6018289492/536334 (검색일: 2018.01.12)

证券日报(2017), "18家地炼获得原油进口权," 中国石油新闻中心, 3月7日. http://news.cnpc. com.cn/system/2017/03/07/001637475.shtml(검색일: 2018.01.21.)

中国产经新闻(2017), "煤改气改革遭遇气荒预警天然气供给侧改革紧迫性," 和讯 新闻. http:// news.hexun.com/2017-12-06/191885444.html (검색일: 2018.01.23)

周泰来(2017), "专家：华北"煤改气"仅占全国天然气需求增量30%," 财新网. http://china. caixin.com/2017-12-16/101186026.html?sourceEntityId=101193804 (검색일: 2017.12.17.)

周程程(2018), "中亚管道咳喘致气价剧震 LNG供应恢复后涨势基本归零," 新浪财经. http:// china.caixin.com/2017-12-16/101186026.html?sourceEntityId=101193804 (검색일: 2017.12.17.)

俄罗斯卫星网(2018), "中石油：天然气将成中俄能源合作新增长点," 新浪财经. http://finance. sina.com.cn/stock/usstock/c/2018-01-01/doc-ifyqefvw8868787.shtml (검색일: 2018.1.21)

李延平·奚望·周民(2018), "中俄原油管道二线正式投入商业运营," 中国石油新闻中心. http://

news.cnpc.com.cn/system/2018/01/02/001673746.shtml (검색일: 2018.01.22.)

张国宝(2018), "中俄原油管道十伍年谈判纪实," 人民网. http://world.people.com.cn/
　　n1/2018/0109/c1002-29754237.html (검색일: 2018.02.21.)

张国宝(2018), "国家能源局原局长张国宝讲述中俄原油管道谈判历程," 中国新闻网. http://www.
　　chinanews.com/gn/2018/01-09/8419446.shtml (검색일: 2018.02.21)

中国石油新闻中心(2018), "2017年中俄原油管道输油达1650万吨," 中国石油新闻中心. http://
　　news.cnpc.com.cn/system/2018/01/24/001676371.shtml (검색일: 2018.03.12)

周纯鎘(2018), "2017年中国汽车销量增长3% 增速大幅放缓," 界面. http://www.jiemian.com/
　　article/1879852.html (검색일: 2018.02.05)

웹사이트

가즈프롬: http://www.gazprom.com

산둥 24시간(山东24小时): https://w.dzwww.com

시나 군사(新浪军事): http://mil.news.sina.com.cn/

시나 재경(新浪财经): http://finance.sina.com.cn

신화왕(新华网): http://news.xinhuanet.com

스지에슈어(世界说): http://globus.caixin.com

석유 핸드폰 뉴스(石油手机报): http://wap.cnpc.com.cn

우수어부넝(无所不能): http://www.wusuobuneng.com

지에미엔(界面): http://www.jiemian.com/

중국망: http://www.china.com.cn

중국세관(中国海关): http://www.haiguan.info/

중국 서비스무역 가이드(中国服务贸易指南网): http://tradeinservices.mofcom.gov.cn

중국석유 뉴스센터(中国石油新闻中心): http://news.cnpc.com.cn

중국자동차공업협회 (中国汽车工业协会): http://www.caam.org.cn/

중국정부망(中国政府网): http://www.gov.cn/

중국에너지망(中国能源网): http://www.china5e.com

중화인민공화국 국가발전개혁위원회 경제운행조절국(中华人民共和国 国家发展改革委员会 经济
　　运行调节局): http://yxj.ndrc.gov.cn

차이신왕(财新网): http://china.caixin.com

토탈 차이나: http://www.total.com.cn/

허쉰 뉴스(和讯 新闻): http://news.hexun.com

FTA 강국, KOREA: http://fta.go.kr

FX 168: http://oil.fx168.com

제10장

러시아-몽골 물류·에너지 협력현황과 전망

박정후(서울대학교 한국정치연구소)

I. 정치경제적 관계

러시아와 몽골은 1921년 「상호 선린우호관계 수립에 관한 몽골·소비에트 협정」체결을 시작으로 양국 간 공식적인 협력관계를 시작했다. 몽골은 명목상 독립국의 지위를 유지하며 구소련 연방국가에 편입되지는 않았지만, 1980년 후반까지 구소련으로부터의 지원을 바탕으로 사회주의 경제개발계획을 추진하였다. 이 시기 몽골은 교역량의 80%이상을 러시아에 의존하는 형태였다.

1992년 몽골은 민주헌법을 수립하고 사회주의 계획경제 시스템에서 탈피하여 시장경제로의 전환을 시작하였다. 그럼에도 불구하고 양국은 1993년 「몽·러 우호협력 조약」을 체결하는 등 접경국가로서 사회주의 시절부터 유지해 왔던 교류협력관계는 지속되었다. 이후 양국은 2009년 8월 「전략적 동반자관계」를 수립함으로써 정치·경제적 협력관계를 지속해 왔다.

몽골의 주요 수출품은 2017년 상반기를 기준으로 광물(80.9%), 원유(80.9%), 캐시미어(5.9%) 등이다. 아울러 주요 수입품은 석유제품(13.3%), 승용차(7.4%), 화물차(3.4%), 에너지(3.3%), 광산 및 건설 중장비(2.5%), 통신기기(2.2%), 의약품(1.8%), 타이어(1.2%) 등으로 분류할 수 있다. 같은 시기, 몽골의 해외수출 대상국 비중은 중국(90%), 영국(7%), 러시아(1%) 등으로 나눌 수 있고, 주요 수입 대상국 비중은 중국(30%), 러시아(28%), 일본(9.7%), 한국(5%), 미국(4.7%) 순이다.

몽골이 대중국 수출비중이 높은 것은 몽골의 주력 생산물이 광물자원인 까닭이다. 몽골은 중국에 주로 광물을 수출하고 각종 공산품, 식자재 및 식료품, 의류 등의 소비재를 수입하고 있다. 반면에 러시아로부터는 주로 석유제품을 수입하고 있다. 아울러 한국, 일본에서는 승용차, 화물차 및 부품, 중장비, 기타 소비재를, 미국으로부터 주로 항공기 및 항공기 부품, 광산 및 건설 중장비 등을 수입하고 있다.

II. 러시아-몽골 에너지 수출입 현황

현재 몽골은 러시아로부터 연간 약 120만 톤의 경질유를 수입하고 있으며 이는 전체 물량의 97%를 차지하고 있다. 나머지 3%에 해당하는 경질류와 가스 등의 물량을 카자흐스탄, 중국, 한국 등으로부터 수입하고 있는 실정이다. 러시아로부터 수입하는 물량 중 러시아 국영기업인 로즈네프트(Rosneft)로부터 약 70%, 가스프롬으로부터 30%의 경질류와 천연가스를 수입하고 있다. 수입된 대부분의 경질유 및 가스는 차량과 중장비의 연료로, 그리고 가정 및 업소에서 조리용으로 국한되어 사용되고 있다.

한편 몽골의 원유 매장량은 15억~20억 배럴에 달하는 것으로 추정되며, 현재 연간 80,000배럴, 매일 6,000배럴(약 858톤) 이상의 원유를 생산하고 있다. 이렇게 생산된 원유는 별도의 가공과정을 거치지 않고 전량 중국으로 수출되는 반면에 정제된 경질유와 가스 대부분을 러시아로부터 수입하고 있는 실정이다. 그러나 이러한 경향은 비교적 최근에 정착된 것이다. 사회주의 시절인 1940년대 몽골-러시아 합작 원유탐사단체를 통해 몽골이 보유한 원유매장량 확인 작업이 시작되었고, 이어 1950년대에 도르노고비(Dornogovi) 아이막의 준바얀(Zuunbayan)지역 차간-엘스니(Tsagaan-Elsnii)유전에 석유가공시설이 건설되어 운영되었다.[1] 그러나 1960년대 러시아 앙가르스크(Angarsk)에 대형 석유정제시설이 건설된 이후 1969년 이 시설은 가동을 중단하였고, 이후 러시아로부터 거의 전량의 정제유와 가스를 수입하게 된 것이다.

이와 같이 몽골은 과거 정유시설 운영을 통해 경질유와 가스를 확보했던 경험이 있었다. 1990년대 자본주의 경제체제가 도입되고, 광산을 중심으로 한 산업이 발달하면서 경질유에 대한 수요가 늘어나게 되자 수출대체산업 육성차원에서 몽골정부 또는 외국기업에 의한 정유시설 수립계획이 종종 발표되었으나 아직까지 착공에 들어간 적이 없다. 산유국임에도 불구하고 대부분의 연료를 수입에 의존하는 이러한 상황을 탈피하고자 2012년, 몽골정부는 늘어나는 석유연료 수요에 대응하고 안정적인 정유 공급시스템을 갖추기 위해 '석유연료정책'을 발표하였다. 이 정책에 따르면, 첫째, 석유연료 생산시설에 대해 최소 5%의 국가지분을 확보하고, 둘째, 원유 생산가능 지역을 중심으로 생산시설을 설립하며, 셋째, 정유시설 설립비용을 매년 국가예산에 반영할 것 등이다. 이러한 정

---

1   Unuudur: http://mongolnews.mn/ 2016. 2. 18. (검색일: 2017. 4. 24.)

부정책에 호응하여 비교적 최근인 2013년에는 15억 달러 규모의 정제시설에 대한 타당성 조사를 마치고 착공을 시도한 바 있었다. 그러나 2014년 초, 대통령이 의장으로 참여하는 국가안전보장회의에서 이와 같은 계획을 최종 부결시킨 바 있다. 이와 같은 조치는 경질유의 주요 수입국인 러시아의 입장을 고려한 것이라는 해석이 지배적이다. 러시아의 입장에서는 대몽골 경질유 수출이 교역에 따른 이익을 취하는 것과 동시에 몽골에 대한 영향력을 유지하는 주요 수단 중 하나이기 때문이다. 이와 관련한 최근의 예로 2011년 타반톨고이 광산 국제입찰 결과발표를 앞두고 입찰에 참여한 한국, 미국, 중국, 러시아, 일본 등의 국가들은 몽골을 상대로 다양한 외교전을 펼쳤다. 미국, 중국 등의 국가들이 차관 제공을 비롯한 다양한 혜택을 몽골에 제공하기로 약속한 것과는 대조적으로 러시아는 몽골에 대한 유류 수출량을 줄여 압박하는 전술을 택했다. 광산 및 농업 중장비에 주로 소요되는 경유의 수출량을 급감시켜 몽골경제에 큰 혼란과 불편을 야기했다. 몽골의 유류 비축량은 유종에 따라 다소 차이는 있지만, 2개월이 채 안 되었던바, 당시 몽골 대통령을 비롯한 정치인들과 고위관료들이 러시아에 연달아 방문하여 가까스로 위기를 수습할 수 있었다.

그럼에도 불구하고 몽골 정부는 2016년 12월 인도 수출입은행(Eximbank)으로부터 정유시설 건설을 위해 10억 달러의 대출을 받는 방안을 발표했다.[2] 이 방안에 따르면 정유시설 건설에 7억 달러, 원유 파이프라인 건설에 약 2억 6,400만 달러가 투자될 예정이다. 2017년 하반기에 구성된 새로운 내각과 대통령하에서도 이 프로젝트는 계속 추진되고 있다. 이 정유시설이 계획대로 건설된다면 연평균 12억 달러의 매출과

---

2   https://akipress.com/news:591142/ 2017. 4. 11.(검색일: 2017. 12.14.)

4,300만 달러의 순이익을 거둘 것으로 추산되고 있다.

정유시설 건설에 대한 몽골 정부차원의 계획이 여러 차례 수립되었고, 몽골 정부 및 기업들과 합자한 외국기업들에게도 정유시설 건설 허가를 여러 차례 내주었으나, 현재까지 착공이 어려웠던 이유 중 다른 하나는 정제에 필요한 원유확보의 어려움 때문이다. 기존의 몽골 내 회사들이 소유하고 있는 유전에서 원유를 생산하여 정유시설을 거쳐 경질유를 생산하는 것이 가장 바람직한 방안이지만, 기존의 유전에서 생산되는 원유 전량이 중국으로 수출되는 까닭에 정작 몽골은 원유를 확보하기 어려운 실정이다. 따라서 기존의 정유시설 설립 계획들은 모두 러시아와 인근 카자흐스탄 등으로부터 안정적인 원유수입처를 확보하고자 시도해 왔다. 그러나 러시아는 원유를 수출하는 것보다 정제된 경질유를 몽골에 수출하는 것이 훨씬 큰 이득이며, 정제유 수급을 통해 몽골에 영향력을 행사할 수 있기 때문에 몽골에 원유를 수출할 이유가 없었다. 게다가 카자흐스탄에서 원유를 수입하는 것은 육상 유통로를 거쳐야 하는 까닭에 물류비용이 늘어나 경제성이 상쇄되는 한계를 지니고 있었다.

따라서 향후 몽골이 정유시설을 설립하고, 경제성 있는 생산이 가능하기 위해서는 장기적으로 몽골 유전들에 대한 정밀 탐사를 거쳐 안정적인 확정매장량을 산출해 내어야 할 것이다. 이미 정유공장 설립허가를 취득한, 혹은 유전 탐사권을 보유하고 있는 몽-일 합자회사(MongolSekiu) 및 몽골 국영회사(Dornod Oil), 몽골기업 등을 중심으로 각각 보유한 유전에 대한 정밀 시추 작업등을 수행할 필요가 있다. 즉, 이들 유전들에 대해 국제기준에 맞는 탐사절차를 걸쳐 추정매장량이 아닌 확정매장량을 산출하고, 이에 맞추어 안정적인 원유 생산량이 확보되어야 할 것이다. 이를 근거로 해당 유전의 개발과 정유시설 건설을 위한 구체적인 계획수립과 투자유치가 용이해질 것이다.

아울러, 몽골에 경질유와 가스를 거의 전량 수출하고 있는 러시아의 입장 고려와 사전논의가 필요할 것이다. 몽골 내 새로운 유전개발에 소요될 비용과 시간 등의 어려움 때문에 당장 추진되고 있는 정유시설 계획들은 모두 러시아, 혹은 카자흐스탄 등 인근 산유국들로부터 원유를 들여와 몽골 내 구축한 정유시설을 통해 몽골 내부수요를 충당하는 것을 기본전제로 하고 있다. 그러나 러시아의 주요 자원·에너지 기업들은 국영기업들이다. 결국 러시아 정부에 대한 설득과 용인 없이는 정유시설을 운영할 원유확보가 어려워질 우려가 있다.

마지막으로 몽골의 장기 경제 환경과 경제타당성에 대한 고려가 이루어져야 할 것이다. 몽골의 경제는 최근 6년 사이 약 60~70%의 환율변동을 겪었고, IMF 차관을 지원받는 등 어려움을 겪고 있다. 시설 도입 및 정제시설에 투입될 원유 매입 등은 외화로 이루어지는 반면, 판매는 투그릭(MNT)로 이루어지기 때문에 소비자들의 구매력을 감안한 소매가 책정이 필요하다. 즉, 국영기업 등에 의해 몽골 내 유전이 개발되고, 이 유전들을 통한 원유공급량이 충분하지 못할 경우 현재 책정되어 있는 수입연료 소매가에 비해 더 높은 가격이 형성될 우려가 있고, 이는 물가상승 요인으로 작용할 것이다. 따라서 몽골 정유시설 구축은 수입대체산업 육성 차원에서 정부가 주도한다 할지라도 경제 타당성 확보는 필수적이다.

III. 몽골 전력·에너지 수급 현황

1. 전력 수급 현황

몽골은 세계적인 발전용, 제철용 석탄 매장지역으로서 전력생산의 대부

표 1. 지역별 전력생산 및 공급 현황(단위: 백만 Kwh)

지역	국내생산 전력공급	수입 전력 공급	합계
중앙지역	5,335.9	177.01	5,512.3
서부지역	34.5	111.7	146.2
Altai Uliastai 지역	31.5	–	31.5
Dornod 지역	184.7	4.24	188.9
남부지역	98.0	1,098.80	1,195.72
합계	5,684.6	1391.7	7,076.3

출처: 몽골 에너지부발표자료, "전력에너지 분야현황 및 개발방향", 주몽골대한민국대사관(2016) 「2016 신재생에너지 현황 및 정책」, 주몽골대한민국대사관, p.3에서 재인용.

분(약 76%)을 석탄화력발전에 의존하고 있다. 수도 울란바타르를 비롯한 주요 시, 도청 소재지에는 석탄화력발전소의 설치로 전력공급이 용이한 반면, 동부, 남부, 서북부 지역은 전력생산시설이 미비한 관계로 중국, 러시아 등으로부터 전력을 수입하는 실정이다.

남부지역 전력의 대부분은 중국으로부터 수입에 의존하고 있다. 오유톨고이 광산개발에 착수하면서, 전기, 전자시설과 수천 명의 근로자가 사용하는 전력이 막대한데, 오유톨고이 사는 중국으로의 송전망 설치를 통해 중국으로부터 전기를 끌어들여 사용하고 있다. 몽골 정부와의 협의에 따라 오유톨고이 광산개발현장에 화력발전소를 건설하기로 되어있으나, 지난 정부와의 재협상 과정 등을 거치면서 표면적으로 논의되고 있지 않은 실정이다.

몽골의 전략설비 용량 및 생산량, 생산설비 등을 나누어 살펴보면 아래 〈표 2〉와 같다. 아울러 21%를 차지하는 총 수입전력의 20%는 러시아로부터, 80%는 중국으로부터이다.

표 2. 몽골의 원별 전력설비 용량 및 생산 현황(2015)

2015년 전력 생산 및 수입 현황		
종류	백만 kWh	%
석탄화력 발전	5,485	76%
디젤 발전	8	0.12%
수력 발전	66	0.98%
태양광, 풍력 발전	148	2%
수입 전력	1,419	21%
합계	7,119	100%

출처: 주몽골대한민국대사관(2016) 「2016신재생에너지 현황 및 정책」, 주몽골대한민국대사관, p.2.

몽골의 전력 공급 시스템은 총 5개로 나누어지며, 중앙에너지시스템(CES: Central Energy System), 동부에너지시스템(EES: Eastern Energy System), 서부에너지시스템(WES: Western Energy System), 알타이에너지시스템(AUES: Altai-Uliastai Energy System), 남부에너지시스템(SGR: South Gobi Region) 이다. 몽골 내 총 7개의 석탄화력발전소는 열병합발전이며 전력공급망에 연결되지 않은 지역에서는 소형 디젤발전기를 운용하여 전기를 공급하고 있다. 몽골정부는 2040년까지 3단계로 나누어, CES, WES, EES 등 전력공급 시스템을 모두 연결하는 통합전력망 구축사업을 추진하고 있다.[3]

---

3   자료: 주몽골대한민국대사관(2016) 「2016신재생에너지 현황 및 정책」, 주몽골대한민국대사관, pp.1-2.

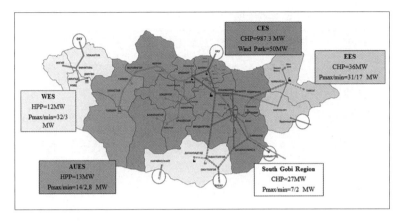

그림 1. 몽골의 에너지공급 시스템

출처: 주몽골대한민국대사관(2016) 「2016신재생에너지 현황 및 정책」, 주몽골대한민국대사관, p.2.

표 3. 몽골 전력 및 열 공급 설비 현황

전력시스템 및 발전소		전력 용량(MWe)	열공급 용량(MWth)
CES	제2 화력발전소	24	55
	제3 화력발전소	186	585
	제4 화력발전소	700	1,373
	다르항 화력발전소	48	210
	에르데넷 화력발전소	36	302
	Salkhit 풍력	50	-
	Amgalan 난방발전소	-	300
	소계	1,044	2,825
EES	초이발산 화력발전소	36	130
WES/AUES	Durgun 수력발전소	12	-
	Taishir 수력발전소	11	-
SGR	달란자드가드 화력발전소	6	8
총계		1,109	2,963

출처: 주몽골대한민국대사관(2016) 「2016신재생에너지 현황 및 정책」, 주몽골대한민국대사관, p.2.

표 4. 몽골의 전력 생산 및 소비현황(단위: 백만 Kw)

항목	2010년	2011년	2012년	2013년	2014년	2015년
총발전량	4,575.7	4,811.9	5,181.6	6,215.0	6,725.0	6,930.0
총생산	4,312.8	4,536.4	4,815.6	5,019.5	5,375.8	5,513.2
수입	262.9	275.5	366.0	1,195.5	1,349.2	1,416.8
총공급량	4,575.7	4,811.9	5,181.6	6,215.0	6,756.8	6,895.0
총사용량	3,375.9	3,453.0	3,772.6	4,732.1	5,158.4	5,283.5
산업 및 건설	2,093.8	2,140.8	2,338.9	2,930.7	3,171.6	3,261.4
교통 및 통신	140.4	143.7	156.8	196.9	211.4	216.5
농업	35.6	36.4	39.8	49.9	63.7	54.8
가정 및 공동주택	809.7	829.5	906.7	1,139.2	1,251.4	1,277.5
기타	296.2	302.6	330.4	415.4	460.4	473.3
손실분	505.4	644.3	675.4	739.5	792.6	782.6
발전소	672.2	690.8	712.4	725.3	772.4	778.2
내부사용량수출	22.2	23.8	21.2	18.2	33.4	50.8
1인당발전량	1,574.80	1,693.2	1,762.3	1,797.9	1,866.2	1,806.0

출처: National Statistics Office of Mongolia(2015) 「Mongolian Statistical Yearbook 2015」, National Statistics Office of Mongolia, p.361.;
코트라, http://news.kotra.or.kr/user/nationInfo/kotranews/14/userNationBasicView.do?nationId x=65&cdKey=101088&itemIdx=29891&categoryType=002&categoryIdx=69 에서 재인용(검색일: 2017. 8.5)

2. 에너지 수급 현황

몽골의 원유 추정 매장량은 15억~20억 배럴에 달하는 것으로 알려져 있다. 그러나 석유제품을 비롯한 정제유를 전량 수입에 의존하는 실정이 다. 현재 연간 80,000배럴, 매일 6,000배럴(약 858톤) 이상의 원유를 생

산하고 있으며 생산된 원유는 별도의 가공과정을 거치지 않고 전량 중국
으로 수출되고 있다.

가스는 대부분 러시아의 가스프롬, 로즈네프트(Rosneft), 카자흐스
탄 등으로부터 철도를 이용해 수입되고 있다. 2011년 15,900톤, 2012년
27,100톤, 2013년 37,876톤, 2017년 약 4만 톤으로 매년 증가하는 추세
이다. 기타 중국, 한국으로부터 가스버너에 사용되는 부탄캔 등으로 사
용되는 수입물량이 약 1,458톤에 이르는 것으로 알려져 있다. 이와 같은
증가세는 최근 몇 해간 한국 등으로부터 LPG 승용 차량의 수입증가 및
가정에서 조리용 가스의 사용이 늘어나는 추세에 힘입은 것으로 볼 수
있다. 실제로 몽골 LPG 자동차 충전소는 연간 2만 톤 가량의 가스를 소
비하며 전체 수요의 절반가량을 차지하고 있다. 이외에 가정용 가스통
등 충전용기에 담겨서 판매되는 물량이 40%, 이외 캔 형태의 수입이 약
10% 차지하고 있다. 유통되는 가스용기는 약 1만 개 정도로 대부분 중
국제이며, 충전소 건설 및 용기 충전 시설에 대한 구체적인 규제가 필요
한 시점이다.

한편 약 70%의 시장점유율을 차지하고 있는 몽골 최대의 가스연료
수입 및 판매업체인 다쓰와찔링의 경우 수도 울란바타르 인근에 총 400
톤의 LPG 저장시설을 구축하고 있으며 충전소 4개, 판매소 10개를 운영
하며 연간 19,566톤의 LPG를 약 8,000개의 LPG 용기를 통해 판매하고
있다. 이외에 약 50%의 일본 투자지분을 보유하고 있는 유니가스사는
500톤의 LPG 저장용량을 갖추고 있으며, 충전소 8개, 판매소 25개를 통
해 2,000개의 용기를 통해 판매하고 있다. 고르가스 사의 경우 400톤의
LPG 저장용량을 구축하고 있으며 충전소 2개를 운영하며 연간 3,454톤
의 LPG를 판매하고 있다. 이렇듯 가스에너지 소비시장의 성장과 더불어
한국의 관련회사 또한 몽골에 진출하여 성과를 거두고 있다. E1에너지

는 2014년 몽골 현지법인 M1 에너지를 한라에너지 및 몽골 현지기업과 합작하여 설립하였다. 이어 2016년 몽골 현지기업에 투자금을 반환하고 전액 한국투자기업으로 전환됐다. 주로 LPG 공급 종합터미널 사업, LPG 저장탱크 구축 등에 주력하여 2017년 말, 몽골 LPG시장의 약 15%를 차지하고 있다.

IV. 몽골 물류 인프라 현황

1. 운송 인프라 현황

몽골의 도로, 철도 등 수송과 관련한 물류여건은 '07년 세계은행이 150여 개국을 대상으로 실시한 물류환경 평가에서 136위를 기록할 정도로 매우 열악한 실정이다. 몽골의 수송 인프라는 상당한 투자 덕분에 지난 10년간 지속적으로 성장해 왔으나 여전히 부족한 상황이며 기존 인프라 시설의 일부는 관리·유지가 소홀하여 상태가 악화되는 실정이다.

1) 도로

도로 총연장은 약 49,200km이며 이 중 약 2,350km가 포장도로다. 포장도로 중 약 2,000km가 도시 간 도로이다. 국영도로 11,200km(포장도로 1,500km)는 도로교통건설도시개발부가 관리하고 있고, 38,000km(포장도로 400km)는 지방정부에서 관리하고 있다.

표 5. 포장도로 현황(단위: km)

도로관리	포장		자갈	개량토	비포장	총계
	시멘트	아스팔트				
중앙정부	56.6	2,007.3	1,508.4	1,312.3	6,282.6	11,136.2
지방정부	55.0	276.0	498.0	499.0	36,637.0	38,031.0
총 계	111.6	2,238.3	2,006.4	1,811.3	42,919.6	49,186.2

출처: 몽골도로교통건설도시개발부[4]

2) 철도

몽골의 모든 철도망은 러시아와 합작기업인 울란바타르철도 사가 소유·
관리·운영하고 있다. 수도 울란바타르를 통과하여 남북을 가로지르는
1,110km의 종단 철도로서, 북쪽으로 러시아 국경 수흐바타르, 남쪽으로
중국국경인 자민우드와 연결되어 있는 몽골종단철도와 7개의 지선, 바
얀투멘-에렌짜브 노선으로 구성되며, 철도망 총연장은 1,817km이고 모
두 광궤로 이루어져 있다. 7개의 지선은 몽골종단철도를 중심으로 주요
광산인 에르데네트, 바가누르, 샤린골, 날라히, 송로, 보룬두르, 주운바
얀 지역을 연결하고 있다. 바얀트멘-에렌짜브 노선은 몽골 북동부 바얀
투멘에서 러시아 에렌짜프 항구를 지나 시베리아 횡단철도와 연결되는
238km 노선이다.

---

4   2008년 9월, 기존의 도로교통관광부(MRTT)와 건설도시개발부(MCUD)가 통합된 부
처이다. 교통, 건설 및 도시개발 정책과 계획을 수립하고 시행한다. 국영의 민간항공국
(CAA), 러시아와 합작기업인 몽골철도회사(MTZ), 국영버스 회사 등을 관리·감독한다.

표 6. 몽골철도 노선 현황

구분	연장(km)	노선
TMGR	1,579	
간선	1,110	(러,TSR)-Sukhbaatar-Ulaanbaatar-Zamyn Uud-(중)
지선	469	Salkhit-Erdenet 164km, Bagakhangai-Baganuur 96km, Darkhan-Shariin Gol 64km, Airag-Bor Undur 60km, Sainshand-Zuunbayan 50km, Khonkhor-Nalaikh 14km, Tolgoit-Songino 21km
BTR*	238	Choibalsan-Dornod Aimag-Ereentsav-(러,TSR)
합계	1,817	

출처: 몽골도로교통건설도시개발부.
*BTR은 주로 우라늄 운반 목적으로 건설

2. 인프라 구축 계획

몽골정부는 몽골경제와 산업의 기반이 되는 광산분야의 개발을 촉진하고, 중국에 편중된 자원의 수출경로를 다양화하고, 주변국과의 정치경제적 이해관계를 고려하여 도로, 철도 등의 인프라 건설계획을 추진 중에 있다. 특히 철도의 경우, 국토의 균형적 개발과 광물 수송경로의 다양성 확보 등의 차원에서, 비록 추가비용이 소요되더라도 철도를 몽골 동부지역까지 연장하여 부설하는 데 적극적이다.[5]

    몽골정부의 인프라 구축계획을 크게 도로건설계획과 철도부설계획으로 나누어 살펴보면 다음과 같다.

5   이재영 외(2012), 『몽골의 투자환경과 한국기업의 진출 확대방안』, 대외경제정책연구원,
     p. 68.

표 7. 도로건설계획 구간

구분	건설구간	길이(km)
1	울란바타르 – 만달고비	104
2	만달고비 – 달란자가드	173
3	달란자가드 – 가슌수카이트	245
4	달란자가드 – 캄보그 – 강기	435
5	어요털거이 – 가슌수카이트	105
6	쉬브쿠렌 – 가슌수카이트	400

출처: 도로교통건설도시개발부, 한국수출입은행(2012), 「지역이슈분석 2012-18」, p.14에서 재인용.

1) 도로건설계획

몽골정부는 2007년 세부적인 종합도로건설계획(Road Master Plan 2008~2020)을 발표하였다.[6] 전체 18억 달러의 예산으로 몽골 전역에 5,770km의 신규도로를 건설하고 기존도로를 352km 확장하는 계획으로, 이 중 몽골 남부지역에 해당되는 계획은 울란바타르-만달고비, 만달고비-달란자가드-달란자가드-가슌수카이트, 달란자가드-캄보그-강기, 어요털거이-가슌수카이트, 쉬브쿠렌-가슌수카이트 등 6개 구간 1,102km이다.

  2010년 의회의 승인을 받아 몽골 영토를 동서로 가로지르는 횡단도로를 건설하고 다시 이 도로를 남북방향으로 통과하는 다섯 개의 종단도로를 신설하는 Millennium Road 계획을 수립하여 2020년 까지 완공을 목표로 하고 있으나 현재로서는 여의치 않은 상황이다.

---

6   2006년 대통령 명령(No.5)에 의해 입안되어 2007년 발표된 "밀레니엄 개발목표에 기초한 종합적 국가개발전략"의 운송전략 도로건설 부분이다.

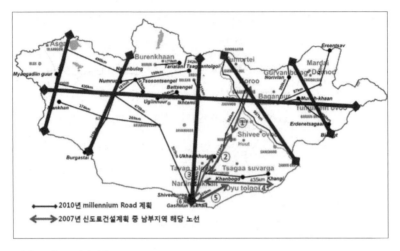

그림 2. 신도로건설계획
출처: 몽골도로교통건설도시개발부, 수출입은행(2012), 「지역이슈분석 2012-18」, p.14에서 재인용.

2. 철도건설계획

현재 몽골 철도는 수도인 울란바타르를 중심으로 주로 북부 광산지역에 집중되어 있어, 타반톨고이[7] 오유톨고이[8] 등 대규모 광산이 밀집해 있는 남부 지역에 철도를 통한 운송 인프라 건설이 필수적이다. 2009년, 세계 은행은 타반톨고이 석탄수출을 주 목적으로 할 때, 기존철도망과 경제성을 고려하여 중국의 바오토우 철강 공업지대, 황하항과 칭다오항, 러시아의 블라디보스토크를 주요 연계지역으로 선정하고 7가지 안을 제시하였다. 이중 중국을 통한 수출이 러시아를 통한 수출보다 비용 면에서 경쟁력을 가진 것으로 평가하고 중국 바오토우 철강 공업지대를 주 수출지로 하되 황하항을 통해 제3국으로의 수출을 추진하는 제2안을 가장 경

7   약74억 톤의 석탄이 매장되어 있는 것으로 추정된다.
8   구리 3,700만 톤, 금 1,300톤, 은 7,601톤 이 매장되어 있는 것으로 추정된다.

표 8. 세계은행의 몽골 철도망 구축안

	철도건설 구간
1안	타반톨고이-가슌수하이트-바오투우 신규건설. 바오투우 인근철강 공업지역에 석탄공급
2안	1안에 연계하여 바오투우로부터 중국 내 기존 철도노선을 통해 황하항까지 석탄을 수송하여 제3국으로 수출
3안	3안은 타반톨고이-샤인샌드 신규　건설. 자민우드를 거쳐 중국 철도시스템을 통해 친황다오 항까지 석탄을 수송하여 제3국으로 수출
4안	타반톨고이-짜간 수브라가-샤인샌드-초이발산 신규 건설. 초이발산에서 시베리아 횡단철도를 이용하여 블라디보스토크까지 석탄을 수송하여 제3국으로 수출
5안	타반톨고이-아이락-초이발산 구간 신규건설.　시베리아 횡단철도를 이용하여 블라디보스토크까지 연결
6안	타반톨고이-아이락 구간 신규건설. 아이락에서 몽골종단철도를 거쳐 시베리아　횡단철도를 이용하여 블라디보스토크까지 연결
7안	타반톨고이-울란바타르 구간 신규건설. 기존의 몽골종단철도를 거쳐 시베리아　횡단철도를 이용하여 블라디보스토크까지 연결

출처: World bank(2009), 「Southern Mongolia infrastructure Strategy」, p.49.

제적인 대안으로 평가하였다.

　　몽골정부는 광산개발기업에게 남부광산과 몽골 국경을 연결하는 철도부설권을 부여하여 현재 에너지리소스 사가 타반털거이-가슌수카이트 900km 구간을 건설하고, MAK 사가 나린수카이트-세케 60km 구간을 맡기로 하는 등, 민간기업을 중심으로 중국과의 철도 연계가 진행되고 있다.[9]

　　중국정부와 기업도 중국 내에 몽골 국경과 바오토우 지대를 연결하는 철도를 건설중이다. 중국철도부가 2009년 중국철도시스템의 세케 지

9　2006년 대통령 명령(No.5)에 의해 입안되어 2007년 발표된 "밀레니엄 개발목표에 기초한 종합적 국가개발전략"의 철도건설계획(Transit Mongolia program)에 의해 진행되고 있다.

선을 건설하였고, 이 노선과 MAK사가 건설중인 나린수카이트-세케노 선과 연결하면 나린수카이트 석탄을 바오토우까지 수송 가능한 것으로 판단되고 있다. 또한 중국센화그룹이 2011년 가슌수카이트-바오토우 350km 구간을 건설함으로써, 에너지리소스 사가 건설하고 있는 타반톨 고이-가슌수카이트 노선과 연결하여 타반톨고이 석탄을 바오토우까지 수송이 가능해졌다. 센화그룹이 소유하고 있는 바오토우-황하항 철도노 선과 타반털거이-가슌수카이트-바오투우 노선을 연결하면 몽골 남부지 대에서 생산한 석탄을 중국 황하항까지 가장 저렴하게 수송할 수 있다.[10]

한편 몽골정부는 경제성만을 고려할 경우 중국으로 철로건설을 진 행하는 것이 가장 유리하지만 향후 전략적·안보적 차원에서 중국이 독 점적인 수요자가 되는 것을 견제하기 위하여 러시아 루트에 해당하는 타 반털거이-세인샌드-초이발산의 1,100km 구간과 타반톨고이-나린슈카 이트의 500km 구간의 철도 건설계획을 수립하고 러시아 루트에 해당 하는 타반톨고이-세인샌드-초이발산 구간을 1차 건설구간으로 선정하 였다. 이 구간을 통해 러시아로 자원을 운송하는 것은 유통로가 늘어나 고, 러시아 항만이용 비용도 비싸 중국 철도 및 항만을 이용하는 것에 비 해 비효율적이다. 게다가 러시아는 외국인 화물에 대해서 운송료를 차별 하여 받기 때문에 러시아 생산자에 비해서 약 3배 가까이 비싼 운송료를 지불해야 하는 어려움이 있다. 그럼에도 불구하고 2017년 9월, 러시아 푸틴 대통령이 친러성향을 표출하고 있는 몽골의 바톨가 대통령에게 몽 골 생산 화물에 대한 운송관세에 대한 특혜와 보스토치니 항 개발 및 이 용을 독려하면서 관련 루트를 적극 검토 중에 있다.

2011년 1차 건설구간에 대한 타당성 조사가 진행되었으며, 이후 국

10　World bank(2009), 「Southern Mongolia infrastructure Strategy」, p. 46.

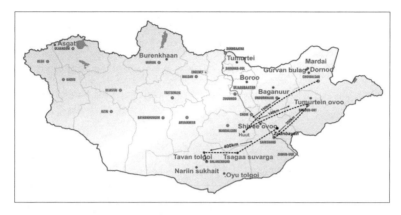

그림 3. 신철도건설계획 1단계

출처: 도로교통건설도시개발부, 한국광물자원공사(2010), 『몽골광업현황』, p.78에서 재인용.

표 9. 신철도건설계획 1단계 구간

	건설구간	길이(km)
1	Dalanzadgad − Tavan tolgoi–Tsgaan cuvarga-Zyyhbayan	400
2	Sainshand-Baruun	50
3	Baruun-UrT-Xoox	140
4	Xoot-Choibalsan	150

출처: 도로교통건설도시개발부, 한국광물자원공사(2010), 『몽골광업현황』, p.78에서 재인용.

제입찰을 통해 철도건설 사업자를 선정하겠다고 공식 발표하였다. 2012
년 3월 한국의 롯데건설을 주축으로 한 코리아 컨소시엄이 프로젝트 수
주를 위해 예비사업제안서를 제출하고 몽골철도공사(MTZ)와 MOU를
체결하였다. 이에 따라 최종사업자가 선정될 때까지 코리아 컨소시엄과
몽골철도공사는 프로젝트 전반에 대해 협력하고 사업구조, 금융조달, 투
자자구성, 프로젝트 회사 설립 등의 세부사항도 함께 협의하기로 했다.
그러나 현재까지 몽골 정부측에서 공사를 위한 재원마련 등 제반사항이

확정되지 않아 사업진행에 어려움을 겪고 있다.

몽골남부지역은 대규모 신규 광산들이 개발되고 있으며, 기존 탄광들도 증산을 계획하고 있어 향후 석탄(제철용 20백만 톤, 발전용 15백만 톤) 및 동·금(Oyu Togoi) 수출 시 연간 US$50억의 판매 수익이 예상되고 있다.

표 10. 몽골 남부지역 주요광산 현황

주요광산	광종	가행기간 (년)	'08 생산 (천톤)	생산계획 (천톤)	생산시기
Tavan Tolgoi	석탄	200+	–	15,000	2012
Ukhaa Hudag	석탄	40	–	10,000	2010
Baruun Naran	석탄	20	–	6,000	2012
Tsagaan Tolgoi	석탄	20	–	2,000	2015
Nariin Sukhait	석탄	40	1,500	12,000	N/A
Ovoot Tolgoi	석탄	50	1,000	5,000	2012
Sumber	석탄	50	–	5,000	2015
Shivee Ovoo	석탄	200+	1,500	14,000	N/A
Oyu Tolgoi	동·금	50	–	1,500	2013
Tsagaan Suvraga	동·몰리브덴	20	–	250	2012

출처: World bank(2009), 「Southern Mongolia infrastructure Strategy」, p. 49

몽골 및 주변국의 기존철도망과 경제성을 고려했을때, 주요 철도운송 수출대상 지역은 중국 내 주요 철강생산지인 바우토우와 수출항구인 중국 황화, 친황다오 및 러시아 블라디보스토크이다. 특히, 대규모 제철용탄 생산이 예정된 타반털고이 프로젝트의 석탄수출과 연계한 철도건설이 몽골 남부지역 철도건설계획의 핵심이다.

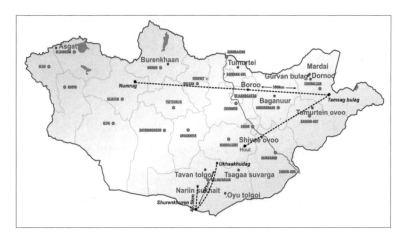

그림 4. 신철도건설계획 2단계

출처: 도로교통건설도시개발부, 한국광물자원공사(2010), 「몽골광업현황」, p. 79 에서 재인용.

표 11. 신철도건설계획 2단계 구간

	건설구간	길이(km)
1	Nariincuxait-Shiveexyren	45.5
2	Uxaaxudag-Gashuunsuxait	267
3	Xoot-Tamsagbulag-Homrog	380
4	Xoot-Bichigt	200

출처: 몽골도로교통건설도시개발부, 주몽골한국대사관(2014), 「몽골 철도인프라 계획 및 자원개발 현황」, p. 2에서 재인용.

  2012년 하반기 이후 철도건설 추진이 다시 속도를 내고 있다. 타반 톨고이-가슌수카이 구간을 포함한 타반톨고이-사인샨드-초이발산 등 총 1,800 km 구간의 철도건설계획이 논의되고 있다. 아울러 몽골정부 는 NariinSukhait-Altai-TsagaanNuur, Altai-Bulgan, Altai-ArtsSuuri, Altai-Burgastai 등의 3,600km 구간을 철도건설 3단계 사업으로 지정 하여 서북부 지역의 중장기 광산개발을 위한 중국-러시아 국경과의 철

도건설 계획을 수립하였다.[11] 또 2014년 10월, 몽골의회는 러시아 국경
부근의 북부지역의 광산개발 및 러시아로의 수출을 위해 아르츠수리−에
르데넷(ArtsSuuri-Erdenet)의 770km 철도구간을 추가로 건설하기로 결
의하였다.[12]

　　몽골정부의 철도건설계획에는 광물자원을 둘러싼 러시아와 중국,
기타 국가들이 이해관계가 얽혀 있다. 중국은 구리, 석탄 등 몽골광물자
원의 대부분을 수입하는 국가이다. 중국은 자국을 경유하여 한국, 일본
등으로 몽골의 자원이 수출되는 것에 대해 호의적이지 못한 것으로 알
려져 있다. 중국의 입장에서는 타반톨고이 광산을 기존철도까지만 연결
하여 유리한 가격에 독점적인 수요자의 지위를 누리고자 하는 반면, 러
시아는 몽골 철도가 몽골 동부지역까지 연결되기를 바라고 있다. 즉, 몽
골의 자원이 자국의 블라디보스토크 항, 보스토치니 항을 통해 한국이나
일본 등의 국가들로 수출되어 철도이용에 따른 수익과 관세 등의 이익을
누리고자 한다.

　　경제성만을 고려할 경우 중국을 통해 광물자원을 수출하는 것이 몽
골로서는 가장 이익이 크지만, 현재까지 중국에서 몽골의 자원을 독점하
다시피 하고 있기 때문에 몽골정부는 국가안보의 차원에서도 광물자원
을 러시아를 통해 제3국으로 수출하는 방안을 추진하고 있다. 실제로 현
재 제3국으로 몽골의 자원을 수출할 경우, 중국정부가 분진이 발생한다
는 이유로 화물포장을 요구하는 등, 몽골의 자원이 중국이 아닌 다른 나
라로 빠져나가는 것에 대해 불이익을 주고 있다. 이와 같은 2014년 중국
을 거치지 않고 러시아를 통해 북한 나진선봉지구에 석탄 2만 톤을 시험
운송하는 등 몽골정부는 새로운 자원 유통루트 발굴에 심혈을 기울이고

11　　주몽골한국대사관(2014),「몽골 철도인프라 계획 및 자원개발 현황」, p.3.
12　　몽골투자청(2015),「Investment Guide to Mongolia」, p.65.

있다. 비록 석탄가격의 일시적인 하락과 남북관계 경색 등의 원인에 의하여 이 루트가 활성화되지 못했지만, 향후 남북관계의 개선여부에 따라 재개 가능성이 충분한 것으로 판단된다.

V. 몽-중-러 경제회랑 건설

몽골은 2013년 러시아와 중국 사이의 지정·지경학적 위치를 활용하여 몽골 영토를 남북으로 관통하는 철도, 도로, 전력망, 송유, 가스관 정비 및 건설을 통해 중국, 러시아를 연결하는 '초원의 길' 이니셔티브를 제안한 바 있다. 몽골의 새로운 국제 물류 유통로 건설 계획인 초원의 길 이니셔티브는 중국 시진핑 주석이 2014년 발표한 일대일로 프로젝트에 의해 보다 실현 가능성이 높아지게 되었다. 즉, 일대일로 프로젝트의 '6대 경제회랑'[13] 구축 계획에 몽-중-러 경제회랑이 포함된 것이다. 아울러 러시아 푸틴 정부의 신동방정책에 힘입어 그 가능성은 더욱 커졌다.

중국과 몽골, 러시아는 2016년 6월, 몽-중-러 경제회랑 건설을 위한 32개 프로젝트에 합의했으며, 총 사업규모는 500~600억 달러로 알려져 있다. 동 프로젝트의 진행상황에 따라 도로, 인프라, 송유관, 가스관 건설 등을 통해 상호간 교역이 증대하게 될 뿐만 아니라 국경 간 운송이 원활하게 되어 보다 효율적인 유통시스템이 구축될 것으로 보인다. 이에 따라 참여국들의 수출 경쟁력 또한 자연스레 증가될 것으로 예상된다.

이와는 별도로 2015년 모스크바에서 개최된 러-몽 정상회담에서 양국은 '유라시아 경제연합과 실크로드 경제벨트의 연계 협력에 대한 공

---

13   중국-파키스탄, 방글라데시-중국-인도-미얀마, 중국-몽골-러시아, 유라시아 대륙교, 중국-중앙아시아-서아시아, 중국-인도차이나반도.

동성명'을 채택하였다. 물류, 교통, 인프라 및 통합운송 부문에서 양국은 연계성을 강화하고, 유라시아 경제연합과 중국 간 자유무역지대 조성 검토에 합의하였다. 이를 위해 2017년 2월, 러시아는 몽골에 15억 달러의 차관을 지원하기로 결정했으며, 이 자금은 경제회랑 건설을 위한 몽골 내 철도정비 사업에 활용될 예정이다.

중국은 2017년 몽골에 3억 5천만 위안을 비롯, 향후 3년간 20억 위안을 무상원조하기로 결정했다. 이 자금은 몽골 내 인프라, 발전소, 구리 제련 시설 확충 등에 활용될 예정이다. 아울러 몽골의 해상유통로 확보를 위해 중국 내 7개 항구를 이용하는 방안 또한 논의되고 있다.

경제회랑 건설의 일환으로 유라시아 대륙횡단철도 및 아시아 횡단철도망 구축 계획이 진행되고 있다. 아시아와 유럽을 잇는 유라시아 대륙횡단철도는 시베리아 횡단철도, 중국횡단철도, 만주횡단철도, 몽골횡단철도 등 4개 노선으로 구성되어 있으며, 몽골횡단철도(TMGR)[14]의 경우 중국 투멘에서 출발하여 텐진 에렌호트를 지나 몽골 울란바타르, 호이트를 경유하는 노선이다. 러시아 울란우데에서 러시아 횡단철도(TSR) 연계되는 총 8,900km 사업으로, AIIB(아시아인프라투자은행), 중국, 러시아 등에서 사업비 조달계획이 수립되어 있다.

VI. 평가 및 전망

앞서 살펴보았듯이 러시아의 대 몽골 에너지 자원 수출은 주로 정유와 가스, 석유화학제품이 대부분이다. 몽골에서 소비되는 대부분의 정유와

---

14 몽골 내 부설구간은 에렌-자밍우드-울란바타르-호이트-나우시키-울란우데 구간임.

LNG는 러시아로부터 수입하고 있으나, 차량 및 중장비 연료, 가정용 조리연료 등에 사용처가 국한되어 있다. 몽골은 세계적인 석탄광산 보유국이며 양질의 석탄이 상대적으로 저렴한 가격으로 국내에 유통되어 도시 난방과 전기생산은 석탄화력 발전소가 대부분 담당하는 까닭이다.

따라서 산유국이자 에너지 자원이 풍부한 몽골로서는 정유시설 건설을 통해 에너지 자립을 이루는 것에 대한 열망이 있다. 더구나 이미 1950년대 자국 내 정유시설을 운영한 경험이 있기 때문에 이러한 바람은 더욱 클 것이다. 구소련이 붕괴하고, 민주주의 헌법을 채택하면서부터 정유시설 건설을 위한 몇 차례의 시도가 있었으나, 최종단계에서 번번이 무산되고 말았다. 2017년 인도로부터 정유시설 건설을 위한 10억 불의 차관이 도입되었다. 같은 해 7월에 선출된 새로운 몽골 대통령과 정부가 러시아로부터의 압박을 이겨내고 이번에는 정유시설 건설을 성공하여 에너지 자립을 위한 진전을 이룰 수 있을지 관심이 모아진다.

향후 러시아-몽골 양국의 에너지, 물류 분야를 포함한 변화 유인은 몽-중-러 경제회랑 건설과 동북아 슈퍼그리드(Super Grid) 프로젝트에 있을 것이다. 대규모 물류 · 인프라 건설계획인 몽-중-러 경제회랑 건설 프로젝트 진행과정과 그 결과에 따라 몽골의 대러시아 정책, 그리고 러시아의 대 몽골 정책에도 큰 변화가 이루어질 것으로 예상된다. 경제회랑 건설에 따라 몽골을 경유하는 중국-러시아, 러시아-중국의 물류와 송유관 및 가스파이프 라인 건설과정과 이후 운영에서 중, 러 사이에 몽골의 역할이 주요해질 것이기 때문이다.

러시아의 동방정책과 보스토치니 항 개발 사업, 동북아 슈퍼그리드 (Super Grid) 프로젝트 이행 과정에서의 몽골의 역할 또한 주목된다. 러시아, 몽골, 중국, 한국, 일본이 합의한 현 상태에서 몽골은 신재생에너지 생산 및 허브역할을 수행할 예정이다. 이와 같은 국가 간 거대 프로젝

트 수행과정에서 몽골은 러시아에 대한 협상력이 커질 가능성이 높아졌
다. 양국 간 구조적인 관계변화는 단기간에 이루어지기 어렵겠지만, 적
어도 러시아로부터의 에너지 자립을 포함한 장기적인 관계변화가 이루
어질 가능성은 점차 높아질 것으로 전망된다.

참고문헌

몽골투자청(2015), 「Investment Guide to Mongolia」.
수출입은행(2012), 「지역이슈분석 2012-18」.
몽골에너지부(2015), 「몽골 에너지 분야 정책과 도전과제」.
외교부(2016), 「2016몽골개황」.
이재영 외(2012), 『몽골의 투자환경과 한국기업의 진출 확대방안』, 대외경제정책연구원.
주몽골한국대사관(2014), 「몽골 철도인프라 계획 및 자원개발 현황」.
한국광물자원공사(2010), 「몽골광업현황」.

「Unuudur」2017년 12월 22일자.
http://blog.naver.com/osungac/221087130865
http://en.montsame.mn/economics/8837
http://mng.mofa.go.kr/korean/as/mng/policy/energy_water/index.jsp
http://news.kotra.or.kr/user/nationInfo/kotranews/14/userNationBasicView.do?nationI
    dx=65&cdKey=101088&itemIdx=29891&categoryType=002&categoryIdx=69
http://www.doingbusiness.org/~/media/WBG/DoingBusiness/Documents/Annual-
    Reports/English/DB17-Report.pdf
http://www.imf.org/en/news/articles/2017/02/19/pr1754-mongolia-imf-reaches-staff-
    level-agreement-on-3yr-eff
http://www.mosf.go.kr/nw/nes/detailNesDtaView.do?searchBbsId1=MOSFBBS_000000
    000028&searchNttId1=MOSF_000000000007951&menuNo=4010100
http://www.todayenergy.kr/news/articleView.html?idxno=127328
https://data.worldbank.org/indicator/NY.GNP.PCAP.CD?locations=MN
https://www.state.gov/e/eb/rls/othr/ics/investmentclimatestatements/index.htm?year=
    2017&dlid=269836#wrapper
Invest Mongolia Agency(2015), *Investment Guide to Mongolia 2015*, Ulaanbaatar: In-
    vest Mongolia Agency.
National Statistics Office of Mongolia(2016), *Mongolian Statistical Yearbook 2015*, Ul-
    aanbaatar: National Statistics Office of Mongolia.
World bank(2009), *Southern Mongolia infrastructure Strategy.*
Worldbank(2017), *Doing Business 2017*, Washington: Worldbank.

제11장

러시아-중앙아시아 에너지 협력과 전망[*]

이지은(한국외국어대학교)

I. 서론

러시아의 중앙아시아 에너지 자원에 대한 영향력은 양 지역 간 축적되어
온 오랜 경제 교류에서 비롯된다. 러시아와 중앙아시아가 산업/경제 전
분야에서 밀접한 관계에 놓이게 된 것에는 단일 경제권 형성이라는 역사
적 경험을 공유하고 있기 때문인데, 현재까지 중앙아시아는 총 두 차례
에 걸친 러시아 주도 단일 경제권에 통합된 바 있다. 시기는 일반적으로
러시아 제국(1860대부터 1917년 혁명 전)과 소비에트 연방에 통합된 이
후로 중앙아시아 국가들의 독립(1917-1991년) 전까지로 구분하는데, 첫
번째 시기에서 중앙아시아는 자국의 면화, 양털, 과일, 채소 등을 러시아
제국이라는 해외 시장에 처음으로 판매하기 시작한다. 러시아 제국과의
경제 교류가 빈번해지고 늘어날수록 다른 국가/지역과의 교류는 상대적

---

[*] 이 장은 『슬라브研究』 제34권 2호에 게재된 필자의 논문 "러시아의 중앙아시아 에너지 자
원에 대한 영향력: 현상유지와 변화 요인"을 수정, 보완하여 작성하였음을 밝힌다.

으로 축소됐다. 러시아에 대한 시장 의존도가 점차 강해지기 시작한 것이다. 이후 두 번째 시기인 소비에트 연방에 공식 통합되면서 중앙아시아의 산업/경제 네트워크는 소연방 중앙정부인 모스크바의 지휘하에 놓이게 되었고 이후로 중앙아시아는 사실상 소연방의 원자재 및 농산품 공급처의 역할을 수행하게 됐다.

두 차례의 러시아 경제권으로의 통합 이후 중앙아시아의 석유, 가스 및 광물자원에 대한 러시아의 통제와 관리는 강화됐다. 소비에트 시기 내륙국가인 중앙아시아 국가들이 해외 시장에 진출할 수 있는 유일한 길은 러시아 영토를 거치는 에너지 운송 인프라를 이용하는 것뿐이었다. 현재도 운영 중인 이 지역의 가장 큰 가스 수송관인 Central Asia-Center 라인(이하 CAC)은 소비에트 시기 투르크메니스탄산(産) 가스를 러시아를 거쳐 구소련 공화국과 유럽에 공급하기 위해 건설됐다. 소연방 붕괴 후에도 러시아는 자국이 가진 에너지 수송관 인프라를 무기로 카자흐스탄 원유와 투르크메니스탄 천연가스의 유럽행에서 유일한 통과국으로서의 막대한 영향력을 행사했다. 이것이 러시아가 중앙아시아 에너지 자원에 대한 레버리지를 가질 수 있게 된 결정적 배경이다.

그런데 최근 들어 러시아의 대중앙아시아 에너지 자원 레버리지가 예전에 비해 힘을 잃어가고 있다는 관측이 나오고 있다. 가장 직접적인 이유는 두 가지 요인이 상호 작용한 결과로 분석해 볼 수 있다. 우선, 국가별 차이는 존재하나 중앙아시아 국가들은 독립 후 주요 국가과제로 러시아에 대한 의존도 약화를 공식화했다. 소연방 붕괴로 독립은 했으나 정치, 경제, 인구 측면에서 러시아의 블랙홀과 같은 영향력으로부터 거리를 두기 위해, 그리고 신생 독립국으로서의 주권확립을 위한 선택이었다. 특별한 산업 기반이 없던 중앙아시아 국가들은 자원 수출이 국가 유일의 경제 성장 동력이었기 때문에 이 부분에 대한 러시아의 과도한 개입을 경계하게 된 것이다.

한편, 중국과 터키, 서방 국가들, 최근 들어서는 인도, 이란 등 중앙아시아 주변 국가들이 중앙아시아의 풍부한 에너지 자원에 관심을 가지며 중앙아시아와 자국으로 연결되는 새로운 에너지 보급선을 본격적으로 구축하고 있다. 여기에 가장 앞장섰던 국가가 바로 중국으로 이미 2005년 카자흐스탄-중국 간, 2009년 투르크메니스탄-중국 간 파이프라인 건설이 완료되어 원유와 천연가스를 공급받고 있다. 이로 인해 중국은 중앙아시아 에너지 자원의 주요 소비 국가로 부상했다. 중국의 부상은 필연적으로 중앙아시아 에너지 자원을 독점하다시피 했던 러시아에게는 영향력 축소로 이어졌다. 여기에 최근 국제사회의 對이란 제재 해제로 이란은 2012년 이래 금지되었던 유, 가스 수출 및 다국적 가스관 프로젝트를 재개할 수 있게 되어 중앙아시아뿐만 아니라 전 세계 에너지 시장에도 적지 않은 변화를 불러일으키고 있다. 인도 역시 중앙아시아 지역의 남부에 위치해 있으며 중국 못지않은 에너지 소비국으로 중앙아시아 에너지 자원에 큰 관심을 보이고 있다. 이러한 복합적인 상황 변화는 기존의 중앙아시아-러시아 에너지 교류에도 영향을 미치고 있으며 특히 중앙아시아 에너지 자원에 대한 영향력을 강화하려는 러시아와 에너지 수출선을 다각화하고자 하는 중앙아시아 국가들과의 관계에도 새로운 변수로 작용하고 있다.[1]

그렇다면 러시아의 중앙아시아 에너지 자원에 대한 영향력은 어떠한 변화를 겪어 왔는가? 중앙아시아 에너지 자원에 대한 러시아의 레버리지는 다시 강화될 수 있는가? 향후 중앙아시아-러시아 간 에너지 교류 향방은 어떻게 될 것인가? 이 글은 러시아-중앙아시아 간 유, 가스

---

1   이란의 세계 에너지 시장으로의 재등장은 유럽 및 인도 진출방안을 모색하고 있는 중앙아시아 에너지 부국들과의 경쟁 관계로 발전할 가능성도 있음.

교역을 중심으로 이러한 물음에 답해보고자 한다. 러시아의 대중앙아시아 에너지 교류는 자원부국 카자흐스탄, 투르크메니스탄과 중점적으로 이루어졌기에 연구 대상은 이들 국가에 한정하고, 이들과의 에너지 교역의 경향, 특징은 무엇인지 중점적으로 살펴볼 것이다. 우선 2장에서는 러시아의 중앙아시아에 대한 이해관계와 러시아를 바라보는 중앙아시아 국가들의 입장을 에너지 자원과의 관계 속에서 살펴보고, 3, 4장에서는 중앙아시아 대표적인 자원 수출국인 카자흐스탄, 투르크메니스탄과 러시아와의 에너지 교역 현황을 정리, 분석할 것이다. 5장에서는 러시아의 중앙아시아 에너지 자원에 대한 레버리지 약화와 회복 가능성에 대해 논해보고자 한다. 마지막 6장 결론에서는 러시아의 중앙아시아 에너지 교역에서 나타났던 특징과 변화를 종합적으로 정리하고 향후 러시아의 대중앙아시아 에너지 교역의 향방을 간단히 전망할 것이다.

II. 에너지 자원과 러시아-중앙아시아 관계

1. 러시아의 중앙아시아 에너지 자원에 대한 이해관계

소비에트 붕괴 충격에서 회복한 뒤 러시아가 가장 먼저 한 일은 중앙아시아에 대한 전통적 영향력을 되찾는 것이었다. 현재 중앙아시아에 대한 러시아의 이해관계는 소연방 수립 전후로 중앙아시아 국가들과 러시아 간의 100년 전통 관계에 기반하여 오늘날 중앙아시아가 지닌 막대한 에너지 자원, 군사/안보, 경제적 가치와 결합되어 확대, 심화됐다. 과거 소비에트 시기 중앙아시아 지역은 소연방의 남부 전선으로 영국, 미국의 영향력 제지선인 동시에 중국 국경과 맞닿은 군사적 완충지(miltary buffer)로서 기능했다. 소연방 붕괴 후 테러리즘, 분리주의, 마약 거래의 주요 이동 통로가 된 중앙아시아는 러시아의 안보 강화에 반드시 협력해야 하는 전략적 공간이다.[2]

특히, 원자재 가격이 급상승하던 2000년대까지 중앙아시아가 가진 막대한 석유, 천연가스, 광물 자원은 러시아의 대중앙아시아에 대한 경제적 이해를 더욱 심화시켰다.[3] 동 시기 주요 에너지 소비국에서 천연가스에 대한 수요가 급증하자 천연가스 주요 수출국인 러시아, 이란, 투르크메니스탄, 카자흐스탄 등에 많은 관심이 쏠렸다.[4] 이러한 가운데 2007년 초 이란이 러시아에게 가스 카르텔 설립을 제안하고 러시아가 긍정적인 입장 표명을 하자 세계는 '가스수출국포럼(GECF)'이 '천연가스-OPEC'이 되는 게 아니냐는 우려에 휩싸였다. 그러나 이란의 카르텔 구성에 대한 제안은 이듬해 러시아의 급변한 미온적 태도로 결국 실현되지는 못한 채 마무리됐다.[5]

가스 카르텔 설립은 요원해졌지만 러시아가 지근거리에 있는 중앙아시아 천연가스를 비롯한 에너지 자원에 대한 영향력을 확대, 강화하려는 노력은 지속되어 왔다. 천연가스 특성상 석유에 비해 이동성이 낮은 데다 내륙에 위치한 중앙아시아의 경우 대부분의 수송로가 러시아로 이

2   The United States and Russia in Central Asia: Uzbekistan, Tajikistan, Afghanistan, Pakistan, and Iran, BROOKINGS, (15 August 2002), https://www.brookings.edu/on-the-record/the-united-states-and-russia-in-central-asia-uzbekistan-tajikistan-afghanistan-pakistan-and-iran/(검색일 2018-01-29).

3   Paolo Sorbello, The Role of Energy in Russian Foreign Policy towards Kazakhstan, Energy Brain, 2015. p. 13-20.

4   러시아, 이란 양국이 전 세계 천연가스 수출의 약 50%가량을 차지한다.

5   세계 천연가스 시장의 구조적 요인과 러시아 국내 변수를 고려할 때 천연가스 카르텔 설립이 러시아에 오히려 부메랑으로 돌아올 가능성이 컸기 때문이다. 관련 연구는 이유신(2009), "가스카르텔 설립에 대한 러시아의 입장변화 분석", 『국제정치논총』 49(4), pp. 191-211 참조.

어져있기 때문에 러시아는 중앙아시아 천연가스에 대한 높은 영향력을 행사할 있는 조건을 가지고 있다. 다수의 전문가들은 향후 러시아가 천연 가스에 대한 국내 수요 충족과 유럽 등지로의 해외 시장 확대라는 목표를 달성하기 위해서는 중앙아시아 천연가스에 대한 독점적 지위 확보가 선제조건이라 주장한다.[6] 이러한 이유로 러시아 정부는 중앙아시아 에너지 자원, 특히 원유, 천연가스의 생산과 수출에 대한 레버리지 유지, 강화를 주요 국가적 이슈로 인식해 왔고, 중앙아시아 자원을 외부 시장으로의 운송하는 과정에서 독점적 영향력을 행사했다. 러시아의 대중앙아시아 에너지 전략은 운송 레버리지를 활용한 경제적 이익 확보, 중앙아시아 자원 경쟁에서 타국의 영향력 차단, 중앙아시아에 대한 정치적 영향력을 강화하기 위해 에너지 레버리지 활용이라는 세 가지 목표하에 추진된 것이다.

그러나 2000년대 후반에 들어서면서 러시아의 중앙아시아 에너지 수출선 독점은 중국과 서방의 도전을 받기 시작한다. 특히, 주요 에너지 소비국인 중국이 중앙아시아로 연결되는 새로운 수송로가 건설(중국-카자흐스탄, 중국-투르크메니스탄)된 후, 중앙아시아 석유, 천연가스 자원의 중국 판매의 시대가 도래한 것이다. 이러한 상황 변화는 러시아가 그동안 누려왔던 독점적 영향력에 조금씩 균열을 가하게 됐다. 더욱이 2008년 금융위기로 러시아 경제성장 속도가 둔화되기 시작하다, 2013년 발발된 우크라이나 사태에 대한 서방의 러시아 경제 제재와 유가 급락이 시발점이 되어 러시아 경제는 한없는 침체에 빠지게 됐다. 원자재 수출이 전체 수출에서 90% 이상 차지하는 러시아에서 오랫동안 지속된 저유가 사태가 가장 결정적으로 러시아 경제에 부정적인 영향을 준 것이다.

6   *ibid.*

내수 경기의 위축은 해외 투자의 축소로도 이어져 자연스레 대 중앙아시아 에너지 부문에 대한 투자 역시 급격히 감소했다. 새로운 외부 경쟁자의 등장과 중앙아시아 각국의 자원 수출로 다각화 노력, 그리고 서방의 러시아 경제 제재와 결정적으로는 장기간 이어진 저유가 사태는 러시아가 그동안 중앙아시아에서 누려온 에너지 레버리지를 약화하는 결정적 요인으로 작용했다.

최근 유가가 조금씩 회복되고 있는 상황이지만 러시아 경제 상황은 여전히 불확실한 상태이다. 러시아는 자국의 경제 침체를 타개할 만한 새로운 계기를 모색하는 한편, 중앙아시아 에너지 시장에서 약화된 자국의 레버리지를 회복 혹은 현재의 영향력이라도 유지하고자 하는 노력을 지속할 것으로 보인다. 주목할 점은 러시아가 최근 관계가 개선된 우즈베키스탄 에너지 부문 투자와 천연가스 수입을 추진했다는 것, 그리고 아프가니스탄 에너지 부문에 많은 관심을 보이고 있다는 것이다. 특히, 중앙아시아 자원을 남아시아로 연결[7]하는 구상에 러시아는 과거와는 다른 적극적인 태도를 취하고 있다.

과거 러시아는 중앙아시아 유, 가스를 자국의 영토를 통해 통과하는 수송관 이외의 노선 건설을 상당히 견제하는 입장이었다. 그러나 2005년 카자흐스탄, 2009년 투르크메니스탄이 중국과의 수송관을 개통하자 러시아의 입장이 전과는 다르게 변화하는 것을 포착할 수 있다. 이미 2010년부터 러시아는 TAPI 가스관 건설(투르크메니스탄 가스를 아프가니스탄, 파키스탄을 거쳐 인도 시장으로 공급)에 참여 의사를 밝혔는데, 이는 그동안 러시아가 보여 왔던 중앙아시아 에너지 자원에 대한 독점적 영향력을 강화하기 위해 새로운 수송로 건설에 반대했던 기존 입장과는

---

7   Russia's Evolving Energy Interests in Central Asia and Afghanistan, EURASIANET. ORG, (12 April 2017), https://bishkekproject.com/memos/26 (검색일 2018-01-29).

다른 결정이다. 당시 투르크메니스탄이 러시아의 참여를 반대하여 러시아의 참여는 불발됐지만 러시아의 이러한 태도 변화의 배경에는 중앙아시아 국제 환경에서 자국이 차지하는 위상과 영향력 변화(정확하게는 감소)에 대한 감지가 자리할 것으로 추측된다. 러시아 수송관 이외의 대체 수송관 건설이 피할 수 없는 흐름이라면 오히려 유망한 역내 에너지 수송관 프로젝트에 참여하여 자국의 존재감을 확보하는 것이 장기적으로 유리할 것이라는 전략적 판단 때문으로 분석된다.

2. 중앙아시아가 바라보는 러시아: 협력과 견제 사이 균형 모색

특정 국가의 독점적 영향력에서 벗어나 주권을 강화하고 다양한 국가들과의 협력을 통해 자국이 가지고 있는 지경, 지정학적 중요성 활용, 그리고 에너지 자원의 적극적인 활용이 바로 중앙아시아 국가들이 러시아를 비롯한 주변 강대국과의 관계에서 가장 중점으로 다루는 요인들이다.

중앙아시아 국가들에게 러시아는 역내 안보를 유지할 수 있는 중추 국가로 구소련 시기부터 이어져온 연계성에 기반하여 정치, 경제, 안보적으로 긴밀한 관계를 유지해 온 주요 협력 국가이다. 하지만 이러한 환경이 러시아의 영향력을 지나치게 확대하여 자국의 주권을 침해할 수 있다는 점을 중앙아시아 국가들은 항상 경계하고 있다.

중앙아시아 주요 인사들이 러시아에 갖는 신뢰도는 중국에 비교했을 때 상대적으로 높은 편이다. 이는 1991년 소련 해체 이후 러시아와 분쟁 없이 평화적으로 독립하였고, 구소련 시기 축적된 언어, 문화적 연대감과 이슬람 극단주의와 테러, 무기, 마약 밀매, 역내 갈등 등 비전통적 안보 문제 해결에서 러시아가 역내 갈등을 조정할 수 있다는 믿음에서 기인한다. 그러나 구소련 시기 억압정책에 대한 기억과 푸틴 정부 집권 후 대두된 러시아의 패권주의에 대한 우려 등으로 경계심 또한 상존한다. 이러한 두 입장 사이에서 적절한 균형점을 찾는 것이 오늘날 중앙아시아 국가들이 러시아와의 관계 설정에서 가장 중요하게 여기는 부분이라 할 수 있겠다.

한편, 중앙아시아 에너지 부국인 카자흐스탄과 투르크메니스탄은 러시아로 이어지는 에너지 수송관을 활용하여 막대한 양의 유, 가스를 유럽 등 해외로 수출하면서 한때 7~10%대의 높은 경제 성장률을 기록했다. 두 국가 모두 내륙에 위치해 있고 러시아 이외의 다른 루트를 통한 유, 가스 판매가 사실상 불가능했기 때문에 당시 러시아의 대중앙아시아 에너지 레버리지는 실로 막강했다. 그러나 2000년대 중반 이후 카자흐스탄, 투르크메니스탄이 중국으로 연결되는 송유관이라는 대체 수출선을 확보하게 되자, 기존에 러시아가 중앙아시아 에너지 자원에 대해 가지고 있던 독점 신화는 무너져 내리기 시작했다. 러시아가 장악했던 중앙아시아 에너지 레버지리는 이제 사실상 중국과 나누거나 혹은 일부 국가에 대해서는 중국이 독차지하는 상황에 이르게 된 것이다.[8]

그러나 러시아의 영향력 변화라는 상황이 카자흐스탄과 투르크메니스탄 두 국가에 동일하게 적용되는 것은 아니다. 카자흐스탄의 경우 지리적인 위치, 경제적 연계성, 인구 구성(카자흐인, 러시아인 혼재) 등의 이유로 에너지 자원에 대한 러시아의 영향력이 이전과 비교해도 사실상 크게 달라진 것이 없다. 이는 카자흐스탄의 지리적, 산업/경제적, 인구적 연계성으로 러시아와의 관계를 급격히 축소할 때 발생하는 비용과 리

---

8   투르크메니스탄의 경우 2016 이후 러시아와의 천연가스 교역은 중단된 상태이다. 이후 투르크메니스탄의 천연가스 대부분은 중국으로 판매되고 있다. BP Statistical Review of World Energy(June 2017)에 따르면, 2016년 기준으로 중국이 수입하는 천연가스 총량의 77%가량이 투르크메니스탄에서 공급되는 것으로 알려져 있다.

스크를 고려할 때 러시아와의 에너지 부문 협력은 지속하되 다른 국가/
지역과의 교류 개척으로 협력 대상의 다각화를 달성하는 것이 전략적으
로 카자흐스탄에게 유리하다는 판단 때문으로 이해하면 될 것이다. 반면
에 러시아와 국경이 공유하지 않고 인구 구성도 비교적 단일(투르크멘인
85% 이상)하며 중립국 노선을 표방한 투르크메니스탄은 러시아의 영향
력으로부터 상대적으로 자유로울 수 있었다. 이러한 환경은 자연스레 자
국의 천연가스 판매 다각화에 보다 적극적인 행보로 이어져 때로는 과감
하게 러시아와 거리두기도 가능했다. 물론 여기에는 막강한 자본력으로
투르크메니스탄-중국 간 송유관 건설에 적극적이었던 중국이라는 변수
가 중요하게 작용했다. 급기야 2016년 투르크메니스탄은 러시아의 가스
대금 미지급을 문제 삼아 러시아로의 가스 판매를 잠정적으로 중단하기
에 이르렀다.[9]

강력한 자본력으로 중앙아시아 에너지 시장에 급부상한 중국, 그리
고 기존의 에너지 레버리지를 회복하고자 하는 러시아의 향후 행보에 따
라 중앙아시아 국가들의 에너지 정책의 방향과 내용은 변화할 것으로 예
상된다.[10] 에너지 자원 수출을 위해 러시아만 바라봐야 했던 시기를 지나
러시아 그리고/또는 중국, 최근에는 인도, 이란 등의 다양한 선택지를 손
에 쥐게 된 중앙아시아 국가들에게 현재의 상황은 상대적으로 유리한 측
면이다. 특히 러시아와의 관계에서 협력과 견제 사이 균형점을 찾고자
하는 중앙아시아 국가들에게 현재의 상황은 과거에 비해 개선된 상황인

---

9   이후 투르크메니스탄의 문제는 러시아에 대한 천연가스 수출 의존도는 낮아졌으나 중국에
대한 의존이 상대적으로 심화됐다는 데 있다. 일각에서는 러시아에 대한 의존이 중국으로
바뀐 것일 뿐 투르크메니스탄의 에너지 수출은 특정 국가로 심각하게 단일화되어 있다고
평가한다.

10   중앙아시아 에너지 자원을 둘러싼 중국과 러시아의 경쟁과 협력에 대해서는, 임반석, "중
앙아시아에서 중국과 러시아의 경쟁과 협력", 『한국동북아논총』 86권, 2018 참조.

것은 분명하다.

그러나 중국이 무서운 기세로 중앙아시아 에너지 시장을 비롯하여 군사, 안보, 경제 전반으로 세력을 확대하는 상황은 가까운 과거에 경험한 러시아의 패권적 확장과 별반 다르지 않다는 점을 중앙아시아 국가들도 인지하고 있다. 따라서 중앙아시아 국가들은 양자택일의 리스크가 있는 현재의 상황보다는 더 많은 선택지를 만들어낼 필요가 있을 것이다. 중앙아시아 자원 부국들이 BTC, 나부코(NABUCCO), 카스피해 횡단(Trans Caspian pipeline) 등 러시아를 거치지 않고 유럽으로 가는 루트 건설에 적극 지지하거나 투르크메니스탄-아프가니스탄-파키스탄-인도로 이어지는 TAPI 노선 개발에 주력하는 이유도 러시아, 중국 이외의 에너지 수출선 다각화 필요성에서다. 이러한 모든 노력은 결국 단일 에너지 시장(러시아 혹은 중국)에서 벗어나 다극화된 에너지 시장 확보라는 중앙아시아 자원 부국들의 의지 표출인 셈이다.

III. 러시아-카자흐스탄 원유, 천연가스 교역

미 중앙정보국 CIA에서 발표한 The World Factbook에 의하면, 2017년 기준 카자흐스탄의 석유 매장량은 세계 12위로서 확인매장량이 300억 배럴이며, 천연가스 매장량은 세계 15위로 확인매장량이 2조 4천억 m³이다. 아래 표는 BP 2017 자료에 따른 것으로, 천연가스 매장량이 상이하긴 하지만 카자흐스탄이 보유한 석유, 천연가스 매장량의 수준은 막대하다.[11]

---

11   BP Statistical Review of World Energy 2017, https://www.bp.com/content/dam/
      bp/en/corporate/pdf/energy-economics/statistical-review-2017/bp-statistical-

표 1. 카자흐스탄 원유, 천연가스 매장량

카자흐스탄	1996	2016	전 세계 매장량 중	주요 유, 가스전
원유	53억 배럴	300억 배럴	1.8%	카라차가낙
천연가스	n.a	1조 m³	0.5%	아티라우 카샤간

출처: BP Statistical Review of World Energy 2017, p.12, 26.

카자흐스탄의 석유자원은 3~40%가 해양지역에 위치하고 전체 상업적 매장량 중 약 2/3는 석유 및 컨덴세이트인 것으로 평가되고 있으며 매장량 중 대부분은 텡기즈(Tengiz), 카라차가낙(Karachaganak), 카샤간(Kashagan), 우젠(Uzen) 등 거대 유전 등에 위치한다.[12]

카자흐스탄은 독립 초부터 공격적인 수출 지향적 경제 노선을 택한 까닭에 자국의 수출에서 원유 및 석유 제품이 차지하는 비중이 73%에 달한다.[13] 원유 수출의 약 85%(약 8천만 톤)는 대부분 러시아 영토를 통과하는 파이프라인을 통해 유럽으로 판매된다.[14] 이러한 이유로 중앙아시아 국가들 중 카자흐스탄은 지난 20년간 에너지 부문에서 러시아와 안정적인 교역관계를 관계를 유지해왔다.[15]

한편, 독립 이후로 카자흐스탄은 원유 수출선 다각화를 위해 부단한 노력을 해왔는데, 대표적인 수송관은 'Caspian Pipeline Consortium (CPC-흑해 노보로시스크 항구로 연결)'과 '카자흐스탄-중국' 간 노선, 그리고 러시아로 향하는 '우젠-아티라우-사마라' 노선이다(그림 1 참

---

review-of-world-energy-2017-full-report.pdf (검색일 2018-02-04).

12   카자흐스탄의 주요산업 동향 (kotra 국가정보 – 카자흐스탄, 2013. 9. 30.).

13   "Kazakhstan Exports," Trading Economics, 2016, https://goo.gl/OImh4y.

14   "Over 85 Percent of Kazakh Oil Exports to External Markets Pass Russian Territory," Kursiv, April 22, 2015, https://goo.gl/QgCQAx.

15   Russia's Evolving Energy Interests in Central Asia and Afghanistan, op. cit.

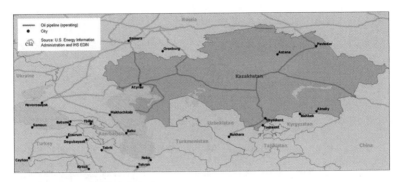

그림 1. 카자흐스탄 원유 송유관 지도
출처: EIA.

조).[16] 이 중 중국으로 연결된 노선을 제외하고는 주요 수송관은 모두 러시아 영토를 통과하고 있어 카자흐스탄 에너지 자원 수출에 대한 러시아 의존도는 여전히 심각하다. 카자흐스탄의 원유 대부분 종착지가 유럽인 점을 고려하면, 내륙 국가인 카자흐스탄의 원유는 거의 절대적으로 러시아를 통과하여 유럽으로 판매되고 있다고 볼 수 있다.

카자흐스탄 원유 수출의 약 5%는 '카자흐스탄-중국' 수송관을 통해 이루어지며,[17] 적은 양이지만 카스피해를 통해 이란, 아제르바이잔으로도 판매(유조선, 바지선 활용)한다. 카자흐스탄-중국 송유관을 통한 최대 수송량은 연간 2,000만 톤에 이르지만 현재 양국 간 교역량은 1,100톤 정도에 머물러 있다. 종합적으로 볼 때, 카자흐스탄의 원유 수출 판매는 러시아 수송로 인프라에 절대적으로 의존하고 있는 상태임을 알 수 있다.

러시아-카자흐스탄 간 천연가스 거래는 원유 교역과 비슷한 경향을 보이는데, 교역량은 2007년 85억 m³에서 2016년 161억 m³로 증가

16   EIA, Kazakhstan, https://www.eia.gov/beta/international/analysis.cfm?iso=KAZ.

17   "Kazakhstan-China Oil Pipeline," Kazmunaigaz, https://goo.gl/jqJJrn.

했다.[18] 카자흐스탄 내 주요 천연가스 매장지는 대체로 3대 유전(텡기즈, 카라차가낙, 카샤간)과 일치한다. 지난 10년간 카자흐스탄 내 천연가스 생산은 약 2배로 증가했으며, 총 생산의 약 70%가량이 카라차가낙과 텡기즈 유전에서 생산된다. 카자흐스탄 천연가스는 다량의 황을 함유하고 있기 때문에 특별한 정제 기술이 필요하고 비용이 많이 든다. 카자흐스탄 내에는 이런 정유시설이 없기 때문에 추출한 모든 천연가스는 러시아 오렌부르그로 보내 정유 과정을 거치게 된다. 2016년도에 개시된 카샤간 유전은 하루 최대 28.31m³의 천연가스를 생산할 수 있다

카자흐스탄은 두 개의 주요 파이프라인을 통해 천연가스를 국외로 판매하는데 카자흐스탄 서부 지역을 따라 러시아를 통과하여 유럽으로 이어지는 노선인 'Central Asia Centre(CAC)'와 카자흐스탄 남부 국경 지역을 따라 놓인 '투르크메니스탄-중국' 가스관이다. 두 가스관 모두 중앙아시아 카스피해 수출 인프라(Caspian export infrastructure)의 일부이며 주로 투르크메니스탄의 천연가스를 비롯하여 카자흐스탄과 우즈베키스탄의 천연가스 수출 판매 루트이다. 〈표 2〉는 2016년 기준 카자흐

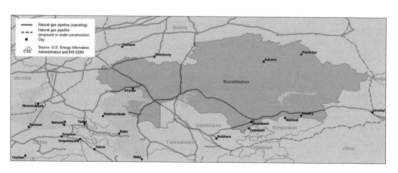

그림 2. 카자흐스탄 가스파이프라인 지도
출처: EIA.

18   "BP Statistical Review of World Energy 2017, p. 34.

표 2. 카자흐스탄, 러시아, 중국 간 가스 교역량(2016)

카자흐스탄 → 러시아	161m³
러시아 → 카자흐스탄	36m³
카자흐스탄 → 중국	4m³

출처: BP Statistical Review of World Energy 2017, p. 34.

스탄, 러시아, 중국 간 천연가스 교역량을 정리한 것으로, 카자흐스탄-러시아 간 천연가스 교역량이 중국과 교역량에 비해 여전히 압도적으로 많은 비율을 차지하고 있음을 알 수 있다.

그동안 카자흐스탄은 전방위(multi-vector) 외교를 구사하며 러시아, 중국, 미국 사이에서 에너지 시장 다각화에 일정 부분 성공했다.[19] 최근 중국과의 교류가 급증하였으며 현재 중앙아시아의 유, 가스 개발에 접근성을 높이려는 시도를 계속하고 있다. 카자흐스탄은 더욱 다양한 국가로 진출하여 러시아와의 협상력을 강화할 방법을 모색 중이다.

이러한 노력에도 불구하고 여전히 카자흐스탄 에너지 자원에 대한 러시아의 영향력은 여전히 강력하다는 것이 대부분 전문가들의 의견이다. 독립 후 카자흐스탄은 신속한 경제성장 동력을 자국의 풍부한 에너지 자원에서 찾았고, 이를 위해서는 소비에트 시기 구축된 수송 인프라에 절대적으로 의존할 수밖에 없었다. 이는 상대적으로 러시아의 대 카자흐스탄 에너지 레버리지를 강화하는 요인으로 작용한 것이다. 이 글에서 비교하고 있는 투르크메니스탄에 비해 대러시아 의존도 감소 의지를

19　Irina Sinitsina, Economic Cooperation Between Russia and Central Asian Countries:
Trends and Outlook, INSTITUTE OF PUBLIC POLICY AND ADMINISTRATION, WORKING PAPER NO.5, 2012, pp. 63-64.

공세적인 보이지 못했던 여러 이유 가운데서도 긴 국경선을 마주하고 있다는 점, 그리고 산업, 경제적 연계가 중앙아시아 국가들 중에서도 가장 강력했던 점 등을 들 수 있다.[20]

2018년에도 카즈무나이가스와 러시아 가즈프롬은 양국의 가스산업 부문 협력 관련 프로토콜에 인준, 매년 러시아로의 카자흐스탄 천연가스 수출량을 늘리는 데 합의했다.[21] 현재 카자흐 정부는 자국의 풍부한 자원을 기반으로 한 수출정책을 지속할 것이기 때문에 가장 많은 수송로 인프라를 가진 러시아와의 교역량 역시 증가할 것으로 예상된다. 따라서 카자흐스탄-러시아 간 유, 가스 교역은 그동안 보여 왔던 경향에서 크게 변하지 않은 채 지속될 것으로 전망된다.

IV. 러시아-투르크메니스탄 천연가스 교역

러시아와 투르크메니스탄 에너지 교역에서 가장 중심이 된 자원은 천연가스이다. 투르크메니스탄은 천연가스 보유량 면에서 전 세계 4위인 세계적인 천연가스 부국으로, 내해인 카스피해에 접해있는 일부 국경을 제외하고는 여러 국가에 둘러싸여 있는 내륙국가이다.

독립 초기 투르크메니스탄 역시 기타 중앙아시아 국가들의 사정과 마찬가지로 에너지 수출에서 러시아로 향한 파이프라인 외에는 다른 노선이 부재한 상태였다. 때문에 투르크메니스탄 역시 일정 기간 동안 러시아에 대한 천연가스 판매 의존도가 상당히 높은 국가였다. 실제로 러

---

20   이유신(2015), op. cit.
21   Kazakhstan to increase gas exports to Russia, 2017-11-27, https://www.azernews. az/region/122901.html (검색일 2018-04-20).

표 3. 투르크메니스탄 유, 가스 부존량

투르크메니스탄	1996	2016	전 세계 매장량에서 차지하는 비율	순위
원유	5억 배럴	6억 배럴	-	
천연가스	n.a	17.5조 m³	9.4%	

출처: BP Statistical Review of World Energy 2017, p. 12, 26.

시아는 1992-1996년까지 투르크메니스탄 천연가스를 구매한 유일한 국가였고, 이 점을 간파하여 천연가스 대부분을 구매하여 투르크멘 정부가 다른 곳에 가스를 판매할 수 있는 여력을 원천적으로 차단했다. 러시아가 오랫동안 누려왔던 투르크메니스탄 가스 자원에 대한 독점적 위상은 사실상 이 시기에 확보된 것이다. 또한 러시아는 미국 및 중국과 같은 외부세력이 투르크메니스탄에 가스관을 건설하려는 시도를 저지하는 데 성과를 거뒀다.[22] 이때 투르크메니스탄은 러시아의 저가 매입에 불만을 품게 되었고 수출선 다각화를 심각하게 고민하게 된다.

독립 후 투르크메니스탄이 러시아 이외 다른 국가에 가스를 수출하게 된 것은 1997년 이란으로의 수송로가 개통되면서부터이다. 그러나 이란은 국제사회의 제재를 받고 있었기 때문에 안정적인 수출은 담보하기 어려운 상태였으므로, 러시아의 대 투르크메니스탄 에너지 자원 레버리지는 여전히 압도적인 수준이었다. 특히, 2003년 4월 러시아-투르크메니스탄 간 장기 가스 계약이 체결되면서 투르크메니스탄은 러시아에 25년에 걸쳐 2조 m³ 가스 공급을 약속했다. 이 계약은 러시아의 가스프롬이 투르크메니스탄으로부터 저렴한 가격에 가스를 매입하는 조건이었기 때문에 이를 비싼 가격으로 유럽에 판매할 수 있었던 러시아는 막

22   이유신, "러시아 에너지정책의 원천: '철저한 경제'인가 혹은 '전략적 정치'인가?", 대외경제정책연구원 전문가풀 발표자료, 2011.

대한 차익을 볼 수 있었다. 이후 투르크메니스탄은 러시아의 가스대금
장기간 미지급 등 다양한 횡포에도 어쩔 수 없이 거래를 지속해 오다가
2009년 CAC 가스관 폭발 사건 발생 후 결국 러시아와의 장기 계약을 파
기하기에 이른다.

얼마 지나지 않아 러시아로의 가스 판매는 재개(2010)되었지만 투
르크메니스탄-중국 서부로 이어지는 가스파이프라인이 개통된 2009년
이후부터 투르크메니스탄의 대러시아 수출은 독립 후 처음으로 감소 추
세로 돌아섰다. 반면, 중국으로는 막대한 양의 투르크멘 가스가 수출선
에 오르게 된다. 이후 2010년 이란으로 향하는 새로운 가스관 제 1단계
건설 완공, 카스피해 횡단(trans Caspian pipeline) 추진 등 러시아의 에
너지 레버리지가 약해진 시기와 맞물려 투르크메니스탄은 적극적으로
수출선 다각화를 모색하는 시기가 2015년까지 이어지게 된다. [그림 3]

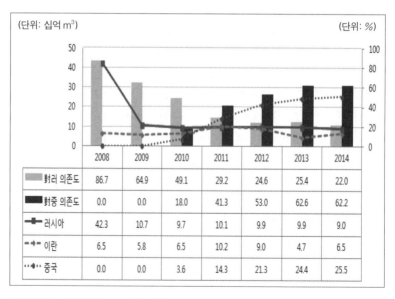

(단위: 십억 m³)	2008	2009	2010	2011	2012	2013	2014
對러 의존도	86.7	64.9	49.1	29.2	24.6	25.4	22.0
對중 의존도	0.0	0.0	18.0	41.3	53.0	62.6	62.2
러시아	42.3	10.7	9.7	10.1	9.9	9.9	9.0
이란	6.5	5.8	6.5	10.2	9.0	4.7	6.5
중국	0.0	0.0	3.6	14.3	21.3	24.4	25.5

그림 3. 투르크메니스탄 가스 수출 현황
출처: 대외경제정책연구원, 2017.

은 2008년부터 투르크메니스탄 가스 수출 대상국을 그래프와 표로 나타
난 것으로, 2009년을 기점으로 대러시아 수출은 급격히 줄어들고, 중국
의 판매는 급증하는 모습을 보여준다.

중국과의 교역은 투르크메니스탄의 대러시아 의존도를 크게 줄였지
만 반면에 대중국 의존도는 높이는 결과를 가져왔다. 러시아를 피하려다
중국이라는 또 다른 호랑이를 만난 격이라고 볼 수 있겠다. 투르크메니스
탄이 중국과의 에너지 교역을 시작한 얼마 걸리지 않아 기존 대 러시아
의존도에 육박하는 수치까지 올라간 것이다. 2016년 투르크메니스탄 정
부가 러시아로의 가스 수출을 중단한 이후 현재까지 중국은 투르크메니
스탄 천연가스의 유일한 수입국임을 아래 표 4를 통해 알 수 있다.

표 4. 2016년 투르크메니스탄, 중국, 러시아, 이란, 카자흐스탄 간 천연가스 이동량

투르크메니스탄 → 카자흐스탄	투르크메니스탄 → 이란	투르크메니스탄 → 중국	투르크메니스탄 → 러시아
$11m^3$	$67m^3$	$294m^3$	0

출처: BP Statistical Review of World Energy 2017, p. 34.

독립 이후부터 투르크메니스탄 천연가스 수출 대상국 변화 추이를
정리하면 변화의 핵심은 러시아에 대한 절대적 의존도에서 중국으로의
절대적 의존으로, 대상만 바뀌었을 뿐 특정 국가에 의존하는 수출 방식
에는 큰 변화가 없음을 알 수 있다. 투르크메니스탄 정부가 그동안 이란
과의 파이프라인 개통을 추진했지만 대이란 수출량은 러시아 혹은 중국
의 영향력을 상쇄할 만한 수준은 아니다. 따라서 향후 투르크메니스탄
정부의 과제는 심화된 대중국 가스 수출 의존도를 약화하고, 이를 대체
할 대남아시아 노선, 대유럽 노선 개척에 방점을 둘 것으로 예상할 수 있
다.[23] 특히, 거대 에너지 소비국인 인도로 이어지는 TAPI 노선의 개통은

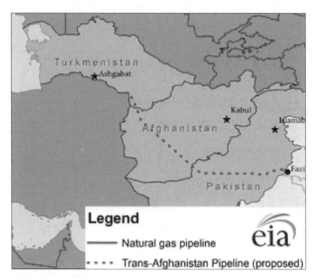

그림 4. TAPI 노선도
출처: EIA.

투르크메니스탄 천연가스 수출의 다각화라는 과제의 두 번째 단추를 끼
울 수 있는 계기가 될 수 있을 것이다.

V. 러시아의 중앙아시아 에너지 자원에 대한 영향력 변화

러시아의 입장에서 중앙아시아 에너지 자원이 가진 의미는, 첫째 러시아
의 거대한 수송로를 활용하여 중앙아시아 에너지자원을 제3국이나 세계

---

23   2016년을 정점으로 중국으로의 투르크메니스탄 가스 수입량은 점차 감소하고 있다. 중국
은 2019년부터 러시아 시베리아 수송관을 통해 천연가스를 공급받기로 되어 있으며, 중앙
아시아에서도 투르크메니스탄 이외에도 카자흐스탄이나 우즈베키스탄을 통한 공급 역시
가능하다. 즉, 중국의 천연가스 공급처 다각화는 점차 현실이 되고 있지만, 투르크메니스탄
의 가스 수출선은 현재로서는 오로지 중국에 의존하고 있는 상황이다.

시장에 판매하여 수익을 창출하고, 둘째 러시아 국내 자원을 보존하는데 중앙아시아 자원을 활용하는 것으로 요약할 수 있다.

러시아는 소비에트 붕괴의 충격파에서 회복하자마자, 보다 정확하게는 푸틴 대통령 1999년 집권 직후부터 러시아의 에너지 자원, 특히 원유, 천연가스를 러시아 패권 부활을 도모할 만한 정치적 무기로 바꾸는 계획을 본격적으로 추진했다. 러시아는 자국에서 수출되는 에너지뿐 아니라 카자흐스탄, 투르크메니스탄 등에서 러시아 송유관을 통해 유럽에 공급되는 에너지까지 통제하고자 했고, 이는 냉전 시대에 누렸던 소련의 정치적 영향력을 포스트 소비에트 시기 중앙아시아 공간에도 투사하고자 하는 열망의 반영이었다.[24] 에너지 자원 수출을 통한 경제 성장을 목표로 한 중앙아시아 국가들은 양 지역 간 구축된 에너지 산업 인프라에 의존할 수밖에 없었고, 이는 결과적으로 중앙아시아 자원 부국들의 러시아에 대한 의존을 심화시켰다.

이렇게 확보된 러시아의 에너지 레버리지는 중앙아시아에 대한 경제적 이익과 정치적 영향력을 모두 확보하게 하여 러시아의 위상은 누구도 무너뜨리지 못할 만큼 견고해 보였다. 그러나 지난 10년 사이 러시아-카자흐스탄, 러시아-투르크메니스탄 등의 에너지 관계는 크고 작은 변화를 겪었다. 국가 간 정도의 차이는 있지만 분명한 것은 러시아가 더 이상 과거처럼 중앙아시아 국가들과의 에너지 교류에서 압도적인 우위에 서있지 않다는 점, 일방적으로 러시아에 유리한 에너지 교역을 이끌어 낼 수 있었던 에너지 레버리지는 점차 힘을 잃고 있다는 점이다. 이러한 변화에는 다음과 같은 요소가 복합 작용했다. 우선, 중앙아시아 에너

---

24   Michael Klaire, Petro-Power and the Nuclear Renaissance: Two Faces of an Emerging Energo-facism, http://www.tomdispatch.com/post/157744/ (검색일 2018-04-15).

지 부문에서서 러시아가 누렸던 독점적 위상은 중국의 진출로 크게 흔들렸고, 거대한 에너지 소비 시장인 유럽은 러시아를 우회하는 수송관 개발에 적극적이다. 또한 중앙아시아 국가들 역시 이란, 인도 등 자국의 에너지 자원을 판매할 수 있는 루트를 다각화하는 데 노력하고 있다.

물론 아직까지 러시아가 중앙아시아 에너지 교역에 차지하는 위상은 여전히 무시할 수 없는 것 역시 사실이다. 우크라이나 사태 이후 러시아에 대한 서방의 제재는 지속되고 있고 있지만 최근 유가를 비롯한 원자재 가격이 미약하지만 상승 추세에 있고, 중앙아시아 국가 중 가장 소원한 관계에 있던 우즈베키스탄이 새 정부 출범 이후 러시아와 다양한 경제, 산업 협력을 추진 중에 있다.[25] 중앙아시아 천연가스 교역에서 가장 큰 규모를 차지했던 투르크메니스탄-러시아 간 가스교역은 여전히 중단된 상태이긴 하지만 현재 투르크메니스탄 상황은 과거의 대러시아 의존도가 이제는 대중국 의존으로 바뀐 상황이기 때문에 현 시점에서 러시아와의 가스 교역 재개가 중국의 과도해지는 영향력을 상쇄할 현실적 선택일 수 있다. 따라서 2017년 푸틴 대통령이 투르크메니스탄 국빈 방문에서 가스 교역 재개라는 카드에 투르크메니스탄이 어떻게 반응할지 지켜볼 필요가 있겠다.

그렇다면 과연 러시아가 2000년대까지 중앙아시아 에너지 교역에

---

25 2017년 러시아 푸틴 대통령의 우즈베키스탄 방문 시 50억 m³의 우즈베키스탄산 천연가스를 향후 5년간 구매하기로 결정했다. 그러나 아직까지 우즈베키스탄이 러시아와의 천연가스 교역량을 대폭 증대하기에는 한계가 많은데, 우선적으로는 국내 소비를 충족시키기도 급급한 상황이거니와 보유량이 카자흐스탄, 투르크메니스탄에 비하면 크지 않기 때문이다. 이러한 변수로 인해 우즈베키스탄-러시아 에너지 교역량이 단기간에 증대하기는 어려운 전망이다. 관련 내용은, Russian, Uzbek Presidents Sign $12 Billion In Investment Projects, (2017-04-05), https://www.rferl.org/a/russia-unbekistan-mirziyaev-putin-investment-projects-12-billion/28412668.html (2018-04-20) 참고.

서 보였던 이른바 '에너지 파시즘'[26]적인 영향력과 존재감을 회복할 수 있을까? 이 물음에 대해서는 다소 부정적인 전망이 우세하다. 본 글에 서 살펴본 바대로, 중앙아시아 국가들은 계속해서 자국의 에너지 수출선 을 다각화하는 정책을 추진하고 있는 상태고, 중앙아시아 에너지 부문에 참여하고자 하는 러시아 이외의 강대국들 역시 러시아의 영향력을 약화 시키고자 할 것이다. 그 중에서도 중국이 '일대일로'라는 거대 인프라 프 로젝트를 통해 중앙아시아 송유관, 가스관 에너지 인프라 협력을 강력하 게 추진하고 있어 향후 중앙아시아에 건설될 에너지 운송 인프라는 중 국의 영향권하에 놓일 가능성이 크다. 뿐만 아니라 인도 역시 '중앙아시 아 연결정책(Connecting Central Asia Policy)'을 통해 중앙아시아 에너 지 자원을 인도로 연결하는 방안에 고심하고 있다.[27] 대표적인 사례가 바 로 투르크메니스탄-아프가니스탄-파키스탄-인도(TAPI) 가스관 노선 건설이다. 따라서 이러한 중앙아시아 국내외적 환경은 러시아의 에너지 레버리지를 견제, 약화하는 방향으로 흐를 것이라는 전망이 더욱 설득력 있다.

VI. 결론과 전망

소비에트 연방 붕괴에도 불구하고 러시아-중앙아시아 간 100년에 걸쳐 형성된 연계성은 중앙아시아 국가들이 독립한 이후에도 지속됐다. 이러

---

26 Michael Klaire, op. cit.
27 인도의 중앙아시아 관련 연결 정책에 관한 연구는 다음을 참고하기 바람. 이지은, "탈(脫) 냉전기 인도의 "중앙아시아 연결정책(Connect Central Asia Policy)"", 세계지역연구논총, 30-3, 2012.

한 연계성은 에너지 부문에서 특히 강력하였는데, 소비에트 시기 건설된 에너지 수송 인프라 가운데 중앙아시아에 지역에 놓인 유, 가스 수송로는 내륙 국가 카자흐스탄이나 투르크메니스탄이 자국의 자원을 외부 시장으로 판매할 수 있는 유일한 통로였기 때문이다. 중앙아시아를 관통하는 가장 중요한 수송로인 CAC(Central Asia-Center)는 설립 목적 자체가 투르크멘산 천연가스를 러시아를 통과하여 외부 시장(기타 소비에트 국가와 동유럽 국가들)으로 판매하기 위해서였을 만큼 러시아의 중앙아시아 에너지 자원에 대한 영향력의 크기는 소비에트 시기에도 막강했다. 이러한 수송로 네트워크 덕분에 러시아는 중앙아시아 국가들이 독립한 이후에도 이들의 에너지 자원에 대한 자국의 영향력을 어렵지 않게 회복할 수 있었다.

그러나 오늘날 러시아는 중앙아시아 내 자국의 영향력 감소에 대해 자각하고 있다. 2000년대 중반을 기점으로 중앙아시아 에너지 부문에서서 러시아가 누렸던 독점적 위상은 중국의 진출로 크게 흔들렸고, 거대한 에너지 소비 시장인 유럽은 러시아를 우회하는 수송관 개발에 적극적이다. 또한 중앙아시아 국가들 역시 이란, 인도 등 자국의 에너지 자원을 판매할 수 있는 루트를 다각화하는 데 노력하고 있다. 러시아가 현재 중앙아시아 에너지 자원이 수송될 수 있는 대체 루트 건설(예, TAPI)에 참여 의사를 표했고, 아프가니스탄 에너지 부문으로 관심의 범주를 확대한 것은 더 이상 러시아가 중앙아시아 에너지 운송에서 예전과 같은 독점적 지위와 압도적인 레버리지를 갖고 있지 않고 있음을 보여주는 사례로 볼수 있다.

이렇게 변화한 중앙아시아 에너지 시장에서 러시아는 전보다 유연하고 현실적인 전략을 구사할 필요를 느끼고 있다. 물론 다시금 에너지 레버리지를 확보하고자 하는 열망도 가지고 있겠지만 그것이 현실적으로 가능성이 높지 않다는 것을 러시아도 인식하고 있다. 현재 중앙아시아 에너지 부문에서 과거 러시아가 누렸던 독점은 중국에게 넘어갔고, 러시아는 중앙아시아 에너지 레버리지 확보를 둘러싸고 중국을 비롯하여 다른 역내 강국들과 경쟁해야 하기 때문이다.

따라서 현 시점에서 러시아는 중앙아시아 에너지 시장에서 자국의 영향력을 비교적 안정적으로 유지할 수 있는 카자흐스탄에 집중하되, 새로운 에너지 교역 파트너로 떠오른 우즈베키스탄 및 오래된 교역국인 투르크메니스탄과 보다 수평적인 방식에서 에너지 협력을 모색할 것으로 전망된다. 이와 더불어 중앙아시아 에너지 자원을 아프가니스탄과 인도로 연결하는 프로젝트에서 러시아의 참여를 확보하는 것 역시 러시아의 역내 에너지 부문에서의 영향력 유지 또는 회복에 긍정적인 역할을 할 수 있으리라 예상된다.

참고문헌

이유신. 2009. "가스카르텔 설립에 대한 러시아의 입장변화 분석", 『국제정치논총』 49(4), 191-211.

_____. 2015. "카자흐스탄과 투르크메니스탄의 에너지자원 수송로 다변화 정책의 비교 연구", 『21세기정치학회보』 25-1, 217-241.

이지은. 2012. 탈(脫)냉전기 인도의 "중앙아시아 연결정책(Connect Central Asia Policy)", 『세계지역연구논총』, 30-3, 177-201.

임반석. 2018. 중앙아시아에서 중국과 러시아의 경쟁과 협력, 『한국동북아논총』 86권, 25-29.

Cooley, Alexander. 2015. *Russia and China in Central Asia*, Norwegian Institute of International Affairs.

Niklasson, Charlotte. 2008. *Russian Leverage in Central Asia*, Swedish Defense Agency.

Sinitsina, Irina. 2012. *Economic Cooperation Between Russia and Central Asian Countries: Trends and Outlook,* INSTITUTE OF PUBLIC POLICY AND ADMINISTRATION WORKING PAPER NO.5.

Sorbello, Paolo. 2015. *The Role of Energy in Russian Foreign Policy towards Kazakhstan,* Energy Brain.

Yesdauletova, Ardak. 2009. "Kazakhstan's energy policy: Its evolution and tendencies", *Journal of US-China Public Administration,* Volume 6, No.4 (Serial No.47).

인터넷 자료

Klaire, Michael. "Petro-Power and the Nuclear Renaissance: Two Faces of an Emerging Energo-facism", http://www.tomdispatch.com/post/157744/ (검색일 2018-04-15).

Shlapentokh, Dmitry. "Turkmenistan's Gas Export Dilemma", *Central Asia-Caucasus Analyst,* (2017-11-15), https://www.cacianalyst.org/publications/analytical-articles/item/13483-turkmenistans-gas-export-dilemma.html (검색일 2018-04-21).

Russian, Uzbek Presidents Sign $12 Billion In Investment Projects, (2017-04-05), https://www.rferl.org/a/russia-unbekistan-mirziyaev-putin-investment-projects-12-billion/28412668.html (검색일 2018-04-20).

Russia's Evolving Energy Interests in Central Asia and Afghanistan, EURASIANET.ORG, (12 April 2017), https://bishkekproject.com/memos/26 (검색일 2018-01-29).

Turkmenistan remains key natural gas holder in Central Asia, (2017-09-19),https://www.azernews.az/region/119176.html (검색일 2018-04-22).

Russia Makes Turkmenistan Proposals in Oil & Gas, (2017-10-05),http://georgiatoday.ge/news/7768/Russia-Makes-Turkmenistan-Proposals-in-Oil-%26-Gas- (검색일

2018-04-19).

China's Imports of Turkmen Gas Decline, The Diplomat, (2017-12-27), https://thediplomat.com/2017/12/chinas-imports-of-turkmen-gas-decline/ (검색일 2018-04-15).

China Striving to Boost Energy Imports from Turkmenistan, Eurasianet, (2017-11-24),

https://eurasianet.org/s/china-striving-to-boost-energy-imports-from-turkmenistan (검색일 2018-04-15).

BP Statistical Review of World Energy 2017, https://www.bp.com/content/dam/bp/en/corporate/pdf/energy-economics/statistical-review-2017/bp-statistical-review-of-world-energy-2017-full-report.pdf (검색일 2018-02-04).

The United States and Russia in Central Asia: Uzbekistan, Tajikistan, Afghanistan, Pakistan, and Iran, BROOKINGS, (15 August 2002), https://www.brookings.edu/on-the-record/the-united-states-and-russia-in-central-asia-uzbekistan-tajikistan-afghanistan-pakistan-and-iran/(검색일 2018-01-29).

EIA, Kazakhstan, https://www.eia.gov/beta/international/analysis.cfm?iso=KAZ (검색일 2018-03-11).

"Kazakhstan Exports," Trading Economics, 2016, https://goo.gl/OImh4y (검색일 2018-02-15).

"Kazakhstan-China Oil Pipeline," Kazmunaigaz, https://goo.gl/jqJJrn (검색일 2018-02-15).

BP Statistical Review of World Energy 2017.

제4부 한국의 에너지 전환을 위한 해외 가스 협력 방안

제12장

동북아 가스 시장의 변화와 한국의 대응*

김연규(한양대학교 국제학부 교수)
류하늬(한양대학교 에너지거버넌스센터 전임연구원)

I. 서론

수급 상황의 급격한 변화 및 시장 구조의 전환이 나타나는 세계적인 에너지 시장의 재편과 함께 동북아의 에너지 시장은 세계 에너지 경제에서 주목할 만한 시장으로 부상하고 있다. 2010년대의 미국의 Pivot to Asia 정책과 러시아의 동방 정책은 성장 권역인 아시아로 향했으며, 저유가의 국면하에서 에너지 시장에서 그 경쟁 양상이 두드러지게 나타나고 있다. 아시아 지역, 특히 동북아 지역은 냉전 이후 수출위주의 경제 성장을 이룬 지역이며 제조업 가동에 필요한 에너지를 대부분 중동과 같은 특정 지역에 의존해왔다. 향후 동남아 국가들까지 고속성장의 경로에 접어들게 되면 아시아 국가들의 에너지 소비는 글로벌 에너지 소비를 주도할 것으로 보인다. 이에 기존 에너지 수급 구조의 변화의 시기를 맞아 아시

---

* 본고는 한국동북아논총 제22집 제4호(2017년 12월)에 게재된 원고로 한국동북아학회의 사용 허가를 받고 본서에 게재하였음.

아의 성장에 순기능을 하도록 하기 위한 에너지 수급 시스템의 재구축에 관한 논의가 시작되었다. 아시아 국가들은 21세기 이 지역의 평화와 지속적 경제성장을 위해서 다음과 같은 몇 가지 측면에서 아시아의 번영과 에너지의 미래를 심각히 고민해야 할 시점이라는 것을 인식하고 있다.

첫째로 중동 위주의 공급 체계에 나타나는 변화에 대한 대응이다. 과거 획일적이고 독점적인 공급자위주의 시장구조로 인해 아시아 국가들은 불공정하고 비효율적인 에너지수입 계약을 체결할 수밖에 없었으며 결과적으로는 고가의 프리미엄을 지불하는 악순환이 지속되었다. 그러나 2000년대 후반의 미국의 셰일혁명으로 미국이 중동, 러시아를 능가하는 에너지 수출국으로 등장함으로써 공급자 측면의 경쟁이 촉발되고 있으며, 이러한 공급 과잉 국면은 시장을 구매자위주의 시장으로 급속히 변모시키고 있다. 아시아 국가들의 에너지 교역은 중동 의존적 구조에서 대륙의 러시아와 새롭게 에너지 수출국으로 등장한 미국 등으로 점차적인 방향 전환을 하게 될 것이라는 점이다. 현재 아시아 국가 에너지 공급의 중동의존율 60%는 40%까지 하향 조정될 것이며 감소된 20% 수준의 물량은 러시아와 미국이 분할해서 차지할 것으로 예측되고 있다. 아시아 국가들은 구매자에게 유리한 시장변화를 최대한 활용하여 에너지시장을 좀 더 경쟁적 구조로 바꾸도록 최대한 활용할 방안을 모색해야 한다.

다음으로 세계적인 에너지 수급 구조의 변화는 국제 정치 질서의 재편을 동반한다는 것이다. 과거 아시아 국가들은 자국의 에너지안보 문제를 독자적으로 결정할 수 없었다. 아시아 권역 밖에서는 에너지가 빈번히 전쟁의 중요한 원인이 되고 경제 성장의 결정적 요소가 되었으나 아시아 국가들은 에너지 문제에 관해서는 수동적인 수요자 입장에서 벗어나기 어려웠다. 그러나 최근 미국은 에너지 독립의 전망과 함께 중동 에너지 보호와 공급에 수십 조 원의 군사비를 지불할 의사가 약해지고 있으며 중동이 아시아와 유럽의 국가들에 안정적으로 에너지를 공급하도록 하는 문제에 대한 중요도가 낮아졌다고 하는 인식의 전환이 미국 내에서 일어나고 있다. 과거에는 러시아의 에너지를 이용한 아시아와 유럽에의 영향력 확대를 견제하기 위하여 미국이 중동의 대유럽, 대아시아 에너지 수출에 관여하였으나 이제는 미국이 직접 유럽과 아시아로 액화천연가스(Liquified Natural Gas, LNG) 수출을 추진하면서 에너지를 동인으로 하는 국제정치질서의 재편을 가져오고 있다는 것이다.

국제적으로 신기후체제 대응을 위한 저탄소 경제시스템 전환이 요구되고, 국내적으로는 미세먼지와 지진 등으로 대기오염과 원전 안전 문제가 사회적 이슈로 급부상 한 것 역시 한국의 에너지 미래에 변곡점을 가져왔다. 특히 기후변화 대응 신기후체제에 따라 '구체적' 의무로 현실화되어 기후·에너지 문제가 현실적인 도전과제로 등장했다. 국제기후변화 연구기관들의 분석결과에 의하면 우리나라의 기후변화 대응노력은 세계 최하위권으로 2016년 12월에 발표된 기후변화 대응지수 평가에서도 한국은 58개국 중 54위에 그쳤다. 이러한 환경 이슈에 대한 한국은 대응은 발전원 믹스에서 탈석탄, 탈원전의 기조로 나타났다. 온실가스 다배출원인 석탄의 사용과 방사능 등 안전 문제가 끊이지 않는 원전에의 의존에서 탈피하고자 하는 방향성이 나타났다. 신재생에너지는 온실가스와 안전이라는 두 가지 문제에서 비교적 자유로우며 이로 인해 신재생에너지가 궁극적인 미래의 대체 에너지원으로서의 역할이 증대될 것이 예상되지만 발전 효율이 낮고 기술개발 속도가 더뎌 단기간에 발전 설비를 늘리는 것은 어렵다. 가스 발전이 석탄발전과 원전에서 신재생에너지로 넘어가는 전환 시기의 에너지원으로 더 큰 역할을 해야 한다는 데에 합의가 나타나고 있다.

본 논문은 최근 나타나는 글로벌 가스 시장 재편을 아시아에 대한 중동의 원유가스공급 패권의 재편과 중동공급 감소분에 대한 미국과 러시아의 각축의 측면에서 동북아 가스 시장을 분석하는 것을 목적으로 한다. 이를 위해 한국, 일본, 중국을 중심으로 동북아 국가들의 최근 가스 수급 현황을 분석하고, 동북아에서 나타나는 시장의 변화 양상을 포착하고자 한다. 이를 바탕으로 일련의 에너지 수급 계획 발표를 앞두고 있는 시점에서의 한국의 대응 방향을 제시하고자 하였다.

II. 가스 수급 변화에 대한 기존 연구

2016년 11월 발간된 IEA의 세계에너지전망(World Energy Outlook)은 석유시장과 마찬가지로 가스시장에도 2040년까지 많은 변화가 있을 것이며 향후 에너지시장에서 가장 중요한 역할을 하게 될 에너지는 재생에너지와 가스라고 밝히고 있다. 기본적으로 2040년까지 식유와 석탄 사용은 감소할 것이지만 가스 사용은 증가할 것이라는 전망을 보인다. 이와 같이 IEA는 미래 에너지수요 경쟁에서 이러한 수요를 감당할 주요 에너지원은 가스와 재생에너지라는 기본 입장을 견지하고 있지만, 정확히 어떠한 에너지원이 선두 자리를 차지할지는 불확실하며, 결정적인 변수는 정부의 정책이라 보고 있다(IEA 2016).

　　세계적인 가스 수요는 2022년까지 연평균 1.6% 성장할 것이며, 연간 가스 소비량은 2022년까지 4조 m^3(4,000bcm, 이하 bcm으로 표기)으로 증가할 것으로 예측된다. 가스 소비 증가의 90% 내외는 중국 등과 같은 신흥 개도국이 견인할 것으로 전망되었으며 산업, 수송 부문도 중요하지만 주로 전력 부문의 수요 증가가 클 것으로 보인다. 개발도상국 시장에서는 오염물질 규제나 탄소 가격제(price on carbon) 등과 같은 가스 소비에 유리한 인센티브가 없으므로 석탄과 경쟁해야 하는 상황에 직면해 있는 것이 신흥 개도국의 가스 소비 증대의 장애 요인으로 지적되고 있다.

2016년 세계 가스 생산량은 3,612bcm으로 이 중 약 70%가 생산국에서 자체 소비되고 30%인 1087bcm 가량이 수출입을 통해 거래되었다(IEA, 2017). 1087bcm 가운데 70%는 파이프라인 가스(Pipeline Natural Gas, 이하 PNG) 형태로 거래되며 30%인 327bcm 정도만이 액화천연가스(Liquefied Natural Gas, 이하 LNG) 형태로 거래되고 있으나 2000년의 20%, 2006년의 24.6%, 2010년의 30%대 진입과 함께 LNG의 비중에 꾸준한 증가세가 나타나고 있다(IEA, 2000, 2011, 2017). 세계 가스 수요가 2016년의 3648bcm에서 2030년 약 4466bcm로 증가할 것이 예상되는 가운데 가스 시장의 가장 큰 변화는 LNG의 비중의 증가가 지속될 것이라는 것이다(IEA, 2016). PNG 거래가 2/3를 차지하던 글로벌 가스 거래는 향후 LNG 비중이 50%까지 늘어날 것으로 전망되고 있다.

2011~2014년 동안 세계 LNG 시장을 이끌어 간 요인은 후쿠시마 사태이후 폭증한 아시아의 신규 LNG 수요였다. 당시에는 이러한 아시아 중심의 신규 수요에 비해 세계적 공급차원에서 액화용량(lique-faction capacities)이 부족한 상태였다(Cornot-Gandolphe 2016, 35). 2015년에 들어와서는 반대로 신규 액화시설들이 증가하는 가운데 아시아 수요 증가가 감소세로 돌아섰다. 1차 에너지 수요 약화와 세계 경제에서의 에너지 집중도(intensity)의 감소로 인해 가스를 포함한 화석연료에 대한 수요 증가의 감소 경향이 보였다. 앞서 언급한 바와 같이 가스는 값싼 석탄, 신재생에너지 발전 단가의 하락과 지속적인 정부 지원 등이 있는 관계로 다른 에너지원과 경쟁하기가 쉽지 않는 이유도 중요하

다. 아시아의 경우 특히 가스 가격이 가장 급격히 떨어졌지만, 가스 수요 증가는 상당히 약세를 보였는데, 이러한 가스 가격과 가스 수요에 대한 직접적인 연관 관계의 부재는 현재의 낮은 가스 가격의 효과를 상쇄시키는 요인으로 지적되기도 한다. 상대적으로 에너지 믹스(energy mix)에 있어서 가스의 비중이 향후 5년간 근소하게 증가할 것으로 예상되지만 전 세계 LNG 수입의 50%를 차지하는 일본, 한국에서 수요 정체, 원전 재가동 및 재건설로 수요 감소가 전망되기도 하였으며, 2017년 이후의 정책 변화는 향후 가스 시장을 전망하게 하는 중요한 요인이다.

최근 미국과 캐나다, 호주 등 선진국들이 석유가스 소비국을 벗어나 주요 생산국으로 등장함으로써 에너지뿐 아니라 세계 정치 경제구도에서 상당한 변화가 예상되는 가운데 과연 이러한 글로벌 에너지 패러다임의 변화가 기존 에너지 강대국인 사우디아라비아와 러시아를 어떻게 변화시킬 것인가 하는 연구가 이루어지고 있다(Westphal et al. 2014; Al-Tamimi 2013; Henderson and Mitrova 2015; Fattouh et al. 2015; Fattouh 2014). 동북아시아에서는 러시아의 동북아 에너지 시장에의 접근에 대한 분석(엄구호 2015; 윤영미 2009; 윤익중·이성규 2012; 신범식 2015)과 셰일 혁명의 영향(김연규 2014; 이재승 2015)에 대한 분석이 주를 이루고 있으며, 정책적인 측면에서의 에너지 협력의 구상에 관한 연구(진상현 2009; 안상욱 2014)가 나타난다. 그러나 최근 미국 LNG 수출 개시 이후와 그로 인해 나타나는 수급 변화를 다루는 연구는 부족하다. 최근의 수급 현황과 전망을 바탕으로 급변하는 동북아 시장에 대한 체계적인 접근이 필요하며, 이를 기반으로 동북아에서 나타나는 국제 질서의 재편을 논할 수 있는 기반을 마련할 필요가 있다. 따라서 본 논문은 신냉전의 구도가 나타나는 동북아에서 러시아와 미국이 동북아의 에너지 시장에서 나타내는 경합과 각축에 대한 분석의 기반을 제시하고자 한다.

III. 동북아 가스 시장의 수급 변화

1. 동북아의 불확실한 LNG 수요

기존의 동북아 LNG 시장의 지속적 수요 확대 전망이 2012년 이후 반전되면서 동북아 국가들의 LNG 수요 약세와 초과 공급 상황이 맞물리고 있다. 2020년까지는 현재 개발 중인 많은 LNG 프로젝트들이 실패하거나 취소될 가능성이 높아졌고, 전반적인 LNG 산업에 대한 비관론이 확산되고 있다. 2013-2014년의 전 세계 천연가스 수요 증가율은 최근 10년 평균을 크게 밑돌았으며 주요 시장인 아시아에서조차 천연가스 수요 약세가 목격되었다. 2014년부터 2020년까지 전 세계 천연가스 수요 증가율은 이전 10년 평균 증가율인 2.3%에 미치지 못하는 연평균 2% 내외에 머물 것으로 예상되었다. 2014년 6월 이후 국제 유가의 급격한 하락세는 석유 시장을 넘어 석유와 연동성이 강한 동북아 천연가스 시장에도 지대한 영향을 미치고 있으며 중국, 일본, 한국의 LNG 수요 감소가 동북아 LNG 가격을 동시에 끌어내리는 것으로 평가되었다. 이로 인해 2020년대 초까지는 초과 공급 상황이 지속될 것으로 보는 견해가 다수이며 LNG수요는 각국의 에너지 정책과 경쟁 연료 간의 상대 가격에 의존적이라 보고 있다. 동북아 시장에서 2020년대 초, 초과 공급이 해소되고 가격이 상승 국면으로 전환되는 시기에 대응하기 위한 동북아시아 각국의 입장과 전략이 주목받는 상황에서 본 절에서는 LNG 시장에서의 비중이 높은 순서에 따라 일본, 한국, 중국의 순으로 정책에 의존적인 각국의 수요 현황을 분석하였다.

1) 원전 재가동에 따른 일본의 가스 수요 변화

일본 LNG 수입량은 2015년 회계연도에 전년 대비 4.5% 감소한 85mtpa(million tons per year)이며, 2016년 회계년도에는 더욱 감소한 79.6mtpa(전년대비 6.4% 감소)이 될 것이라고 전망했다(IEEJ, 2016). 최근 일본의 LNG 수요 감소는 원자력 발전소의 재가동 과 신재생에너지 확대가 주요한 요인으로 평가된다. 2015년 8월 큐슈전력[1]이 원자력 발전소를 재가동하였으며 이는 2011년 후쿠시마 사태이후 4년 동안 유지해 온 원전 불가동 및 LNG 대체 발전의 종식을 예견케 하는 정책 변화이다. 일본은 원전 1기가 재가동 될 때마다 LNG 수요가 100만 톤씩 감소하며 후쿠시마 사태 이전의 원전가동률을 회복하면 전 세계 LNG 수요의 17%만큼이 감소하게 된다. 일본은 후쿠시마 원전사고 이후 원전 이용을 중단하여 가스 수요가 30%가량 급증하였고 이로 인해 2013년 LNG 수입액이 2010년 대비 2배로 증가(3.5조 엔 ›7조 엔)하여 31년 만에 무역 적자를 기록했었다. 사고 이전 일본의 에너지안보 정책 구상에 의하면 당시 원자력발전이 전원구성에서 30% 비중을 차지하고 있었고 2035년까지 14개의 신규발전소 건설을 통하여 원자력의 비중을 53%까지 확대할 예정이었다. 그러나 사태 이후 전원구성에서 LNG의 비중이 40%대로 증가하였으며 화석연료 비중은 더욱 늘어나게 되었다. 일본의 경우, 동일본 대지진 전 2005년 시점의 전원구성은 원자력(31%), 석탄(26%), 수력(8%)이 60% 이상을 차지하고 나머지 약 40%가 LNG와 석유에 의한 화력발전이었다. 그러나 2011년 대지진 후 원전의 정지로 2013년도에는 원자력 비율이 1%로 하락, 석탄 30%, 수력 9%로 기저 전

---

1   도쿄에서 남쪽으로 약 1,000킬로미터 떨어진 센다이 지방 전력 공급.

원비율이 40%대로 하락함으로써, 석유, LNG 발전원의 비중이 증가했다. 이로 인해 가정용 전기요금이 재해 전에 비해 약 20%, 산업용의 경우 약 30% 인상이 불가피하였다. 일본 경제산업성은 2015년 3월, 2030년 시점의 최적 전원구성에 대해 안정적으로 발전 가능한 원자력, 석탄화력, 수력발전의 비중을 전체 발전량의 60% 이상 확보하고, 장기적으로 LNG와 석유 등 연료 조달비용이 높은 전원에 대한 비율을 낮추어 전기요금을 인하시킬 계획이라고 발표했다. 일본은 원전 재가동과 신재생에너지 등으로 국가 에너지 공급원의 균형을 추구하고자 계획하고 있으나 이러한 정책에 대한 불확실성과 논란이 지속되고 있어 원전 재가동 중심 정책이 지체될 수 있다. 기저 전원으로서의 원전 재가동에 대한 반론이 강할 경우 2020년경 LNG 비중을 높이는 대안을 다시 사용할 가능성이 큰 것으로 볼 수 있다.

2) 에너지 전환 정책 변화에 따른 한국의 가스 수요 변화

한국도 일본과 유사하게 2015년 2월 LNG 수입이 26%나 감소하였고 LNG 현물가격도 13.48달러/MMBtu로 20%나 하락하였다. 이는 원전 3기가 재가동되면서 LNG 수요를 대체했기 때문이다. 정부의 7차 전력수급기본계획(2015~2029년)도 원자력발전 대 LNG발전을 둘러싼 오랜 논란에서 원전을 우선시하는 정책으로 선회하였다. 2029년의 최대 전력 수요를 11만 1.929MW로 예측해 22%의 설비예비율을 적용하면 3,456MW의 설비용량이 부족한데, 이를 1,500MW의 원전 2기 추가 건설로 메우겠다는 게 기본계획의 골자였다. 이에 따르면 2029년까지 원전이 23기에서 35기로 늘어나는 것이다.

2017년 5월 출범한 새 정부는 원전의 단계적 퇴출 계획을 통해 원전 확대 정책에 제동을 걸었다. 미세먼지에 대한 대책과 원전 안전성 논란에 대한 대응으로서 석탄 발전과 원전에 대한 의존도를 줄이겠다는 공약 실행과 함께 전국적으로 10기의 노후 석탄 발전소 가동을 잠정 중단하였고, 동시에 신고리 5, 6호기 원전 건설을 중단시키는 등 빠른 조치가 취해졌다. 석탄 발전과 원전 발전 용량 감소는 가스와 신재생 기반 발전 증가로 보완될 것이라는 것이 전원 계획의 골자였다. 이로 인해 발전원 믹스에서 가스가 차지하는 비중이 현재의 22%에서 2030년에는 37%로 확대되고, 가스 발전에의 의존도를 높임으로써 향후 수년간 LNG 수입이 매년 1-2%씩 증가하는 형태를 보일 것으로 전망되었다. 2017년 상반기 LNG 수입량이 19.7백만 톤으로 지난해 동 기간에 비해 18.3% 증가한 것으로 볼 때 LNG 수입 증가는 이미 시작된 것으로 보인다.

한국가스공사의 천연가스 판매량이 2013년까지는 연평균 7% 증가했으나, 2014년에는 9% 감소했으며, 2015년도에는 전년대비 5.3%, 2016년도에는 줄어들 것으로 예상되었다(한국가스공사). 제11차 장기천연가스 수급계획에서 도시가스 수요가 2012년 이후 2027년까지 연평균 2.7% 증가하고, 발전용 수요는 연평균 5.5% 감소할 것으로 전망한 데 비해 도시가스 수요 증가는 절반 수준, 발전용 수요는 두 배가 넘는 감소량을 보였다. 이러한 천연가스 판매량 감소는 기저발전 비중 증가로 첨두부하인 발전용 LNG수요가 대폭 줄어든 것이 가장 큰 요인으로 작용하였다.[2] 정부는 제11차 장기천연가스수급계획 수요 전망에 따라 천연가스 수요가 점증할 것으로 전망한 데 비해 LNG수요의 60% 상당을 소비하는 LNG복합발전 이용률이 급감할 것으로 예상되어왔다. 그러나 새 정부의 발전원 전환 정책이 제8차 전력수급계획, 제12차 장기천

---

2   기저발전 비중이 2013년 70%에서 2014년 74%로 늘어나고, 전력공급 예비율도 2013년 5.5%, 2014년 11.5%로 매년 상승해 첨두부하용인 LNG발전기 이용률은 2014년에는 46.7%, 2015년에는 30%대, 2016년에는 15~20%대로 예상된다.

연가스수급계획에 어떠한 구성으로 반영되는가에 따라 LNG 수요는 달라질 것으로 보인다. 신고리 5, 6호기 건설에 대한 찬반 논란이 이어지고 있으므로 탈원전의 공론화와 사회적 합의는 가스의 역할과 LNG의 수요 규모에도 중요한 요인이 될 것이다.

가스 발전 확대는 곧 LNG 수입 증가를 뜻하기 때문에 향후 매년 1-2%의 LNG 수입 증가가 예상되며 이러한 연료 전환의 혜택은 카타르와 호주에 주로 돌아갈 것이라는 전망이 다수를 이루고 있다. 실제로 호주 Gorgon project로부터의 공급은 호주 LNG의 한국에의 점유율을 2016년 12%에서 2017년 상반기 20%로 크게 증가시켰다. 한편 한국의 장기공급계약에 의한 LNG 공급율은 2015년 87% 및 2016년 89%에서 2017년 93%로 확대되어 왔으며 이로 인해 근래의 현물 시장의 낮은 가격을 향유하지 못하고 있다. 전 세계적으로 충분한 공급 물량과 재정거래 기회 증가로 페루, 트리니다드 & 토바고, 기니, 노르웨이 등의 비전통 시장으로부터 수입 등의 보완이 있지만 2014년 이후 지속적인 하락세를 보인 현물 시황과 구매자 위주 시장(buyer's market)이 형성된 상황에서 장기계약 가격보다 낮은 가격의 현물 물량 도입을 확대시키지 못하고 있다.

3) PNG 다변화를 추구하는 중국의 천연가스 수요

급속한 경제성장과 생활수준 향상으로 중국의 천연가스 소비는 2000년 이후 급증하였다. 2001년-2006년 기간 천연가스의 소비증가율은 15%였지만 2006-2011년 기간은 18%로 가파르게 증가하였다. 2011년 중국의 천연가스 소비는 128BCM 으로 전년대비 21%나 증가해 일본을 추월하였으며 미국, 러시아, 이란에 이어 세계 4대 천연가스 소비국이 되었다. 2013년에는 소비가 167BCM에 달하였으나 2014년 이후로 천연가스 소비의 증가세가 꺾이기 시작하여 2014년의 전년대비 증가율은 10%, 2015년의 전년대비 증가율을 4%에 불과했다. 저유가 체제 이후 중국의 천연가스 소비가 감소하면서 LNG 도입 구매 계약 물량을 모두 소화하지 못하고 있으며 소비의 증가세가 꺾이기 시작한 2014년에는 LNG 수입 계약량의 77% 정도밖에 수입하지 못하였다. 2014년 중국의 LNG 수입 터미널 가동율은 55%를 밑돌았는데, 이는 중국 경제의 성장세의 둔화와 저유가로 인해 원유가 가스를 대체한 결과로 평가된다.

중국은 동북아시아 지역에서 유일하게 대륙 천연가스 파이프라인 연계망(pipeline connection)과 국내 가스 생산을 동시에 가진 LNG 수입 국가이다. 중국은 파이프라인이 미치지 못하는 국내 지역에 가스를 공급하기 위하여 LNG를 도입하였으며 수입물량의 약 40%가 LNG로 사용된다. 천연가스 수요 감소세와 함께 중국의 PetroChina와 CNOOC은 수입 LNG 가운데 일부를 국내로 도입하지 않고 다시 해외에 재판매하고 있다. 이 시기 중국은 해외 가스도입에 있어 PNG 다변화를 공격적으로 추구하고 LNG 수요는 축소된 것으로 나타나는데, 2010년에 투르크메니스탄, 2014년에는 미얀마의 가스가 도입되기 시작했으며 2014년 5월과 11월에 러시아와 맺은 PNG 계약으로 2020년부터는 68bcm의 러시아가스가 파이프라인으로 중국에 공급될 예정이다.

2020년까지의 천연가스 소비량 추정치는 기관에 따라 다르게 나타나지만 중국의 CNPC는 2020년 중국의 가스 소비량을 350bcm으로 추정했다. 이러한 추세대로라면 2020년까지 천연가스 소비는 300bcm에 머물 것으로 보인다. 천연가스와 기타 에너지 자원의 가격 동향, 중국 정부의 에너지, 환경 및 경제 정책 등을 종합적으로 고려했을 때, 중국의 천연가스 소비 증가율이 2014년을 저점으로 점차 확대될 것으로 예상된다. 보다 구체적으로, 중국의 천연가스 수요는 2020년까지 연평균 10%

안팎의 견조한 성장세를 기록할 것으로 전망하고 있다.

2. 미국의 LNG 수출 시장 진입과 공급자 경쟁 심화

아시아 가스수요가 불확실한 상황 속에 아시아 가스 수요 폭증을 기대하고 확대된 가스 생산분은 초과공급 물량으로 대기하게 되었다. 2020년경이면 164bcm의 LNG 물량이 시장에 추가로 풀릴 것으로 보인다. 이 가운데 90% 이상이 미국과 호주 공급분이 될 것으로 보고 있다. 2020년이 되면 현재 1위 LNG 수출국인 카타르를 제치고 호주가 LNG 수출 1위국이 되고, 카타르에 이어 미국이 3위의 LNG 수출국이 될 것으로 예측된다(Boersma et al. 2015).

　　2016년 2월, 미국은 오랜 기간의 논란 뒤에 첫 LNG 수출을 시작하였다. 미국의 LNG 수출을 처음으로 실행하게 된 기업은 세니어(Cheniere Energy Partners)였다(Chakraborty et al. 2016). 첫 LNG 선적은 브라질로 향했으며 현지 LNG 현물가격은 아시아 지역의 4$/MmBtu 내외보다 훨씬 높은 7$/MmBtu에 거래되었다. 2016년 4월 포르투갈 이후 아시아에서 최초로 미국 LNG를 수입한 국가는 일본이 아닌 인도였다(Otani 2016). 수입 현물가격은 5$/MmBtu로 아시아 현물가격인 4.3$/MmBtu를 상회하였다. 아랍에미레이트와 쿠웨이트도 세니어의 LNG를 수입하였으며 이 중동 국가들은 천연가스 생산국이지만 국내 천연가스 수요가 증가하자 마침내 미국 천연가스를 수입하기에 이른 것이다(Johnson, 2016). 2016년 중반 단위당 4달러까지 하락한 아시아 지역 LNG 현물가격은 유럽의 현물가격보다 더 낮아져 아시아 프리미엄이 사라지면서 유럽의 LNG 거래증가를 가져왔다(Cornot-Gandolphe, 2016). 2016년 후반으로 가면서 LNG 가격의 프리미엄은 남미, 중동, 인도 등에서 나타나게 되었다.

　　호주는 아시아지역과의 수송 거리상의 이점으로 운송비 측면에서는 미국 LNG보다 유리한 측면이 있다. 호주 LNG 수출의 90%가 아시아 수입국으로 향하고 이 가운데 70%가 일본과의 거래로 나타나는데, 미국의 LNG가 동북아 시장에 진입하면 생산비 측면에서 불리하여 경쟁을 심화시킬 요인 중의 하나로 평가된다. 기존의 생산 인프라를 이용하는 미국은 생산비 측면에서는 경쟁력이 있으며 호주는 신규 생산 인프라를 이용하는 고비용 구조를 보임에 따라 저유가 체제하에서 어려움을 겪고 있기 때문이다(Clemente 2016).

　　한편 대서양과 태평양을 연결하는 관문으로 9년간의 공사를 마치고 2016년 6월 개통된 파나마 운하는 1914년 문을 연 지 102년 만에 통항 규모가 2배 이상으로 늘어나 수송규모 확대와 수송시간 단축으로 세계 해운물류 시장의 지각변동을 일으킬 것으로 전망된다(Loveless 2016). 파나마 운하를 건설하기 위해 필요한 자금 53억 달러 중 8억 달러를 일본에서 지원하였는데, 2020년경이 되면 파나마 운하를 통과하는 LNG선박이 연간 550척에 이를 것이며, 이 가운데 대부분이 일본으로 향할 것으로 예상되고 있다. 일본은 현재까지 미국 셰일가스 생산량의 2400만 톤을 확보한 상태로 한국도 2017년부터 미국으로부터 280만 톤의 LNG를 수입할 예정이며, 이때 확장된 파나마 운하를 이용하게 될 것이다(Malik 2016).

IV. 동북아 가스 시장의 유연화

아시아 지역은 세계 최대 LNG 수요처로서 향후에도 LNG 수요가 꾸준히 증가할 것으로 전망되고 있으나 미국이나 유럽보다 높은 가격인 소위 '아시아 프리미엄'을 지불하고 있으며, 도착지 제한(Destination Clauses)과 같은 경직적 요소를 가진 계약이 다수 존재한다. 이러한 문제를 해소하기 위해서 단기적으로는 계약조건을 개선해 나가고 중장기적으로는 시장의 수급 상황을 반영한 가격을 확보하기 위한 역내 가스 트레이딩 허브의 필요성이 꾸준히 제기되어 왔다. 계약 조건의 개선, 가격 결정 체계의 변화, 트레이딩 허브의 구축은 동북아 LNG시장이 유연화되면서 나타나는 현상이자 주요한 변화의 방향이라 볼 수 있다. 호주나 미국 등으로부터의 공급으로 2020년까지 약 1억 3천만 톤의 LNG가 시장에 나오게 됨으로써 LNG 구매자들은 생산업체들에게 보다 유연한 거래조건을 요구할 수 있게끔 하여, 이 물량을 바탕으로 한 현물(spot) 시장 혹은 트레이딩 확대가 가능해질 것으로 보인다(TEAM MARINE Consulting, 2016). 동북아는 미국과 호주산 LNG 공급 증가와 주요 LNG 소비국의 수요 침체로 인해 구매자에게 다소 유리한 수급상황이 전개될 것으로 예상되는 2020년 중반까지의 기간이 유연하고 유동적인 LNG 시장 구축을 위한 적기라고 보고 있다.

1. 도착지 제한 조항 철폐

공급자 위주의 시장하에서 오랫동안 유지되던 도착지제한 조항은 호주와 미국으로부터 공급되는 새로운 물량으로 인하여 전 세계 LNG 공급 과잉 상황이 되고 최종 수요자가 더 이상 현재 공급물량을 수용하기 어렵게 되자 구매자들이 보다 유연한 계약조건을 요구하면서 변화의 가능성이 높아졌다. 2016년 이후로 일본의 LNG 장기 공급 물량의 42.3%가 구매 계약의 갱신과 변경이 예정되어 있으며 특히 구매 물량의 잉여분을 제3국에 판매하지 못하는 도착지 제한 규제가 있던 장기계약 종료된다. 일본의 장기계약 물량의 계약 갱신에서 나타나기 시작한 도착지 제한 조항 철폐는 아시아 LNG 시장을 급격히 변화시킬 것으로 보인다.

일본의 가스시장과 전력시장의 자유화와 경쟁이 도입됨에 따라 일본의 전력회사들이 구매한 LNG 계약분의 재판매 필요성이 높아졌고, 전력·가스 기업들의 LNG 구매 패턴이 변화함에 따라 가격경쟁력과 함께 유연한 계약조건에 대한 요구가 늘어나고 있다. 이미 일본의 대형 전력·가스회사들은 잉여물량 처분을 위해 해외 가스소매시장에 진출하려는 움직임을 보이고 있으며 이러한 상황에서 일본 정부는 천연가스 조달 정책 방향을 "장기안전성 및 적정량 확보"에서 "유연성과 탄력성 확보 및 시장 활용"으로 전환하게 되었다. 이러한 요구에 대응하기 위해서는 유동성이 있는 시장이 필요하며, 장기계약으로 필요 이상의 물량을 확보하고 있는 기업들이 국내외에 이를 전매해야 할 필요성이 매우 커졌다 (서정규 외, 2016).

동북아 시장에서 중단기 재판매는 이미 진행되고 있다. 일례로 JERA(도쿄전력, 주부전력 JV)은 EDF(프랑스 전력공사)와 LNG 매매계약을 체결해 미국산 LNG를 유럽에 판매할 예정이다. 이 계약을 통해 JERA는 자국 수요변화에 유동적으로 대응할 수 있으며 NBP(Nataional Balancing Point, 영국 허브 가격)에 연계한 가격으로 공급할 예정이라 차익거래도 가능할 수 있다. 일본은 2014년 이후 원전 재가동을 시작해 자국 LNG소비량이 감소할 것으로 예상되지만 JERA와 주고쿠 전력 등 일본 전력회사들은 차익거래를 목적으로 자국 수요 이상의 LNG 수입계약을 맺고 있다. 이를 바탕으로 하는 LNG의 금융상품화와 이 상품의 거래시장이 활성화 될 것으로 전망되었다.[3]

전통적으로 유럽, 북미, 동북아시아 3개 권역으로 구분되어 왔던 천연가스 시장이 LNG를 중심으로 경계가 확대되고 장기적으로 통합되는 형태를 보일 것으로 전망된다. PNG(유럽, 북미 천연가스 시장)의 경우 기본적으로 주요 수출입국들이 배관망으로 연결되어 있어 과잉공급이 발생했을 경우 잉여물량을 다른 시장으로 전환하기가 쉽지 않으며 대륙 간 거래는 불가능하다. LNG(동북아시아 시장)는 장기계약 물량이 대부분이고 도착지/재판매 제한이 있어 단기, 현물 거래의 비중이 작게 나타났다. 이와 같은 이유로 지금까지 3개 지역은 명확히 구별된 가격결정 구조와 거래방식이 유지되어 왔다. 하지만 도착지/재판매 제한이 없는 미국산 LNG 공급에 힘입어 단기, 현물 거래가 증가할 것이다. 글로벌 LNG 단기, 현물 거래량은 2015년 102bcm 규모로 글로벌 LNG 거래량의 27%를 차지하였으나, 2025년경에는 200bcm 규모로 대폭 증대돼 35%를 차지할 전망이다(IGU 2017). 이를 통해 수입처가 재기화 설비를 보유해 운송비 조건이 경쟁적인 수준이라면 차익거래가 가능한 시장이 형성될 것이며 더 나아가 LNG를 중심으로 글로벌 가스시장이 통합될 가능성이 있다.

2. 가격 결정 방식의 변화

2011-2013년 동안 LNG 수요와 가격은 아시아가 세계에서 최고 수준을 나타내었다. 도입 물량으로 세계 최대 수준인 한국과 일본의 도입가격이 가장 높았으며 미국 내 가격과 비교해 5.6배, 유럽 국가들과 비해

---

3   시카고상품거래소는 2016년 2월 LNG DES Japan 선물상품을 신규 상장해 거래를 개시하였으며, 이 상품은 일본도착 LNG를 10,000MmBtu 단위로 거래하는 것으로 도착지 제한 조항과 재판매 금지 조항이 없는 미국산 LNG 물량이 늘어날 것을 감안해 미리 금융상품화한 것이다.

서도 60% 수준으로 나타났다. 북미지역에 비해 유럽, 아시아지역의 높은 천연가스 가격은 주로 천연가스 자체 시장조건이 아니라 유가에 연동(oil indexation)된 장기계약 때문이었다. 동북아로 공급되는 천연가스 가격은 유가(JCC: Japanese Crude Cocktail)에 연동되어 생산지의 기업와 10년 이상의 중장기 계약을 맺어 LNG를 확보하는 것이 천연가스 도입에서 일반적인 거래형태였다. 유럽의 가스거래 허브[4] 구축을 통한 유가연동거래 축소의 추세와 함께 아시아 지역도 단기 현물 거래(spot and short-term market)가 증가하는 형태를 보이고 있으나 아시아 지역에서는 단기 현물 거래도 가스 트레이딩 허브의 부재로 장기계약보다도 높은 가격으로 거래되어 왔다. 한국의 경우, 현물거래의 83%가 장기계약거래의 가격보다 높은 수준이었다.

2014년 6월 이후 국제유가의 급락과 저유가 국면이 지속되면서 이러한 LNG 가격 체계에 주목할 만한 변화가 나타나기 시작했다. 첫 번째 변화는 LNG 현물 거래가 증가하면서 현물가격과 국제유가가 탈동조화(decoupling) 되기 시작한 것이다. 국제유가에 연동된 장기계약 가격도 유가급락과 함께 하락하였지만 아시아 LNG 현물가격 JKM[5]은 JCC보다 선행해서 하락해서 유가연동 장기계약과 분리되는 움직임을 보이기 시작했다(Kumagai 2016, 8). 아시아의 JKM 가격은 2014년 초 20달러/MmBtu였으나 2015년 7달러/MmBtu 이하로 떨어졌다.

둘째, 지속적인 저유가 추세는 LNG 구매자들 사이에서 유가연동 방식에 의한 가스가격과 가스시장에 의한 현물 가격결정 방식의 장점 사

4 　영국(NBP:National Balancing Point), 네덜란드(TTF:Title Transfer Facility), 독일(NCG:Net Connect Germany) 등.

5 　Platts에 의해서 2009년 2월 2일이후 집계 발표되어 왔다. JKM은 2011년까지는 평균 7 달러 내외로 JCC 연동 장기계약보다 항상 낮은 수준에 머물렀다.

이에서 고민을 하게 되었다. 일본 미쓰이(Mitsui) 가스부문 경영진은 일본 LNG 구매자들은 JCC와 미국 헨리허브(Henry Hub) 가격이 모두 반영된 혼합형 가격결정 방식을 선호할 것으로 예상했으며, 북미산 LNG를 수입하는 일본의 LNG 수입업체들은 유가연동 대신 가스 수급상황에 의해 결정되는 가격결정 방식을 선호하는 것으로 알려졌다. 동북아 LNG 시장이 유가연동에서 탈피하느냐의 관건은 결국 '가스 허브 가격 연동'이 '유가 연동'에 비해 얼마나 가격 경쟁력을 갖췄느냐에 달린 것으로 볼 수 있다.

이와 같이 연동 지표에 따른 가격 수준의 비교 평가와 함께 가격 산정 방식이 재협상의 대상이 되고 있는 경우도 나타나고 있다. 최근 중국 CNPC는 카타르가스(Qatargas)와의 가격 재협상 의사를 표명한 바 있으며, 이는 인도 페트로넷(Petronet)이 카타르가스(Qatargas)와의 보다 다양한 가격 산정 방식의 재협상을 통하여 25년 장기계약상의 도입가격을 절반 수준으로 낮춘 데에 힘입은 바 크다. 일본 JERA는 지난해 9월 2020년까지 장기계약으로 묶여 있는 약 1천만 톤의 LNG 수입물량을 향후 중기, 단기 및 현물계약으로 구매하겠다고 밝힌 바 있으며, 철광석 수입과 마찬가지로 3개월 평균 현물가격이 원용될 수 있음을 시사했다.

3. 천연가스 선물시장 형성

국제 유가는 '실물시장과 파생상품시장' 간, '거래 지역 및 유종' 간의 밀접한 연계관계 속에서 결정되며 헤지펀드와 스왑딜러가 원유선물시장 성장을 주도했다. 원유는 다른 어떤 원자재(commodity)보다 선물시장이 가격결정에 있어 중요한 역할을 수행한다. 이와 유사하게 천연가스도 시장 수급으로 가스 가격이 결정되는 현상이 확대되고 있으며 이는 국제

가스 가격 결정 주체가 유가 또는 중동 산유국에서 '가스 수급 자체'로 변화하고 있음을 의미한다. 천연가스 시장은 석유 시장 발전과 유사하게 미국 LNG 수출과 함께 글로벌 LNG 현물 거래가 늘어나고 선물 시장 역시 확대될 것으로 보인다. 최근 4년간 전체 LNG 교역량 중 단기 거래 비중이 30% 수준이며 선물시장 활성화를 위한 움직임이 확대되고 있다.

2012~2015년의 기간 동안 전 세계 LNG 물동량 중 5년 이하 공급계약 물량 비중은 29.6%로 증가(2005년 8.0%) 하였다. 이는 1995년 이후 중동·동남아산 장기계약의 점진 적인 종료와 호주·아프리카·미국 등의 구매처 다원화, 유가 변동성 확대에 따른 단기/현물 거래 확대, Trading Co.의 시장 참여 등이 원인이다. 구매처의 변화와 가격 결정 방식 및 거래 형태의 변화는 선물 계약 활성화와 선물 시장 확대의 기반이 되었다. 이를 바탕으로 한 동북아 LNG 선물 시장은 일본 OTC, 싱가포르 SGX를 시작으로 물량 확대를 준비하고 있다. 싱가포르는 이미 2014년에 SGX LNG 인덱스를 설립하여 매주 아시아 LNG 도매가격 지표를 제공하고 있으며, 이를 기초로 하는 LNG선물과 스왑 시장을 2016년 1월 창설했다. 여기에 사용될 거래 물량을 위해 싱가포르 국부펀드 테마섹의 자회사인 파빌리온은 탄자니아의 LNG 광구 지분을 인수하기도 했다. 또한 아시아 LNG허브의 주도권을 잡기 위해 LNG 터미널 구축 등 대규모 투자를 진행하고 있다. 싱가포르는 2013년 300만 톤 규모의 LNG 터미널 가동을 시작해 2016년 말 연간 취급량을 600만 톤으로 늘렸으며 2017년에는 1,100만 톤까지 늘어나게 될 전망이다.

V. 미국과 러시아의 동북아 가스 시장 경쟁

1. 러시아의 동북아 진출 상황

러시아는 석유와 가스 수출의 신규 시장으로 아시아로의 진출을 적극적으로 추진하고 있다. 다양한 예측이 있지만 유럽으로의 러시아 석유와 가스 수출은 공급자간 경쟁이 심화된 시장 상황과 에너지원이 다변화되고 화석연료 사용이 제한되는 수요 전망에 따라 감소될 가능성이 크다. 러시아정부의 아시아가스 수출 청사진(Eastern Gas Program)은 2007년에 처음 마련되었지만 현재까지 아시아 석유수출 계획에 비하면 추진 속도가 더디게 나타났다. 중동에서 동북아 지역으로의 가스수출은 46.8bcm으로 상당하지만, 러시아의 동북아 지역으로의 수출은 14.6bcm에 불과했다. 러시아 동시베리아-중국, 일본, 한국을 연결하는 가스관 인프라 구축은 여전히 미래형이다. 현재의 동북아로의 가스 수출량은 2009년에 개통된 사할린 LNG 수출분이 전부다. 저유가 국면이 이어지면서 중국의 탈석유 가스혁명은 아직은 가시화되지 않고 있으며(손지우 2016), 러시아 원유수출이 순조롭게 이루어진 것과는 대조적으로 중국으로의 러시아 가스 수출은 난항을 겪고 있다.

'시베리아의 힘(Power of Siberia)' 가스관 라인1(동부라인)과 라인2(서부라인)는 2년 넘게 지속되고 있는 저유가 체제하에서 제대로 된 진전이 이루어지지 못하고 있다. 2014년 5월에 체결된 동부 라인의 38bcm가스 공급은 공급시기 면에서 2018년에 시작되어 2024년이면 최대 38bcm에 달할 것이라고 예상했던 것과는 달리 수출 개시 시점이 2024년으로 늦춰졌으며 최대 공급량인 38bcm은 2031년이 되어야 달성될 것으로 수정하였다. 시베리아의 힘 가스관의 노선도 변경되었다. 원래 계획은 코빅타(the Kovyktinskoye field)와 차얀다 가스전(The Chayan-dinskoye gas field)에서 시작해서 블라고베셴스크를 거쳐 하바로프스크-블라디보스토크로 이어지는 노선이었으나 2015년 2월 러시아 에너지부의 발표에 의하면 하바로프스크-블라디보스토크는 제외되는 것으로 알려졌다. 이러한 변경은 블라디보스토크 LNG 터미널 계획이 무산된 것과 관련된 것으로 보인다. 동부라인의 지연의 더 큰 이유는 코빅타 가스전과 차얀다 가스전 개발 지연이다. 차얀다 가스전이 목표치인 연간 22bcm을 생산하려면 2022년은 되어야 하며, 코빅타 가스전의 경우는 최대 목표치인 13bcm에 달하려면 2024~2031년은 되어야 하는 것으로 밝혀졌다.

중국의 가스 수급구조와 글로벌 가스 구조 변화에 비춰 볼 때 중국이 러시아 가스 수입을 서둘러 해야 할 유인이 줄어든 것 역시 러시아에 불리하게 작용하고 있다. 현재로서 중국의 가스관 수입은 주로 중앙아시아(투르크메니스탄)와 미얀마가 우선적으로 고려되며, 중앙아시아와 미얀마에서 중국으로 연결된 가스관의 용량이 70bcm으로 2020년까지는 90bcm까지 확대될 것으로 보인다.[6] 중-러 가스관이 예정대로 최대에 달해도 중앙아시아로부터의 수입에 절반 정도의 규모라 볼 수 있다 .추가로 중국은 수입량의 절반 수준을 LNG로 도입할 계획을 가지고 있으며 따라서 러시아 가스는 LNG 수입과 가격 경쟁을 해야 하는 상황에 처했다. 2013-2015년 동안 중국은 11개의 LNG 수입 터미널을 건설하였으며, 2016년에는 16개로 늘어났다.

이러한 난관에도 불구하고 중-러 가스관이 결국 완성되어 실행될 것이라고 보는 견해가 우세한데 그 이유는 중국과 러시아 양국에게 중-

---

6   2014년 중앙아시아와 미얀마로부터의 실제 수입량은 최대용량의 약 50%인 31bcm, 2015년에는 62bcm이었다(2015년 중국의 총 해외 수입량은 191bcm).

러 가스관은 에너지 수급 이외에도 정치적 목적을 달성하는 데 중요하기 때문이다. 러시아 시각에서 중-러 가스관은 동시베리아/극동의 가스화라는 커다란 지역개발 차원에서 이루어지는 것이고, 중국의 입장에서는 중국 동북부의 가스 수요를 충족하는 것이 중요한 목표이기 때문이다.

러시아 가스 생산과 수출이 심각한 도전에 처하게 된 가장 큰 원인은 역사적으로 러시아 가스 생산이 85퍼센트가 서시베리아의 특정 가스전에서 이루어져 주 수입지역인 유럽 국가에게 가스관으로 공급해왔기 때문이다(Gusev and Westphal 2015, 20). 또한 국내 가스 수요 감소로 해외 가스수출에 대한 국가재정 의존도가 높아진 상황도 주요한 요인이다(Gusev and Westphal 2015, 18). 유럽의 수요확대에 맞춰 서시베리아 가스전과 야말 가스전에 과잉 투자한 결과 발생한 100bcm 정도의 잉여 가스물량의 처리와 서시베리아에서와 야말의 가스 생산비의 상승 역시 러시아가 경쟁력을 낮추는 요인이다(Gusev and Westphal 2015, 20). 저유가 이후 사우디아라비아가 미국의 타이트오일 생산자와 가격과 시장 점유율 경쟁을 벌이고 있는 것과 유사한 양상으로 러시아도 유럽과 아시아에서 미국을 포함한 다수의 신규 LNG 공급자들과 시장점유율 및 가격 경쟁을 불러일으키고 있다.

2. 미국의 LNG 수출 개시와 수출방향

2016년 2월 이후 미국의 LNG 수출량은 총 4.2bcm(320만 톤)으로 비교적 소규모에 그쳤으며, 사빈패스 수출 터미널 시설용량도 2개의 트레인(Train 1 & 2)에서만 수출이 진행되었다. 2016년 동안 미국의 LNG 수출 지역 측면의 주목할 만한 특징은 남미가 44%, 아시아 27%, 유럽 17%, 중동 12%의 비중으로 7-8월까지는 남미로의 수출이 60~70%를 차지했으며, 9월 이후 아시아의 비중이 늘어나면서 전체적으로 남미의 비중도 감소했다는 것이다(Timera Energy 2017).

미국과 남미는 에너지 시장 측면에서 이미 오랜 기간 통합과 상호 의존의 관계를 가지고 있어서 미국은 콜롬비아, 에쿠아도르, 멕시코, 베니주엘라 등으로 부터의 원유수입 비중이 30%에 달한다(Viscidi and O'Connor 2017). 최근 미국의 메이저 석유회사와 전력회사들은 아르헨티나, 멕시코, 브라질, 베네주엘라의 에너지 사업에 투자를 급격히 늘려 왔다. 멕시코는 국내 생산감소와 가스수요의 급격한 증가에 대비해 국내 에너지시장을 개방해 신규 가스관 사업등이 증가하였으며 미국의 에너지 기업의 진출이 두드러지게 되었다. 최근 미국의 LNG 수출이 칠레, 아르헨티나 등으로 가장 많이 향하게 된 배경은 남미 현지의 $6~7/MmBtu 수준의 비교적 높은 현물 LNG 가격이 가장 큰 영향을 미쳤다고 볼 수 있다.

2011-2014년 동안 아시아와 유럽의 LNG 수입가격은 미국 LNG 수출업자에게는 충분한 수익을 낼 수 있을 정도로 높았으나, 2016년에는 상황이 완전히 역전되어서 아시아와 유럽의 현물가격이 더 이상 수익 마진을 낼 수 없게 되었다. 셰니어사의 추산에 의하면 2016년 1월 현재 미국에서 아시아로 수출되는 LNG의 경우 제반비용을 모두 제외하고 남는 최종 수익마진이 1.8달러/MmBtu이며, 유럽의 경우는 1달러에 불과하다. 2016년 4월 아시아와 유럽의 현물가격이 하락하면서 유럽으로의 수출의 수익 마진은 0.60달러인 반면 아시아로의 수출은 마이너스 적자가 되는 것으로 드러났다. 이러한 이유로 2016년 2월 미국에서 LNG 수출이 시작된 이후 LNG 수출 물량은 유럽과 아시아 대신 수익이 가능한 남미나 중동, 인도 등으로 향했던 것이다(Cornot-Gandolphe 2016, 30).

2017년 4월 미국은 100번째 카고가 수출되었음을 이례적으로 발표하였으며 미국 LNG를 수입한 국가는 18개 국가에 달했다. 2017년 5월 미국 상무부는 100일 행동계획(100-day Action Plan)의 일부로 중국과의 LNG 수출 합의를 발표하였으며, 국제유가가 60달러대로 진입하면 본격적으로 수출이 확대될 것으로 예상하였다. 2018-2020년 동안 미국 LNG는 아시아와 유럽으로 80bcm 규모의 수출이 전망되며, 한국, 중국에서 러시아 파이프가스와의 경합이 나타날 것으로 예측된다. 현재까지 동북아시아에서 미국 LNG를 가장 먼저 수입한 국가는 중국으로 5개 선적분에 해당되는 것으로 나타났다.

VI. 동북아 가스 시장의 변화와 한국의 대응

국내적으로는 발전원의 변경으로 천연가스 수요 변화가 나타나고 이에 따라 역내 시장 변화의 이점을 누리면서 유리한 가격 구조를 형성하는 것이 가장 큰 과제라 할 수 있다. 지난 정부는 11차(2013년), 12차(2015년) 천연가스수급계획에서 에너지업계 전문가들이 언급했던 전력시장의 향후 방향과 세계적 추세와는 반대로 오히려 발전용 LNG수요가 감소할 것으로 전망했다. 이는 원전, 석탄 등 기저발전기 증설에 따라 상대적으로 고비용 발전인 LNG발전량이 감소할 것으로 예측했기 때문이다. 그러나 '석탄발전은 LNG발전 대비 항상 발전단가가 싸다'라는 인식이 올해부터는 조금씩 바뀌기 시작할 것이다. 올해 발전용 석탄단가는 12.5만원/톤으로 전년대비 30% 오를 것으로 예상돼 LNG발전 단가와의 차이가 줄어들 것으로 전망되기 때문이며, 또한 셰일가스, 직도입 LNG의 확대 등으로 석탄 발전단가와 LNG 계약별 가격 비교의 가능성이 커졌다. 경제 급전하의 상황에서도 발전용 LNG의 경제성이 나타나고, 천연가스 수요의 방향이 바뀔 수 있다. 이러한 시장의 변화뿐만 아니라 2017년 5월 새 정부의 정책 기조 발표 이후 에너지 정책에 대전환이 예고되었으며, 이에 따라 미세먼지 대응, 기후 변화 대응을 바탕으로 하는 기존의 'LNG대안론'이 강화될 것으로 보인다.

지난 3월 2일 전기사업법 개정안(장병완 의원 발의)이 국회 본회의를 통과하였고, 이 개정안의 핵심은 '전력거래소가 발전원별로 전력을 구매하는 우선순위를 결정할 때 경제성뿐만 아니라 환경과 국민안전에 미치는 영향을 종합적으로 검토해야 한다'는 이른바 환경 급전의 내용이 반영된 것이라 볼 수 있다. 이 개정안을 통해 그 동안 발전비용은 낮지만, 안전 문제와 환경오염이 우려됐던 원전과 석탄발전소 대신 전력예비율이 낮을 때만 가동하는 LNG 발전소를 우선 가동할 수 있는 법적 근거가 확보되었다. 이러한 제도적 변화로 인해 앞으로 수립이 예정된 3차 국가에너지기본계획, 8차 전력수급기본계획, 13차 천연가스수급계획에 'LNG 대안론'이 반영될 것이다.

석탄발전 발전전력량의 10% 수준인 20TWh를 LNG발전으로 전환된다는 가정하에서 한국전력의 구입전력비 및 연료비용은 9,100억 원 늘어나는 것으로 추정되며 석탄발전량 비중을 31%로 9%p 낮추는 극단적인 시나리오도 가능하다. 천연가스수급계획에서는 발전용 LNG를 중심으로 수요가 증가할 것이며, 8차 전력수급계획에 명시될 전원구성에서 LNG의 비중이 29%까지 높아질 수 있다. 이를 토대로 올해 말 수립될 13차 천연가스수급계획에서는 과거 발전용 LNG수요가 감소한다는 전망(11차 -5.5%, 12차 -4.2%)이 늘어나는 전망(+2.6%)으로 수정되어야 한다.

올해 수립될 8차 전력수급계획은 5년마다 수립되는 상위계획인 '3차 국가에너지기본 계획' 확정을 앞둔 상태에서 마련되고 있다. 전력

수급계획이 국가에너지기본계획보다 일찍 공표될 예정이지만, 사실상 2018~2040년의 에너지계획을 망라하는 3차 국가에너지기본 계획과 상충될 가능성은 거의 없다. 우리는 8차 전력수급계획을 통해 향후 국가의 장기적인 에너지 정책 방향을 가늠할 수 있을 것이다.

　과거에는 늘어나는 천연가스 수요를 적기에 충족하기 위해 장기 위주로 도입계약을 체결하면서 아시안 프리미엄을 지불하는 것이 용인됐다. 그러나 현재 가스 수급도 상대적으로 안정화되어 가스공사는 기존의 장기계약 종료 후에는 해당 물량을 현물 또는 단기물량으로 대체할 가능성이 높다. 2017~2018년 장기계약이 종료되는 프로젝트는 인도네시아 BADAK과 말레이시아 MLNG2, 부르나이의 BLNG 등으로 이들의 연간 계약 물량은 총 400만 톤이며 3,200만 톤 정도인 국내 수요의 13% 수준으로 나타나는데, 미국 Sabine Pass 물량 280만 톤과 일부 현물 물량으로 대체될 것으로 보인다. 2024년 898만 톤의 카타르 RasGas와 오만 OLNG의 장기계약이 종료될 예정이기에 2020년부터는 본격적인 준비가 필요하다. 앞 절에서 살펴본 바와 같이 동북아 시장이 유연화되고 있으며 기존의 경직적인 LNG 계약 관행이 변화하면서 구매자 위주의 시장에서 한국이 이점을 누릴 수 있는 여지가 충분히 나타나고 있기 때문이다.

　저유가 국면에서 동북아에 나타난 구매자 위주의 가스 시장은 동북아 국가의 에너지 협력을 통해 극대화될 수 있다. 러시아의 가스수출이 아시아로 얼마만큼 확대될 수 있는지가 향후 동북아 에너지협력의 가장 중요한 사안이 될 것이다. 러시아-중국 파이프라인 연결망 구축의 완성도와 한국, 일본으로까지 연결될 가능성의 정도가 중요한 요인이다. 중국과 러시아 간 PNG 사업협상이 2014년 타결됨으로써 한국과 일본으로까지 파이프라인 연결망을 확대하여 역내 단일 가스시장을 조성할 수 있을 것이라는 기대가 시작되었고 이는 최근 LNG 협력으로 확대되었다. 이러한 동북아 지역에서 (1) 글로벌 LNG 시장은 공급물량 확대로 당분간 수입국에 유리한 시장이 지속될 것으로 전망되고 (2) 기존 천연가스 생산국은 중동, 러시아가 중심이었으나, 최근 북미, 호주, 동아프리카 등이 새로운 대규모 가스 생산국으로 부상 중이며 (3) 앞 절에서 살펴본 것과 같이 동북아 시장에서의 러시아와 미국의 LNG 가격 경쟁의 가능성이 높아짐에 따라 (4) 동북아 LNG시장의 공정성과 효율성을 높이기 위해 에너지 협력이 절실하기 때문이다(이윤정 2015). 2015년 11월 한일 양국 정상은 LNG 수급위기 공동대응, 동북아 LNG 허브 구축, 인프라 공동활용 등 LNG 협력에 합의한 것으로 발표하였는데, 향후 한중일 동북아 3개국이 LNG를 둘러싼 지역협력 체제를 어떠한 방식으로 구체화하고 실행할 수 있을 것인지가 중요한 과제라 할 수 있다.

참고문헌

김연규. 2014. "제3장 : 글로벌 셰일혁명과 동아시아 에너지 시장/지정학 변화." 『세계정치』 21권 0호. 85-132.

손지우. 2016. "중국판 탈석유시대의 개막." SK 증권 보고서 4월호.

신범식. 2015. "제5장 : 러시아의 에너지 동방정책과 동북아 국가들의 대응." 『세계정치』 23권 0호. 229-273.

안상욱. 2014. "한국의 동북아 LNG 허브 구상의 실패요인 분석: 중일과의 협력 부재." 『세계지역연구논총』 32권 3호. 85-112.

엄구호. 2015. "러시아의 동시베리아,극동 가스와 동북아 국가의 에너지 안보." 『중소연구』 39권 1호. 231-269.

윤영미. 2009. "러시아의 국가 에너지 전략에 대한 소고: 러시아 극동지역을 중심으로." 『세계지역연구논총』 27권 1호. 57-79.

윤익중·이성규. 2012. "러시아의 새로운 가스공급 여건과 푸틴 집권 3기의 에너지 수출전략: 동북아시아 지역을 중심으로." 『동서연구』 24권 4호. 205-234.

이윤정. 2015. "한중일 3국 정상회의." 『조선비즈』 (11월 1일)

이재승. 2015. "제3장 : 북미 셰일혁명과 동북아시아의 대응 -에너지 협력 가능성 모색." 『세계정치』 23권 0호. 133-164.

진상현. 2009. "동북아 국가의 에너지 협력에 관한 연구: 천연가스와 석탄을 중심으로." 『한국동북아논총』 52권 0호. 179-203.

한국가스공사

Al-Tamimi, Naser. 2013. "Asia-GCC Relations: Growing Interdependence." ISPI Analysis(179). June.

Boersma, Tim., Charles K. Ebinger and Heather L. Greenley. 2015. "An assessment of US LNG exports." Natural gas issue brief(4). Brookings Institution, November.

Chakraborty, Debjit., Anna Shiryaevskaya and Harry Weber. 2016. "U.S. taps India as Asia's debut buyer of US shale gas." Bloomberg (April 1). http://www.bloomberg.com/news/articles/2016-04-01/india-s-gail-buys-cniere-s-second-lng-cargo-from-sabine-pass).

Clemente, Jude. 2016. "The U.S. and Australian race to export liquefied natural gas." Forbes (January 31)

Cornot-Gandolphe, Sylvie. 2016. "The US Natural Gas Exports: New Rules on the European Gas Landscape." France: IFRI: 35.

Fattouh, Bassam. 2014. "The US Tight Oil Revolution and Its Impact on the Gulf Cooperation Council Countries." Oxford Institute for Energy Studies. October.

Fattouh, Bassam., Howard V. Rogers, and Peter Stewart. 2015. "The US shale gas revolution and its impact on Qatar's position in gas markets." Center on Global Energy Policy, Columbia University, March.

Gusev, Alexander. and Kirsten Westphal. "Russian Energy Policies Revisited." 20.

Henderson, James. and Tatiana Mitrova. "The Political and Commercial Dynamics of Russia's Gas Export Strategy." Oxford Institute for Energy Studies(102). September.

IEA. 2000, 2011, 2017. Natural gas information.

_____. 2016. World Energy Outlook.IEEJ. 2016.

Johnson, Tracy. 2016. "LNG exports begin from U.S. as Canada sits on sidelines," CBC News (February 25). http://www.cbc.ca/news/cbc-news-online-news-staff-list-1.1294364.

Kumagai, Takeo. 2016. "Japan's Oil and LNG price evolution on the path to tranparency." PLATTS. September. 8.

Loveless, Bill. 2016. "New Panama Canal a big boon for LNG exports." USA Today (July 3).

Malik, Naureen. 2016. "Panama Canal to See 550 U.S. LNG Tankers a Year After Expansion." Bloomberg (July 1).

Otani, Akane. 2016. "In a first, Cheniere to export US liquefied natural gas." CNBC (February 24). http://www.cnbc.com/2016/02/24/in-a-first-cheniere-to-export-us-liquefied-natural-gas.html.

Timera Energy. 2017. "US export flows, the supply glut and Europe." (March 13). http://www.timera-energy.com/us-export-flows-and-europe/.

Viscidi, Lisa. and Rebecca O'Connor. 2017. "Trump and Latin American energy" Foreign Affairs. February 24.

Westphal, Kirsten., Macro Overhaus, Guido Steinberg. 2014. "The US shale revolution and the Arab Gulf States: the economic and political impact of changing energy markets." SWP Research Paper(11). November.

제13장

호주 천연가스 및 LNG 산업

서정규(에너지경제연구원 가스정책연구실장)

I. 개요

1989년부터 LNG를 수출하기 시작한 호주는 2017년에 8개 플랜트에서 생산된 약 5,580만 톤의 LNG를 9개국에 수출하는 세계 2위의 LNG 수출국이 되었다. 2017년 세계 LNG 교역에서 호주의 비중은 약 19%(수출량 기준)로 주로 아시아지역으로 LNG를 수출하였다.[1] LNG 수출은 2016년 회계년도[2]에 호주 자원 및 에너지 수출의 약 11%(금액기준)를 차지하는 중요 품목으로 철광석, 석탄(원료탄 및 연료탄) 다음으로 높은 비중을 차지한다.[3]

현재 건설 중인 3개의 LNG 플랜트가 가동에 들어가는 2019년 이

---

1   2017년에는 UAE로 수출한 일부를 제외하면, 호주산 LNG는 모두 아시아지역으로 수출되었다. IHS Markit(2018a).

2   호주의 회계연도는 매년 7월 1일부터 다음해 6월 30일까지이다.

3   Department of Industry, Innovation and Science(2017).

후, 호주의 LNG 생산용량(liquefaction capacity, 천연가스 액화 능력)은 8,700만 톤/년을 상회할 것으로 예상된다. 이에 따라 호주는 카타르[4]를 제치고 세계 1위의 LNG 수출국이 될 가능성도 있다.[5] 북서부지역[6]에서 건설 중인 3개의 액화 프로젝트 외에도 다수의 부유식(floating) 액화 프로젝트(FLNG project), 확장 프로젝트 등이 계획되고 있다.

호주의 천연가스시장은 배관이 연결되어 있지 않은 3개 지역(남동부지역,[7] 노던 準州, 웨스턴 오스트레일리아 州)으로 구분된다. 북서부지역은 풍부한 가스 매장량을 가진 지역으로 1989년부터 해상 가스전 개발을 통해 LNG 수출 사업이 이루어지고 있는 지역이다. 반면 남동부지역은 가정·상업 등 내수시장의 비중이 높은 지역으로 과거부터 내수시장에 공급할 목적으로 가스전(전통가스)이 개발되었다. 그러나 석탄층 가스[8]가 풍부한 동부지역의 퀸즐랜드주에서는 2015년부터 석탄층 가스를 원료로 하는 3개의 수출용 LNG 플랜트가 순차적으로 가동되면서, 남동부지역의 내수시장과 수출사업자 간에 원료 가스를 확보하기 위해 경합하는 양상을 보이고 있다.

풍부한 천연가스 매장량과 함께 내수시장과 국제시장 간의 가격격

---

4 최근 카타르는 노스 필드(North Field) 가스전 개발 재개를 통해 자국의 액화능력을 1억 톤/년(2016년 말 7,700만 톤/년)으로 늘리는 계획을 밝히고 있다. IHS Markit(2017c).

5 IHS Markit(2018a).

6 호주 북서부지역은 웨스턴 오스트레일리아 州(Western Australia), 노던 準州(Northern Territory)를 아우르는 지역을 의미한다.

7 호주 남동부지역에는 사우스 오스트레일리아 州, 퀸즈랜드 州, 뉴사우스 웨일즈 州, 빅토리아 州, 태즈메니아 州, 호주 수도 자치구(Australia Capital Territory) 등이 포함된다.

8 일반적으로 석탄층 가스는 지하심부에 매몰된 식물이 석탄이 되는 과정에서 형성된 가스로 석탄을 구성하는 유기물질에 흡착되어 있거나 지층수의 압력에 의해 석탄층 함체 표면에 흡착되어 있다. 보통 메탄 구성비, 생산방식 등에 따라 석탄층 가스를 Coal-Bed Methane(CBM), Coal Seam Gas(CSG), Coal Seam Methane(CSM) 등의 용어로 언급하고 있으며, 호주에는 석탄층 가스를 CSG로 언급하고 있다.

차 축소, 내수시장 공급의무 정책(Domestic Gas Reservation Policy)[9]
에 의한 수출용 수요를 초과하는 상류부문 천연가스 생산능력 등을 배경
으로 북서부지역은 천연가스 수급 불안과 관련된 문제가 없다. 반면 남
동부지역은 최근 LNG 수출용 원료 수요와 내수시장이 제한된 가스 자
원을 두고 경합하고 있으며, 이로 인한 내수시장 가스수급 불안이 사회
문제가 되고 있다. 이에 따라 내수시장(특히, 남동부지역)의 수급 불안
을 해소할 목적으로 연방정부가 LNG 수출을 제한할 수 있는 한시적인
규제제도를 도입하였다. 즉, 호주 연방정부는 내수시장에 가스 공급이
부족할 것으로 예상될 때, 내수시장으로의 가스 공급을 확대할 목적으
로 LNG 수출을 제한할 수 있는 제도인 내수시장 가스공급안정화 제도
(Australian Domestic Gas Security Mechanism: 이하 ADGSM)를 2017
년 7월 1일부터 시행하고 있다. 이 제도의 시행으로 동부지역 LNG 수출
사업이 일정기간 차질을 빚을 가능성이 있다.

자가소비용 직수입 사업자를 포함해 3개 회사가 체결한 중장기 도
입계약에 따라 우리나라는 호주 북서부와 동부지역에 위치한 LNG 플랜
트로부터 연간 약 460만 톤을 수입한다. 향후에도 LNG 생산용량이 늘
어날 잠재력을 가진 호주로부터 LNG를 추가로 도입해야 할 가능성을
배제할 수 없기 때문에 호주산 LNG의 공급 잠재력과 비용(가격) 경쟁
력, 그리고 호주산 LNG 구매와 관련된 위험 요소들을 살펴보는 것은 중
요한 의미가 있다.

이러한 관점에서 본고는 천연가스 매장, 생산, 소비, 액화 플랜트 건

---

9   웨스턴 오스트레일리아 주정부는 천연가스 내수 공급을 확보할 목적으로 LNG 수출사업
     자에게 수출물량의 15%에 해당하는 천연가스를 서호주 내수시장에 공급해야 하는 의무를
     부여하는 제도를 시행하고 있다. 수출용으로 개발된 가스전 이외의 공급원에서 내수시장용
     가스를 공급하는 것도 가능하다. K. Neill(2015).

설 및 LNG 생산 등 호주의 천연가스 및 LNG 산업(시장) 동향과 함께 향후 호주산 LNG 수출 잠재량과 비용 경쟁력을 살펴본다. 그리고 호주 동부지역의 LNG 수출과 내수 간의 경합 문제 등 LNG 수출과 관련된 위험 요소들을 검토하고, 향후 호주산 LNG의 도입이 우리나라 천연가스 가격 및 수급 안정화에 기여할 가능성과 위험 요소들을 점검한다.

II. 호주의 LNG 산업 동향

1. LNG 수출 동향

1989년 호주 서부지역(웨스턴 오스트레일리아 州)에 위치한 노스 웨스트 셸프 프로젝트(North West Shelf project)의 액화 플랜트에서 일본으로 연중 70만 톤의 LNG를 수출한 이래로 호주의 LNG 수출량은 약 5,580만 톤으로 늘어났다. 이에 따라 2017년 세계 LNG 교역량에서 호주 수출이 차지하는 비중은 18.8%로 높아졌으며, 카타르 다음으로 많은 양의 LNG를 수출하였다.

지리적으로 호주는 아시아 지역에 인접해 있기 때문에 생산된 LNG의 대부분을 아시아지역, 특히 동북아지역 4개국으로 수출하였다. 2017년 한국, 일본, 대만, 중국 등 동북아 4개국으로의 수출 비중은 93.1%에 이르고 있다. 이는 과거에 비해 다소 감소한 것으로 최근 인도나 동남아 지역 국가로의 수출이 늘어났기 때문이다.

호주산 LNG는 대부분 기간 계약(term contract)[10]을 통해 수출되는

---

10 일반적으로 LNG 국제 거래는 단기, 중기, 장기계약 거래로 구분되는데, 각 거래에 대한 정의는 기관별로 차이가 있다. 국제가스연맹(International Gas Union, IGU)은 IHS CERA

데, 2015년 이후에는 프로젝트 참여자들의 지분에 따라 할당되는 수출 물량, 즉 지분 물량(equity entitlement)[11](2017년 약 17.3%)도 있다. 지분 물량을 제외한 계약물량 중 약 90%는 우리나라, 일본, 중국과의 기간계약이다. 2015년~2016년 중에는 신규 프로젝트의 가동에 따른 미계약 물량의 발생, 지분 물량의 출현 등으로 호주산 LNG를 수입하는 국가의 수가 늘어났다.

2017년에는 2건의 수출을 제외한 42건은 기간계약에 따라 수출되었다. 기간계약 중 약 12%에 해당하는 5건은 10년 미만의 계약기간을 가진 계약이며, 연간 계약 공급량은 최소 30만 톤/건, 최대 460만 톤/건, 평균 140만 톤/ 건 정도이다. 수출 계약 35건 중 FOB 공급조건을 포함한 계약이 절반을 넘고 있으나, 도착지 제한조항이 적용되지 않는 계약은 6건에 지나지 않는다.

우리나라는 2017년에 710만 톤의 호주산 LNG를 수입하였으며,[12] 호주산 LNG 수입량은 전체 LNG 수입량에서 약 18.4%를 차지한다. 2017년 호주산 LNG 수입량 가운데 동부지역 플랜트로부터 수입하는 물량의 비중은 70% 내외로 추정된다. 호주산 수입물량에는 장기계약 물

의 정의와 동일한데, 단기계약 거래는 수송선 1척 단위의 현물거래 혹은 계약기간이 2년 이하인 거래이며, 중기계약 거래는 2년 이상 5년을 넘지 않는 기간계약이다. 그리고 계약 기간이 5년을 초과하는 거래를 장기계약으로 분류한다(IGU 2017). LNG 수입국들을 회원으로 하는 단체인 GIIGNL(International Group of Liquefied Natural Gas Imports)은 단기계약 거래를 4년을 넘지 않는 계약으로 정의하고, 3개월 이내에 물량을 인수하는 계약을 순수 현물 거래로 정의한다(GIIGNL, 2017). 한국가스공사는 LNG 수송선 1척을 기준으로 하는 거래를 현물거래로 한다. 본고에서는 수송선 1척당 거래에 해당하는 순수 현물 거래를 제외한 단기계약 이상의 거래를 기간계약(term contract)으로 언급한다.

11　액화 플랜트에 대한 투자를 통해 지분을 확보하여, 그에 해당하는 만큼의 생산량을 직접 처분할 수 있는 권리를 의미한다.

12　무역협회 통계에 따르면, 2017년 호주로부터 수입하는 천연가스 물량은 약 700만 톤으로 추정된다. 선적, 하역, 세관 통관 등의 수출량 집계 기준에 따라 연간 수입량이 다를 수 있다.

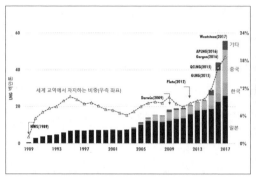

그림 1. 호주 LNG 수출 추이 및 2017년 우리나라의 국별 LNG 도입 실적
출처: IHS Markit(2018a), GIIGNL(2017)

량 이외에 현물 도입, LNG 채집사업자(LNG Aggregator)[13]가 보유한 물
량 도입 등도 포함되어 있다. IHS Markit(2018b), GIIGNL(2017) 등의
자료에 따르면, 2017년에 우리나라의 호주산 LNG 총 도입량 중 약 35%
는 단기 및 현물 도입이었다.

　현재 호주에서는 익티스 LNG, 프리루드 LNG, 휘트스톤 LNG 등 3
개의 액화 프로젝트가 추진(건설) 중에 있으며, 이들 플랜트가 가동되는
2020년경 호주산 LNG 수출량은 연간 8천만 톤을 상회할 것으로 예상된
다. 이에 따라 호주는 카타르를 제치고 세계 1위의 LNG 수출국이 될 가
능성이 높아졌다.

13　다양한 수요처와 다양한 공급처를 연결하여 가스 거래에 종사할 목적으로 가스전, 액화설
　　비, 수송선 등에 투자하고, 이들 투자를 바탕으로 확보된 LNG와 공급수단을 활용하여 다
　　양한 위험도를 가진 수요처와 공급원을 채집하여 LNG 판매사업에 종사하는 LNG 사업자
　　를 의미한다.

2. LNG 프로젝트 동향

2017년 말, 호주의 가동 중인 LNG 프로젝트는 8개로 늘어났다.[14] 2015년 이전에는 호주 북서지역에 위치한 3개의 액화 플랜트가 가동되었으나, 2015년부터는 석탄층가스를 기반으로 하는 3개 플랜트가 동부지역에서 순차적으로 가동에 들어갔다. 이에 따라 2016년 고곤 프로젝트의 액화 플랜트가 가동을 개시했음에도 불구하고 북서부지역의 LNG 수출 비중은 약 60%로 낮아졌다.

2017년 말 호주에서 상업적인 가동이 이루어지고 있는 액화 플랜트를 보유한 프로젝트는 7개이며, 이들 프로젝트들의 액화용량은 총 6,380

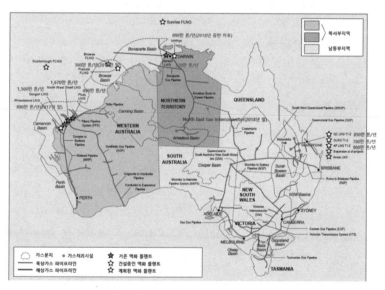

그림 2. 호주 가스시장, 파이프라인, LNG 수출 프로젝트
출처: D. Ledesma, et al(2014), IHS Markit(2018a)

14　휘트스톤 LNG는 2017년 10월에 시험 생산이 이루어져, 수송선 3척에 해당하는 LNG를 공급한 바 있으나, 상업적인 가동은 2018년 상반기 중에 이루어질 것으로 예상된다.

만 톤/년인 것으로 추정된다.[15] 그리고 이들 프로젝트들이 생산하여 공급 (수출)한 LNG는 약 5,600만 톤으로 추정된다. 호주 북서지역에 위치한 4개 프로젝트의 액화 플랜트는 북서부 해상 가스전에서 생산되는 전통가스를 원료가스로 사용하고 있다. 반면, 호주 퀸즐랜드 주에 위치한 3개 프로젝트의 액화 플랜트에서는 석탄층가스를 원료가스로 사용하고 있다.

현재 건설 중인 액화 플랜트의 총 액화능력은 2,140만 톤/년으로 이들은 모두 북서지역의 전통가스를 원료로 사용할 예정이며, 2018년~2019년 중에 상업적 가동을 개시할 예정으로 있다. 이외에 5개의 제안된 프로젝트들이 있는데, 1개의 확장 프로젝트를 제외한 나머지 프로젝트들은 모두 부유식 액화 플랜트를 활용하는 프로젝트들이다. 이들 제안된 프로젝트들의 액화 능력은 약 2,070만 톤/년으로 추정된다

1) 가동 중인 LNG 프로젝트

① 노스 웨스트 셸프(North West Shelf) LNG: 호주 최초의 LNG 프로젝트로 1989년에 상업적 운전이 개시되었다. 우드사이드(Woodside)가 운영하는 5개의 트레인으로 구성된 프로젝트로 연간 생산능력은 1,670만 톤이다. 중국해양석유집단유한공사(CNOOC)가 제5 트레인(생산 용량 460만 톤/년)에서 생산되는 LNG 350만 톤/년을 장기계약을 통해 구매하고 있는 것 외에는 모든 물량을 일본 기업들이 구매하고 있다.

② 다윈(Darwin) LNG: 노던 準州의 LNG 프로젝트로 2006년부터 상업적 가동이 개시되었다. 운영사업자는 코노코필립스(ConocoPhillips)이며, 1개 트레인으로 구성된 액화플랜트의 액화 용량은 370만 톤/년(디보틀레킹을 통해 2010년에 생산용량이 20만 톤/년 증가)이다.

---

15 IHS Markit(2018a).

표 1. 호주 LNG 프로젝트

프로젝트	위치	운영사	계약 상황	최종용량 (트레인 수) (백만 톤/년)	가동 시점
NWS LNG	S. 오스트렐리아	우드사이드	오사카가스 외 11 (중국 1)	16.7(5개)	'89년~ '08년
다윈 LNG	노던 준주	코노코필립스	도쿄가스 외 1	3.7(1개)	'06년
프루토 LNG	S. 오스트렐리아	우드사이드	도쿄가스 외 1	4.7(1개)	'12년
고곤 LNG	S. 오스트렐리아	셰브론	JERA 외 15 (한국 2)	15.6(3개)	'16년~ '17년
QCLNG	퀸즈랜드 주	쉘	도쿄가스외 2 (지분 1)	8.6(2개)	'15년
GLNG	퀸즈랜드 주	산토스	Kogas 외 1	7.8(2개)	'15년~ '16년
APLNG	퀸즈랜드 주	코노코필립스	시노펙외 1	9.0(2개)	'16년
휘트스톤 LNG	S. 오스트렐리아	셰브론	JERA 외 2	9.0(2개)	'17년~ '18년
프리루드 LNG	S. 오스트렐리아	쉘	JERA 외 2 (지분 1)	3.6(FLNG)	'18년
익티스 LNG	노던 준주	INPEX	JERA 외 8 (대만 1)	9.0(2개)	'18년~ '19년

출처: 한국전기연구원(2011)

③ 프루토(Pluto) LNG: 2007년 중반에 최종 투자결정이 이루어졌으나, 비용 상승으로 건설이 지연되다가 2012년 하반기부터 상업적 가동이 개시되었다. 액화 용량은 490만 톤/년(1개 트레인)으로 운영사업자는 우드사이드이다.

④ 고곤(Gorgon) LNG: 연간 액화 용량이 1,560만 톤(3개 트레인)으로 셰브론(Chevron)이 운영사업자이다. 2009년 9월에 최종 투자결정이 이루어졌으나, 노무비, 자재비, 환율 등의 상승으로 건설이 지연되다

가 2016년 5월부터 3개 트레인이 순차적으로 가동을 개시하고 있다.

⑤ 퀸즈랜드 커티스 LNG(QCLNG): 쉘(Shell)이 운영사업자(BG로부터 2015년 4월 인수)인 동부지역 최초의 LNG 프로젝트로 석탄층가스를 원료가스로 연간 850만 톤의 LNG를 생산할 수 있는 2개의 트레인으로 구성된 프로젝트이다. 중국의 CNOOC, 일본의 도쿄가스와 체결한 장기계약 외의 물량은 쉘이 지분물량으로 확보하여 자체 마케팅 채널을 통해 수출하고 있다. 2015년 중반부터 상업적 가동을 시작하였다.

⑥ 그래드 스톤 LNG(GLNG): 연간 총 액화 용량 780만 톤의 2개 트레인으로 구성된 플랜트를 운영하는 프로젝트로 2011년 최종 투자결정이 이루어졌으며, 2016년 3월에 상업적 가동을 시작하였다. 운영사업자는 지분 30%를 보유한 산토스(Santos)이며, 구매자인 한국가스공사도 15%의 지분을 보유하고 있다. 한국가스공사와 말레이시아의 페트로나스(Petronas)는 2016년부터 20년간 각각 연간 350만 톤, 360만 톤을 구매하는 장기계약을 체결하였다. 석탄층가스를 주된 원료로 사용하고 있으나 부족분은 쿠퍼분지(Cooper Basin)에서 생산되는 전통가스로 보충하고 있다.

⑦ 오스트레일리아 퍼시픽 LNG(APLNG): 이 프로젝트는 오리진 에너지(Origin Energy Limited)가 보유한 석탄층에서 생산되는 가스를 원료가스로 하고 있으며, 연간 총 액화 용량이 450만 톤인 트레인 2개로 구성된 플랜트를 코노코필립스(ConocoPhillips)가 운영하고 있다. 2016년 5월 상업운전이 시작되었으며, CNOOC와 일본 간사이 전력이 각각 760만 톤/년, 100만 톤/년을 20년간 구매하는 계약을 체결하였다. 프로젝트 추진에 필요한 물량을 초과하는 석탄층가스를 확보하고 있어 일부 물량을 QCLNG, GLNG 등에 판매하고 있다.

2) 건설 중인 LNG 프로젝트

① 휘트스톤(Wheatstone) LNG: 셰브론이 운영사업자이며, 액화 플랜트는 액화 용량인 445만 톤/년인 트레인 2기로 구성된다. 2011년에 최종투자결정이 이루어졌으며, 2017년 10월에 첫 번째 선적이 이루어졌다. 운영사업자인 셰브론은 일본 구매자와 700만 톤/년 매매계약을 체결한 바 있으며, 그 외에 연간 121만 톤은 단기거래에 투입할 계획인 것으로 알려져 있다.

② 프리루드(Prelude) FLNG: 쉘이 추진하는 프로젝트이며, 부유식 액화설비를 건설하는 프로젝트로는 가장 먼저 최종투자결정이 이루어졌다. 연간 액화 용량은 360만 톤이며, 첫 번째 선적은 2018년 말에 이루어질 것으로 추정된다. 생산량의 대부분은 쉘의 포트폴리오 물량으로 활용될 예정인 것으로 알려져 있다.

③ 익티스(Ichthys) LNG: 2018년 하반기에 첫 번째 트레인이 가동될 예정인 연간 총 액화용량이 890만 톤(2개 트레인)인 프로젝트로, 일본국제석유개발주식회사(INPEX)가 운영사업자이다. 2012년 1월에 최종투자결정이 내려진 프로젝트로 호주에서 추진되는 프로젝트 중 생산단가가 가장 높은 것으로 추정된다.[16] 대만 CPC(175만 톤/년), Total(70만 톤/년)의 계약 물량을 제외한 나머지는 일본 기업들이 2018년부터 15년간 LNG 구매계약을 통해 구매할 예정이다.

3) 제안된 LNG 프로젝트

상기 10개의 가동 중이거나 건설 중인 LNG 플랜트 외에 다수의 신규 프

16　IHS Markit(2017c)는 이 프로젝트의 FOB 공급비용을 US\$18.36/MMbtu로 추정하고 있다.

로젝트들이 제안되고 있는데, 이들 프로젝트들 중 다수는 부유식 생산시설(FLNG)을 활용하는 것들이다. 그러나 제안된 프로젝트들은 노무비, 환경보호 비용 등의 상승, 유가 하락, 공급과잉에 따른 국제 LNG 가격 약세 등으로 최종 투자결정이 이루어지지 않고 있으며, 일부는 취소되었다.

2012년에 상업 가동에 들어간 프루토(Pluto) LNG의 운영사업자인 우드사이드는 2015년에 디보틀네킹(debottlenecking) 작업[17]을 통해 생산용량을 늘린 바 있으며, 최근에는 원료 가스를 추가로 확보해 사업 초기에 계획한 확장 프로젝트를 진행한다고 밝힌 바 있다. 확장프로젝트는 원료가스 공급량에 따라 단계적으로 설비용량을 늘리는 방식(최대 330만 톤/년)을 택한 것으로 알려져 있다. 2014년 말 엔지(Engie), 산토스(지분 60:40)는 동티모르해의 해상 가스전을 활용하는 연간 생산 용량 2백만 톤의 보나파르트 FLNG(육상에 접안한 바지선에서 LNG를 생산하는 방식)를 추진할 계획을 밝혔으나, 이후 사업자 간 협의의 어려움 때문에 진척이 더디게 이루어지고 있다. 산토스는 생산한 가스를 다윈 LNG로 공급하는 것을 고려하고 있으며, 엔지는 지분매각을 고려하고 있는 것으로 알려져 있다.

코노코필립스는 2014년에 서호주 해상에 위치한 포세이돈 가스전을 활용하는 부유식 액화시설을 활용한 LNG 생산과 함께 다윈 LNG로 생산된 가스를 공급하는 사업을 제안한 바 있다. 최근 트렌스보더즈 에너지(Transborders Energy)는 호주 내 소규모의 개발이 어려운 가스전을 대상으로 FLNG 사업을 추진하는 계획을 밝히고 있다.

그 외에 제안된 일부 프로젝트들은 미래 LNG 시장의 불투명성으로

---

17 원료로 사용되는 가스 파이프라인의 증설 등과 같이 생산시설의 일부를 개선하여 생산용량을 늘리는 작업을 의미한다.

인해 프로젝트 추진이 늦추어지고 있다. 특히, 동 티모르와 공동 개발 지역에 위치한 선라이즈(Sunrise) 유·가스전에서 생산되는 가스를 이용하는 선라이즈 FLNG(연간 400만 톤 생산, 운영사업자는 우드사이드)는 호주·동 티모르 양국 간에 국경선 협의가 계속되고 있어, 구체적인 개발 검토에는 이르지 못하고 있다. 엑슨모빌이 추진하는 스카버러 FLNG(연간 650만 톤 생산)도 부생가스 수입의 부재에 따른 낮은 수익률, 수요 확보의 불확실성 등으로 사업이 지체되고 있으며, 스카버러 가스전의 개발에 대한 지분소유자들 간의 의견 차이도 사업의 추진에 장애가 되고 있다.

한편 퀸즐랜드 주의 석탄층가스를 이용해 LNG를 생산하는 피셔맨즈 랜딩(Fisherman's Landing) CBM LNG 프로젝트는 원료가스 조달의 어려움 때문에 2017년 5월에 사업이 중단되었다. 연간 1,800만 톤 생산규모의 애로우 LNG는 퀸즐랜드 주의 석탄층가스를 활용하는 프로젝트로 2015년 LNG 가격의 하락에 따라 운영사인 쉘이 프로젝트를 취소하였다. EWC(Energy World Corporation)가 운영사인 애봇 LNG는 연간 2백만 톤 규모의 생산 용량을 갖추는 프로젝트로 취소된 것은 아니지만, 실제 진척이 거의 없는 석탄층가스를 원료로 하는 LNG 프로젝트이다. 2013년 9월에 계획이 수립된 브라우즈 FLNG는 연간 4백만 톤 규모의 부유식 액화 프로젝트인데, 추진 주체인 우드사이드는 2016년 3월에 사업을 연기한다고 발표하였다.

그 외에 기존 액화설비를 활용하는 프로젝트가 검토되고 있다.[18] 우드사이드는 북서부지역의 브라우즈 분지, 스카버러 분지 등에서 생산되는 전통가스를 2020년대 이후에 액화용량에 여유가 생기는 NWS LNG의 플랜트에 투입하여, 저비용으로 LNG를 공급하는 계획을 검토하고 있

18　IHS Markit(2017a)

다. 또한 다윈 LNG는 원료가스의 확보가 어려워 확장 프로젝트가 지연
되었으나, 기존 원료가스 공급원인 베이 우단(Bay Undan) 가스전의 생
산량 감소에 대비하여 카디타-바로싸(Cadita-Barossa) 가스전(SK E&S
지분 37.5%), 포세이돈 가스전 등을 활용하는 방안을 검토하고 있다.

3. 호주 LNG 계약 물량 및 비용 경쟁력

호주의 액화용량은 2017년 말 기준으로 6,380만 톤/년이며, 건설 중인
3개의 프로젝트가 완공되어 가동에 들어가면 액화용량은 8,740만 톤/년
으로 늘어난다. 그리고 제안된 프루토 LNG의 2번째 트레인이 가동되는
2027년 이후에는 액화용량이 9,070만 톤/년에 이를 것으로 전망된다.

　건설 중인 프로젝트가 가동되는 2019년까지 호주산 LNG의 미계약
량은 810만 톤/년까지 증가할 것으로 예상되며, 이후는 미계약 물량이
점차 감소해 매년 500~600만 톤/년 정도가 될 것으로 예상된다. 이들
물량은 주로 프로젝트에 지분 투자를 한 회사의 지분 물량(equity enti-
tlement)으로 중단기 계약 혹은 현물 거래에 투입될 가능성이 높다.

　신규 LNG 프로젝트를 기준으로 할 때, 호주산 LNG의 생산비용은
주요 LNG 생산국에 비해 상당히 높은 편이다. 이에 따라 미국산 등 새
로운 LNG 공급원으로부터의 공급이 증가하게 되면 호주산 LNG는 낮은
비용 경쟁력으로 인해 가격 재협상에 있어 불리한 입장에 처할 가능성이
높다. 반면 노스 웨스트 셸프 LNG나 프루토 LNG와 같은 기존 프로젝트
는 이미 자본비용을 회수한 상태이며, 가스전에서 얻어지는 부산물 수입
으로 인해 비용경쟁력이 높은 편이다. [그림 3]에서 볼 수 있는 바와 같
이 신규 프로젝트는 대부분 단위당 생산비가 높은 편인 반면 기존 프로
젝트의 LNG 생산비용은 주요 LNG 생산국의 단위당 비용에 비해 낮은

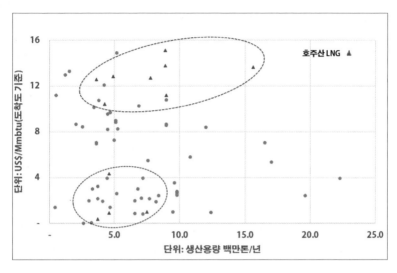

그림 3. 호주산 LNG 비용 경쟁력

주: 프로젝트별 한국 도착도 기준 단위당 비용(US$/MMBtu), 상류부문 비용과 액화비용 산정에 적용한
할인율은 각각 15%, 12%이다. 상단에 점선으로 표시된 부분이 신규 프로젝트들의 단위당 비용이다.
출처 : 저자 추정

수준이다.

4. 호주 LNG 수출의 위험 요소

호주산 LNG 프로젝트들이 해결해야 할 주된 이슈는 수익성에 영향을
미치는 가격결정 문제이다. 2020년 전후로 원유가격과 무관하게 가격
이 결정되는 미국산 LNG의 유입에 따라 가격 재협상 문제에 직면할 가
능성이 높다. 미국산 LNG 프로젝트는 소비자와 원격지에 위치하여 수
송비가 비싼 편이지만, 재기화시설이 위치했던 부지를 활용하고 있다는
점, 풍부한 전문 인력 등의 활용, 방대한 가스 자원과 유동성이 높은 가
스 현물거래시장 등으로 비용 절감이 가능하다. 반면에 호주산 LNG는

[그림 3]에서 볼 수 있는 바와 같이 상대적으로 비용 수준이 높은 편이다. 호주의 확장 프로젝트들은 원료가스 비용이 비싼 캐나다 서부 신규 프로젝트나, 기반시설이 부족한 동아프리카에서 추진되는 신규 프로젝트나 최근에 개발되는 미국산 프로젝트들과 유사한 비용 수준을 보이고 있지만, 기반시설을 갖추고 있지 못한 호주의 신규 프로젝트(greenfield project)는 비용 경쟁력이 낮은 편이다.

호주 북서부지역은 LNG 프로젝트를 추진하는 데 가스 매장량이 제약요인이 되지 않지만 동부지역은 역내 가스 가격의 불안으로 인해 추가 LNG 프로젝트가 가능한지 여부가 불투명한 상황이다. 반면 비용상의 문제로 북서부지역의 신규 프로젝트(greenfield project)는 상업적 자생력을 확보하는 것이 쉽지 않은 문제점이 있다. 기존 프로젝트를 확장하는 사업은 상업적 경쟁력이 있지만, 전문 인력의 확보, 자재와 장비 확보의 어려움 등으로 생산비용이 높아질 가능성을 배제할 수 없는 상황이다.

호주는 미국이나 동아프리카에 비해 수송거리가 짧은 장점이 있지만, 불확실한 조세 체계, 과도한 관료주의, 환경 규제 등의 위험이 있는 것으로 알려져 있다. 낮은 비용 경쟁력에 더해 정부 규제 및 지정학적 요인들로 인한 추가 비용 부담은 프로젝트의 추진을 어렵게 할 수 있다.

호주의 프로젝트의 운영사업자들은 다년간에 걸쳐 사업을 추진한 경험이 있어, 다른 LNG 생산국에 비해 장점이 있는 것은 사실이다. 즉, 가스 매장량, 기술력, 명확한 지분관계 등의 측면에서 볼 때 호주 프로젝트들은 장점이 있는 것이 분명해 보이며, 프로젝트 재원 조달 상의 위험도 낮은 편이다.

전체적으로 볼 때, 호주의 확장 프로젝트들은 경제적인 관점에서 타 프로젝트들에 비해 경쟁력을 가질 수 있을 것으로 보이며, 다른 요인들에 있어서도 상대적인 위험이 적은 편이다. 건설 중인 프로젝트와 제안된 프로젝트 중 일부 프로젝트들은 아시아 구매자들의 지분 참여가 있으며, 추진될 가능성이 높은 편이다. 그러나 높은 비용 환경은 해결되어야 할 과제이며, 확장 프로젝트들과는 달리 신규 프로젝트들은 그러한 위험에 노출되어 있다고 볼 수 있다.

III. 호주의 천연가스 수급 동향

호주에서 천연가스는 60년대 말부터 보급되기 시작했으며, 일시적인 등락은 있었지만 1차 에너지 소비 중 천연가스의 비중은 꾸준히 증가하는 추세를 보이고 있다. 지난 10년간 1차 에너지 소비는 연평균 0.9%씩 증가한 반면, 천연가스 소비는 연평균 4.2%씩 증가하였다. 이에 따라 1차 에너지 소비 중 천연가스의 소비 비중도 2015~16 회계연도에 24.8%로 높아졌다. 천연가스 소비 증가는 LNG 수출 프로젝트가 진행되는 주(州)의 발전부문과 광업부문 소비가 주도하고 있다.

1. 가스 공급

2015 회계연도에 호주의 천연가스 생산량은 872억 m³ [19]로 지난 10년간 약 2배 증가하였다. 2016년 기준으로 호주는 IEA회원국 중 미국, 캐나다, 노르웨이 다음으로 천연가스를 많이 생산하였으며, BP(2017 통계)에 따르면 세계 10위의 생산국이다.

　호주 천연가스 생산은 50년 전 사우스 오스트레일리아 주의 쿠퍼분

19　Department of the Environment and Energy(2017), IEA(2018)에 따르면, 2016년 호주의 천연가스 생산량은 약 882억 m³로 추정된다.

지(Cooper Basin)에서 시작되었다. 초기에는 대부분 원유 생산 과정에서 얻어지는 수반가스였으며, 생산된 천연가스는 동부의 인구 밀집지역으로 공급되었다. 1980년대 이후, LNG 수출용으로 북서부지역의 해상 가스전이 개발되면서 호주의 천연가스 생산량이 큰 폭으로 증가하였다. 최근에는 웨스턴 오스트레일리아의 전통가스전과 함께 동부지역의 비전통가스전의 생산 비중이 크게 증가하고 있다. 2015~16 회계연도에 이들 두 지역의 생산량이 전체 생산량의 80%를 상회하고 있다.

BP(2017년) 통계에 따르면, 2016말 호주의 확인매장량은 3조 5천억 m^3로 세계 13위의 천연가스 자원 보유국이다. 회수 가능한 가스 자원량에는 전통가스 이외에 석탄층가스가 포함되어 있으며, 석탄층가스는 거의 대부분 동부지역에 매장되어 있다. 그리고 전통가스 자원의 95% 이상은 북서지역에 매장되어 있다.[20] 호주는 확인매장량 외에 방대한 셰일가스, 타이트가스, 전통가스 자원을 보유하고 있으나, 이들 자원들은 대부분 개발이 어려운 외딴 지역이나 해저에 매장되어 있다. 육상에 매장된 석탄층가스는 생산정의 평균생산기간이 짧기 때문에 지속적인 신규 생산정 투자가 필요하다. 따라서 호주는 방대한 가스자원을 보유하고 있지만, 저유가 환경에서는 가스 생산 증대를 기대할 수 없는 상황이다.

호주의 비전통가스는 대부분 석탄층가스이다. 호주는 미국과 중국에 이은 세계 3위의 석탄층가스 생산국으로 2015 회계연도에 240억 m^3를 생산했다. 1996년에 상업적인 생산이 시작된 퀸즈랜드 주의 수랏/보웬 분지(Surat/Bowen Basin)에서 호주 석탄층가스의 99% 이상이 생산된다. 석탄층가스를 포함한 비전통가스의 생산이 수질 및 토지에 미치는 부정적인 영향이 사회적인 문제가 됨에 따라 일부 주에서는 개발을 금지

20 http://www.ga.gov.au/aera/gas

하고 있다. 빅토리아 주는 2017년 3월 육상 석유탐사와 생산 중단 조치
와 함께 석탄층가스 개발을 금지하는 법령을 제정하였다. 태즈메니아 주
는 2020년까지 수압파쇄공법 적용을 금지하였으며, 노던 준주는 수압파
쇄공법이 환경, 사회, 경제적인 위험이 없다는 것이 입증될 때까지 사용
을 금지하는 조치를 취하고 있다. 뉴사우스 웨일즈 주는 신규 가스전 탐
사에 대해 별도의 규제는 없으며, 사우스 오스트레일리아 주와 퀸즈랜드
주는 가스 탐사를 지원하고 있다. 퀸즈랜드 주정부는 내수시장에 공급하
기 위한 가스전 개발에 대해서만 지원하고 있으며, 사우스 오스트렐리아
주정부는 자원이 매장된 토지의 소유주에게 가스 로얄티 수입의 10%를
지급하는 개발 인센티브 제도를 시행하고 있다. 호주 연방정부는 석탄층
가스 개발의 영향을 평가하기 위한 프로그램을 진행하고 있으며, 영향
평가 및 가스전 개발 프로그램에 대한 재정적인 지원도 강화하고 있다.
이러한 정책은 육상 가스전에서의 가스 생산을 늘리려는 연방정부의 높
은 관심을 보여주는 것으로 평가되고 있다.

2. 가스 수요

호주의 가스시장은 배관망으로 연결되어 있지 않는 3개의 지역[남동부
지역, 북부지역(노던 준주), 서부지역(웨스턴 오스트레일리아 주)]으로 구
분되며, 각 지역은 별도의 가스시장을 형성하고 있다.[21] 북부 및 서부지
역은 제조업, 광업, 발전부문 등이 전체 가스 소비의 98%를 소비하는 반

---

21 현재 노던 준주와 동부지역을 연결하는 노스 이스트 가스 연계배관(North-East Gas Inter-
   connector)이 건설 중이며, 2018년 말에 배관 설치가 완료될 가능성이 있다. 이와 관련한
   자세한 내용은 http://jemena.com.au/industry/pipe lines /northern-gas-pipeline를
   참조하시오.

면, 동부지역은 가정·상업부문의 소비 비중이 24%를 상회하고 있다.

2015~16 회계연도에 웨스턴 오스트레일리아 주의 천연가스 역내 소비는 141억 m³(LNG 환산 1,026만 톤)[22]을 상회하는 수준이며, 이는 호주 천연가스 소비의 약 36%에 해당한다. 이 지역에서는 광업, 발전부문 등과 관련된 대형 산업체(8개 광업분야 사업체, 5개 발전소가 전체 수요의 90%를 차지)가 천연가스 소비 증가를 주도해 왔다. 중압 및 저압 배관을 통한 공급은 전체 소비에서 약 8%에 지나지 않는다. 호주 에너지 시장 운영사업자인 AEMO[23]는 향후 서부지역 천연가스 총 소비 증가는 LNG 생산용 원료가스 수요가 주도할 것으로 전망하고 있으며, 2017년 이후 내수는 정체 상태를 보일 것으로 예상하고 있다.

웨스턴 오스트레일리아 주정부는 내수용 천연가스 공급 의무화 정책을 시행하고 있다. 즉, 웨스턴 오스트레일리아 주정부는 2006년 대형 산업체와 가스 생산자가 공급 계약을 갱신할 때에 시장 수급 상황을 반영하여 가스가격을 설정한다는 원칙을 전제로 공급부족이나 급격한 가격 상승을 방지할 목적으로 LNG 프로젝트를 추진하는 사업자는 내수용으로 LNG 생산에 투입되는 가스의 15%에 해당하는 물량을 추가로 확보하도록 하였다.[24][25] 이러한 내수 공급의무화 정책에 따라 LNG 생산에 필요한 원료가스를 개발·확보할 경우에는 내수용 가스 공급 물량이 증가하게 된다. 이 때문에 서부지역 내수 시장의 수급은 비교적 안정적이다.

---

22   Department of Industry, Innovation and Science(2017), LNG 1톤=51.6 MMbtu (54.4GJ), 기체 상태의 천연가스 1 m³의 발열량은 39.3MJ로 전제하였다.

23   AEMO(2016a), 호주 에너지시장운영자(Australian Energy Market Operator)는 호주 가스 및 전력 도매시장 운영을 담당하는 사업자이다.

24   D. Ladesma et al(2014).

25   실제로는 노스 웨스트 셀프 프로젝트에 대해서만 엄격히 적용하였으며, 동 지역의 타 LNG 프로젝트에 대해서는 사업의 자생력을 고려하여 제도를 탄력적으로 적용하고 있다.

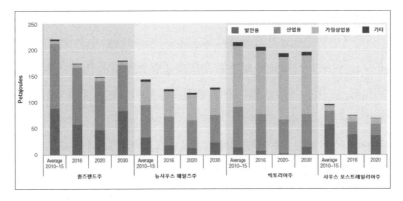

그림 4. 호주 동부지역 천연가스 소비 동향
출처: AENO, National gas forecasting report, 2016

즉, 이 제도로 역내 가스 수요자들은 수출 프로젝트와 원료가스 구매에 있어 경쟁할 필요가 없다. 그러나 1990년대 이후 신규 가스전 탐사가 지체되어, 새로운 가스 프로젝트가 추진되지 않거나 기존 생산시설의 생산량이 감소하게 되면 낮은 수요 증가에도 불구하고 서부지역에서 가스수급 불안이 발생할 가능성을 배제할 수 없다고 AEMO 보고서[26]는 밝히고 있다.

2015~16 회계연도 노던 준주의 천연가스 소비(내수)는 호주 전체 소비량의 약 4%에 해당하는 14.2억 m³(LNG 환산 약 103만 톤)이었다. 광업과 발전부문의 수요가 각각 40%와 60%를 차지하고 있으며, 노던 준주의 역내 수요는 서호주 지역에 위치한 보나파르트 분지(Bonaparte Basin)와 아마데우스 분지(Amadeus Basin)의 가스전에서 생산된 가스로 충족되고 있다. 내수 비중이 낮아 노던 준주 정부는 LNG 프로젝트에 관심이 높은 편으로 내수용 공급을 위한 별도의 가스 수급 안정화정책을

26　AEMO(2016b).

시행하지 않고 있다.

북서부지역과 달리 남동부지역은 내수시장의 비중이 큰 편이며, 역내 수요는 가정·상업용과 발전용 수요를 중심으로 지난 10년간 매년 약 3.7%씩 증가하고 있다. 향후 내수가 정체될 것이라는 예상에도 불구하고, 동부지역의 LNG 프로젝트 추진으로 역내 가스 수급 불안이 우려됨에 따라 연방정부가 수급 안정화 정책을 도입하였다. 2015~16 회계연도 남동부지역의 천연가스 소비는 약 236억 m^3(LNG 환산 약 1,400만톤)로 발전부문과 제조업의 소비 비중이 각각 36%, 31%를 차지한다. 지난 10년간 남동부지역의 천연가스 수요 증가의 70% 이상은 발전용 수요 증가에 따른 것이며, 그 외에 빅토리아 주에 집중된 가정·상업용 수요와 광업부문 수요의 기여도가 각각 20%, 8%이다.

호주 남동부지역을 구성하는 주별로 용도별 천연가스 소비 구성비가 다르다. 사우스 오스트레일리아 주는 발전용의 수요의 비중이 60%(2016년)인 반면, 퀸즐랜드 주는 발전용과 산업용 소비가 대부분이다. 뉴사우스 웨일즈 주는 산업용과 가정용 소비가 많은 편이며, 빅토리아 주는 전체 소비의 60% 이상을 소규모 소비자로 구성된 가정 및 상업용에서 소비하고 있다.

최근 AEMO의 전망 자료[27]에 따르면, 남동부지역의 천연가스 내수는 감소하는 경향을 보이고 있다. 즉, 건물 단열 개선, 전기 연소기기의 선호, 공장의 해외 이전 등으로 남동부지역의 가정·상업 및 산업용 천연가스 수요는 감소하는 추세를 보이고 있다. 발전용 천연가스 수요도 전력 수급상황에 따라 등락하는 경향을 보이고 있지만, 탄소가격 하락, 천연가스의 가격 경쟁력 하락, 재생에너지 보급 등으로 감소하는 경향을

---

27 AEMO(2017b)

보이고 있다. 전체적으로 남동부지역의 천연가스 수요가 정체 상태를 보이고 있지만, 퀸즐랜드 주에서 추진되는 LNG 수출 프로젝트로 인한 내수용 천연가스 공급 제약이 동부지역의 천연가스 수급불안을 야기시키고 있다.

IV. 내수시장 가스공급안정제도(ADGSM)

1. 제도의 개요

최근 호주 남동부지역은 저유가에 따른 상류부문 투자 감소, 육상광구 탐사·개발에 대한 규제 강화나 모라토리엄 선언(뉴사우스 웨일즈 주, 빅토리아 주) 등으로 신규 공급물량이 늘어나지 않고 있는 상황에서 LNG 수출사업자들이 LNG를 생산하는 데 필요한 천연가스를 내수시장에서 조달하게 됨에 따라 동부 및 남동부지역의 가스 수급(혹은 가

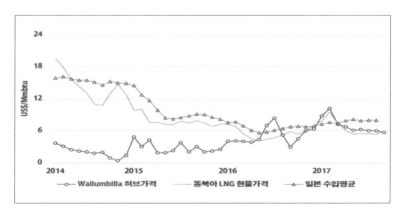

그림 5. 호주 내수용 가스가격 및 LNG 현물가격 변동 추이

출처: IHS Markit(2018c), Australian Energy Regulator 홈페이지

격)이 불안정해지는 문제가 사회적인 이슈가 되고 있다. 특히, LNG 수출이 본격화된 2016년 하반기 동북아지역 LNG 현물 가격은 MMBtu당 US\$5.00~US\$6.00인 데 비해, 호주 동부 연안의 월룸빌라(Wallumbilla) 허브가격은 US\$8.50/MMbtu까지 상승하는 상황이 발생하였으며, 수출가격보다 비싼 내수시장 공급가격이 소비자의 불만을 야기시켰다.[28]

호주 동부지역의 LNG 수출 프로젝트 추진과 그와 관련한 내수시장의 가스 수급 불안을 계기로 호주 연방정부는 2017년 4월 27일에 LNG 수출을 제한할 수 있는 호주 내수시장 가스 공급안정 제도(The Australian Domestic Gas Security Mechanism, ADGSM)를 수입금지에 대한 관세규정[Customers(prohibited Imports) Regulation 1956) 6부(division 6)]에 포함시켜 2017년 7월 1일부터 시행하기로 결정하고, ADGSM 가이드라인[29]을 2017년 6월 20일 발표하였다.

ADGSM에 따라 자원부 장관은 매년 가스 수급상황 등을 분석하여 다음 연도에 내수시장 천연가스 공급 부족이 발생할 가능성이 높다고 판단될 경우, 호주 내 모든 LNG 프로젝트(수출 제한은 호주 동부 및 북서부 지역 전체)를 대상으로 수출을 제한할 수 있다. ADGSM은 2018년부터 5년간 시행하는 한시적 조치이며, 이와는 별도로 호주 연방정부는 상류 개발 규제의 재검토, 가스 시장 개혁, 인프라 정비 등 호주 동남부지역의 천연가스 수급상황을 개선하기 위한 여러 가지 대책을 마련하고 있다.

---

28   World Gas Intelligence(2017).
29   Customs (Prohibited Exports) (Operation of the Australian Domestic Gas Security Mechanism) Guidelines 2017.

2. 제도 도입의 경위

2012년~2014년 중에 호주 동부지역의 산업용 천연가스 수요자들은 2016년 및 그 이후를 대비하여 가스 생산업자들과 장기 가스공급계약을 체결하고자 했으나, 높은 가격과 유연성이 낮은 조건의 단기계약밖에 확보할 수 없는 상황에 직면하였다. 이에 따라 호주 연방 중소기업 장관(Minister for Small Business & Assiatant Treasurer) 켈리 오드와이어는 동부지역에서 제기되는 천연가스 이용 가능량과 가격, 시장 투명성 등과 관련된 우려에 대응할 목적으로 연방 경쟁 및 소비자위원회(ACCC)에 동부지역 가스시장의 효율성과 유효성을 검토해 줄 것을 요청하였다.

　중소기업 장관의 요청에 따라 ACCC는 경쟁·소비자법(The Competition and Consumer Act 2010)에 근거하여 천연가스 생산기업의 가스공급능력 및 경쟁 조건에 대해 조사하였으며, 2016년 4월 22일 동부지역의 천연가스 수급 및 산업상의 문제점을 분석한 보고서[30]를 제출하였다.

　이 보고서에 따르면, 호주 동부지역의 (수출용 원료가스 포함한) 천연가스 수요는 2014년에 700PJ(LNG 환산 약 1,280만 톤)이던 것이 2017~2018년에는 1,750~2,200PJ(LNG환산 약 3,200만 톤~4,000만 톤)로 늘어날 것으로 예상되는 반면에 신규 가스 생산이 정체됨에 따라 수급불안이 발생할 가능성이 높다고 분석하고 있다. 즉, ACCC는 LNG 프로젝트로의 가스 공급 증대, 저유가로 인한 상류부문 투자 축소, 뉴사우스 웨일즈 주, 빅토리아 주 등 동부지역 주정부의 육상 가스전 탐사 제한 규제 및 개발 유예 등으로 지역 내 가스 공급이 정체될 것으로 전망되

30　ACCC(2016).

표 2. 호주 남동부지역 가스시장 및 ADGSM 추진 동향

연월	시장동향
2016년 3월	AEMO는 2019년까지 추가 가스개발이 없으면, 동부연안지역은 금후 10년간 가스 부족문제에 직면할 것으로 보고
2016년 4월	ACCC는 동부연안지역 가스시장의 파이프라인 규제 시행, 시장 투명성 개선, 육상 가스개발 모라토리움 해제 등을 권고
2016년 8월	AEMO는 향후 동부연안지역에서 석탄화력 발전소의 폐지가 진행되면, 향후 10년간 전력 부족문제에 직면할 것으로 보고
	호주 연방·주 총리 평의회(COAG) 에너지위원회는 국내 가스 공급 확대를 위해 송유관 규제 도입에 대한 의견 일치
	빅토리아주 정부는 육상의 비전통가스 개발을 영구 금지하고, 육상 재래형 가스개발의 일시 동결을 2020년까지 연장한다고 발표
2016년 9월	노던 준주 정부는 수압파쇄 사업에 대한 모라토리움 실시
2016년 11월	Engie는 빅토리아 주 석탄(갈탄) 화력발전소를 2018년 3월에 폐쇄한다고 공식 발표
2016년 12월	사우스 오스트레일리아 주에서 다시 정전 발생, 올림픽댐(Olympic Dam) 광산이 한때 조업을 중단
2017년 1월	리오 틴토(Rio Tinto)에 위치한 알루미늄 제련소는 전력 가격 급등으로 생산량 8% 삭감 밝힘.
2017년 2월	하절기 고온으로 전력수요가 급증, 전력회사의 요청으로 리오 틴토 알루미늄 제련소 일시 조업 중단
2017년 3월	AEMO는 가스 생산 감소로 인한 가스발전소의 가동률 하락 때문에 동부연안지역 2018/19년 하절기 전력 부족 예상
	호주 총리, 동부 연안 3개 LNG 프로젝트 운영사업자(Shell, Santos, Origin) 대표와 긴급 회동
2017년 4월	연방정부, ADGSM 7월에 도입한다고 발표
2017년 7월	연방정부, ADGSM 도입
2017년 9월	AEMO와 ACCC, 향후 가스 수급 전망 발표, 예상되는 가스부족량이 반년 전보다 확대될 것으로 추정
2017년 10월	호주 총리, 동부연안 LNG 수출 사업자와 국내시장에 가스를 공급하는 기본 합의서(HOA) 서명

주: 상기 내용 외에 호주 총리는 2017년 2월에 발전용 가스의 부족에 대처하기 위한 신규 석탄 화력발전소 건설 계획을 밝힌 바 있으며, 동년 3월에는 기존 양수발전소 보강을 위한 자금을 출연한 바 있다. 그리고 동년 4월에는 동서를 연결하는 배관건설 안을 제시하기도 했다.

는 반면, 수요는 계속해서 증가함에 따라 지역 내 천연가스 수급이 타이트해져 산업부문 가스 사용자들이 피해를 입을 가능성이 높은 것으로 전망하였다.

호주 에너지시장 운영사업자인 AEMO도 2017년 3월에 남동부지역의 천연가스 시장을 분석한 보고서를 통해 남동부 지역은 2021년까지 매년 가스부족이 발생할 가능성이 있는 것으로 전망하였다.[31] 동 보고서에 따르면, 호주 동부지역에서 2016년 한 해 동안 6기의 LNG 트레인이 가동될 예정으로 LNG 수출을 위해 2017년~2021년 중에 연간 1,290PJ~1,430PJ의 원료 가스가 필요하게 될 것으로 전망했다. 반면, 이들 지역의 내수용 가스 생산(LNG 수출용 원료 가스 제외)은 2017년의 600PJ에서 2021년에는 478PJ로 감소하여 연간 10~54PJ의 가스 공급부족이 발생할 가능성이 있다고 추정하고 있다. 이러한 전망을 바탕으로 AEMO는 가스 화력발전소의 연료공급 차질이 예상됨에 따라 여름철 냉방용 전력 수요에 대처하기 위해 석탄 화력 활용, 노던 준주와 호주 동부를 연결하는 가스관 건설(North-East Gas Interconnector)을 통한 연간 30PJ의 가스공급 확대, 자국 내 가스 개발 촉진을 위한 투자유치 등의 대응 방안을 제안하였다.

이렇게 호주 동부지역의 가스공급차질 우려가 제기되자, 2017년 4월에 호주 말콤 턴불(Malcolm Turnbull) 총리는 동부지역의 주요 천연가스(LNG) 생산자인 쉘, 산토스, 오리진 에너지 등과의 협의한 후, 2017년 7월부터 ADGSM을 도입하기로 결정하였다. 턴불 총리는 동부지역 LNG 수출사업자인 쉘 및 오리진 에너지로부터 수출량을 초과하는 가스 생산(Net-Contributor)이 이루어질 수 있도록 하겠다는 약속을 얻어냈

---

31   AEMO(2017b).

으나, 산토스가 운영하는 GLNG 프로젝트는 LNG 수출에 필요한 원료 가스의 약 50%를 호주 내수시장에서 공급받거나 제3자로부터의 공급에 의존하고 있어 단기적인 대응이 어렵다는 입장을 밝혔다. 당시에 GLNG 프로젝트는 2017년 2분기 기준 LNG 생산을 위한 원료 가스 총 66PJ 중 30PJ는 자체 생산분으로, 36PJ는 제3자로부터 공급을 받고 있는 상황이었다.[32]

AEMO는 2017년 6월에 발간한 보고서[33]에서 정부의 시장개입 움직임으로 인해 2017년 3월과 4월, 한 달 사이에 호주 동부지역의 각 천연가스 생산기업들이 2017년 3월의 AEMO 보고서에서 밝힌 공급량에 대비해 향후 5년간 연간 가스 공급 가능량을 33PJ~147PJ까지 상향 조정하였다고 밝혔다. 또한 AEMO는 2017년 말~2018년 초 여름철 더위로 인한 냉방용 전력수요 증가, 석탄화력 및 신재생에너지 발전량 감소 등의 불확실성이 존재하나, 가스 수급은 대체적으로 균형을 이룰 것이라고 전망하고 있다. 이에 따라 이 보고서가 발간될 무렵에는 자원부 장관이 2018년을 가스 공급 부족년도로 선언할지 여부는 여전히 불투명한 상황이었다.

그러나 2017년 7월 24일, 호주 연방 자원부 장관(Minister for Resources and Northern Australia)은 가이드라인에 따라 2018년 천연가스 부족 여부를 판단하기 필요한 조치를 시행한다는 의사통지(Notification)를 발표했다. 자원부 장관은 2017년 11월 1일까지 최종 결정사항을 발표할 예정으로 에너지시장 관계 기관(AEMO, ACCC 등),[34] LNG 수

---

32   https://www.santos.com/media/3684/2017_second_quarter_activities_report.pdf.

33   AEMO, 2017a.

34   ACCC(the Australian Competition and Consumer Commission): 호주 경쟁소비자위원회는 거래 관행위원회(1974년 개청)와 가격감시위원회(1983년 개청)를 통합하여 발족한 독립 행정조직으로 우리나라의 공정거래위원회와 유사한 기능을 수행한다.

표 3. 호주 천연가스 공급 적정성 분석(단위: PJ)

	2018년		2019년	
‑ 총 가스 생산량 (A)	1,891		1,886	
‑ LNG 수출규모 (B)	1,303		1,336	
• 내수용 공급 가능량 (C)=(A)-(B)	588		550	
	예상	불확실성 고려	예상	불확실성 고려
‑ 가정·상업·산업용 (D)	466	492	463	495
‑ 발전용 (E)	176	203	135	157
• 내수용 계 (F)=(D)+(E)	642	695	598	652
• 천연가스 공급부족규모 (G)=(C)-(F)	-54	-107	-48	-102

출처: AEMO(2017c)

출기업 및 관계당사자, 관련부처 장관 등과 협의를 시작하였다.

2017년 9월 AEMO가 추가로 발표한 자료(AEMO, 2017c)에 따르면, 호주 북서부의 내수용 가스 수급은 2018~2019년 중에 균형을 유지할 것으로 전망되는 반면, 호주 동부 및 남동부지역은 2018년 54PJ(LNG 환산 100만 톤), 2019년 48PJ(LNG 환산 88만 톤) 정도의 가스 부족이 발생할 가능성이 있는 것으로 전망됨에 따라 동부지역 LNG 수출을 제한될 가능성이 높아졌다.

2017년 10월 3일, 동부지역의 3개 LNG 수출사업자들은 연방정부와 국내 시장에 가스를 공급하는 것과 관련된 기본 합의서(HOA)에 서명하였다. 즉, 〈표 3〉의 가스 부족 전망에 대응할 목적으로 동부지역의 3개 LNG 수출 사업자들은 2018년~2019년 중에 다음과 같은 조치를 취한다는 데 합의하였다.

① 신의성실의 원칙에 따라 합리적인 조건으로 내수시장에 충분한
가스를 제공

② 미계약 물량은 국제시장보다 우선해 시장 가치를 반영하는 조건
(competitive market terms)으로 호주 내수시장에 공급

③ 가스 부족 가능성과 문제를 해결하기 위해 취할 수 있는 조치에
대해 AEMO와 논의

④ 수출사업자는 상기 내용의 준수 여부를 정기적으로 ACCC를 통
해 연방정부에 보고[35]

이와 함께 호주 정부는 AEMO, ACCC 등의 기관과 함께 시장의 투
명성 확보 등의 개혁을 추진하고, 주정부의 가스 탐사, 개발 규제를 해제
하는 것을 포함한 새로운 가스 개발 전략에 대해 검토하기로 하였다.

3. ADGSM의 주요 내용

ADGSM은 호주 내 천연가스 소비자들이 필요로 하는 천연가스를 충분
히 공급해 주기 위해 필요한 경우에 LNG 프로젝트의 해외수출을 제한
하거나 신규 가스공급원을 물색하기 위해 마련된 제도이다. 호주 전역을
대상으로 2017년 7월 1일부터 2023년 1월 1일까지 효력을 가지는 제도
로 ADGSM은 자원부 장관의 내수시장 천연가스 공급부족 여부를 판단
하는 과정,[36] 가스 공급 부족년도로 선언된 해에 적용되는 자원부 장관의

---

35   ACCC는 국내 수요자, 내수용 가스 공급사업자, 소매사업자, 파이프라인 운영사업자 등
LNG 수출사업자 외의 시장참여자 동향과 함께 수출사업자의 합의사항 준수 여부를 모
니터링하여 정기적으로 정부에 보고한다. Department of Industry, Innovation and
Science(2017c).

36   내수시장에 가스공급이 부족한 해(domestic shortfall year)라고 선언하는 과정을 말한다.

LNG 수출 허가 절차, 자원부 장관 또는 공인된 주체의 LNG 수출허가 조치 등의 내용을 규정하고 있다. ADGSM은 2018년~2019년 기간 중 시행한 후 2020년에 목적 달성 여부, 수정의 필요성, 존속의 필요성 등의 관점에서 제도를 재검토한다.

자원부 장관은 국내 시장에 가스 공급부족이 우려될 경우, 그 취지를 시장관계기관(AEMO, ACCC 등), LNG 프로젝트 추진주체, 관계 장관 등에 통지(Notification)하고, 협의를 개시한다. 통지는 매년 7월 1일까지 공표하는 것을 원칙으로 하되, 지체되더라도 10월 1일까지는 공표되어야 한다. 자원부 장관의 요청에 따라 시장관계기관(AEMO, ACCC 등)은 천연가스 수출로 인한 국내 가스부족 가능성 등에 관한 정보를 제공해야 한다. 가스의 수급상황뿐만 아니라 호주의 가스 도매부문 소비자의 평균 지불액이 수출용 가스의 네트백 가격[37]보다 저렴한지 여부도 가스 부족 가능성을 판단하는 지표로 간주한다.

자원부 장관의 통지 및 요청이 있을 때, LNG 프로젝트 운영기업은 생산량, 소비량, 제3자 공급거래량, 매장량, 판매량, 수출량, 호주 가스 시장에 미치는 영향 등에 관한 정보를 제공해야 한다. 또한 자원부 장관 및 관련부처 장관(총리, 에너지부, 무역투자대표부, 외무부, 산업부 등)은 내수시장의 가스 수급, 수출 규제가 국내 시장 및 소비자에 미치는 영향, LNG 산업, 호주의 국제적인 평가, 무역·투자 등에 미치는 영향 등에 관해 협의하는 과정을 거친 후, 이해당사자의 공청회 등을 개최하여, LNG 수출이 가스 공급 부족의 원인이라고 판단되면, 자원부 장관은 다음 연도 국내 가스 부족과 수출규제 여부를 결정(Minister's determination)하

---

37 네트백 가격은 국제 LNG 가격에서 변동비(LNG 수송과 관련된 수송비, 액화비용, 호주 내 파이프라인 사용비용), 고정비(액화설비 초기투자비용)를 차감한 것이나 호주 정부의 ADGSM 가이드라인에서는 명확하게 정의하지 않고 있다.

고,[38] 내수시장 천연가스 공급 부족년도의 해(domestic shortfall year)를 선언해야 한다.

천연가스 공급 부족의 해로 정해질 경우, 호주 전체를 대상으로 LNG 수출 규제가 시행되며 호주의 모든 LNG 수출사업자들은 허가를 얻지 않고 LNG를 수출할 수 없다. 가스 수송망이 접속되어 있지 않는 LNG 프로젝트에는 무제한의 수출 허가(Ultimate Volume, UV)가 주어지게 된다. 그리고 LNG 프로젝트의 천연가스 생산량이 수출용 LNG를 생산하는 데 필요한 원료가스보다 많을 경우 내수시장 순기여자(Net contributor)로 지정되며, 사전에 자원부 장관에 신고한 수출 계획물량(Allowable Volume)만큼 LNG를 수출하는 것이 허가된다. LNG 프로젝트 운영자는 LNG 수출기업(LNG Exporter)을 특정하고, 1개 이상의 LNG 수출기업이 존재할 경우 각각의 수출 허용 규모를 정부에 신고해야 한다.

4. ADGSM 이외의 대안

한시적인 조치로 ADGSM 제도를 운영하는 호주 정부는 장기적으로 가스전 설비 투자 촉진, 주별 가스전 개발 규제 철폐 등을 통해서 지역 내 가스 개발을 촉진하거나 타 지역으로부터 남동부지역으로의 공급 물량을 증가시킬 방안을 검토하고 있다. 특히, 호주 연방정부는 각 주정부가 시행 중인 각종 규제를 철폐하는 방안을 검토하고 있으나, 환경 단체 및 지역주민의 반대에 부딪혀 신규 가스전 개발이 여전히 불확실한 상황이다. 앞서 언급한 바와 같이 호주 육상지역 가스 개발과 관련하여 뉴사우

---

38 장관의 결정(Minister's determination)은 늦어도 9월 1일에 이루어지지만, 충분한 정보가 없는 경우 등 11월 1일까지 연기될 수도 있다.

스웨일즈 주, 빅토리아 주, 태즈메이니아 주, 노던 준주, 웨스턴 오스트 레일리아 주에서는 수압파쇄 금지 및 육상 천연가스 개발 모라토리엄 등 의 규제가 시행되고 있다.

쉘, 오리진 에너지, 산토스가 소유하는 미개발 가스전을 개발하여 내수시장 가스 공급을 증대하는 방안은 고비용, 제도적 불확실성, 저유 가에 따른 투자유치 부진 등으로 추진이 지체되고 있다. 쉘과 중국의 페 트로차이나가 각각 지분 50% 보유한 애로우 에너지는 퀸즐랜드 주 수랏 (Surat), 보웬(Bowen) 지역에 9,000PJ가 넘는 석탄층가스 매장량(2P) 을 보유한 것으로 알려져 있으나, 생산기술, 인프라 확보, 개발비용 등이 문제가 되고 있다. 또한 오리진 에너지는 퀸즐랜드 주 아이론바크(Iron-bark) 지역에 256PJ의 매장량(2P)을 갖고 있으나 저유가 상황으로 수익 성 확보가 어려워지면서 개발이 지연되고 있다. 산토스의 뉴사우스 웨일 즈 주 노르브리(Narrbri) 석탄층가스 생산 프로젝트는 2017년 2월에 주 정부에 개발 계획 및 환경 평가서가 제출된 바 있으나 주정부의 규제나 신규 인허가가 불확실한 상황이다.

2018년 말부터 가동될 것으로 예상되는 노던 준주와 퀸즐랜드 주를 연결하는 622km의 노스 사우스 가스 연계배관(North-East Gas Inter-connector, 수송능력 92TJ/일, 투자비 약 8억 호주달러)는 동부지역의 가 스수급 안정화에 기여할 것으로 예상된다.[39]

호주 AGL Energy는 부유식 재기화시설(FSRU)의 도입에 대한 경 제적 타당성(추정 투자비 2~3억 호주 달러)을 검토하고 있는데, 동 설비

---

39 이 사업의 추진 주체인 제메나(Jemena)는 호주 동부 연안에서 에너지와 상수도 공급기반 시설 자산을 보유·운영하는 호주의 사업체로 중국 전력망공사(State Grid Corporation of China)와 싱가포르전력(Singapore Power)가 각각 60%와 40%의 지분을 보유하고 있다.

는 2019년에 착공하여, 2020년~2021년 중 공급 개시를 목표로 하고 있다.

호주 정부는 내수시장의 천연가스 수급 환경을 개선할 목적으로 추진되는 상류부문 개발 및 가스 시장 개혁, 인프라 정비 등의 사업을 지원하기 위해 2017 회계연도 예산에서 총 2억 6,500만 호주달러를 배정한 바 있다. 이들 예산은 육상가스전 개발 지원, 육상 미개발·비전통 자원 평가, 가스시장 개혁을 위한 제도 개선 검토, 호주 북서부에서 동부로 이어지는 배관 건설에 관한 조사, 지역별 가스 수급의 실시간 분석과 투명성 개선을 위한 방안 검토 등에 사용된다.

5. ADGSM 도입의 영향 및 전망

연방정부와 동부지역 LNG 프로젝트 사업자가 2018년에 52PJ/년의 가스를 내수시장으로 전환하는 것에 합의함에 따라 동부지역 LNG 프로젝트의 수출이 감소할 가능성이 높다. 비록 내수시장에 공급하는 물량의 규모가 크지 않지만, 대량 수요자의 수요에 따라 향후에 수출물량이 등락할 가능성을 배제할 수 없다.

현행 가이드라인하에서 생산능력을 비교해 보면 동부지역의 3개 LNG 프로젝트 중 수출량 제한이 부과될 가능성이 있는 프로젝트는 원료가스의 약 50%를 국내 시장에서 조달하는 GLNG이다. 동 프로젝트의 운영사인 산토스사는 한국가스공사 및 말레이시아의 페트로나스에 공급하기로 계약한 물량 중의 일부를 호주 내수시장에 공급하는 방안에 대해 논의하고 있는데, LNG 현물가격이 저렴해진 상황에서 양사는 동 방안을 긍정적으로 검토하고 있는 것으로 알려져 있다.[40]

국제 LNG시장은 2023년~2024년까지 공급이 수요를 초과하는 구매자에게 유리한 시황을 보일 것으로 예상된다. 이에 따라 동부지역 내수시장 안정화 조치가 취해지더라도 부족물량이 크지 않을 것으로 예상되기 때문에 국제 LNG 시장 수급상황이 악화될 가능성은 높지 않은 편이다. 다만, LNG 수출 사업이 원활하게 진행되기 위해서는 ADGSM이 종료되는 2023년 이전에 동부지역의 가스 수급 불안이 해소될 수 있도록 다양한 조치가 강구되어야 할 것으로 보인다.

특히, GLNG는 내수시장 보호 정책에 따라 가스전 개발을 위한 추가 투자가 필요하며 이에 따라 생산비용이 증가할 가능성을 배제할 수 없는 상황이다. 규제조치가 지속되거나 낮은 원유가격이 지속될 때에는 GLNG는 상업적인 어려움에 봉착할 수도 있다. 한편으로 지역 내 가스의 부족으로 가스 원료비가 상승할 것으로 예상되며, 높은 가스 원료비 때문에 호주 동부지역에서 제안된 신규 LNG 수출 프로젝트는 비용 경쟁력 확보가 어려워 최종투자결정을 내리기가 쉽지 않을 것으로 예상된다.

호주 남동부지역의 수급 불안이 내수시장 가격과 국제 가격간의 괴리 때문이라는 의견을 개진하는 전문가도 있다. 즉, 계획단계에 있는 신규 LNG 프로젝트를 추진하지 않아도 될 정도로 내수시장 천연가스 가격이 적정수준을 유지한다면, 중장기적으로 호주 동부지역의 수급이 안정될 수 있다는 것이다.[41] 이는 결국 남동부지역이 어떤 형태로든 과거처럼 저렴하게 가스를 이용하는 상황으로 변할 가능성이 희박하다는 것을 의미하는 것이기도 하다.

동부 및 남동부지역의 전통가스 생산이 점차 감소할 것으로 예상되는 가운데 신규 가스 공급원이 확보되지 않게 되면 가스수급 상황이 더욱 악화될 가능성이 있다. 이에 따라 생산비가 비싼 석탄층가스 생산을

---

40   Poten and Partners(2017).

41   D. Ladesma Et al(2014).

늘리거나 북서부지역으로부터 LNG 혹은 PNG를 도입해야 하는 상황에 처할 수도 있다. PNG 구매비용은 US$8/MMbtu로 재기화비용을 포함하는 LNG 구매 비용에 비해 저렴한 것으로 추정된다.

V. 결어

방대한 가스자원을 배경으로 지난 수년간 호주는 다수의 액화 프로젝트가 추진되어, 2019년 이후에는 세계 최대의 LNG 수출국이 될 것으로 예상된다. 전체 액화 용량 중 미계약분이 있고, 제안된 확장 프로젝트들이 다수 존재하고 있다는 점을 고려할 때 호주는 향후 우리나라가 필요로 하는 LNG를 확보하는 데 도움을 줄 수 있는 주요 LNG 생산지 중의 하나로 간주할 수 있다.

그러나 호주의 프로젝트들, 특히 신규 프로젝트들은 비용 경쟁력 측면에서 미국이나 다른 신규 생산국의 프로젝트들에 비해 열악한 측면이 있다. 그리고 지역 내 내수시장의 수급 불안에 따른 수출 장애 등과 같은 위험 요소가 부각되고 있다. 지리적으로 우리나라와 인접한 점, 풍부한 프로젝트 수행 경험, 적정한 재원조달 등의 측면에서 장점이 있음에도 불구하고, 비용 경쟁력과 공급 불안 요소는 신규 도입 계약을 저해하는 요소가 될 수 있다. 특히 열악한 비용 경쟁력은 원유가격에 연동되지 않은 LNG가 시장에 유입되는 2020년 이후 문제가 될 소지가 있다.

최근에 제기되는 호주 가스시장의 수급 불안 문제에도 불구하고, 호주는 세계 최대의 LNG 수출국이 될 것으로 보인다. 중·단기적으로 건설 중인 프로젝트 외에 제안된 다수의 프로젝트들은 추진될 가능성이 높지 않지만, 일부 확장 프로젝트들은 미국, 동아프리카, 서부 캐나다, 러시아 등지의 신규 LNG 프로젝트들에 비해 비용 경쟁력을 가지는 것으로 평가된다.

　그러나 북서지역의 LNG 프로젝트들은 비용 통제와 효율적인 설계·구매·시공(EPC) 관리가 요구되며, 동부지역은 충분한 가스전 개발이 필요한 실정이다. 비전통가스의 개발과 관련된 환경 및 정치적인 이슈는 신규 LNG 프로젝트의 추진을 어렵게 할 가능성이 높을 뿐만 아니라 가동 중인 프로젝트의 가동률을 낮추는 요인이 될 수도 있다. 이러한 요인들로 인해 호주 내수시장의 수요자들이 부담해야 할 가스비용이 증가할 가능성을 배제할 수 없다. 수출시장의 네트백 가치 수준까지 내수시장의 가격이 높아지지 않으면 향후 LNG 수출 프로젝트가 어려움을 겪게 될 가능성이 있는 것은 분명해 보인다.

참고문헌

独立行政法人石油天然ガス・金属鉱物資源機構. 2017. "豪州東海岸におけるLNG輸出増と 豪国内 ガス安定制度（ADGSM）の導入"

Australian Competition & Consumer Commission(ACCC). 2016. "Inquiry into the east coast gas market."
Australian Energy Regulator. 2017. "State of the energy market."
Australian Energy Market Operator(AEMO). 2016a. "Gas Statement of Opportunities for Western Australia."
_____. 2016b. "National Gas Forecasting Report."
_____. 2017a. "Energy Supply Outlook for Eastern and South-Eastern Australia."
_____. 2017b. "Gas Statement of Opportunities."
_____. 2017c. "Update to Gas Statement of Opportunities."
Department of the Environment and Energy. 2017. "Australia Energy Statistics."
Department of Industry, Innovation and Science. 2017a. "Resources and Energy Quarterly, Sep 2017."
_____. 2017b. "Resources and Energy Quarterly, Dec 2017."
_____. 2017c. "Heads of Agreement – The Australian East Coast Domestic Gas Supply Commitment", Oct. 2017.
Ledesma, D., James Henderson and Nyrie Parlmer. 2014. "The Future of Australian LNG Exports: Will domestic challenges limit the development of future LNG export capacity?" *Oxford Institute for Energy Studies, OIES paper NG 90.*
K. Neill, 2015. "Western Australia's Domestic Gas Reservation Policy The Elemental Economics." *University of Western Australia, Discussion Paper 15.08.*
GIIGNL. 2017. "The LNG Industry Annual Report."
IEA. 2018. "Energy Policies of IEA Countries, Australia 2018 Review."
IGU. 2017. "World LNG Report 2017 Edition."
IHS Markit. 2017a. "Supply competition growing from older LNG projects.", *LNG Insight*
_____. 2017b. "Qatar Returns: Lifting North Field Moratorium Signal Defense of Market Share." *LNG Insight*
_____. 2017c. "Breakeven FOB Costs."
_____. 2018a. "LNG Supply Demand Gap."
_____. 2018b. "LNG Sales Contract Data Base."
_____. 2018c. "LNG and Gas Price."

Poten and Partners. 2017. "LNG in World Market."

BP. 2017. "BP Statistical Review of World Energy."

Energy Intelligence. 2017. "Australian Shortages Cause Problems." World Gas Intelligence, Vol. 28, No. 12.

제14장

사할린 프로젝트와 한국의 가스도입 전략

이성규(에너지경제연구원)

I. 사할린지역의 천연가스 공급 잠재력과 정부의 LNG 수출 정책

1. 러시아 전체 천연가스 공급 및 LNG 수출 전망

1) 러시아 전체 천연가스 공급 전망

2017년 말 기준으로 러시아는 세계 1위 천연가스 매장국이며, 미국에 이어서 세계 2위의 수출국이다. 천연가스의 대부분은 파이프라인을 통해 유럽으로, 그리고 아직은 적은 물량이지만 LNG(Liquefied Natural Gas) 형태로 아·태지역으로 각각 수출되고 있다. 현재 가동 중인 액화설비는 사할린-II가 유일하다. 러시아는 미래 전략적 LNG 수출기지로 사할린지역과 북극지역을 설정하고 있다. 사할린 해상지역에는 풍부한 가스 부존량이 있는데, 대부분 미개발 상태로 존재하고 있다.

BP(2017)의 자료에 의하면, 2016년 말 기준 천연가스 확인매장량은 32.3Tcm(Trillion cubic meters)(전 세계 비중 17.3%), 생산

량은 579.4Bcm(Billion cubic meters)(전년대비 0.5% 증가), 소비량
은 390.9Bcm(전년대비 -3.2%), 그리고 파이프라인에 의한 수출량은
190.8Bcm(유럽, 구소련 국가), LNG에 의한 수출량은 14Bcm(1,090만
톤)(중국 0.3Bcm, 일본 9.5Bcm, 한국 2.4Bcm, 대만 1.7Bcm)[1]이었다.

2040년까지 세계 천연가스 수급 상황은 안정적으로 유지될 것으
로 보인다. 여전히 미국이 가장 많은 천연가스를 생산하고, 그 다음으로
러시아가 차지할 것이다. 2016~40년 동안 미국의 천연가스 생산량은
749Bcm에서 1,058Bcm(연평균 1.4%), 러시아 생산량은 644Bcm에서
788Bcm(0.8%), 이란 생산량은 190Bcm에서 338Bcm(2.4%), 카타르
생산량은 165Bcm에서 256Bcm(1.8%)으로 각각 증가할 것으로 전망된
다. 주요 가스 생산국들 가운데 러시아가 가장 낮은 연평균 증가율을 보
일 것으로 전망된다(IEA, 2017).

러시아의 천연가스 수출 잠재력은 IEA(2017)에 따르면, 2016년에
205Bcm에서 2040년에 315Bcm으로 전망된다. 2040년에 유럽 및 구소

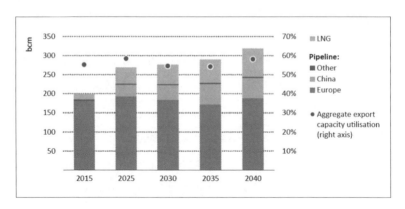

그림 1. 러시아의 천연가스 수출 전망(LNG, PNG)
출처: IEA(2017: 351)

---

1   LNG 수출은 모두 가즈프롬이 운영사로 되어 있는 사할린-2 프로젝트에서 이루어졌음.

련 시장 의존도는 2016년에 90%에서 60%로 감소하고, 반면에 아·태시장 의존도는 크게 증가할 것이다.

2) 러시아 전체 LNG 생산 현황 및 향후 수출전망

2018년 2월 기준으로 러시아에서 상업생산 중인 LNG 사업은 2009년 가동을 개시한 '사할린-II LNG' 사업(500만 톤/년, 2개 트레인 가동)과 2017년 12월 가동을 개시한 '야말 LNG' 사업(1단계 550만 톤/년)이 있다. 2016년 러시아 LNG 생산량은 전년대비 0.97% 증가한 1,092만 톤을 기록하였다.

표 1. 러시아 LNG 생산량 추이(2009~2016년) (단위 : 백만 톤)

년도	2009	2010	2011	2012	2013	2014	2015	2016
LNG 생산량	5.3	10.0	10.7	10.9	10.8	10.7	10.8	10.9

출처: 러시아 에너지부(2015.11), 이주리(2018:8)에서 재인용

2016년 말 현재, 아·태지역에서 러시아의 주요 LNG 수출국은 일본이다. 일본 기업들이 사할린-II LNG 사업에 지분을 참여하고 있어서 생산된 물량의 대부분을 확보할 수 있었다. 러시아의 총 LNG 수출에서 일본이 차지하는 비중은 약 70%,[2] 한국 23%, 대만 5%에 이른다. 러시아의 LNG 수출은 대부분 장기계약과 유가연동방식에 의해서 이루어졌다.

러시아 에너지부는 아·태지역에 대한 LNG 수출을 2014년에 14Bcm에서 2035년에 74Bcm까지 증가시키는 것을 목표로 설정했다(러시아 에너지부, '러시아 에너지 전략-2035'의 낙관적 시나리오). 러시아 전체 가스수출에서 차지하는 아·태지역 비중도 2014년 7%에서 2035년

2   일본의 총 LNG 수입에서 러시아 LNG가 차지하는 비중은 2014년에 9.5%였음.

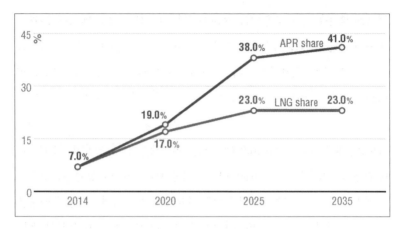

그림 2. 러시아 가스 수출에서 아·태지역국가 비중 전망(2014~2035년)
출처: 러시아 에너지부(2015.11:9), 이주리(2016: 25)에서 재인용
* APR: Asia-Pacific Region

에 비관적 시나리오의 경우 23%, 낙관적 시나리오의 경우 41%로 전망
되었다.

최근에는 2015년에 발표했던 LNG 생산·수출 전망치보다 훨씬 상
회하는 전망을 했는데, 전망치를 발표했는데, 알렉산드르 노박(Aleksan-
dr Novak) 러시아 에너지부 장관은 2017년 말에 글로벌 LNG 시장이
빠르게 성장하고 있으며, 자국의 LNG 생산량을 현재 1,050만 톤(사할
린-II사업)에서 2035년에 최대 1억 톤까지 증대시킬 계획이라고 발표했
다.[3] 2016년에 러시아는 세계 천연가스 수출량의 약 1/3을 차지하지만,
세계 LNG 시장 점유율은 4.5%에 불과했다. 현재 러시아 국영가스기업
인 가즈프롬(Gazprom), 국영석유기업인 로스네프트(Rosneft), 그리고
민간기업으로 노바텍(Novatek) 등이 러시아 내 발틱해, 북극해, 오호츠
크해(블라디보스토크, 사할린)에서 LNG 사업을 추진·계획하고 있다.

3   「세계 에너지시장 인사이트」(2018.1.15: 38~39) 참조.

러시아 스콜코보 에너지 센터(SKOLKOVO Eenergy Center)에서 추산한 바에 의하면,[4] 글로벌 LNG 시장 상황과 러시아 자체 경쟁력 등을 고려했을 때, 2030년에 러시아 LNG 수출 전망(기준 시나리오)은 2015년에 1,000만 톤에서 2020년 2,700만 톤, 2025년 3,400만 톤, 2030년에 4,500만 톤이다. 낙관적 시나리오의 경우에 LNG 수출량은 2025년에 5,500만 톤, 2030년에 약 6,300만 톤으로 전망되었다.

2. 아·태지역에 대한 LNG 수출 전략 및 전망

1) 정부의 가스수출시장 다변화 전략

러시아는 전통적으로 유럽에 대한 PNG(Piped Natural Gas) 수출에 집중해왔고, 앞으로도 유럽 시장에서 최대 PNG 공급국이 되기 위해 노력할 것이다. 그러나 2000년대 중반 유럽에서 가스소비 정체 및 PNG소비 감소세가 보이기 시작하면서 러시아는 신규 가스 수출시장 확보를 위해 아·태지역으로의 진출을 모색하기 시작했고, 이를 위해 사할린 지역을 중심으로 LNG 프로젝트를 시작하였다. 러시아의 첫 번째 LNG 프로젝트는 2009년부터 가동을 개시한 사할린-II LNG이다. 처음에는 글로벌 석유·가스 메이저 기업인 쉘(Shell)이 운영사로 있었지만, 나중에 러시아 국영가스기업인 가즈프롬(Gazprom)이 운영권을 회득해서 현재까지 운영사로 있다. 최근 들어서는 EU 차원의 러시아 가스 의존도 감축정책 추진과 2014년부터 시행된 미국·EU의 대러시아 경제·에너지부문에 대한 제재가 아·태지역으로의 LNG 수출 확대 필요성을 증폭시켰다.

한편, 러시아 정부 입장에서 자국 가스 산업을 지속적으로 발전시키

---

4   Tatiana Mitrova(2018.3.12) 참조.

기 위한 우선적 과제는 아·태시장으로의 수출시장 다변화에 있다. 주요 추진 방향은 현재 건설 중인 러시아-중국 간 가스관의 완공 및 확충과 LNG(Liquefied natural gas) 생산능력 증대에 있다. 가스관에 의한 수출은 2017년 8월 발효된 미국의 러시아 수출용 가스관에 대한 제재로 불확실한 측면이 있다. 그러나 가스관 건설에 있어서 중국과 러시아가 충분한 기술력과 경험을 갖고 있기 때문에 서방의 제재에 크게 영향을 받지 않을 것으로 판단된다. 오랫동안 논의만 되어 왔던 남-북-러 가스관 건설이나 러-일 가스관 건설은 한국·일본과 미국 간 관계로 인해 미국의 대러시아 제재가 부정적인 영향을 미칠 수 있을 것이다.

유럽과 미국의 대러시아 경제·에너지 제재 대상에는 심해와 북극해 매장지 개발 사업이 포함되어 있다. 그래서 북극지역에 속해 있는 야말(Yamal)지역과 기단(Gidan)지역 내 육상가스전에 기반을 두고 있는 LNG 사업(야말 LNG 사업, 북극 LNG-II 사업)은 서방의 제재 대상에서 제외되어 있다. 야말지역과 기단지역은 열악한 기후조건으로 액화설비 건설 및 수송관련 인프라 건설 비용이 많이 들고, 북극해가 완전 개방될 때까지는 수송가능 기간이 짧다는 단점을 갖고 있다. 그리고 야말 LNG 사업을 포함한 북극지역 LNG사업의 성공여부는 러시아 정부의 각종 세제혜택과 인프라 건설 투자지원의 지속에 크게 달려 있을 것이다.

사할린 해상지역 내 신규 가스전 개발 사업의 경우는 대부분 심해에 속하기 때문에 제재 대상에 포함된다. 또한, 국제금융시장으로부터의 대규모 투자비 조달도 서방 제재로 인해 불가능하다. 한국과 일본 투자자들의 사할린 가스전 개발 사업에 대한 지분 참여도 미국과의 관계로 조심스럽게 접근할 수밖에 없다. 미국은 한국과 일본에 대한 자국 LNG 수출량을 증대시키고, 시장 선점을 원하기 때문에 러시아 사할린 LNG 사업들이 순조롭게 추진되는 것을 원치 않을 수 있다.

향후 러시아에 있어서 추가적인 수출 수요는 아·태지역에서 나올 것이고, 그 공급지는 지리적으로 아·태지역과 인접해 있는 사할린 해상지역을 포함한 극동지역과 북극항로를 이용하는 북극지역(육상, 해상)이 될 것이다. 중국에 대한 가스 공급의 대부분은 육상을 통한 파이프라인으로, 그리고 인도를 포함한 동아시아지역에 대한 가스 공급은 LNG 형태로 각각 이루어질 것이다. 즉, 아·태시장으로의 LNG 수출 증가는 러시아 가스수출을 미래에 안정적으로 유지하는 데 있어서 매우 중요한 과제라고 할 수 있을 것이다.

러시아는 세계 LNG 시장에서의 점유율을 확대하기 위해 일본, 한국 등 동북아지역 국가들은 물론이고 서부아프리카, 파키스탄, 태국, 싱가포르 등 신규 LNG 수출시장 개척에도 적극적으로 나서고 있다. 가즈프롬은 세계 가스시장에서 LNG 물량을 구입해서 이를 매매계약을 체결한 여러 국가들에 공급하는 트레이딩(trading) 사업분야에도 활발히 진출하고 있다. 그 일환으로 가즈프롬은 2017년에 아프리카 가나 국영석유기업(Ghana National Petroleum Corp(GNPC))과 연간 170만 톤의 LNG를 가나로 공급하는 계약을 체결했는데, 여기에는 목적지제한 조항을 두지 않았다. 또한, 가즈프롬은 파키스탄과 LNG 공급 물량과 시점, 그리고 공급대상 사업 등을 정확하게 명시하지 않은 계약을 체결하기도 했다.

러시아 정부의 법률에 의하면 국영가스기업인 가즈프롬만이 천연가스(PNG, LNG) 수출권을 보유할 수 있다. 가즈프롬은 국내 및 해외 수출용 파이프라인망을 독점적으로 소유·운영하고 있으며, 이를 통해 독점적인 수출권한을 행사하고 있다. 그러나 이것이 가스수출 증대를 위해 특히 LNG 수출에 있어서 커다란 장애요인으로 작용했다. LNG 수출은 파이프라인 이용과 관계 없기 때문에 민간 가스기업과 가스를 생산하는 석유기업들은 그동안 정부에 대해 LNG 수출 자유화를 강력히 요구해 왔었다. 점차적으로 석유기업과 민간가스기업의 압력이 가중되자 러시아 정부는 2013년 12월에 'LNG 수출 자유화'법을 발표하였고, 우선적으로 가스를 생산하고 있는 국영석유기업인 로스네프츠(Rosneft)와 민간가스기업인 노바텍(Novatek)에게도 LNG 수출권한을 부여하였다. 이와 더불어 러시아 정부는 기업들의 LNG 수출을 촉진시키기 위해 수출국에 대한 외교적 지원을 강화하고, 관련 인프라 사업을 우선적으로 추진하며, 또한 기업이 제출한 타당성 조사에 대한 검토와 승인도 우선적으로 처리하고 있다. 사실 야말 LNG 사업이 북극지역에 위치해도 경제성을 확보할 수 있었던 것도 정부가 가스전 및 액화설비 주변 지역 내 사회간접시설들을 국책사업으로 건설했기 때문이다.

한편, 러시아는 아직 가스액화 관련 기술과 경험이 크게 부족한 실정이다. 야말 LNG 사업은 프랑스의 토탈(Total), 사할린-II LNG사업은 네덜란드·영국의 쉘(Shell)의 기술 지원과 지분참여로 추진되었다. 그래서 러시아 정부와 기업들은 LNG 관련 주요 기술·장비의 국산화를 위해 노력하고 있다. 가즈프롬은 이를 위해 쉘과 독일 린데(Linde)사와 긴밀히 협력하고 있다. 러시아 에너지부 장관에 의해 승인된 '2035년 러시아 연료에너지산업의 과학-기술 발전 전망'에 따르면, 2020년에 주요 부품 및 시설의 국산화를 완료해서 자체적인 첫 번째 LNG 생산설비의 상업적 시범 운영을 목표로 하고 있다.

2) 아·태지역의 LNG 수입 전망

러시아 정부는 수출시장 다변화 차원에서 LNG 수출 비중을 빠르게 증대시키려 한다. 러시아의 중요한 수출시장인 유럽 국가들은 과거 수차례 발생했던 우크라이나 가스공급 중단사태와 최근 크림사태를 겪으면서 러시아 가스 의존도를 낮추기 위해 많은 노력을 기울이고 있다.

국제에너지기구(International Energy Agency, 이하 'IEA')(IEA, 2017, 339)은 2016-40년 동안 전 세계 연평균 천연가스 수요 증가율을 1.6%(3,635Bcm→5,304Bcm), EU지역 −0.1%(463Bcm→454Bcm), 중국 4.6%(210Bcm→610Bcm), 인도 5.2%(55Bcm→183Bcm), 일본 −0.6%(123Bcm→107Bcm)로 각각 전망했다. 유럽과 일본은 천연가스 수요 감소가 예상되지만, 중국과 인도는 빠른 수요 증가가 전망되고 있다. 중국의 가스 생산량이 2016년 137Bcm에서 2040년 336Bcm으로, 수요량이 210Bcm에서 610Bcm으로 각각 전망되어, 그 부족분이 2016년 73Bcm에서 2040년 274Bcm으로 크게 증가하는 것으로 나타났다 (IEA, 2017, 346).

세계 주요국들이 탈원전·탈석탄에 기반 한 에너지전환 정책을 추진하고, 수송분야(선박, 자동차)에서 청정연료로서 가스 사용을 증가시키려고 한다. 중국과 인도의 경우에는 도시거주 인구의 증가, 대기환경에 대한 관심 증가 등이 가스수요를 증대시키는 요인으로 작용하고 있다. 특히, 중국은 2040년에 미국에 이어 세계 2위의 가스소비국(EU 지역 전체 수요 상회)이 될 것이다. 또한, 발전부문에서 가스 수요는 가스와 석탄 간 가격차이, 신재생에너지 발전비용 하락 속도 등에 의해 영향을 받게될 것이다.

영국의 옥스퍼드 에너지연구소(Oxford Institute for Energy Studies)는 아시아 국가들의 LNG 수입량이 2015년 238Bcm에서 2030년에 비관적 시나리오의 경우 385Bcm, 낙관적 시나리오의 경우 530Bcm으로 전망했다.[5] 중국의 LNG 수입은 2015년 27Bcm에서 2030년

5　Oxford Institute for Energy Studies(2016.4), Asian LNG Demand: Key drivers and Outlook, p.73.

75~105Bcm으로, 인도의 경우는 20Bcm에서 66~79Bcm으로 각각 증가하는 것으로 전망했다. 한국과 일본의 LNG 수입은 2030년에 약간 증가하는 것으로 전망했는데, 일본의 LNG 수입은 2015년에 116Bcm에서 비관적 시나리오의 경우에는 81Bcm으로 감소하지만, 낙관적 시나리오에서는 120Bcm으로 약간 증가한다. 한국과 일본의 경우에는 에너지 전환정책 추진 과정에서 원전 비중을 어떻게 설정하는가에 따라 LNG 수입이 크게 영향을 받을 것이다.

러시아 에너지부 산하 연료에너지산업 분석센터는 2035년에 아시아지역의 LNG 수요는 2016년 1억 7,800만 톤에서 1억 9,800만 톤 증

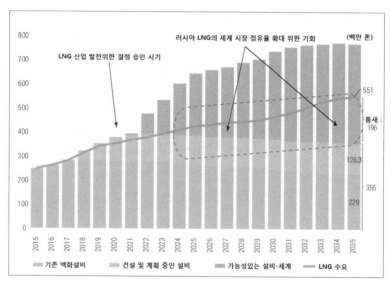

그림 3. 러시아 연료에너지산업 분석센터의 전 세계 액화설비용량 및 LNG 수요 전망 (2015~2035년)

1) '건설 및 계획 중인 설비'는 최종투자결정이 이루어져서 건설되고 있거나 건설할 계획이 있으며 2024년까지 도입될 설비를 말함.
2) '가능성 있는 설비'는 아직 최종투자결정은 이루어지지 않았지만, 각 국가별 추진할 계획이 있다고 언급(발표)된 설비 규모임.
출처: Novak(2018:24), 이주리(2018:8)에서 재인용

가한 3억 7,600만 톤을 기록할 것으로 전망했다.

러시아 에너지부는 2035년까지 아시아지역에 대한 LNG 수요를 전망했는데, 2014년 656Bcm(중국 161Bcm, 인도 56Bcm, 일본 126Bcm, 기타 아시아 국가 313Bcm)에서 2035년 1,297Bcm(중국 545Bcm, 인도 167Bcm, 일본 103Bcm, 기타 아시아 국가 482Bcm)으로 전망했다. 전 세계 가스시장에서 아시아지역이 차지하는 비중도 2014년 19.5%에서 2035년 25.9%로 증가하는 것으로 전망되었다.[6]

아시아지역의 가스 수요 증가세가 역내 생산 증가세를 상회하기 때문에 아시아 국가들의 가스수입도 증가하는 것으로 전망되었다. 러시아 에너지부는 2014년에 아시아지역의 가스 수입이 251Bcm(중국 49.1Bcm, 인도 18Bcm, 일본·한국 171.7Bcm, 기타 아시아국가 12Bcm)에서 2035년에 491Bcm(중국 213Bcm, 인도 75Bcm, 일본·한국 153Bcm, 기타 아시아국가 50Bcm)으로 증가하는 것으로 전망했다. 이중

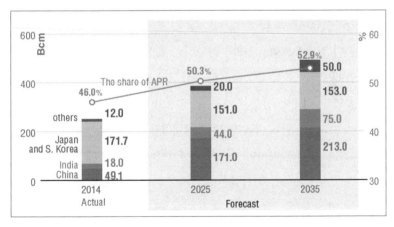

그림 4. 아·태지역국가의 가스 수입 전망(2014~2035년)
출처: 러시아 에너지부(2015.11: 5)

6   러시아 에너지부(2015.11: 5).

에서 중국이 가장 빠르게 가스수요가 증가하고, 한국과 일본은 반대로 가스수요가 정체 내지는 감소하는 것으로 전망되었다.

3) 사할린 지역을 포함한 극동지역의 가스 생산 전망

러시아 정부는 오래전부터 극동지역 자원개발에 노력해 왔으나 충분하지 못한 정부의 재정지출과 국영석유가스기업(가즈프롬과 로스네프츠)의 투자지출로 인해 만족할 만한 성과를 거두지 못했다. 정부의 자원민족주의 정책 추진으로 외국기업들의 투자진출이 활발히 이루어지지 못한 것도 주된 원인 중에 하나였다. 지금까지 외국기업들은 극동지역에서 러시아 국영기업과 합작투자 형태로 탐사사업에만 참여해 왔다. 극동지역은 동북아지역과 지리적으로 가깝게 위치해 있기 때문에 장거리 해상수송에 대한 위험이 없고, 동북아 국가들의 중동 가스의존도를 낮출 수 있는 대안으로 인식되었다. 그래서 동북아 가스기업들은 사할린지역을 포함한 극동지역 가스전 개발 사업에 커다란 관심을 가져왔었다.

앞서 언급했듯이 러시아 가즈프롬은 그동안 LNG 사업보다는 PNG 사업에 더 집중했으며, 그래서 극동지역 육상 가스전에서 개발되는 가스는 파이프라인을 통해 중국으로 대규모로 수출하는 것을 최우선 과제로 선정했다. 러시아 정부와 가즈프롬의 10년 이상의 오랜 노력의 결과로 지난 2014년 5월에 중국과 PNG 장기공급 계약(연간 38Bcm 공급)이 체결되었다. 중국의 러시아 가스에 대한 수요가 크게 증대되면 극동지역 육상 가스전은 물론이고 사할린지역 해상 가스전에서 생산되는 가스도 파이프라인을 통해 중국으로 수출될 가능성도 있다. 현재 러시아 하바로프스크와 사할린지역을 연결하는 가스관이 운영되고 있는데, 이를 통해 사할린 가스가 중국으로 수출될 수 있다. 가즈프롬은 이러한 방안을 중국 측에 제안한 바 있다. 그러나 실제 이것이 실현될 가능성은 단기적으로 낮은 것으로 판단되며, 가즈프롬은 사할린 LNG를 수입하려는 중국으로 수출될 수 있다. 중국도 동부연안지역에 LNG 도입설비를 충분히 갖추고 있기 때문에 사할린지역에서 생산되는 가스는 LNG 형태로 연안 남부지역에 공급하려고 할 것이다.

푸틴 대통령은 2012년 5월 집권 제3기를 맞아 동시베리아·극동지역 개발을 기치로 하는 '신동방정책'을 발표하였고, 대외경제협력 노선을 아·태지역과의 협력을 확대하는 방향으로 전환하였다. 러시아는 극동지역의 지정학적 위치와 에너지 자원 공급능력을 기반으로 블라디보스토크를 동북아지역의 에너지 허브(Energy Hub)로 발전시키려 하며, 여기에 대규모 가스액화설비와 가스저장시설을 건설하려고 한다. 블라디보스토크 에너지 허브의 주요 가스공급원은 사할린 해상 가스전들과 극동지역 내 육상 가스전(차얀다 가스전, 코빅타 가스전 등)들이 될 것이다. 차얀다 가스전과 코빅타 가스전의 매장량은 상당히 크기 때문에 여기서 생산되는 가스는 우선적으로 파이프라인을 통해 중국으로 공급되고, 나머지는 블라디보스토크지역으로 수송될 것이다.

러시아 에너지부 자료에 의하면, 2014년 기준으로 러시아 동시베리아 및 극동지역의 가스 확인매장량은 11.22Tcm이며, 추정매장량은 41.8Tcm이다. 확인매장량 기준으로 러시아 전체 가스 매장량에서 이들 지역이 차지하는 비중은 16.2%이다. 주요 가스매장 지역은 야쿠츠크(Yakutsk)지역(주요 가스전 차얀다(Chayanda), 이르쿠츠크(Irkutsk)지역(코빅타(Kovykta) 가스전), 크라스노야르스크(Krasnoyarsk)지역, 그리고 사할린 해상지역과 오호츠크해 해상지역, 캄차트카(Kamchatka)지역이다. 이중에서 사할린 지역의 가스 확인매장량은 500Bcm으로 추산된다.

러시아 동시베리아 및 극동지역에서 가스 생산은 2020년부터 크게

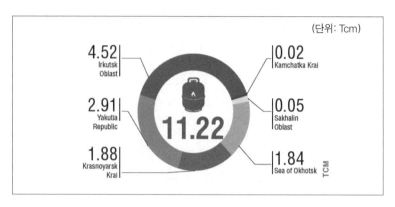

그림 5. 동시베리아와 극동 내 가스 매장량 분포 현황(2014년 기준)(단위: Tcm)
출처: 러시아 에너지부(2015.11:8)

증가하여 2035년에 전체 가스 생산량에서 이들 지역이 차지하는 비중이 15%에 달할 것으로 2015년에 러시아 정부는 전망했었다. 그러나 우크라이나 크림 사태에 따른 서방의 대러시아 제재로 인해 대규모 해상 가스전 개발 및 외국자본 도입이 불가능한 상황에서 러시아 정부의 이와

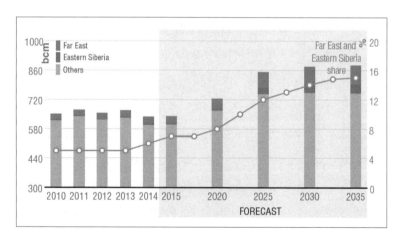

그림 6. 동시베리아와 극동지역 가스 생산량 전망(2010~2035년)
출처: 러시아 에너지부(2015.11:9)

같은 전망치 실현은 연기될 수밖에 없을 것으로 판단된다.

II. 사할린지역 가스개발 프로젝트의 추진 현황 및 전망

1. 러시아 전체 및 사할린지역 내 LNG 프로젝트

1) 러시아에서 가동 또는 계획 중인 LNG 사업

현재 러시아에서 가동 중이거나 계획 중인 대형 LNG 사업은 다음과 같다.

- 사할린-II: 트레인 2개, 액화용량 10.8백만 톤, 2009년부터 가동 중, 지분구성 가즈프롬 50%, 쉘 27.5%, 미쯔이 12.5%, 미쯔비시 10%
- 사할린-II 확장: 트레인 1개, 액화용량 5.4백만 톤, 2023년부터 가동 계획, 지분 구성은 사할린-II와 동일
- 야말 LNG(1단계): 트레인 1개, 액화용량 5.5백만 톤, 2018년부터 가동 중, 노바텍 50.1%, 토탈 20%, CNPC 20%, 실크로드펀드 9.9%
- 야말 LNG(2단계): 트레인 3개[5.5백만 톤(1단계 사업), 5.5백만 톤, 0.9백만 톤], 액화용량 11.9백만 톤, 첫 번째 트레인은 2018년 하반기부터 가동, 나머지는 2019년부터 가동 계획, 지분구성은 야말 LNG(1단계)와 동일
- 북극 LNG-II: 트레인 3개(6.6백만 톤×3개), 액화용량 19.8백만 톤, 2023년부터 가동 계획, 운영사는 노바텍이며, 다른 투자자 모집 중
- 발틱 LNG: 액화용량 10백만 톤, 2023년부터 가동 계획, 지분 참

여사 가즈프롬, 쉘

- 극동 LNG: 액화용량 5백만 톤, 2030년부터 가동 계획(미정), 지
  분참여사 로스네프츠, 엑슨모빌
- 페초라 LNG: 액화용량 10백만 톤, 2030년부터 가동 계획(미정),
  지분참여사 로스네프츠, 올텍스(Alltec)

이외에 중·소형 LNG와 계획준비단계에 있는 사업으로는 다음과
같은 것들이 있다.

- 크리오가즈-비소츠크(Kriogaz-Vysotsk): 트레인 2개(0.33백만
  톤×2개), 액화용량 0.66백만 톤, 2018년부터 가동 계획(건설 중),
  지분구성 노바텍 51%, 가즈프롬방크(Gazprombank) 49%
- 포르토바야 컴프레서 스테이션(Portovaya compressor station):
  액화용량 1.5백만 톤, 2019년부터 가동 예정(건설 중), 운영사 가
  즈프롬
- 야말 LNG 확장: 액화용량 0.9백만 톤, 2019년부터 가동 계획, 운
  영사 노바텍, 다른 투자자 모집 중
- 블라디보스토크 LNG: 계획준비단계, 운영사 가즈프롬, 다른 투
  자자 모집 중
- LNG-고르스카야: 트레인 3개(0.42백만 톤×3개), 액화용량 1.26
  백만 톤, 계획단계, 운영사 LNG-고르스카야

전체적으로 대형 LNG 프로젝트 총 8개 사업이 계획대로 추진될 경
우에 2030년에 총 액화용량은 78.4백만 톤이고, 2026년에 총 액화용량
은 63.4백만 톤에 이를 것이다.

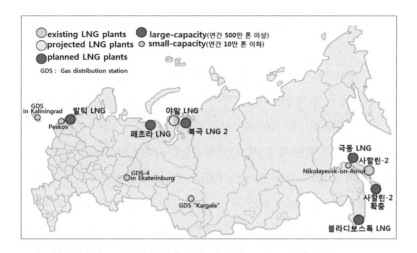

그림 7. 러시아의 기존·건설 중·계획 중인 대규모 및 중·소규모 액화설비

출처: Казаков А.М., Олейник М.А.(2017.11), "Настоящее и будущее росс-ийского сжиженного природного газа на мировом рынке"

2) 사할린지역 및 연해주 지역 내 주요 LNG 프로젝트

현재 사할린지역에서 가스를 생산 중인 프로젝트는 사할린-I과 사할린-II이며, 사할린-I에서 생산되는 가스는 주로 자체 소비와 국내 소비용으로 활용되고, 사할린-II 가스는 LNG 생산 및 수출을 위해 사용되고 있다. 그리고 현재 사할린 지역에서 계획 중인 사업으로는 '사할린-II LNG 확장사업'(가즈프롬)과 사할린-I 가스를 이용한 '극동 LNG 사업'(로스네프츠), 그리고 '사할린-III LNG/PNG' 사업 등이 있다. 또한, 블라디보스토크지역에 위치하는 '블라디보스토크 LNG 사업(가즈프롬)'의 경우에는 사할린지역 가스(사할린-III)와 극동지역 내 가스전(차얀다, 코빅타 등) 가스가 공급될 것이다.

사할린-II LNG 사업은 러시아 최초의 LNG 사업이며, 가즈프롬의 자회사인 '사할린 에너지(Sakhalin Energy)'가 운영사이다. LNG 생산은 2009년부터 개시되었고, 주요 설비는 생산용량 960만 톤의 액화설비(트레인 2개), 해상 가스전 2개[룬스코예(Lunskoye), 필툰-아스토호스코예(Piltun-Astokhskoye)], 그리고 총길이 800km의 파이프라인 등으로 되어 있다. 설계상의 생산용량은 연간 960만 톤이지만, 현재는 실제로 최대 1,100만 톤 정도까지 생산되고 있다. 사할린 에너지는 LNG 생산능력 증대를 위해 세 번째 트레인(생산용량 연간 540만 톤) 건설을 추진 중이며, 2023~2024년 가동 개시를 목표로 하고 있다(사할린-II 확장 사업). 사할린-II 사업의 가스 확인매장량은 약 633.6Bcm으로 추산된다. 2015년 6월에 가즈프롬과 쉘이 '사할린-II 확장 사업'에 대해 합의했고, 2017년 4월에 일본 미쯔이와 미쯔비시가 동 사업에 참여하고, 여기서 생산될 물량을 도입하기로 했다.[7] 따라서 사할린-II 확장 사업에서 생산될 LNG를 한국이 도입할 수 있는 물량은 제한적일 것으로 예상된다. 즉, 사할린-II 사업에 LNG 생산량의 대부분을 일본이 확보했고, 그중 일부(약 150만 톤)를 한국이 도입한 것을 감안할 때, 사할린-II 확장 사업에서도 이와 비슷한 정도로 확보할 수 있을 것으로 판단된다.

다음으로 러시아 국영석유기업이면서 사할린-I 사업에 지분 참여하고 있는 로스네프츠가 계획하고 있는 '극동 LNG 사업'이 있다. 그래서 극동 LNG 사업은 사할린-I 가스전을 주된 공급원으로 하며, 사할린-I 사업의 운영사인 엑슨모빌도 동 사업에 참여하고 있다. 사할린-I 사업은 생산물분배협정(production sharing agreement) 방식으로 추진되며, 지분구성은 엑슨모빌 30%, 일본 소데코 30%, 인도 ONGC 20%, 러시아 로스네프츠 20%로 이루어져 있다. 가스 공급원은 사할린-I의 가스전인 차이보(Chaivo), 오도프투(Odoptu), 북차이보(North Chaivo), 북

---

7 「세계 에너지시장 인사이트」(2017.5.1.), 제17-15호, 43~44 참조.

표 2. 사할린-II LNG 사업의 공급계약 체결 현황

판매기업	구매 기업	목적지	계약 개시	기간 (년)	계약 방식	계약물량 (백만톤/연)
사할린 에너지	KOGAS	한국	'08.01	20	매매계약	1.50
	Hiroshima Gas	일본	'08.01	20	매매계약	0.21
	Osaka Gas	일본	'08.01	22	매매계약	0.20
	Tokyo Gas	일본	'09.03	23	매매계약	1.10
	Kyushu Electric	일본	'09.03	21	매매계약	0.50
	Shell	포트폴리오 거래	'09.03	20	매매계약	1.00
	Toho Gas	일본	'09.03	23	매매계약	0.50
	TEPCO	일본	'09.03	7.2	매매계약	1.50
	Gazprom	포트폴리오 거래	'09.04	20	매매계약	1.00
	Tohoku Electric	일본	'10.01	20	매매계약	0.42
	Saibu Gas	일본	'10.01	18	매매계약	0.07
	Chubu Electric	일본	'11.01	5.5	매매계약	0.50
	TEPCO	일본	'12.09	2	매매계약	0.65
	JERA	일본	'16.07	9.5	매매계약	0.50
	JERA	일본	'16.07	12.8	매매계약	1.50
	CPC	대만	'17.01	5	매매계약	0.79
가즈프롬	Statoil	포트폴리오 거래	'15.01	20	양해각서/의향서	1.46
	EGAS	이집트	'15.01	5	매매계약	0.42
	Indian Oil Corp.	인도	'18.01	25	양해각서/의향서	2.50
	Pavilion Energy	포트폴리오 거래	'18.01	10	매매계약	0.50
	Vitol	포트폴리오 거래	'18.01	5	매매계약	0.30
	GAIL	인도	'18.04	23	매매계약	2.50
	GNPC	가나	'22.01	12	매매계약	1.70
	PetroVietnam	베트남	'23.01	20	양해각서/ 의향서	0.50

출처: IHS Markit(2018.1.22), IHS Markit LNG Sales Contracts Databas

베닌스키(North Veninsky) 등이며, 이들 가스전의 총 확인매장량은 약 584Bcm로 추산된다. 로스네프츠는 이외에 자사 소유의 사할린지역 내 다른 매장지들도 공급원으로 활용할 계획이다. 액화설비의 생산용량은 연간 500만~600만 톤(추후에 최대 1,000만 톤까지 증산)이며, 2030년 가동을 목표로 하고 있다. 당초에 로스네프츠는 액화설비를 2018년에 완공해서 2019년부터 LNG 공급을 계획했으나, 2014년 서방의 러시아에 대한 제재와 로스네프츠의 투자비 부족 등으로 2015년부터 더 이상의 진척이 이루어지지 않았다. 2018년 1월 현재까지 최종투자결정이 발표되지 않은 상태이다. 2016년 7월에 액화설비 건설 부지로 하바로프스크지방 내 데-카스트리(De-Kastri)가 선정되었지만, 극동 LNG 사업의 참여기업들은 사할린-I에서 생산되는 가스를 LNG 형태로 가공해서 직접 수출할 것인지, 아니면 사할린-II 사업의 운영사인 가즈프롬에게 판매할 것인지를 놓고 아직까지 검토 중인 것으로 알려진다.[8] 이에 대해 가즈프롬은 로스네프츠에 사할린-I 가스에 대한 구매 의사를 여러 차례 전달했는데, 도입가격을 러시아 내 시장가격으로 제시하고 있어서 양측 간에 협상이 상당히 어려울 것으로 예상되고 있다. 한편, 극동 LNG 사업에서 공급 물량도 절반 이상은 사할린-I 사업의 참여국인 일본에게 공급될 것으로 예상되고 있다. 그러나 유럽계 기업인 비톨(Vitol)이 포트폴리오 거래물량으로 275만 톤 구입의사를 밝혔는데, 비톨은 자사가 보유하고 있는 LNG 판매처를 이용해서 275만 톤을 재판매하려고 한다. 그래서 한국 기업이 비톨을 통해 일부 물량을 구입할 수도 있을 것이다.

다음으로 2000년대 초반에 계획되기 시작했고, 연해주 지역에 위치하며 가스 공급원 중에 일부를 사할린지역에 두고 있는 '블라디보스토크

---

8   IHS Markit(2018.1.22).

표 3. 러시아 극동 LNG 공급계약 현황

프로젝트	수출기업	구매예상 기업	목적지	기간 (년)	계약형태	계약물량 (백만톤/연)
사할린-I 극동 LNG	로스네프츠	비톨(Vitol)	포트폴리오 거래	20	양해각서/ 의향서	2.75
		마루베니 (Marubeni)	일본	20		1.25
		소데코 (Sodeco)	일본	20		1.00

출처: IHS Markit(2018.1.22), IHS Markit LNG Sales Contracts Database

LNG 사업'이 있다. 블라디보스토크 시에 인접해 있는 하산(Khasan)시에 액화설비가 건설되고, 생산용량은 약 연간 1,500만 톤(트레인 3개)으로 계획되었다. 당초 사업 개시 시점은 2018년으로 계획되었으나, 2014년 서방의 제재 여파로 현재까지 더 이상의 진척이 이루어지지 않고 있다. 러시아 국영에너지기업과 이들이 추진 중인 사할린 신규 가스전 개발 사업이 서방의 제재 대상에 포함되어 있고, 또한 국제금융시장으로부터의 대규모 자금조달도 불가능하게 된 것이 가장 큰 원인으로 작용했다. 특히 동 사업의 주된 가스공급원 중에 하나이며, 가즈프롬이 운영사로 있는 사할린-III 사업 내 유즈노-키린스코예(Yuzhno-Kirinskoye) 가스전도 서방의 제재 대상에 포함되어 있다. 또한, 다른 가스공급원인 가즈프롬 소유의 극동지역 내 육상 가스전도 있지만, 여기서 생산되는 가스도 대부분 파이프라인을 통해 중국으로 공급되어야 한다. 이런 상황에서 가즈프롬은 최근에 동 사업을 다시 부활시킬 의도로 당초 생산규모를 축소하고, LNG 벙커링 사업으로 전환하는 내용의 새로운 계획을 발표하기도 했다. 그러나 현재까지 동 사업의 최종투자결정은 발표되지 않은 상황이다.

　　마지막으로 신규 가스전 개발 사업인 '사할린-III 사업'이 있다. 운

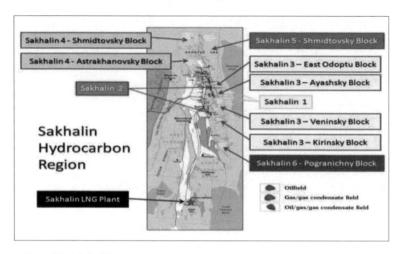

그림 8. 사할린지역 내 주요 프로젝트(I~VI)
출처: 러시아에너지부, 「세계 에너지시장 인사이트」(2017.10.16.:30)에서 재인용

영사는 가즈프롬이고, 총 3개 광구(키린스키, 아야쉬스키, 보스토치노-오도프틴스키)로 구성되어 있다. 이 중 가장 큰 것은 키린스키 광구(키린스키 가스전, 유즈노-키린스키 가스전, 미긴스키 가스전)로 총 추정매장량은 845Bcm으로 추산된다. 유즈노-키린스키 가스전에서 가스 생산량은 연간 21Bcm으로 추산되고, 대부분 수출용으로 활용된다.[9] 키린스키 광구에는 2개 가스정이 존재하며, 추가적인 가스정 시추 작업이 추진되는 과정에서 서방 제재로 인해 현재는 사실상 시추 작업은 중단된 상황이다. 당초에 가즈프롬은 유즈노 키린스키 가스전에서 2019-2020년부터 본격적인 가스생산을 개시하려고 했었다. 한편, 사할린-II에 지분참여자로 있는 쉘은 사할린-III 사업에 참여하려고 하며, 유즈노 키린스키 가스전에서 생산되는 가스 중에 일부 물량을 사할린-II 확장 사업에 공급할 계획이었다.

9   IEA(2016: 39).

2. 러시아 LNG 사업의 글로벌 경쟁력

러시아 가스 전문가가 분석한 자국의 LNG 사업에 대한 SWOT 분석은 다음과 같다.[10]

- 강점 요인: 높은 공급잠재력(매장량 풍부), 낮은 개발단가, 대규모 LNG 소비시장과의 인접성(사할린-II, 발틱 LNG), 기존 사업의 확장(사할린-II, 야말 LNG 사업), 정부의 세제혜택, 메이저 기업 및 주변 LNG 수입국의 높은 투자 관심
- 기회 요인: 글로벌 LNG시장의 성장세, 2020년대부터 아·태지역 LNG 수요의 본격적인 증가세, 새로운 LNG 수요시장의 출현(수송부문), 청정에너지에 대한 관심 증대
- 약점 요인: 북극지역 LNG사업의 경우에 해상수송 위험과 대규모 인프라 건설비용, LNG수송 및 액화부문에서 부족한 기술력, 높은 국가위험(서방 제재), 높은 자본비용, 숙련된 노동력 부족
- 위협 요인: 글로벌 LNG 시장 특히, 동북아지역 LNG 시장에서 치열한 경쟁구도, 글로벌시장에서 낮은 LNG 가격, 중·단기에 글로벌 LNG 시장의 초과공급 상태, 러시아 국영기업 및 노바텍에 대한 서방 제재

또한, 러시아 가스 전문가는 2025년에 유럽 LNG 시장과 아·태지역 LNG 시장에서 러시아 LNG의 가격경쟁력을 다음과 같이 비교했다.[11]

10　Tatiana Mitrova(2018.3.12.) 참조.

11　Nexant WGM, Enerdata, CGEP 등의 자료를 참조해서 SKOLKOVO Energy Center에서 추정했음. 가격비교는 생산비, 액화비용, 수송비용, 기회비용, 그리고 PNG 경우 수출세 등을 포함한 벨기에 터미널과 중국 상하이 LNG 도입 터미널에서의 도착지 가격을 기준으로 하였음. Tatiana Mitrova(2018.3.12.) 참조.

- 유럽 LNG 시장의 경우(도착지 가격이 높은 순): 모잠비크 LNG > 미국 LNG > 야말 LNG (러시아) > 러시아 PNG > 알제리 LNG > 발틱 LNG (러시아) > 카타르 LNG > 노르웨이 PNG > 알제리 PNG: 2025년에 백만 BTU(British thermal unit)당 모잠비크 LNG 가격은 약 9달러, 야말 LNG는 약 6.5달러, 발틱 LNG는 약 5달러로 추산

- 아·태지역 LNG 시장의 경우(도착지 가격이 높은 순): 호주동부지역 LNG > 호주북부지역 LNG > 미국 LNG > 모잠비크 LNG > 야말 LNG (러시아) > 호주서부지역 LNG > 카타르 LNG > 사할린-II LNG (러시아): 2025년에 백만 BTU당 호주동부지역 LNG 가격은 약 11달러, 미국 LNG는 9.1달러, 야말 LNG는 8.5달러, 카타르 LNG는 4.9달러로 추산

장기적으로 러시아의 LNG 산업 경쟁력을 증진시킬 수 있는 방안들은 자체 기술력 향상, 수출시장 다변화, 기존의 경직적인 계약조건(목적지 제한 조항, 의무인수 조항, 유가연동방식 등)의 완화 등이 있을 수 있고, 그리고 러시아 자체적으로는 어쩔 수 없지만 서방의 러시아에 대한 제재를 완화 내지는 철폐하는 것이다. 특히, 서장의 제재가 장기화된다면, 러시아 LNG는 미국 LNG, 중동 LNG, 호주 LNG에 동북아지역 시장을 선점당해서 신규 시장 확보에 커다란 어려움을 겪게 될 것이다.

III. 한국의 사할린 가스 도입 전략

1. 한국의 가스 수급 전망

한국의 천연가스 수요는 2013년에 최고치를 기록한 이후 2016년까지
감소하다가, 이후에 발전용 가스수요 증가와 동절기 기온하락 등으로 다
시 증가세를 보이고 있다. 2003년부터 2017년까지 연평균 가스 증가율
은 5.1%였다. 2018년부터 10년 동안은 가스 수요가 완만하게 증가하다
2028년 이후부터 약간 빠르게 증가할 것으로 전망된다. 이는 현재 가동
중인 원전들이 점차적으로 가동 중단되는 반면 신규 원전 건설은 이루어
지지 않기 때문이다.

현재 LNG 계약물량을 기준으로 2018년부터 2023년까지 한국은
초과공급 상황에 있게 되고, 2025년부터 추가적으로 LNG도입 계약을

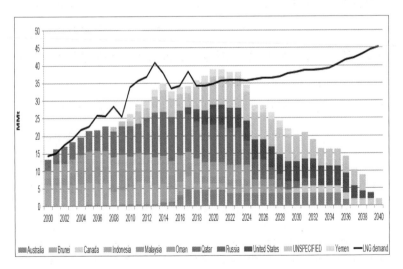

그림 9. 한국의 LNG 수요와 계약물량 간 차이
출처: IHS Markit(2018:3)

표 4. 한국의 장기 천연가스 수요 전망 (단위: 만 톤)

구분	도시가스용 (A)			발전용 (B)	합 계 (A+B)
	가정·일반용	산업용	소계		
2018년	1,185	809	1,994	1,652	3,646
2024년	1,231	886	2,117	1,294	3,411
2031년	1,329	1,011	2,340	1,709	4,049
연평균 증가율	0.89%	1.73%	1.24%	0.26%	0.81%

출처: 산업통상자원부(2018.4).

계속 체결해야 된다.[12]

산업통상자원부는 2018년 4월 5일에 2018~31년까지의 '제13차 장기 천연가스 수요 계획'을 발표했다. 이번 수급계획은 현 정부의 에너지전환 정책을 뒷받침하기 위한 안정적 가스수급을 강조하고 있는 것이 주요 특징으로 되어 있다.[13]

한국의 천연가스 수요는 2018년에 3,646만 톤에서 2031년에 4,049만 톤으로 연평균 0.81% 증가할 것으로 전망된다. 이 중 도시가스용 수요는 연평균 1.24%, 발전용 가스 수요는 연평균 0.26% 증가한다.[14]

정부와 국내 가스도입 기업들은 LNG 도입 안정성과 경제성을 확보하기 위해 수출선 다변화와 수출업자와의 협상에서 도입조건 개선(유가연동방식, 목적지 제한 조항, 의무인수 조항 등)을 적극적으로 획득하려고 한다. 특히, 유가변동에 따른 가격 등락폭을 완화하기 위해 수출업자에

---

12   IHS Markit(2018:3) 참조.
13   산업통상자원부(2018.4), "제13차 장기 천연가스 수급계획(2018-2031)."
14   발전용 가스수요는 2017년 12월에 발표된 제8차 전력수급 기본계획(목표 시나리오 기준)에 기초하여 산출된 것임.

게 가격설정방식에 유가와 미국 헨리허브가격을 함께 고려하는 것을 요구하려고 한다. 에너지 전환 정책 추진에 따른 불확실한 가스수요 전망에 대응하기 위해 기존 계약기간을 장기 중심에서 중장기-단기-현물거래 중심으로 다변화시킬 필요가 있다. 2017년 현재 카타르와 오만 등 중동 LNG 수입 의존도는 42.1%, 호주 LNG 의존도는 18.6%, 말레이시아 및 인도네시아 LNG 의존도는 19.4%에 이른다. 러시아 가스 의존도는 약 5% 정도에 불과하다. 지리적으로 가깝게 위치해 있음에도 불구하고 러시아로부터의 LNG도입 물량이 상대적으로 크지 않은 편이라고 할 수 있다.

현재 총 4기의 LNG도입기지(평택, 인천, 통영, 삼척)가 있는데, 다섯 번째 기지를 총 2단계에 걸쳐 2031년에 최종 완공할 계획이다. 또한, 정부는 수송분야에서 LNG 수요 확대에 대비해서 천연가스 벙커링 인프라와 수송공급(수소 자동차 등) 인프라도 구축할 계획이다.

2. 사할린 가스의 도입 전략

한국은 세계 2위의 LNG 소비국(2017년 3,681만 톤)이지만, 앞서 설명했듯이 러시아로부터 수입하는 LNG 물량은 연간 150~190만 톤 수준에 불과하다. 반면에 러시아는 2000년대 들어 아·태시장으로 LNG 수출을 크게 증대시키려 노력하고 있다. 이런 상황에서 양측의 협력 잠재력은 매우 크다고 할 수 있다.

그러나 2014년 이후 세계 가스시장이 공급자 중심에서 수요자 중심으로 전환되고, 미국 셰일가스 프로젝트와 같은 신규 LNG 프로젝트들이 다수 출현하면서 글로벌 시장에서 LNG가격이 크게 하락했다. 이런 상황에서 러시아 심해 가스전 개발 사업은 경쟁력을 상실하게 되었고, 그나마 경쟁력을 갖고 있었던 일부 사할린지역 내 러시아 기업에 의해 추진된 신규 사업들도 서방의 러시아에 대한 제재로 인해 커다란 어려움에 처하게 되었다. 앞서 보았듯이 현재 순조롭게 추진되고 있는 사업은 기존에 개발된 가스전들을 기반으로 하고 있는 사할린-II 확장 사업과 극동 LNG 사업에 불과하다. 블라디보스토크 LNG 사업은 새롭게 개발해야 하는 사할린-III 가스전을 주된 공급원으로 하고 있는데, 동 가스전이 서방의 제재 대상에 포함되어 있어서 동 사업의 추진은 매우 불확실한 상태에 있다. 2000년대 초반 고유가 시절에 사할린 해상지역에 신규 프로젝트로 사할린-III 이외에 사할린-IV(운영사 로스네프츠), V(운영사 로스네프츠), VI(운영사 로스네프츠)까지 계획되었으나, 저유가 상황과 서방 제재로 인해 신규 가스전 개발 사업은 현재 사실상 철폐된 상태에 있다.

전반적으로 가스 전문가들은 글로벌 LNG 시장에서 초과공급 상황은 2020년대 초중반까지 이어질 것으로 보고 있다. 따라서 앞으로 주요 LNG 수입업자들은 매매협상 과정에서 수출업자에게 도입조건 개선을 요구하고, 계약기간도 장기보다는 중단기를 선호할 것으로 보인다. 이러한 상황은 사할린 가스를 포함한 러시아 LNG 도입 협상에도 그대로 적용될 것이다. 이런 상황에서 한국은 향후 LNG의 안정적 도입을 위해 지리적으로 가깝고 가격경쟁력도 갖추고 있는 러시아 사할린지역으로부터 LNG 도입을 적극적으로 추진할 필요가 있다.

그러나 동북아지역 국가는 물론이고 동남아시아 가스소비국들도 사할린지역에서 생산되는 가스를 경쟁적으로 도입하려고 한다. 지금까지는 일본이 지분투자를 통해 사할린-I과 II에서 생산된 많은 물량을 선점했었고, 이러한 상황은 크게 변하지 않을 것으로 판단된다. 일본은 향후에도 신규로 나오게 되는 사할린 LNG를 적극적으로 확보하려고 하며,

이를 위해 신규 LNG 사업에 대한 지분투자, 일본수출입은행을 통한 러시아 진출 일본 기업에 대한 자금지원, 그리고 자원개발·수송 관련 건설·플랜트 진출 등을 계속 추진할 것이다. 또한, 최근 들어 일본 가스도입 기업과 강관 기업들은 러시아 사할린지역과 일본 도쿄를 연결하는 가스관 건설 사업에도 다시 관심을 보이고 있다. 일본 파이프라인 개발·운영(Japan Pipeline Development and Operation(JPDO), 일본−러시아 천연가스(Japan Russian Natural Gas(JRNG))들은 공동으로 예비 타당성 조사를 실행했고, 사업성이 있는 것으로 나왔다.[15] 동 사업은 2016년 12월 러−일 정상회담 의제로 논의된 것으로 알려진다. 그러나 일본 정부의 러시아에 대한 투자 계획은 북방영토 반환 문제와 연결되어 있어서 일본 정부가 관여하는 양국 간 투자사업은 대부분 계획단계에 머물러 있다. 그리고 서방의 제재 대상에 수출용 파이프라인 건설 및 운영 사업에 대한 기술 제공 및 지분투자가 포함되어 있다.

　반면, 중국은 러시아 LNG보다는 PNG 도입에 더 우선적인 것 같다. 이미 중국은 러시아와 38Bcm PNG 공급계약을 체결했고, 현재 러시아 구간의 파이프라인 건설은 완료된 것으로 알려진다. 사할린지역에서 생산된 가스 중에 현물거래 물량이 중국 남부 연안지역에 공급되기도 했다. 앞서 설명했듯이 러시아 가즈프롬은 동북아지역에서 한·중·일 3국이 상호 경쟁하도록 유도하여 개별국가와의 협상에서 유리한 위치에 서려고 한다. 그 일환으로 가즈프롬은 사할린 가스의 가스관을 통한 대중국 공급 방안도 중국 측에 제안하고 있다. 그러나 아직까지 중국은 사할린 가스보다는 극동지역 내 육상 가스에 더 큰 관심을 보이고 있으며, 이들 가스전에 대한 지분참여도 함께 추진하고 있다.

15　사할린-도쿄 간 가스관 총 길이는 1,500km, 수송용량 20Bcm/년(최대 25Bcm/년), 사업 비용 60억 달러로 설정했음. 「세계 에너지시장 인사이트」(2017.4.3: 45-46).

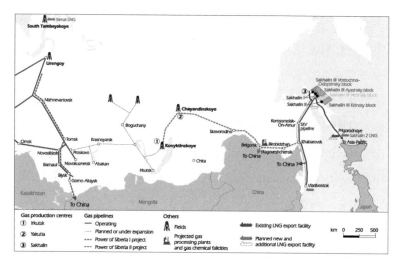

그림 10. 러시아 극동지역 및 사할린지역 천연가스의 대동북아지역 공급 노선
출처: IEA(2016:38)

지난 2018년 1월에 한국가스공사와 가즈프롬 간 정례회의에서 한국가스공사는 사할린-II에서 추가적인 LNG 도입 의사를 전달했다(기존 사할린-II과 사할린-II 확장 사업).[16] 한국가스공사는 2005년에 상당히 좋은 가격조건으로 사할린-II에서 연간 150만 톤(+α)의 LNG를 도입하는 계약을 체결해서 지금까지 수입하고 있다. 또한, 그동안 중단 상태에 있었던 남-북-러 가스관 사업도 최근 남북관계가 개선되면서 재개될 가능성도 매우 높아졌다. 물론 남-북-러 가스관 사업이 본격적으로 추진되기 위해서는 남북관계 개선뿐만 아니라 주요 가스공급원인 사할린 해상 및 극동지역 육상 가스전 개발도 원활히 추진되어야 한다. 물론 이를 위해 먼저 서방의 대러시아 제재가 완화 내지는 철회되어야 한다. 특히, 미국 정부는 대러시아 제재로 인해 자국기업의 참여가 금지된 사업에 한국

16   아시아경제(2018.02.13.), http://www.asiae.co.kr/news/view.htm?idxno=2018021
      311195279635.

과 일본 기업들이 참여하는 것을 반대하고 있다. 여기에는 사할린 해상 지역 및 오호츠크해 해상지역 내 신규 가스전 개발 사업도 포함된다. 대부분 이들 지역은 심해(152미터)에 해당되고, 또한 심해 탐사 장비와 기술은 부분적으로 미국산을 사용하게 될 수도 있는데, 이들 모두 제재 대상에 포함되어 있다.

또한, 현 시점에서 사할린 LNG의 가장 위협적인 경쟁자는 미국 LNG일 것이다. 2017년에 미국은 한국의 여섯 번째 LNG 수출국(비중 6%, 220만 톤)으로 일곱 번째인 러시아(5%)보다 앞섰다. 미국 정부는 한국 정부에 통상압력을 가해 자국산 LNG 수출을 증대시키려 하고 있다. 특히 미국 정부는 현재 가동 중인 러시아에 대한 경제·에너지 제재 기간 중에 한국의 추가적인 가스 도입물량을 선점하려고 할 것이다. 러시아 정부도 이러한 상황을 정확히 인식해서 한국 정부 및 가스기업에 대해 조속한 LNG(북극지역 및 사할린지역 LNG) 및 PNG 공급계약 체결을 요구하고 있다.

사할린 지역 내 LNG 사업들은 동북아지역에서 충분히 가격경쟁력을 갖고 있으며, 또한, 수송거리가 짧고 안전하기 때문에 수입선 다변화와 긴급 상황 시에 빠른 공급에 유용하다. 그래서 일본은 지분투자와 같은 방법으로 사할린 LNG 물량 확보에 적극적으로 나서고 있다. 우리나라도 사할린 지역에서 잉여 LNG 물량이 나오게 되면 러시아 측과 공급 협상을 발빠르게 할 필요가 있다. 러시아에 대한 서방의 제재로 인해 사할린 심해 신규 가스전 개발과 외부로부터의 투자비 조달이 매우 어려운 상황에 있기 때문에 향후 서방과 러시아 간의 관계를 예의 주시해야 할 것이다. 또한, 가스 사업을 추진하는 러시아 기업들과 실무차원의 협력 관계를 계속 긴밀히 유지해야 한다.

참고문헌

산업통상자원부. 2018.4. "제13차 장기 천연가스 수급계획(2018-2031)."

_____. 2017.12. "제8차 전력수급 기본계획(2017-2031)."

아시아경제. 2018.02.13. http://www.asiae.co.kr/news/view.htm?idxno=201802131119 5279635

양의석·이주리·임지영. 2017.5.29. "중국·일본의 러시아 극동지역 석유·가스 자원 활용 전략." 「세계 에너지시장 인사이트」. 제17-18호

에너지경제연구원. 2017.4.3. 「세계 에너지시장 인사이트」, 제17-11호, 45-46

_____. 2017.5.1. 「세계 에너지시장 인사이트」, 제17-15호, 43-44

_____. 2017.10.16. 「세계 에너지시장 인사이트」, 제17-5호, 30-31

_____. 2018.1.15. 「세계 에너지시장 인사이트」, 제18-2호, 38-39

_____. 2018.1.15. 「세계 에너지시장 인사이트」. 제18-4호. 35-36

이주리. 2016.11.28. "러시아의 대아태지역 LNG 공급 전략." 「세계 에너지시장 인사이트」. 제 16-43호

_____. 2018.2.12. "러시아 LNG 공급역량 확충과 천연가스 수출 다변화 전략." 「세계 에너지 시장 인사이트」. 제18-6호

BP(British Petroleum). 2017. BP Statistical Review of World Energy June 2017.

EIA. Oct. 31, 2017. "Country Analysis Brief: Russia."

IEA(International Energy Agency). 2017. World Energy Outlook.

IEA. Aug. 30, 2016. "Russia's energy pivot eastward."

IHS Markit. Jan. 22, 2018. LNG Sales Contracts Database.

_____. Jan. 17, 2018. "LNG Market Profile: South Korea."

Ministry of Energy of Russian Federation(러시아 에너지부), Nov. 2015. Energy bridge ≪Russia-Asia Pacific≫

Mitrova, Tatiana. 2018.3.12. "What opportunities and threats does Russia face on LNG markets?," Expert Seminar by SKOLKOVO EC.

OGEL(Oil, Gas&Energy Law Intelligence). Nov. 2017. "At the Crossroads of Policy Ambitions and Political Reality: Reflections on the Prospects of LNG Development in Russia."

Oxford Institute for Energy studies. Apr. 2016. "Asian LNG Demand: Key drivers and Outlook."

_____. March 2017. "Russian LNG: Progress and delay."

Russian Petroleum Investor. Aug. 2016. "Russia looks to boost LNG output to 70M tonnes a year."

_____. Aug. 2017. "Russia struggles to expand LNG production."

1Prime, Jan. 31, 2018. "Вторая очередь "Ямала СПГ" будет запущена в сентябре."

Inforos. May 10, 2017. "России и Японии лишь удаляются от Мирного договора."

Казаков А.М. и Олейник М.А. Nov. 2017. "Настоящее и будущее российского сжиженного природного газа на мировом рынке."

Kommersant. Feb. 1, 2018. "《Арктик СПГ》 увеличивается в объемах, НОВАТЭК повысит мощность проекта почти до 20 млн тонн."

_____. Feb. 2, 2018. "Ямалу ищут более дешевые газовозы, 《Атомфлот》 рассматривает вариант с танкерами класса Arc5."

Neftegaz, Jan. 25, 2018. "Газпром рассматривает возможность увеличения поставок СПГ в Южную Корею."

_____. Nov. 14, 2016. "Сжиженный газ или газохимия. Роснефть думает о будущем проекта Печора СПГ."

_____. Nov. 8, 2016. "DSME лишь в ноябре 2016 г завершила строительство 1-го ледокольного СПГ-танкера Christophe de Margerie для проекта Ямал СПГ."

Novak, Aleksnadr. 2018. "Окно возможностей для России: Развитие производства СПГ обеспечит рост газового экспорта и ряд положительных эффектов для экономики страны." Oil and Gas Vertical. No.1, 20-26.

Oilcapital. Nov. 14, 2016. "Российскую установку СПГ испытают 2020 году."

Oilru. Jan. 2018. "Михельсон подтвердил планы ввести первую линию "Ямала СПГ" в конце 2017 г.", (콤마 삭제)

_____. Nov. 10, 2016. "JBIC может принять участие в финансировании 3-й очереди СПГ-завода "Сахалина-2" и Амурского ГПЗ."

Tass. Dec. 7, 2016. "Иванов: подписание мирного договора-первый шаг в отношениях РФ и Японии."

Vedomosti. Jan. 25, 2018. "Конкурировать с 《Новатэком》 сможет только Катар, Компания готова на треть снизить себестоимость производства на 《Ямале СПГ》."

결론

문재인 정부는 2017년 5월 출범 이후 석탄 발전과 원자력 발전에 대한 비중을 줄이고 신재생에너지와 천연가스를 사용한 발전 비중을 높이는 에너지 전환 정책을 추진하고 있다. 그러나 현 정부가 에너지 전환을 추진하는 과정에서 태양광과 풍력 등의 재생에너지의 발전 비중을 단기간에 높이기는 어렵다. 그렇기 때문에 소비와 전력 생산 과정에서 대기오염 물질 배출이 석탄보다 적고 해외로부터의 도입이 용이한 천연가스의 해외 도입을 늘리는 게 현실적이다. 현 정부가 추진하고 있는 북방경제협력의 핵심인 러시아는 향후 한국의 천연가스 수입을 늘리는 데 가장 큰 도움을 줄 수 있는 국가이다. 한국은 러시아와의 협력을 통해 에너지 전환과 북방경제협력의 연계를 통한 시너지 효과를 창출할 필요가 있다.

이를 위해 우선 중국-러시아의 PNG 도입을 위한 중러 동부 가스관이 완공된 후 가스배관망을 한국으로 확대할 수 있는 조치가 필요하다. 가스 배관망의 확대를 위해 박근혜 정부에서의 남북관계 경색으로 인해 논의가 중단되었던 남북러 가스관 건설 추진이 필요하다. 2018년에 남북한과 미국 간의 비핵화 협상이 타결되고 남북한과 미국 간의 종전선언, 평화협정이 실현되면 유엔의 북한에 대한 경제제재가 풀리게 되면 남북러 가스관 건설을 추진하기도 용이해질 것이다. 남북러 가스관 건설은 2018년 4월 27일 판문점 남북정상회담에서 문재인 대통령이 김정은 북한 국무위원장에게 USB에 담아서 건네준 한반도 신경제지도 구상의 환동해 벨트의 주요 프로젝트 중의 하나이다(허정헌 2018, 06면). 남북러 가스관이 개통되어 러시아산 천연가스가 한국에 수입되기 시작하면 한국은 석탄을 대체할 수 있는 천연가스의 확보가 더욱 용이해지고 북한은 연간 1억 달러 정도의 통과료를 받을 수 있을 것으로 기대된다(허정헌 2018, 06면). 그러나 루블화 가치 폭락과 서방의 대러시아 경제 제재로 인하여 러시아가 남북러 가스관 건설에 충분한 자금을 지원하기 어려울 것이다. 그러므로 남북러 가스관 건설 관련 협상을 하기 전에 한국이 남북러 가스관 공사에 필요한 자금 조달을 어떻게 할 것인지에 대한 구체적인 방안을 수립하는 것이 필요하다. 또한 남북러 가스관을 통한 러시아산 천연가스가 보다 안정적으로 공급되려면 사할린 가스전 개발이 원활하게 추진될 필요가 있다. 그런데 미국 연방정부가 한국 기업들과 일본 기업들의 사할린 가스전 개발 참여에 반대하고 있고 미국산 심해 탐사 장비와 미국이 보유한 탐사 기술의 사용을 금지하고 있다. 그렇기 때문에 남북러 가스관을 통한 러시아산 천연가스의 안정적 공급에 필수적인 사할린 가스전 개발을 위해서도 미국의 대러시아 경제제재의 완화나 철회가 있어야 한다. 이는 한국이 러시아산 LNG의 수입 증대를 위한 러시아 천연가스의 액화 설비 건설 참여를 위해서도 필요하다.

한국의 에너지 전환을 위한 발전용 전력 수입에 있어서도 러시아와의 협력은 적극적으로 추진해야 한다. 한국이 북한을 경유하여 러시아의 전력을 kwh당 0.05달러 정도에 수입하면 한국은 전력 원가를 10%에서

20% 정도 낮출 수 있다. 극동 러시아의 부레야 수력발전소에서 생산된 전력이 경기 북부 지역까지 들어오면 향후 남북관계가 호전되어 북한과 연계되는 경제개발이 진행될 경기 북부 지역의 전력 수요 충당에 효과적으로 쓰여질 수 있다. 또한 북한과의 전력 연결 과정에서 북한의 대규모 인프라 구축을 통해 북한을 개방으로 유도할 수 있다. 러시아는 한국으로의 전력 수출을 통해 극동 개발의 기회를 잡을 수 있을 것이다. 이를 위해 한국은 북한, 러시아와 함께 전력망 건설뿐만 아니라 장기선도계약과 현물 시장 등의 전력거래 시스템, 전력거래 모델, 국제시세와 연계된 전력가격 시스템, 전력요금 결제와 관련된 금융시스템 등의 구축을 병행해야 한다.

한국이 에너지 전환과 북방경제협력의 연계 과정에서 북한을 경유하는 러시아 가스, 전력의 수입을 추진하더라도 러시아로부터 전체 가스 수입량의 25% 이상을 공급받는 상황은 피해야 한다. 이를 위해 미국, 호주 등지에서 LNG 수입을 병행함으로써 러시아와의 가스 공급 가격 협상에서 유리한 위치를 점할 수 있도록 해야 한다. 또한 한국 정부는 중장기적으로 시장의 수급 상황에 따른 천연가스 공급가격을 확보하기 위해 중국, 일본 정부와의 협력을 통해 가스 트레이딩 허브를 구축해야 한다 (김연규 2017, 466).[1]

한국의 에너지 전환에는 도움이 되지 않지만 북방경제협력의 강화와 철강 업체들의 원재료의 저렴한 확보를 위해 러시아산 석탄, 북한산 석탄의 도입에도 관심을 가질 필요가 있다. 이를 위해 2016년 3월 이후

---

1   가스 트레이딩 허브는 물리적 허브(Physical Herb)와 금융적 허브(Financial Herb) 두 측면이 조화를 이루어야 하며 허브 구축을 위한 요건으로는, 주식시장과 마찬가지로 다수의 시장 참여자 확보를 통한 거래 활성화, 시장 투명성 및 계약의 유연성, 인프라에 대한 제3자의 비차별적인 접근 허용 등 시장 규제 완화, 충분한 저장시설과 지역 연계 파이프라인 등의 인프라, 수송 및 상업 활동의 분리, 발달된 금융 시장 등이 필요할 것이다.

중단되었던 나진-하산 프로젝트의 재개와 정례화가 필요하다. 포스코와 현대상선, 코레일이 컨소시엄을 구성하여 진행했던 나진-하산 프로젝트는 2014년 12월 나진-하산-포항 1차 시범운송, 2015년 4월 나진-하산-당진·광양 2차 시범운송, 2015년 11월 나진-하산-포항·광양·부산 3차 시범 운송을 통해 포스코에 러시아산 석탄을 공급한 바 있다(문지웅 2018, 06면). 향후 남북한과 미국 간의 비핵화 협상이 타결되고 유엔의 대 북한 경제제재가 해제되면 북한의 나진항을 통한 러시아산 석탄 수입을 재개하고 북한 석탄 수입도 병행하여 포스코를 비롯한 국내 철강 업체들의 석탄 수입 비용과 물류 비용을 줄일 필요가 있다. 또한 우리 정부와 국내 석유화학 기업들이 북한과의 협력을 통해 북한의 석유화학 설비의 노후화, 북한의 석유 유통 및 소비의 메커니즘을 상세하게 조사하는 것도 필요하다. 북한의 석유화학 설비와 석유 유통 및 소비 메커니즘에 대한 실태 파악을 완료한 후에 국내 석유화학 기업들과 국내 건설 업체들이 북한의 석유화학 설비의 현대화, 북한에 필요한 석유 제품의 공급에 참여함으로써 새로운 시장을 개척하고 이윤 창출의 기회를 확보할 필요가 있다.

상술한 바와 같은 북방경제협력 방안이 실질적으로 추진되려면 상위정치 영역에서의 변화가 필수적이다. 이를 위해 한국과 미국, 북한 간에 논의되고 있는 북한의 비핵화와 평화협정이 타결되어 유엔의 북한에 대한 경제제재가 해제되어야 한다. 또한 한국 기업들과 일본 기업들의 러시아 가스전 개발 참여의 장애 요인으로 작용하고 있는 미국과 유럽연합의 대러시아 경제제재의 완화나 해제도 필요하다. 이 두 가지 문제들이 해결되어야 한국의 문재인 정부가 추진하는 에너지 전환과 북방경제협력의 연계, 북방경제협력을 통한 한국 기업들의 원료 도입 비용과 물류비용의 절감, 새로운 시장 개척을 통한 이윤 증대가 가능할 것이다.

참고문헌

김연규. 2017. 『21세기 동북아 에너지 협력과 한국의 선택』. 서울: 사회평론아카데미.
문지웅. 2018. "나진 하산 프로젝트도 시동 거나." 『매일경제』 4월 30일, 06면.
허정헌. 2018. "'한반도 신경제지도' 실현되면 가스비 4분의 1, 일본 물류 흡수." 『한국일보』 5월 2일, 06면.

지은이

김연규 YOUN2302@hanyang.ac.kr
서울대학교 노어노문학과 학사
미국 Tufts University 국제관계학 석사
미국 Purdue University 정치학 박사
현 한양대학교 국제학부 교수
한양대학교 에너지거버넌스센터장(한국연구재단 SSK 에너지연구사업단)
한국국제정치학회 이사
한국정치학회 이사
한·러협회 이사, 美 허드슨연구소 (Hudson Institute) 초빙연구원 역임

『에너지국제정치의 변환과 동북아시아』 (서울대 국제문제연구소, 편저)
"The New Great Game of Caspian Energy in 2013-2014: "Turk Stream," Russia and
Turkey," *The Journal of Balkan and Near Eastern Studies*, Summer 2015 외 다수

이유신 ahnsangwuk@pknu.ac.kr
연세대학교 노어노문학과 학사
Indiana University at Bloomington 러시아 지역학 석사
존스홉킨스 대학 정치외교학 박사
현 영남대학교 정치외교학과 교수

"Turkmenistan's East-West Gas Pipeline: Will It Save the Country from Economic
Decline?" 외 다수

김상원 nhtotoro@kookmin.ac.kr
한국외국어대학교 노어과 학사
한국외국어대학교 국제지역대학원 석사
모스크바국립대학 경제학 박사
현 국민대학교 유라시아학과 교수
한국외국어대학교 러시아연구소 연구교수 역임

한국외국어대학교, 경기대학교, 배재대학교, 선문대학교 강사 역임

"유라시아 경제연합 구축과 러시아 에너지 전략" 외 다수

김선래 sunrae63@daum.net
단국대학교 정치외교학 학사
러시아과학원 세계경제국제관계연구소 정치학 석사
러시아과학원 세계경제국제관계연구소 정치학 박사

"북극해 개발과 북극항로: 러시아의 전략적 이익과 한국의 유라시아 이니셔티브" 외 다수

윤성학
연세대학교 정치외교학 박사
현 고려대학교 러시아CIS연구소 연구교수

"남북러 가스관의 경제적 효과에 관한 연구"
"중앙아시아 진출 외국기업의 사회적공헌활동에 관한 연구" 외 다수

김현경
서울대학교 외교학과 학사
하버드대 케네디스쿨 석사

"Peace and Prosperity on the Korean Peninsula," "North Korea's Biological Weapons Program: The Known and Unknown" 외 다수

박종철
전북대학교 정치외교학 학사
일본 도호쿠대학 국제정치학 석사
중국사회과학원 정치학(지역정치) 박사
현 경상대학교 사회교육과 교수

나지원
서울대학교 정치외교학부 대학원 외교학 석사
현 동아시아연구원 연구원

"러시아의 동방정책, 이번에는 다를까?" 외 다수

현승수 tokyoishmael@daum.net
한국외국어대학교 노어과 학사
도쿄대학 총합문화연구과 지역문화연구전공 석사
도쿄대학 러시아지역연구전공 박사
현 통일연구원 국제전략연구실장

"러시아의 남코카서스 정책: 군사안보 전략을 중심으로" 외 다수

조정원 cjwsun2007@gmail.com
국민대학교 중어중문학 학사
중국인민대학 국제정치 석사
중국인민대학 경제학 박사
현 한양대학교 에너지거버넌스센터 연구교수

"바오딩시의 기후변화 정책과 환경 거버넌스" 외 다수

박정후 wjdgn11@snu.ac.kr
서울대학교 정치학과 정치학 석사
몽골국립대학 정치학 박사
현 서울대학교 한국정치연구소 객원연구원
    대통령직속 북방경제협력위원회 전문위원

"몽골 투자환경 변화와 한국–몽골 에너지 분야 협력방안" 외 다수

이지은 eurasia@hufs.ac.kr
우즈베키스탄 세계경제외교대학 국제관계학 박사
현 한국외국어대학교 중앙아시아학과 교수

"카자흐스탄의 유라시아주의(Eurasianism)와 대외정책" 외 다수

류하늬
이화여자대학교 정치외교학 학사
서울대학교 자원환경경제학 석사
서울대학교 자원환경경제학 박사
현 한양대학교 에너지거버넌스센터 전임연구원

서정규
한국과학기술원 경영과학과 학사
에너지경제연구원 연구위원 역임
현 에너지경제연구원 선임연구원, 가스정책연구실 실장

이성규 leesk@keei.re.kr
충남대학교 경제학과 학사
충남대학교 경제학과 석사
모스크바 국립대학 경제학 박사

"카스피해 에너지자원 확보를 둘러싼 미-러-중간 마찰" 외 다수